荣新江，北京大学博雅讲席教授、文科一级教授，兼任中国敦煌吐鲁番学会会长。主要研究方向是中外关系史、丝绸之路、隋唐史、西域中亚史、敦煌吐鲁番学等。

主要著作有《于阗史丛考》《归义军史研究》《敦煌学十八讲》《中古中国与外来文明》《中古中国与粟特文明》《丝绸之路与东西文化交流》《从张骞到马可·波罗——丝绸之路十八讲》《唐宋于阗史探研》《吐鲁番的典籍与文书》《满世界寻找敦煌》《大漠丰碑——出土文献所见西域史地》等；主编《唐研究》（1—23卷）、《新获吐鲁番出土文献》、《旅顺博物馆藏新疆出土汉文文献》、《龟兹石窟题记》、《吐鲁番出土文献散录》、《和田出土唐代于阗汉语文书》、《中国国家图书馆藏西域文书·汉文卷》、《法国国家图书馆藏敦煌文献》等。

中古中国与粟特文明

MEDIEVAL CHINA
AND SOGDIAN CULTURE

荣新江 著

生活·讀書·新知 三联书店

Copyright © 2025 by SDX Joint Publishing Company.
All Rights Reserved.
本作品版权由生活·读书·新知三联书店所有。
未经许可，不得翻印。

图书在版编目（CIP）数据

中古中国与粟特文明 / 荣新江著 . -- 北京：
生活·读书·新知三联书店，2025. 8. -- （当代
学术）. -- ISBN 978-7-108-08133-9

Ⅰ . K203

中国国家版本馆 CIP 数据核字第 2025FF3107 号

特邀编辑	孙晓林
责任编辑	杨　乐
封面设计	宁成春　薛　宇
版式设计	蔡立国
责任印制	卢　岳
出版发行	生活·讀書·新知三联书店
	（北京市东城区美术馆东街 22 号　100010）
网　　址	www.sdxjpc.com
经　　销	新华书店
印　　刷	北京隆昌伟业印刷有限公司
版　　次	2025 年 8 月北京第 1 版
	2025 年 8 月北京第 1 次印刷
开　　本	635 毫米 × 965 毫米　1/16　印张 30
字　　数	398 千字　图 93 幅
印　　数	0,001-4,000 册
定　　价	128.00 元

（印装查询：01064002715；邮购查询：01084010542）

当代学术
总　序

生活·读书·新知三联书店从1986年恢复独立建制以来，就与当代中国知识界同感共生，全力参与当代学术思想传统的重建和发展。三十年来，我们一方面整理出版了陈寅恪、钱锺书等重要学者的代表性学术论著，强调学术传统的积累与传承；另一方面也积极出版当代中青年学人的原创、新锐之作，力求推动中国学术思想的创造发展。在知识界的大力支持下，通过多年的努力，我们已出版众多引领学术前沿、对知识界影响广泛的论著，形成了三联书店特有的当代学术出版风貌。

为了较为系统地呈现中国当代学术的发展和成果，我们以上世纪八十年代以来刊行的学术成果为主，遴选其中若干著作重予刊行，其中以人文学科为主，兼及社会科学；以国内学人的作品为主，兼及海外学人的论著。

我们相信，随着当代中国社会的繁荣发展，中国学术传统正逐渐走向成熟，从而为百余年来中国学人共同的目标——文化自主与学术独立，奠定坚实的基础。三联书店愿为此竭尽绵薄。谨序。

生活·讀書·新知三联书店
2017年3月

目 录

序　1

从撒马尔干到长安（代前言）
　　——中古时期粟特人的迁徙与入居　1

第一编　粟特人的迁徙与聚落

西域粟特移民聚落补考　3

北朝隋唐粟特人之迁徙及其聚落补考　22

魏晋南北朝隋唐时期流寓南方的粟特人　42

唐代六胡州粟特人的畜牧生活形态
　　——2007年西北农牧交错地带城址与环境考察纪略　64

安史之乱后粟特胡人的动向　79

新获吐鲁番文书所见的粟特人　114

9、10世纪西域北道的粟特人　126

从聚落到乡里
　　——敦煌等地胡人集团的社会变迁　143

第二编　粟特商队与祆祠

薩保与薩薄：北朝隋唐胡人聚落首领问题的
　　争论与辨析　163
薩保与薩薄：佛教石窟壁画中的粟特商队首领　186
北周史君墓石椁所见之粟特商队　217
北朝隋唐胡人聚落的宗教信仰与祆祠的社会功能　235
安禄山的种族、宗教信仰及其叛乱基础　266

第三编　入华粟特人的多元文化

四海为家
　　——粟特首领墓葬所见粟特人的多元文化　295
有关北周同州萨保安伽墓的几个问题　311
Miho 美术馆粟特石棺屏风的图像及其组合　333
粟特与突厥
　　——粟特石棺图像的新印证　357
金樽美酒醉他乡
　　——从安伽墓看粟特物质文化的东渐　379
略谈徐显秀墓壁画上的菩萨联珠纹　390
中古贵族墓室壁画上的胡风
　　——猎豹、杂服及其他　396

附　录
　　粟特首领墓葬研究中的通识问题　413
　　纪念马尔沙克
　　　　——兼谈他对粟特研究的贡献　425

插图目录　438

新版后记　443

索　引　445

Medieval China and Sogdian Culture
(Medieval China and Foreign Civilizations, II)

Preface   1

Introduction: From Samarkand to Chang'an: the Migrations and Settlements of the Sogdians in Medieval Times   1

Part I The Migrations and Settlements of the Sogdians

Further Remarks on Sogdians in the Western Regions   3

Further Remarks on the Migrations and Settlements of the Sogdians in the Northern Dynasties, Sui and Tang   22

Diaspora Sogdians in South China between the 3th-10th Centuries   42

On the Sogdian Pastoralist Lifestyle in *Liuhu Zhou* in Tang Dynasty: Reports of the Expedition to the Nomado-Sedantary Bordering Area in Northwestern China in 2007   64

Sogdian Trends after the An Lushan Rebellion   79

Sogdians Seen in Newly Discovered Turfan Documents   114

Sogdians along the Northern Silk Road in the Tarim Basin during the 9th-10th Centuries   126

From Settlements to *xiang* and *li*: Social Transit of Sogdian Communities in Dunhuang and other Places   143

Part II Sogdian Caravans and Zoroastrian Temples

Sabao and *Sabo*: On the Problem of the Leader of Sogdian Colonies during the Northern Dynasties, Sui and Tang Period   163

Sabao or *Sabo:* Sogdian Caravan Leaders in the Wall-Paintings in Buddhist Caves　186

The Sogdian Caravan as Depicted in the Relieves of the Stone Sarcophagus from Shi Jun's Tomb of the Northern Zhou　217

Religious Believes in Sogidan Settlements and the Role of Zoroastrian Temples in the 5th-8th Centuries　235

The Ethnicity and Religious Belief of An Lushan and the Basis of his Rebellion　266

Part III Diversity in the Culture of Diaspora Sogdians in China Proper

Born Travellers: Diverse Cultural Elements seen in Sogdian Leaders' Tombs　295

Issues on the Tomb of An Jia, the *Sabao* of Tongzhou in the Northern Zhou Dynasty　311

The Illustrative Sequence of the Screen and the Reconstruction of the Panels of the Miho Couch　333

Sogdians and the Turks: New Evidence from Images on Sogdian Stony Coffins　357

A Drink in a Golden Chalice Takes Me Home in the Far Distance: Introduction of Sogdian Material Culture to China Seen in An Jia's Tomb　379

Notes on the Pearl Roundel of Bodhisattva on the Wall-painting in Xu Xianxiu's Tomb　390

Sogdian Cultural Elements seen on Wall-Paintings in Tombs of Medieval Royals: Cheetahs, Exotic Garments and others　396

Appendix

　Recent Studies on the Tombs of Sogdian Leaders　　413

　In Memory of Boris Ilich Marshak: His Contribution to Sogdian
　　Studies　　425

Index　　438

序

本书是笔者 2001 年出版的《中古中国与外来文明》的续篇，因为主要篇幅是关于粟特人，特别是对入华粟特人及其带来的外来文化的探讨，所以题曰"中古中国与粟特文明"。

记得上世纪 80 年代中期，业师张广达先生耳提面命，让我注意粟特文古信札，由此我开始关注粟特商人的东渐问题。以后在研究中古时期西北民族的迁徙问题时，也收集了入华粟特人的材料。1992 年在乌鲁木齐召开的"西域考察与研究"学术研讨会上，我提交了《古代塔里木盆地周边的粟特移民》，受到与会者的鼓励。后来又把中原的材料整理出来，写成长文《北朝隋唐粟特人之迁徙及其聚落》，1999 年在北京大学的《国学研究》第 6 卷上发表。非常巧合的是，就在同一年，山西太原发现了和粟特人关系密切的虞弘墓。翌年，又在陕西西安发现了粟特首领同州萨保安伽墓；接着，2003 年同一地点发现另一粟特首领凉州萨保史君墓。加上通过这些科学考古发掘的资料所判断出来的其他一些粟特系统的石棺床或围屏石榻等实物资料，以及各地不断出土、发表的入华粟特人的墓志碑刻，一时间粟特资料铺天盖地而来。这对于我们这些长年关注入华粟特史事的人来说，真的是个机遇。所以，虽然 2001 年我已经在《中古中国与外来文明》一书中收录了此前发表的有关粟特的文章，新的发现大力推动了我在一段时间里集中做了不少粟特方面的研究，也写出有关粟特迁徙及聚落、粟特首领萨保及其墓葬的图像所反映的问题等一系列文章。2005 年以后，虽然主要精力被新获吐鲁番文书、于阗文书、两京墓志等整理研究工作所占据，但仍然抱着对粟特研究的热情，不时有所撰述。今年三联书店拟再版拙著《中古中国与外来文明》，原本想把近年来有关"胡人迁徙与聚落"的一些文章增补进去，辑到一起，增补者竟然有十多万字，于是决定把已刊有关"粟特人的迁徙与聚落"、"粟特商队与祆祠"、"入华粟特人的多元文化"几方面的论文全部集中起来，汇成目前这样一部论文集，借此与同行学者相互切磋，并希望更多的读者给予批评指正。

2001年12月拙著《中古中国与外来文明》由三联书店出版后，先后看到国内外发表的一些书评，其中有表扬，有鞭策，也有商榷和批评，都是正常的学术讨论，我非常感谢这些书评作者。他们的书评文章，对于本书的读者也很有参考价值，故借此机会，把他们的书评出处列在这里，以便读者参照：①李鸿宾《中西学术之间：荣新江新著〈中古中国与外来文明〉》，《中国边疆史地研究》2002年第4期，107—109页。②陈明《新材料·新问题·新史识——读荣新江教授新作〈中古中国与外来文明〉》，《西域研究》2002年第2期，107—109页。③葛承雍《书评：〈中古中国与外来文明〉》，《中国学术》2002年第3辑，商务印书馆，323—325页。④许全胜《书评：〈中古中国与外来文明〉》，《唐研究》第8卷，北京大学出版社，2002年12月，529—534页。⑤王素《读〈中古中国与外来文明〉札记》，《故宫博物院院刊》2003年第1期，87—91页。⑥ V. Hansen, "New Work on the Sogdians, the Most Important Traders on the Silk Road, A.D. 500-1000", *T'oung Pao*, LXXXIX/1-3, 2003, pp.149-159. ⑦ Tim H. Barrett, "Tang Daoism and the mention of Jesus and Mani in Tibetan Zen: a comment on recent work by Rong Xinjiang", *Bulletin of the School of Oriental and African Studies,* 66.1, 2003, pp.56-58. ⑧高田时雄《书评：荣新江著〈中古中国与外来文明〉》，《东洋史研究》第63卷第1号，2004年，111—

118页;中文本载《敦煌吐鲁番研究》第10卷,上海古籍出版社,2007年,444—451页。或许还有我未看到的书评,希望读者提示。

"中古中国与外来文明"是个任重道远的课题,一本新书的出版,代表着开始了一个新的研究起点,我也希望以这本粟特研究专集的出版为契机,对这个课题有更多的思考、更多的研究。

最后,感谢三联书店以新的面貌把拙著呈现在读者眼前。

感谢孙晓林女史退而不休,继续责编拙著,多所是正。

荣新江
2014年1月25日
于北京大学朗润园

从撒马尔干到长安*（代前言）

——中古时期粟特人的迁徙与入居

1. 粟特人和他们的原住地

粟特人，在中国史籍中又被称为昭武九姓、九姓胡、杂种胡、粟特胡等等。从人种上来说，他们是属于伊朗系统的中亚古族；从语言上来说，他们操印欧语系伊朗语族中的东伊朗语的一支，即粟特语（Sogdian），文字则使用阿拉美文的一种变体，现通称粟特文。粟特人的本土位于中亚阿姆河和锡尔河之间的泽拉夫珊河流域，即西方古典文献所说的粟特地区（Sogdiana，音译作"索格底亚那"），其主要范围在今乌兹别克斯坦，还有部分在塔吉克斯坦和吉尔吉斯斯坦。在粟特地区的大大小小的绿洲上，分布着一个个大小不同的城邦国家，其中以撒马尔干（Samarkand）为中心的康国最大，它常常是粟特各城邦国家的代表。此外，以布哈拉（Bukhara）为中心的安国，也是相对较大的粟特王国。还有，位于苏对沙那（Sutrūshana/Ushrūsana）的东曹国、劫布呾那（Kapūtānā）的曹国、瑟底痕（Ishtīkhan）的西曹国、弭秣贺（Māymurgh）的米国、屈霜你迦（Kushānika）的何国、羯霜那（Kashāna）的史国、赭时（Chach）的石国等，不同时期，或有分

---

* 本文原载拙编《从撒马尔干到长安——粟特人在中国的文化遗迹》，北京图书馆出版社，2004年，3—8页，文中谈到的有关粟特人东徙诸问题，正是本书各篇讨论的对象，所以置于卷首，作为本书的"代前言"。

合,中国史籍称他们为"昭武九姓",其实有时候不止九个国家[1]。历史上的粟特人从未形成一个统一的帝国,因此长期受周边强大的外族势力控制,先后臣属于波斯的阿契美尼德王朝、希腊的亚历山大帝国、塞琉古王朝、康居国、大月氏部、贵霜帝国、嚈哒国等。粟特人在各异族统治下,非但没有灭绝,反而更增强了自己的应变能力,不仅保存了独立的王统世系,而且成为中古时代控制陆上丝绸之路的一个独具特色的商业民族。

2. 粟特人的东迁与聚落

在公元 3 至 8 世纪之间,大体上相当于中国的汉唐之间,由于商业利益的驱使,以及粟特地区的动乱和战争等原因,粟特人沿传统意义上的陆上丝绸之路大批东行,经商贸易,有许多人就此移居中国,一去不复返。

粟特人东来贩易,往往是以商队(caravan)的形式,由商队首领(caravan-leader)率领,结伙而行,他们少者数十人,多者数百人,并且拥有武装以自保。我们在敦煌莫高窟第 420 窟窟顶东坡上部的隋代绘制的一幅《观世音菩萨普门品》,就可以看到这样的商队在丝绸之路上行进的情形,虽然画家绘制的是产生于印度的佛经故事,但人物形象却是以敦煌画家常见的中亚粟特商队为原型的[2]。

粟特商人在丝绸之路上的一些便于贸易和居住的地点留居下来,建立自己的殖民聚落,一部分人留下来,另一部分人继续东行,去开

---

[1] 关于粟特王国的古地今名,参考张广达为《大唐西域记校注》(北京:中华书局,1985年)所写的相关条目。粟特历史,则请参考《中亚文明史》1—3 卷汉译本相关章节,北京:中国对外翻译出版公司、联合国教科文组织,2002—2003 年。

[2] 荣新江《萨保与萨薄:佛教石窟壁画中的粟特商队首领》,提交"粟特人在中国"国际学术研讨会论文,中国国家图书馆,北京,2004 年 4 月 23—25 日;收入《粟特人在中国——历史、考古、语言的新探索》,北京:中华书局,2005 年 12 月,49—71 页。

拓新的经商地点，建立新的聚落。久而久之，这些粟特聚落由少到多，由弱变强，少者几十人，多者达数百人。在中原农耕地区，被称为聚落；在草原游牧地区，则形成自己的部落。因为粟特商队在行进中也吸纳许多其他的中亚民族，如吐火罗人、西域（塔克拉玛干周边绿洲王国）人、突厥人等，因此不论是粟特商队还是粟特聚落中，都有多少不等的粟特系统之外的西方或北方的部众，所以，我们把粟特聚落有时也称为胡人聚落，可能更符合一些地方的聚落实际的种族构成情况。

3. 萨保：粟特商队首领和聚落首领

这种有组织的粟特商队的首领，粟特文叫做 s'rtp'w，汉文音译做"萨保"、"萨甫"、"萨宝"等，意译就是"首领"。萨保的粟特文原语，是吉田丰教授从写于公元 4 世纪初叶的粟特文古信札中找到的[1]，最近，这一比定得到了新发现的史君墓粟特文和汉文双语对照书写的铭文的确证。结合汉文文献中大量的有关萨保的记载，我们知道萨保不仅是粟特商队行进中的领袖，而且也是粟特人建立的聚落统治者，由于大多数早期东来的粟特人信奉的是粟特传统的琐罗亚斯德教（中国称之为祆教、拜火教），所以聚落中往往立有祆祠，萨保也就成为粟特聚落中的政教大首领。

从十六国到北朝时期，这样的胡人聚落在塔里木盆地、河西走廊、中原北方、蒙古高原等地区都有存在，散布十分广泛。通过学者历年来对粟特文古信札、敦煌吐鲁番发现的汉文和粟特文文书、中原各地出土的汉文墓志材料的研究，我们可以清晰地勾勒出一条粟特人东行所走的迁徙之路，这条道路从西域北道的据史德（今新疆巴楚东）、龟兹（库车）、焉耆、高昌（吐鲁番）、伊州（哈密），或是从南道的于阗（和

---

[1] 吉田丰《ソグド语杂录（Ⅱ）》，《オリエント》第 31 卷第 2 号，1989 年，168—171 页。

田）、且末、石城镇（鄯善）进入河西走廊，经敦煌、酒泉、张掖、武威，再东南经原州（固原），入长安（西安）、洛阳，或东北向灵州（灵武西南）、并州（太原）、云州（大同东）乃至幽州（北京）、营州（朝阳），或者从洛阳经卫州（汲县）、相州（安阳）、魏州（大名北）、邢州（邢台）、定州（定县）、幽州（北京）可以到营州。在这条道路上的各个主要城镇，几乎都留下了粟特人的足迹，有的甚至形成了聚落[1]。

北朝、隋、唐时期的中央和地方政府为了控制这些胡人聚落，把萨保纳入中国传统的官僚体制当中，以萨保为一级职官，作为视流外官，专门授予胡人首领，并设立萨保（萨宝）府，其中设有萨宝府祆正、萨宝府祆祝、萨宝府长史、萨宝府果毅、萨宝府率、萨宝府史等官吏，来控制胡人聚落，管理聚落行政和宗教事务。就史籍和墓志辑录的材料来看，从北魏开始，中原王朝就在都城洛阳设京师萨保，而在各地设州一级的萨保。我们见到有雍州、凉州、甘州等地萨保的称号。以后西魏北周、东魏北齐都继承了此制度。北齐有京邑萨甫、诸州萨甫。《康元敬墓志》里还有"九州摩诃大萨宝"的称号，可能是北齐管理全国萨保府事务的官职，也可能是京邑萨甫——北齐都城邺城的胡人聚落首领[2]。北周有京师萨保，墓志材料还有凉州、酒泉、同州、并州、代州、介州等州一级的萨保，如新发现的史君墓主人是凉州萨保，安伽是同州萨保，还有中央政府派出的检校萨保府的官员，即虞弘。隋代有雍州（京师）萨保和诸州萨保。唐朝建立后，把正式州县中的胡人聚落改作乡里，如西州的胡人聚落设为崇化乡安乐里，

---

[1] 荣新江《北朝隋唐粟特人之迁徙及其聚落》，《国学研究》第6卷，北京大学出版社，1999年，27—85页；收入《中古中国与外来文明》，北京：生活·读书·新知三联书店，2001年，37—110页。
[2] 洛阳市文物工作队编《洛阳出土历代墓志辑绳》，北京：中国社会科学出版社，1991年，330页；周绍良编《唐代墓志汇编》，上海古籍出版社，1992年，572页；荣新江等编《从撒马尔干到长安——粟特人在中国的文化遗迹》，图版34及荣新江解说。

敦煌则以粟特聚落建立从化乡，两京地区城镇中的胡人同样不再以聚落形式存在，但边境地区如六胡州、营州柳城等地的胡人聚落，应当继续存在，因此萨保府制度并未终结，所以《通典》卷四〇《职官典》以及其他史料仍有萨宝府职官的记录，事实上，北朝隋唐的中央政府对粟特聚落的控制是一个漫长的过程。

4. 粟特的商业活动

目前所见最早的有关粟特商人在中国活动的记录，是斯坦因（A. Stein）在敦煌西北长城烽燧下面发现的粟特文古信札。这是一组住在武威、敦煌的粟特商人写给家乡撒马尔干或西域楼兰等地的粟特商人的信件，不知何故被送信的使者遗失在那里。经过学者的解读，我们得知这是公元4世纪初叶写成的，主要内容是报告粟特商人以凉州武威为大本营，派出商人前往洛阳、邺城、金城（兰州）、敦煌等地从事贸易活动，因为晋末中原的动乱，致使经商的粟特人也蒙受打击这一情况，通过信札所述内容我们还了解到他们行踪之远，以及经营的货物品种——香料、布匹等[1]。

粟特人经过长时间的经营，在撒马尔干和长安之间，甚至远到中国东北边境地带，逐渐形成了自己的贸易网络，在这个贸易网络的交汇点上，建立起殖民聚落，作为他们东西贸易的中转站。吐鲁番出土有高昌国时期的《高昌内藏奏得称价钱帐》，就反映了在高昌地区进行贵金属、香料等贸易的双方，基本都是粟特人[2]，也就是说，从

---

[1] N. Sims-Williams, "The Sogdian Ancient Letter II", *Philologica et Linguistica: Historia, Pluralitas, Universitas. Festschrift für Helmut Humbach zum 80. Geburtstag am 4. Dezember 2001*, ed., M. G. Schmidt and W. Bisang, Trier 2001, pp. 267-280; F. Grenet, N. Sims-Williams, and E. de la Vaissière, "The Sogdian Ancient Letter V", *Bulletin of the Asia Institute,* XII, 1998, pp. 91-104.

[2] 朱雷《麴氏高昌王国的"称价钱"》，《魏晋南北朝隋唐史资料》第4期，1982年，17—24页。

西方来的粟特商人把大宗货物运载到高昌,由高昌的粟特商人买下来,再分散或整批运至河西或中原地区兴贩。辛姆斯—威廉姆斯(N. Sims-Williams)教授曾据印度河上游中巴友好公路巴基斯坦一侧发现的粟特文岩刻题记指出,粟特人不仅仅是粟特与中国之间贸易的担当者,也是中国与印度之间的贸易担当者[1]。结合吐鲁番阿斯塔那古墓发现的粟特文买卖突厥地区女婢的契约[2],我们也可以说,粟特人还是中国与北方游牧民族之间贸易的担当者,即如姜伯勤教授所强调的那样,粟特人实际上是中古时期丝绸之路贸易的担当者[3]。大概正是因为从北朝到隋唐,陆上丝绸之路的贸易几乎被粟特人垄断,所以我们在史籍中很少看到波斯商人的足迹,现代舞剧《丝路花雨》所描写的丝绸之路上的波斯商人,在唐朝时期更多是活跃在东南沿海地区,而非敦煌、吐鲁番等地,在北方丝路沿线发现的大量波斯银币和少量罗马金币,应当是粟特人贸易的印证,而不是钱币源出国的波斯人和拜占廷人的[4]。

5. 由聚落到乡里

粟特人建立的殖民聚落,可以举蒲昌海(罗布泊)地区的聚落作为典型。据敦煌文书《沙州伊州地志》和《沙州图经》记载,这是"贞观中(627—649),康国大首领康艳典东来,居此城(鄯善城),胡人随之,因成聚落",这也正是我们称这类胡人殖民地为"聚落"的根

---

[1] N. Sims-Williams, "The Sogdian Merchants in China and India", *Cina e Iran da Alessandro Magno alla Dinastia Tang*, ed. A. Cadonna e L. Lanciotti, Firenze 1996, pp. 45-67.
[2] 吉田丰、森安孝夫、新疆博物馆《麴氏高昌国时代ソグド文女奴隷売买文书》,《内陆アジア言语の研究》IV,1988年,1—50页+图版一。
[3] 姜伯勤《敦煌吐鲁番文书与丝绸之路》,北京:文物出版社,1994年,150—226页。
[4] 荣新江《波斯与中国:两种文化在唐朝的交融》,刘东编《中国学术》2002年第4辑,北京:商务印书馆,2002年,61—64页。

据[1]。在鄯善（后称石城镇）一带，还有随康艳典而来的粟特移民建筑的新城、蒲桃城、萨毗城，反映了粟特人城居生活形态和善于种植葡萄的本性，而且，这里还有维系胡人精神生活的祆教寺院——祆舍一座[2]。像这样还没有被唐朝中央政府和地方政府控制的粟特聚落，有其自身的文化生活，过去因为汉文史料对这种粟特聚落的内部生活记载绝少，因此不甚了了。近年来一系列粟特石棺床图像的发现，特别是安伽墓的图像，使我们了解到粟特聚落内宴饮、狩猎、会客、出访等日常生活场景，也获得了他们婚姻、丧葬、信仰等方面的信息[3]。

至于被中原王朝或地方政府改造成乡里的粟特聚落，由于敦煌藏经洞发现了大量的汉文文书，使我们今天对于敦煌地区从聚落到乡里的情形有比较透彻的了解。池田温先生《8世纪中叶敦煌的粟特人聚落》一文，根据敦煌文书《天宝十载（751）敦煌县差科簿》和相关敦煌写本，指出唐朝沙州敦煌县十三乡之一的从化乡，就是在粟特聚落的基础上形成的，其位置恰好就在敦煌城东一里的祆舍所在地，这里又称安城，是当地粟特民众精神信仰的中心。从化乡居民种族构成以粟特人为主，也有吐火罗人、汉人等，其公务负担有不少是从事非农业劳动，敦煌市场的管理者则出自该乡粟特百姓，表明他们的商业特性。8世纪中叶开始，由于粟特地区的动荡、唐朝的内乱、吐蕃对河西的占领，从化乡居民渐渐减少，到8世纪末吐蕃占领敦煌后最终消亡[4]。

---

[1] P. Pelliot, "Le 'Cha tcheou tou tou fou t'ou king' et la colonie sogdienne de la region du Lob nor", *Journal Asiatique,* 11 serie 7, 1916, pp. 111-123; 冯承钧译《沙州都督府图经及蒲昌海之康居聚落》，《西域南海史地考证译丛七编》，北京：商务印书馆，1957年，25—29页。
[2] 荣新江等编《从撒马尔干到长安——粟特人在中国的文化遗迹》，图版82—83并林世田解说。
[3] 荣新江《北朝隋唐粟特聚落的内部形态》，《中古中国与外来文明》，111—168页。
[4] 池田温《8世纪中叶における敦煌のソグド人聚落》，《ユーラシア文化研究》第1号，1965年，49—92页。

中古时期大批入华的粟特人并非都居住在以粟特人为主的胡人聚落里，他们有的进入漠北突厥汗国，有的入仕北魏、北齐、北周、隋、唐不同时代的各级军政机构，其中尤以从军者居多。固原南郊发现的两个史姓墓地的家族成员，基本上就是以军功彰显于世的。史射勿从北周保定四年（564）就跟从晋荡公东讨北齐。天和元年（566），又从平高公于河东作镇。二年正月，蒙授都督。同年二月，从郑国公征玉壁城。建德五年（576），又从申国公击破轵关，大蒙优赏。宣政元年（578），从齐王宪掩讨稽胡。隋开皇二年（582），从上开府、岐章公李轨出凉州，与突厥战于城北。三年，随上开府姚辩北征。十年正月，从驾辇往并州。十四年，转帅都督。十七年，迁大都督。十九年，又随越国公杨素绝大漠，大歼凶党，即蒙授开府仪同三司，以旌殊绩。同年十一月，敕授骠骑将军。二十年，又从齐王入碛[1]。仅此一例，即可看出粟特人随中原王朝将领南征北战的艰难历程。史射勿的子孙辈后来任唐朝监牧官，管理马匹，有的任中书省译语人，虽然都表现了粟特人见长的技能，但他们都已经脱离粟特聚落的主体，逐渐融合到中原汉文化当中去了。

唐朝统一帝国建立后，大多数在唐朝直辖州县区域内的粟特聚落基本变成乡里，聚落的粟特民众必然分散开来，这些粟特人虽然汉化，但他们的粟特人特征还是非常明显的，我们可以根据他们的姓名、婚姻、出身郡望、封爵地点、本人的技能等方面，来判断他们是否是粟特后裔。目前，已经出土的大量唐朝墓志都被刊布出来，与其他外来民族比较，粟特人或粟特后裔的人数要远远多于波斯人、印度人、吐火罗人，甚至多于比粟特诸国还近的西域诸国人，这不能不说是数百年来大批粟特人入华，并且入仕中原王朝的结果。

安史之乱以后，由于发动叛乱的安禄山、史思明都是粟特人，因

---

[1] 罗丰《固原南郊隋唐墓地》，北京：文物出版社，1996年，7—30、185—196页；荣新江等编《从撒马尔干到长安——粟特人在中国的文化遗迹》，图版19及毕波解说。

此在中原地区形成了一种排斥胡化，憎恨胡人的社会风潮，影响到一些粟特胡人的生存，他们有的用改变姓氏、郡望的方法极力抹掉自己的胡人特征，有的则迁徙到安史旧将所建的河北三镇，在那里没有对胡人的排斥，有的粟特人，如史宪诚、何进滔，在进入河北魏博节镇后得以发展，最后坐到了节度使的宝座上。在中原地区已经看不到的祆教祭祀活动，在中唐的河北地区，却仍然有新的祆祠被建立起来[1]。晚唐时，河北以及原六胡州的粟特胡人，加入到强劲的北方民族沙陀部当中，在沙陀三部落里，有两部的主体都是粟特人。这些粟特人又成为五代王朝的中坚力量，甚至像石敬瑭那样，当上了皇帝。

6. 粟特人与东西文化交流

作为丝绸之路上的商业民族，粟特人把东西方物质文化中的精粹，转运到相互需要的一方，中古中国许多舶来品，大到皇家狩猎队伍中的猎豹、长安当垆的胡姬，小到宫廷贵妇人玩耍的波斯犬、绘制壁画使用的胡粉香料[2]，其实都是粟特人从西方各国转运而来的，薛爱华（E. Schafer）教授用"撒马尔干来的金桃"涵盖唐朝所有的外来物品[3]，是极有见地的看法。粟特人用他们擅长的语言能力，在丝绸之路

---

[1] 荣新江《安史乱后粟特胡人的动向》，纪宗安、汤开建主编《暨南史学》第 2 辑，2003 年，102—123 页。

[2] 张广达《唐代的豹猎——文化传播的一个实例》，《唐研究》第 7 卷，北京大学出版社，2001 年，177—204 页；林梅村《粟特文买婢契与丝绸之路上的女奴贸易》，《文物》1992 年 9 期，49—54 页；收入《西域文明》，北京：东方出版社，1995 年，68—79 页；芮传明《唐代"酒家胡"述考》，《上海社会科学院学术季刊》1993 年第 2 期，159—166 页；蔡鸿生《唐代九姓胡与突厥文化》，北京：中华书局，1998 年；郑炳林《〈康秀华写经施入疏〉与〈炫和尚货卖胡粉历〉研究》，《敦煌吐鲁番研究》第 3 卷，1998 年，191—208 页。

[3] E. H. Schafer, *The Golden Peaches of Samarkand: a study of Tang exotics*, Berkerley, Los Angeles: University of California Press, 1963；吴玉贵汉译本题谢弗《唐代的外来文明》，北京：中国社会科学出版社，1995 年。

沿线传播着各种精神文化，包括其民族信仰祆教和后来皈依的佛教，安伽、史君、虞弘墓的祆教祭司形象和敦煌出土的一批粟特文佛典是最好的证明；而且，还有一些粟特人成为从波斯向中国传播摩尼教、景教的传教士，吐鲁番发现的粟特文摩尼教和景教文献，应当出自他们之手。此外，能歌善舞的粟特人以及他们翻领窄袖的衣着，也深深影响着唐朝的社会，引导着时代的风尚，成为繁荣昌盛的大唐文化的一个形象标志。

2004 年 3 月 28 日

第一编

粟特人的迁徙与聚落

西域粟特移民聚落补考

十多年来，笔者一直在追踪中古时期进入中国的中亚粟特人的踪迹，包括入仕北朝、隋、唐中央或地方官府的文官武将、生活在乡里或城市的百姓居民、沿着丝绸之路兴商贩易的商人行客、生活在由商队转变成的聚落当中的粟特移民。对于狭义的西域地区的粟特移民，曾撰写《古代塔里木盆地周边的粟特移民》一文，提交1992年在乌鲁木齐召开的"西域考察与研究"学术讨论会[1]。随后做了修订，以《西域粟特移民考》为名，收入会议论文集[2]。2001年，又改作《西域粟特移民聚落考》（以下简称《西域》），收入笔者有关中外关系史的论文集《中古中国与外来文明》[3]。这篇论文主要依据的是中国传统史籍和20世纪初叶以来出土的各种语言的文书。近年来，随着考古工作的进步，越来越多的相关考古文物被发现；一些过去发现的粟特文资料，也陆续得到解读。这些都增进了我们对西域粟特移民的认识。本文就是在笔者前文基础上，进一步追索西域粟特人及其聚落的遗迹，所讨论的地域范围较前文稍宽，即粟特本土（Sogdiana）以东的西域，都在本文讨论之内，这包括前文没有讨论的怛逻斯、碎叶、弓月、勃律、渴槃陀等地，以及笔者在另一篇文章《北朝隋唐粟特人之迁徙及其聚

---

[1]《西域研究》1993年第2期，8—15页。
[2] 马大正等编《西域考察与研究》，乌鲁木齐：新疆人民出版社，1994年，157—172页。
[3] 荣新江《中古中国与外来文明》，北京：生活·读书·新知三联书店，2001年，19—36页。以下所引，均据此书。

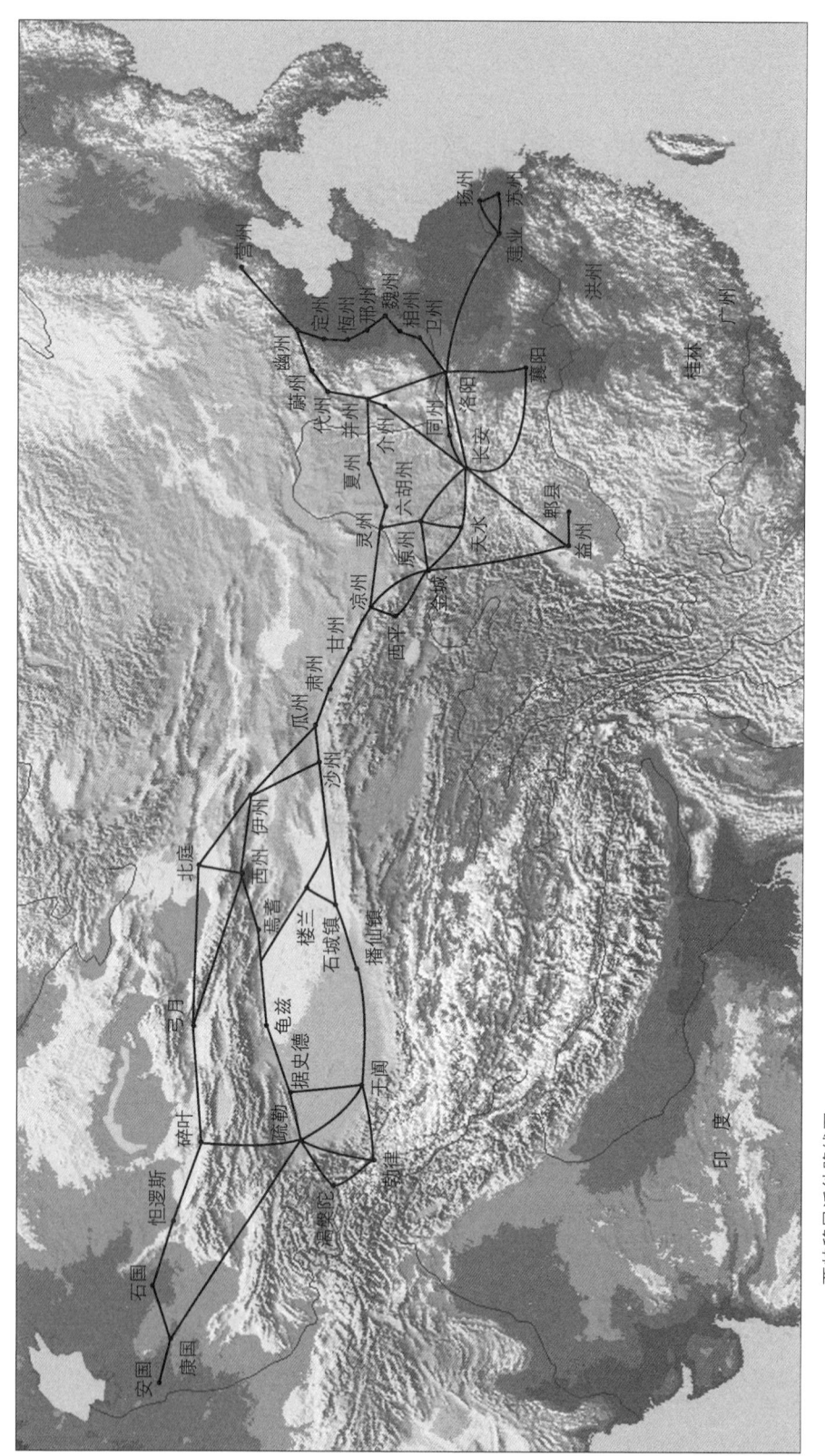

粟特移民迁徙路线图

落》讨论过的高昌地区[1]。(以下各篇均参前页粟特移民迁徙路线图)

怛逻斯、碎叶

张广达先生在《唐代六胡州等地的昭武九姓》一文中指出:"从种种迹象判断,粟特人的东来是沿着怛逻斯河(Talas)、楚河(Chu)流域推进的。7世纪20年代末到30年代,唐高僧玄奘(600—664)赴印求法,归来记述所历诸国情况时,不仅把乌浒水和药杀水之间的昭武九姓诸国地区称之为窣利(粟特),而且把从羯霜那延伸到碎叶城(Sūyāb)的地区也名之为窣利,这正是因为他看到碎叶城以西的楚河流域、怛逻斯河流域分布着一连串的粟特移民城镇,因而把这一地区纳入了窣利(粟特)的原故。"他举出《宋高僧传》卷一八《僧伽传》为例:"释僧伽者,葱岭北何国人也,自言俗姓何氏……详其何国在碎叶国东北,是碎叶附庸耳。"他指出僧伽的何国不是位于粟特中心的康国之西的何国(屈霜你伽),而是它的移民在碎叶城东北所建立的聚居地[2]。这一看法,诚为的论。

玄奘《大唐西域记》卷一记怛逻斯城:"城周八九里,诸国商胡杂居也。"又记素叶水城(碎叶城):"城周六七里,诸国商胡杂居也。"[3] 按怛逻斯城即今哈萨克斯坦的江布尔城,碎叶城在今吉尔吉斯斯坦的阿克贝西姆城(Ak-Beshim),这里所记载的商胡,应当就包括大量的粟特胡人。

2002年出版的魏义天(É. de la Vaissière)《粟特商人的历史》一

---

[1] 初刊于北京大学中国传统文化研究中心编《国学研究》第6卷,北京大学出版社,1999年,27—85页;收入《中古中国与外来文明》,37—110页。
[2] 原载《北京大学学报》1986年第2期;此据作者《西域史地丛稿初编》,上海古籍出版社,1995年,264页。
[3] 季羡林等《大唐西域记校注》,北京:中华书局,1985年,71、77页。

书，由于语言的隔阂，没有引用上述张广达先生的观点和《宋高僧传》的材料，但却补充了阿拉伯文献对粟特移民在七河流域（Semireč'e）扩张的记录，即纳尔沙希（M. Narshakhī）《布哈拉史》关于怛逻斯（Tarāz）附近的哈木卡特（Jamūkath）城建造的政治原因，是因为一些布哈拉（Boukhara，粟特安国）的贵族和商人因为阿布鲁依（Abrūī）的暴政而避难至此[1]。

我们所要补充的是，建立于神龙元年（705）前后的唐高宗与武则天合葬墓乾陵的六十一蕃人石像中，有"碎叶州刺史安车鼻施"的题名[2]。碎叶原属于西突厥汗国，显庆三年（658）唐朝灭西突厥汗国，在葱岭东西原西突厥汗国境内设立羁縻府州，碎叶州即其中之一。按照唐朝的羁縻州体制，刺史均由本地首领担任，那么这里记载的碎叶州刺史姓安，明显是位安国出身的粟特人。他的名字"车鼻施"可能是粟特语 čapiš（意为将军）的音译，此名常见于西突厥的官人姓名当中，所以也可能是来自突厥语的 čaviš（也是将军之意）[3]。由此看来，安车鼻施或是一个纯粹的粟特人，或是由于突厥的统治，已经是一个突厥化的粟特人了。无论如何，在7世纪中叶，碎叶地方首长由粟特人担任，这充分表明了粟特移民在这个城市的重要性，而羁縻州刺史一职一般是世袭担任的，那么是否碎叶州刺史一直为粟特安姓所出任，目前尚无史料证明。值得注意的是，根据上述《布哈拉史》的记

---

[1] É. de la Vaissière, *Histoire des Marchands Sogdiens* (Bibliothèque de l'Institut des Hautes Études Chinoises, vol. XXXII), Paris: Collège de France et Institut des Hautes Études Chinoises, 2002, pp. 120-123. 作者所据《布哈拉史》的英译本是 R. N. Frye (trad.), *The History of Bukhara*, Cambridge 1954. 相关部分的中文译文，可参看饶近龙、蓝琪译《布哈拉史》，《中亚史丛刊》第 5 期（《贵州师范大学学报》增刊），1987 年，113 页。
[2] 陈国灿《唐乾陵石人像及其衔名的研究》，原载《文物集刊》第 2 集，1980 年；此据作者修订本，见林幹编《突厥与回纥历史论文选集》，北京：中华书局，1987 年，391—392 页。
[3] Y. Yoshida, "Some Reflections about the Origin of *čamūk*", 森安孝夫编《中央アジア出土文物论丛》，京都：朋友书店，2004 年，130—132 页。

载,确实有不少安国的贵族和商人移民到这一地区。碎叶在调露元年(679)取代焉耆成为安西四镇之一,到天宝七载(748)毁于北庭节度使王正见之手。

怛逻斯和碎叶,位于从粟特地区向东的主要交通路线上,因此必然有大量的粟特胡人经停。从碎叶向东,沿天山北麓的草原之路,经弓月可以到达北庭;向南翻过天山,则可以到达拨换(今阿克苏)、龟兹等绿洲王国。

弓 月

据《新唐书》卷四〇《地理志》所记北庭至碎叶的道路,沿途经过的最重要的城镇是伊丽(伊犁)河东的弓月城。王国维认为,唐代的弓月城就是元代的阿力麻里城,大多数学者遵从其说,其地在今伊宁地区霍尔果斯北面的废城,但也有一些不同的说法[1]。在没有坚实的考古、文献资料被发现之前,弓月城的具体位置恐怕难以确定,但大体范围在今霍城一带。我们不是要讨论弓月城的地理位置,而是想指出,唐朝前期的弓月城曾经也是粟特商人的一个商品集散地,证明这一看法的是吐鲁番阿斯塔那古墓出土的《唐西州高昌县上安西都护府牒稿为录上讯问曹禄山诉李绍谨两造辩辞事》。这件文书残存八个断片,内容是官府审讯时双方辩词的记录[2]。通过学者的整理,已经大体上可以明了文书的

---

[1] 王国维《长春真人西游记注》卷上,作者《蒙古史料校注》,1926年;岑仲勉《弓月之今地及其语原》,作者《西突厥史料补阙及考证》,北京:中华书局,1958年,186—193页;松田寿男《弓月考》,作者《古代天山历史地理学研究》,陈俊谋汉译本,北京:中央民族学院出版社,1987年,387—427页。不同的说法见孟凡人《弓月城和阿力麻里城方位考》,原载《中国史研究》1979年第4期;此据作者《新疆考古与史地论集》,北京:科学出版社,2000年,291—297页。
[2] 《吐鲁番出土文书》第叁册,北京:文物出版社,1996年,242—247页。

内涵，但对于其中的年代、地理等问题还有一些不同的看法[1]。因为辩词各说各的，笔者这里按照自己的理解，把相关文字按考证所得的时间顺序，引述如下，后面括注文字所在残片和行数：

咸亨二年（671）某月，粟特胡曹禄山在高昌县状告京师汉商李绍谨，说乾封二年（667），禄山兄曹炎延与李绍谨等自京师，经安西，至弓月城买卖。"李〔绍〕谨当时共兄同伴，向弓月〔城〕，并共曹果毅及曹二（又名曹毕娑），并外甥居者（后残）"（Ⅱ/2-4）。李绍谨承认"向弓月城去时，从安〔西逐兴〕生胡向弓月城去"（Ⅲ/12-14）。总章三年（670）年初，李绍谨（又名李三）在弓月城举借曹炎延"二百七十五匹绢"（Ⅰ/6-7）"付练之日，有曹毕娑及曹果毅知见"（Ⅶ/2-3）。二月或稍前，李绍谨与曹炎延"两个相共从弓月城向龟兹"（I/8-12），"从弓月城行百里许，即逢安西有使四人"（Ⅳ 2-3），但炎延未达。随后，而"身（曹禄山）及外甥儿逐李三后去〔龟兹〕"（Ⅱ/8-10），"其曹果毅及曹二留住弓月城"（Ⅱ/2-4）。后"〔……〕向已西去，在不今不知，见在何处者"（Ⅶ/3-4）。总章三年三月改元咸亨元年（670）。四月，安西陷蕃，"禄山〔……〕者等，从安西共李三同〔至高昌〕"（Ⅲ/1-2）。二年（671），曹禄山因不见其兄，故于高昌状告李绍谨。

这件文书虽然已经残缺，但是却提供给我们丰富的粟特商人贸易活动的信息。其中讲到曹炎延、曹果毅、曹毕娑等粟特商人从长安出

---

[1] 相关的主要研究有王明哲《吐鲁番出土有关弓月城文书初析》，《西域史论丛》第1辑，乌鲁木齐：新疆人民出版社，1985年，171—181页；黄惠贤《〈唐西州高昌县上安西都护府牒稿为录上讯问曹禄山诉李绍谨两造辩辞事〉释》，唐长孺编《敦煌吐鲁番文书初探》，武昌：武汉大学出版社，1983年，344—363页；王小甫《唐吐蕃大食政治关系史》，北京大学出版社，1992年，72—73页；荒川正晴《唐帝国とソグド人の交易活动》，《东洋史研究》第56卷第3号，1997年，185—188页；又 "The Transit Permit System of the Tang Empire and the Passage of Merchants", *The Memoirs of the Research Department of the Toyo Bunko*, 59, 2002, pp. 7-18；又《唐代粟特商人与汉族商人》，提交"粟特人在中国"国际学术讨论会论文，北京，中国国家图书馆，2004年4月23—25日。

发,与汉商李绍谨同行到弓月城,李向曹炎延借二百七十五匹绢,可见曹炎延在此地一定有不少的商品储存,他的兄弟曹禄山和外甥随后而到,似表明弓月是他们家族贸易的一个重要据点。以后李绍谨到龟兹,曹禄山随后赶到,发现兄长不在,但他在弓月从曹果毅和曹毕娑处得知兄长借练给李的事实,所以当两人都到达高昌后,即向官府提出诉讼。在曹禄山从弓月走了以后,曹果毅等二人则更向西方去贸易。由此我们可以看出以弓月城为中心,东向长安,西往粟特,南到龟兹、高昌的粟特商人贸易路线,而弓月城正是这些曹姓粟特商人的贸易中转站。

钵庐勒·勃律

勃律地区在古代有各种不同的称谓,这里仅举《宋云行记》的"钵庐勒"和新、旧《唐书》的"勃律"作为代表,因为前者接近我们所举出的史料的年代,后者则更为通行。钵庐勒在今克什米尔北境印度河上游,唐代分大、小勃律,大勃律对应于 Baltistan,小勃律对应于吉尔吉特(Gilgit)[1]。

1979 年开始,德国和巴基斯坦两国考古学者在中巴友谊公路(Karakorum Highway)巴基斯坦一侧,沿着印度河上游的古代丝绸之路,进行了细致的考古调查,在奇拉斯城(Chilas)和夏提欧村(Shatial)之间的河两岸,发现超过六百条粟特文题记,此外在更北边的洪札(Hunza)地区,也有少量发现,与粟特文同时发现的,还有佉卢文、婆罗谜文、汉文、藏文、大夏文、帕提亚文、中古波斯文,甚至叙利亚文和希伯来文的题记。这些粟特文的题记很短,大多数是一些过往行人的题名,没有明确的年代记载,但根据粟特文

---

[1] 参看张广达、荣新江《勃律》,《中国大百科全书·中国历史》I,北京:中国大百科全书出版社,1997 年,52 页。

的正字法和其他题记的年代，大体上可以判断这些题记书写的年代在公元4—6世纪[1]。解读这些粟特铭文的辛姆斯—威廉姆斯（N. Sims-Williams）教授指出，在这些题名中，有来自粟特本土的塔什干（Tashkent）的石国人、弭秣贺（Māymurgh）的米国人、片吉肯特（Panjikent）附近的 Farn-mēthan 人、瑟底痕（Ishītīkhan）的西曹国人、撒马尔干（Samarkand）的康国人、屈霜你迦（Kushānika）的何国人等，表明粟特商人经巴克特里亚地区来到这里，与印度人贸易。他还讨论了马雍先生研究过的洪札地区发现的一则"大魏使谷巍龙今向迷密使去"汉文题记，认为这个北魏使者可能是陪同出使北魏的米国使者回国，但为了与印度人贸易而选择了经过勃律的这条偏南的道路[2]。这些粟特文题记的发现，说明在粟特商人大举向塔里木盆地和中国本土进发的同时，也越过吐火罗斯坦，向印度、西藏方向挺进，但吉尔吉特的夏提欧是否就是粟特商人在这个方向所走的尽头[3]，恐怕还不能就此下结论，因为我们从汉文史料得知，重利的粟特商人是"无远弗至"的。

渴槃陀·葱岭镇

渴槃陀，又作汉盘陀、诃盘陀、喝盘陀、羯盘陀等，即今新疆

---

[1] N. Sims-Williams, "The Sogdian Inscriptions of the Upper Indus: a preliminary report", *Antiquities of Northern Pakistan. Reports and Studies*, 1: Rock inscriptions in the Indus Valley, ed. K. Jettmar, Mainz 1989, pp. 131-137. 这些题记已由同一作者刊布：*The Sogdian and Other Iranian Inscriptions of the Upper Indus,* I, London 1989, II, 1992。

[2] N. Sims-Williams, "The Sogdian Merchants in China and India", *Cina e Iran da Alessandro Magno alla Dinastia Tang,* ed. A. Cadonna and L. Lanciotti, Firenze 1996, pp. 55-57.

[3] 这是主持这项考古调查的 K. Jettmar 教授的看法，见所撰 "Introduction", *Antiquities of Northern Pakistan. Reports and Studies,* 1: Rock inscriptions in the Indus Valley, pp. xlii-xlix; idem., "Sogdians in the Indus Valley", *Histoire et cultes de l'Asie centrale préislamique,* ed., P. Bernard and F. Grenet, Paris 1991 (1992), pp. 251-253。

塔石库尔干，唐开元时立为葱岭镇，又升为葱岭守捉。其地位于从塔里木盆地向西翻越帕米尔（葱岭）高原的路上，玄奘从印度回国，就是由瓦汗山谷到渴槃陀，进入西域南道。慧超则是从胡蜜到葱岭镇，进入西域北道。天宝六载（747）高仙芝征小勃律，就是从安西（龟兹）出发，经疏勒、葱岭守捉，过播密川（瓦汗山谷），南下小勃律的。这里应当是从吐火罗斯坦和勃律地区进入塔里木盆地的粟特商人必经之地，上述巴基斯坦北部印度河上游发现的一则粟特文题记，证明了这一看法。这条题记发现于夏提欧，据辛姆斯—威廉姆斯教授的翻译，可以转译如下："〔我〕，纳里萨夫（Narisaf）之〔子〕娜娜槃陁（Nanai-vandak）于十〔年（？）〕至〔此〕，并请圣地 K'rt 之魂予以恩赐，让我快些顺利到达渴槃陀（xrβntn），去看望〔我〕健康愉快之兄长。"[1] 渴槃陀的比定是根据吉田丰教授的研究成果[2]。而葱岭地区的交通路线，则可参看王小甫教授的详细考察[3]。

于 阗

我们在《西域》一文中，根据贝利（H. W. Bailey）的辑录和翻译，把和田地区出土的于阗语文书中有关粟特（sūlī，复数形式是 sūlya）的材料提示出来。2002 年出版的施杰我（P. O. Skjaervo）编著《英国图书馆藏新疆出土于阗语写本》一书，没有超出贝利的资料，作

---

［1］ N. Sims-Williams, *The Sogdian and Other Iranian Inscriptions of the Upper Indus,* I, London 1989, p. 23; idem., "The Sogdian Merchants in China and India", p. 54.

［2］ 吉田丰《ソグド语杂录（Ⅲ）》，《内陆アジア言语の研究》V，1989 年，91—93 页；Y. Yoshida, "Sogdian Miscellany Ⅲ", *Corolla Iranica. Papers in honour of Prof. Dr. David. Neil MacKenzie on the occasion of his 65th birthday on April 8th, 1991*, ed. by R. E. Emmerick & D. Weber, Frankfurt am Main 1991, pp. 237-238.

［3］ 王小甫《七八世纪之交吐蕃入西域之路》，《庆祝邓广铭教授九十华诞论文集》，石家庄：河北教育出版社，1997 年，74—85 页。

者也把 *sūlī*、*sūlya* 译作"粟特人",但有些文书的前后文意与贝利的翻译有所不同[1]。在《西域》一文发表后公布的俄罗斯科学院东方学研究所圣彼得堡分所收藏的彼得罗夫斯基(N. F. Petrovsky)收集的于阗语文书中,编号 SI P 103.41 的文书上,有 *sūlya* 一词,恩默瑞克(R. E. Emmerick)和沃罗比耶娃—捷夏托夫斯卡娅(M. I. Vorob'eva-Desjatovskaja)译作"商人"[2]。吉田丰在给他们的刊本所写的书评中指出,这里的 *sūlya* 可能仍是该词本来的意思,即"粟特人",他还提示了和田发现的若干粟特文材料,包括拙文所未及的 Trinkler 和 Francke 收集品中各一件残片和斯坦因所得一枚带粟特文的印章[3]。SI P 103.41 号文书是萨波 Ssanīraka 给杰谢(Gaysāta)斯略(Sīdaka)及其他征收钱者的命令,其中说:"仍有很多缺少的物品,现这些所有的东西由于粟特人而变得非常棒了。自从粟特人到达这里,迄今已经过去了两个月,你们还没有收上来任何东西。"[4] 这为我们理解粟特人在于阗王国东北边镇杰谢地区的活动,增加了新的素材。

在圣彼得堡东方学研究所收藏的"敦煌"(Dx)编号的文书中,也阑入一组俄国早年收集的和田出土汉文文书,其中编作 Dx.18925 的一件,我们定名为《某年正月六城都知事牒为偏奴负税役钱事》,文书上下残阙,文意不完整,其中似乎是说于阗负钱人向"族落安达汉"

---

[1] *Khotanese Manuscripts from Chinese Turkestan in the British Library: A Complete Catalogue with Texts and Translations,* by P. O. Skjaervo with contributions by U. Sims-Williams (*Corpus Inscriptionum Iranicarium,* Part Ⅱ, vol. Ⅴ, texts Ⅵ), London: The British Library, 2002, pp. 6, 86, 103, 104, 109, 115, 132, 166.

[2] *Saka Documents Text Volume Ⅲ: the St. Petersburg collections (Corpus inscriptionum Iranicarum,* Part Ⅱ: *Inscriptions of the Seleucid and Parthian periods and of Eastern Iran and Central Asia,* Vol. Ⅴ: Saka), by Ronald E. Emmerick and Margarita I. Vorob'eva-Desjatovskaja with contributions by H. Kumamoto, P. O. Skjaervo, H. Vetch, and Zhang Guangda, London: School of Oriental and African Studies, 1995, p. 152.

[3] *Bulletin of the School of Oriental and African Studies,* 60.3, 1997, pp. 568-569.

[4] *Saka Documents Text Volume Ⅲ: the St. Petersburg collections,* pp. 152-153.

借钱事[1]。这位安达汉很可能是生活在于阗王国东北地区羁縻州之一六城州下属杰谢镇的粟特人，之所以在他的名字前面贯以"族落"二字，或许是因为他生活在当地的粟特族落中。

杰谢即今丹丹乌里克遗址，近年来在这里发现了一些佛寺壁画，上面有着浓厚的琐罗亚斯德教（中国称祆教）的神像风格，使得我们在考虑这些图像的来源时，自然而然地和在此地生活的粟特人联系起来[2]。从已知的文献和图像材料来看，粟特人曾经在于阗的杰谢地区经商和居住生活，已是无可怀疑的了。

今和田北面的麻札塔格（Mazar Tagh）是于阗王国北方的边镇，唐朝时名为"神山"，它控制着沿和田河向北通往据史德（巴楚图木舒克）的道路，我们曾经列举这里出土的于阗文、粟特文、藏文文书，来证明粟特人在此的行迹。新发表的一些汉文文书进一步补充了我们的认识，即 Mazar Tagh 092（Or.8212/1557）唐朝时期的残过所，上有"别奏康云汉、作人石者羯、都㇎（中缺）、奴伊礼然、奴伏浑"等名[3]，或许是一个经过神山的粟特使团的记录。Mazar Tagh 0634《唐贞元六年（790）神山馆馆子王仵郎抄》记有"善政坊罗勃帝芬"[4]，此人虽然是罗姓，但完全是粟特式名字（*pwtyprn*）[5]，他应当是住在于阗王城中的胡人。

---

[1] 图版见《俄藏敦煌文献》第 17 册，上海古籍出版社，2001 年，286 页。录文见施萍婷《俄藏敦煌文献经眼录》（二），《敦煌吐鲁番研究》第 2 卷，北京大学出版社，1997 年，330 页；张广达与荣新江合撰《圣彼得堡藏和田出土汉文文书考释》，《敦煌吐鲁番研究》第 6 卷，北京大学出版社，2002 年，230 页。
[2] 参看拙文《佛像还是祆神？——从于阗看丝路宗教的混同形态》，《九州学林》第 1 卷第 2 期，香港：香港城市大学中国文化研究中心，上海：复旦大学出版社，2003 年，93—115 页。
[3] 陈国灿《斯坦因所获吐鲁番文书研究》，武汉大学出版社，1994 年，503 页。
[4] 同上书，507 页，录"帝"作"金"，误。
[5]《唐代コータン地域のulayについて——マザル＝ターク出土、ulaγ关系文书的分析を中心にして》，《龙谷史坛》第 103、104 合刊号，1994 年，38—39 页，注 24（吉田丰意见）。

楼兰·鄯善

我们在《西域》一文中曾揭示出建兴十八年（330）的汉文木简上所记录的粟特胡人的情形，这无疑有助于判定敦煌出土的粟特文古信札的年代，而且是粟特商人与鄯善王国关系的最好证明。吉田丰《中国和印度的粟特商人补记》也讨论了粟特商人与楼兰王国问题，指出大谷 6117 号粟特文残片很可能发现于楼兰遗址，是与李柏文书（写于 328 年）同出的材料[1]。敦煌发现的粟特文第 2 号古信札说到粟特人和印度人在洛阳一起饿死的情况，恒宁（W. B. Henning）认为这里的印度人指的是那些住在楼兰（Kr'wr'n）或鄯善、操尼雅俗语的印度人[2]。第 6 号古信札第 5 行提到了粟特人要去楼兰进行贸易的事情[3]。粟特人的贸易对象，可能是楼兰本地人，也可能是当地讲尼雅俗语的印度人，但有许多粟特商人的贸易例证表明，他们也可能是到楼兰与从西边来的粟特商人进行贸易，或者说是从河西到楼兰去取一批货物，因为那里有为数不少的粟特商人，向更东方的粟特商人提供货物。

龟 兹

上文《弓月》一节引用的《唐西州高昌县上安西都护府牒稿为录上讯问曹禄山诉李绍谨两造辩辞事》，提到有粟特商人经行龟兹，但这

---

[1] Yutaka Yoshida, "Additional Notes on Sims-Williams' Article on the Sogdian Merchants in China and India", *Cina e Iran da Alessandro Magno alla Dinastia Tang*, pp. 69-70. 该文书的转写翻译，见百济康义、ヴェルナー・ズンダーマン、吉田丰《イラン语断片集成・大谷探检队收集・龙谷大学所藏中央アジア出土イラン语资料》，京都：法藏馆，1997 年，解说编 105—106 页，图版编 32 页。

[2] W. B. Henning, "The Date of the Sogdian Ancient Letters", *Bulletin of the School of Oriental and African Studies*, XII , 1948, p. 603, n. 3.

[3] N. Sims-Williams, "The Sogdian Merchants in China and India", p. 49.

条史料所叙述的史事表明，粟特商人在此只是经过而已。事实上，龟兹地区应当有不少粟特的定居移民。

20世纪初叶，伯希和（P. Pelliot）在库车西约23公里处的Douldour-āqour（简称D.A.，今称作玉其土尔和夏克土尔）遗址[1]，发掘了一批唐代汉文文书，编作Pelliot chinois D.A. 1—249号。在《西域》一文中，笔者根据在巴黎国立图书馆抄录的部分文字，提示了其中有关粟特移民的内容。现在这批文书已经由童丕（Éric Trombert）先生整理出版，使我们可以看到有关粟特移民记载的更详细内容。

Pelliot chinois D.A. 24负钱人"安元俊"名后，还有负钱人"罗胡〔数？〕芬"[2]。一般认为，罗姓胡人主要是来自吐火罗斯坦的胡人，但敦煌吐鲁番文书中所见的罗姓胡人，其人名的原语往往是来自粟特文[3]。这里的"胡〔数？〕芬"也颇似粟特胡人名，因此，安元俊和罗胡〔数？〕芬都应当是龟兹地区的胡人。

Pelliot chinois D.A. 80《状文》中有"石啜祇承上户差科不曾有〔闲？〕"，这里的石啜，童丕先生认为可能是龟兹人或突厥人，因为"啜"是突厥的官称[4]。但石姓是塔石干出身的粟特人进入中国后所使用的汉姓，所以这个人更可能是一个粟特人，只不过已经突厥化了，因此用突厥语的"啜"（čor）作为自己的名字。从内容上来看，这位石啜在当地服差科之役，已经是龟兹的百姓了。

---

〔1〕 关于这一遗址，参看 Site de Koutcha: Douldour-aqour et Soubachi (Planches), ed. L. Hambis, Paris 1967; Koutcha, Temples construits: Douldour-aqour et Soubachi (Texte), Paris 1982; 王炳华《新疆库车玉其土尔遗址与唐安西柘厥关》，作者《丝绸之路考古研究》，乌鲁木齐：新疆人民出版社，1993年，82—105页。

〔2〕 Les Manuscrits Chinois de Koutcha: Fonds Pelliot de la de la Bibliothèque Nationale de France, par Éric Trombert avec la collaboration de Ikeda On et Zhang Guangda, Paris : Institut des Hautes Études Chinoises du Collège de France, 2000, pp. 59-60.

〔3〕 吉田丰《Sino-Iranica》，《西南アジア研究》第48号，1998年，37页。

〔4〕 Les Manuscrits Chinois de Koutcha, pp. 81-82.

我在《西域》文中引用过 Pelliot chinois D.A. 93 号有"怀柔坊□丁安拂勒",童丕先生所录本件的全部文字是:"怀柔坊〔样?〕丁安拂勒资钱壹阡伍佰文今分付安仁坊防御人张嘉兴母裴大娘领。"[1] 怀柔坊应当是龟兹都督府城内的坊名,名称取意于"怀柔远夷",安拂勒从姓来看,是出身布哈拉的粟特人,或许龟兹都督府的怀柔坊正是安置西来胡人的地方。龟兹的怀柔坊让我们联想到长安的怀远坊,取义相同,而且粟特人安元寿的夫人翟六娘就住在那里[2],可能最早也是胡人比较集中的地方。

Pelliot chinois D.A. 107 号《付粮历》中,有"曹舍利,付身,四斗";"米恒,四斗";"安失发十二斗,当取";这三个人名在下面的帐目中再次出现。童丕先生把曹舍利的"舍利",译成 ācaryā[3]。按 ācaryā 汉文一般译作"阇梨","舍利"一般对应于佛教梵文的 Śarīra。不过这里的"舍利"很可能是译自粟特文,曹姓粟特人的可能来历是苏对沙那(Sutrūshānā/Ushrūsānā)的东曹国、劫布呾那(Kapūtānā)的曹国或瑟底痕(Ishtīkhan)的西曹国。米姓粟特人则来自弭秣贺(Māymurgh)的米国。

大谷探险队在同一遗址所得汉文文书中,也有一些粟特人的记载。其中大谷 1505《契约》残文中,有"保人安屯狼"[4]。保人是粟特人在丝路城镇中经常扮演的角色。大谷 1506《人名记录》上,有"石惨(?)琰"名;大谷 1524《人名记录》上,有"安伏稍"名[5];因为前后残缺,内容不详,似为派役的文书。另外,库木吐喇出土的大谷 8056 文书为《唐大历十六年(781)六月米十四举钱契》[6],米姓一般来自粟特

---

[1] Les Manuscrits Chinois de Koutcha, p. 88.
[2] 《全唐文补遗》第 2 辑,西安:三秦出版社,1995 年,470 页。参看《中古中国与外来文明》,83 页。
[3] Les Manuscrits Chinois de Koutcha, pp. 94-95.
[4] 小田义久编《大谷文书集成》第 1 卷,京都:法藏馆,1984 年,72 页。
[5] 《大谷文书集成》第 1 卷,72、76 页。
[6] 小田义久编《大谷文书集成》第 3 卷,京都:法藏馆,2003 年,222 页。

米国，则这里借钱者是住在龟兹的粟特后裔。大谷8074《安西差科簿》有"安拂延"名[1]，说明粟特人和当地百姓一样，也承担着地方的徭役。

以上 Douldour-āqour 出土的资料，反映的都是唐朝时期的情况，我们在《西域》一文中所举的伊朗语摩尼教文献资料，根据新疆发现的大多数摩尼教文献的年代，应当也不会早于公元8世纪。那么，粟特人最早是什么时候来到龟兹的呢？迄今发现的文献材料没有记录，但图像资料却提供了一些线索。

在克孜尔等龟兹石窟的壁画上，有许多商人形象，朱英荣、韩翔两位先生认为都是龟兹商人[2]；李明伟先生也认为这些图像中有龟兹商人，但他同时把这些商旅形象和丝路贸易联系起来，强调其不是古代印度社会的反映，而是西域地区的商业生活，其中也有波斯商人[3]；张庆捷先生在论述丝绸之路上的商队时，虽然没有指明克孜尔石窟壁画上商人的族属，但他提供了大量陶俑、壁画、雕刻的伊朗系统胡商形象作为对比资料[4]；影山悦子博士对比了克孜尔石窟中的商人头戴的白色帽子和安伽墓的粟特萨保以及片吉肯特壁画上的粟特商人所戴的白帽子，最早指出这些商人实际是粟特商人的形象，年代为公元7世纪早期（初唐）[5]。笔者在前人研究的基础上，彻底收集了龟兹石窟，包括克孜尔石窟、库木吐喇石窟、森木塞姆石窟、克孜尔尕哈石窟、台台尔石窟中表

---

[1]《西域考古图谱》，东京，1915年，史料18—5；池田温《中国古代籍帐研究》，东京大学出版会，1979年，383页；《大谷文书集成》第3卷，228页。关于"拂延"的其他例子和语源，参看吉田丰《Sino-Iranica》，37页。

[2] 韩翔、朱英荣《龟兹石窟》，乌鲁木齐：新疆大学出版社，1990年，285—286页；朱英荣《龟兹石窟研究》，乌鲁木齐：新疆美术摄影出版社，1993年，20—21页。

[3] 李明伟《莫高窟和克孜尔石窟壁画中的丝路贸易》，段文杰等编《（1990年）敦煌学国际研讨会文集：石窟考古编》，沈阳：辽宁美术出版社，1995年，426—427页。

[4] 张庆捷《北朝隋唐的胡商俑、胡商图与胡商文书》，荣新江、李孝聪编《中外关系史：新史料与新问题》，北京：科学出版社，2004年，173—203页。

[5] 影山悦子《粟特人在库车：从考古和图像学角度来研究》，提交"粟特人在中国"国际学术讨论会论文。

现印度商队首领萨薄的形象材料,指出这些佛教壁画上所描绘的萨薄及所率领的商人的形象,实质已转换成了当时西域地区常见的粟特商人的模样,因为虽然当地的画家力图表现的是佛经中的印度商人的原形,但他们所熟悉的是经行此地的粟特商人,因此有意无意地把佛经中的印度萨薄转换成了粟特萨保的形象了[1]。根据霍旭初先生的研究,在龟兹石窟的初创期(公元3世纪末至4世纪中),壁画中未见商人题材,到了发展期(4世纪中至5世纪末),开始出现[2]。这显然是受到丝绸之路上粟特商人活动的影响,我们从敦煌发现的粟特文古信札得知,粟特人从公元4世纪初叶开始,就在丝绸之路上形成了自己的贸易网络,他们在龟兹的出现也应当可以追溯到4世纪初期。

我们之所以特别强调从佛教文献中所记载的印度萨薄到伊朗文化系统的粟特萨保的转换,是因为萨薄和萨保所代表的宗教系统完全不同,后者作为粟特商队首领,同时也兼理粟特人所信仰的琐罗亚斯德教的宗教事务。影山悦子博士在上述《粟特人在库车》文章中还指出,原本被认为是出自焉耆的一件埋葬粟特祆教徒的纳骨瓮(ossuary),实际上和另外一件纳骨瓮一样,年代都是属于8世纪,而且都出土于龟兹城东部的营垒之外的麻扎布坦村,而据汉文文献记载,吐鲁番和敦煌地区祭祀胡天(或称祆神)的祆庙,都是建造在城的东面[3]。虽然资料尚不充分,

---

[1] 荣新江《萨保与萨薄:佛教石窟壁画中的粟特队商首领》,提交"粟特人在中国"国际学术讨论会论文。
[2] 霍旭初《克孜尔石窟前期壁画艺术》,作者《龟兹艺术研究》,乌鲁木齐:新疆人民出版社,1994年,44—45页。
[3] 见影山悦子《粟特人在库车:从考古和图像学角度来研究》。其所据考古报告见黄文弼《1957—1958年新疆考古发掘报告》,北京:文物出版社,1983年,59—60页,图9,附42/6,43/1、2。她对其中一件误作焉耆出土的纳骨瓮的详细研究,见《东トルキスタン出土のオッスアリ(ゾロアスター教徒の纳骨器)について》,《オリエント》第40卷第1号,1997年,80—81页。林梅村也提到库车出土的祆教纳骨瓮,见所撰《从考古发现看火祆教在中国的初传》,原载《西域研究》1996年第4期;此据作者《汉唐西域与中国文明》,北京:文物出版社,1998年,107页。

但有理由认为，在7、8世纪的唐朝时期，龟兹城东存在着一个粟特聚落，他们和当地的佛教信徒不同，信奉着本民族传统的祆教。

焉耆

我们在《西域》一文谈到焉耆的粟特人时，漏掉了一条重要的材料，即吐鲁番出土文书《唐垂拱元年（685）康尾义罗施等请过所案卷》里作为保人的"乌耆人曹不那遮"[1]。"乌耆"即"焉耆"，曹不那遮从名字来看，显然是粟特人，他是在西州（吐鲁番）为前往长安的粟特商人担保的。一般契约上的保人，都是有户籍的编户。虽然这只是一个个案，但却是明确记载的已经著籍焉耆的粟特胡人，为粟特人在焉耆提供了强有力的证据。

可以为粟特人在焉耆提供佐证的文物资料，是1989年在焉耆七个星乡老城村发现的一组银器，其中有带有粟特语铭文的银碗[2]。这些银器的发现地七个星乡，正好位于丝绸之路经行焉耆的干道上，它们明显是粟特商人留下的器物，反映了粟特商人经过此地的情形。吉田丰教授认为，这些铭文的字体和粟特文古信札以及印度河上游岩刻铭文

---

[1]《吐鲁番出土文书》第叁册，346—350页。
[2] 这批文物的报告尚未发表，2004年8月1日，我们在巴州博物馆参观，看到部分银器，为此我要特别感谢该馆负责人覃大海先生给予的关照。部分文物见于一些展览图录：新疆文物局等编《新疆文物古迹大观》，乌鲁木齐：新疆美术摄影出版社，1999年，184—185页；东京国立博物馆编《日中国交正常化30周年记念特别展：シルクロード・绢と黄金の道》，东京国立博物馆，2002年，48、154页；中国历史博物馆、新疆文物局编《天山古道东西风・新疆丝绸之路文物特辑》，北京：中国社会科学出版社，2002年，282—285页；J. C. Y. Watt et al., China. Dawn of a Golden Age, 200-750 AD, New York: The Metropolitan Museum of Art, 2004, pp. 185-188. 相关研究，见孙机《七驼纹银盘与飞廉纹银盘》，《中国圣火——中国古文物与东西文化交流中的若干问题》，沈阳：辽宁教育出版社，1996年，156—177页；林梅村《中国境内出土带铭文的波斯和中亚银器》，原载《文物》1997年第7期；此据作者《汉唐西域与中国文明》，160—164页；齐东方《唐代金银器研究・唐代金银器与外来文明》，北京：中国社会科学出版社，1999年，254—255页。

的字体一样古老[1]，表明是7世纪以前的遗物，透露了粟特人经过这里的大致时代。

高昌·西州

我们在《北朝隋唐粟特人之迁徙及其聚落》一文中曾说，虽然现存的吐鲁番文书中粟特人名的大量出现是在6世纪，但据安乐城废址出土的《金光明经》卷二题记上胡天的记载，可知粟特人应当早在5世纪前半即已进入高昌，其聚落的位置很可能是在高昌城东部，这和敦煌粟特人聚落的位置正好相同[2]。最近，在位于高昌古城外东北方向的巴达木乡，发现了一处墓地，出土有延昌十四年（574）的《康房奴及妻竺氏墓表》和延寿七年（630）《康浮面墓志》[3]，表明在墓地附近，应当有一个粟特人聚落，这个聚落正好可以使我们和高昌城东的胡天神祠联系起来。

新发现的《康房奴及妻竺氏墓表》虽然内容非常简单，但却有着重要的学术意义。过去我们所能见到的吐鲁番地区以土葬方式埋葬的最早的粟特人，是黄文弼所获《唐麟德元年（664）翟那宁昏母康波蜜提墓志》所记的墓主人[4]，因而促使我们认为吐鲁番当地信奉祆教的粟特人可能长期采用了天葬的方法处理死者[5]。影山悦子博士发现

---

[1] 吉田丰《ソグド语资料から见たソグド人の活动》，《岩波讲座世界历史》11《中央アジアの统合9—16世纪》，东京：岩波书店，1997年，231页。
[2] 荣新江《中古中国与外来文明》，44—45页。
[3] 李肖先生见告，特此致谢。
[4] 黄文弼《高昌砖集（增订本）》，北京：中国科学院1951年，53页；《唐代墓志汇编》麟德010，上海古籍出版社，1992年，402页；《全唐文补遗》第7辑，西安：三秦出版社，2000年，502页。
[5] 荣新江《祆教初传中国年代考》，原载《国学研究》第3卷，北京大学出版社，1995年；此据作者《中古中国与外来文明》，298页。

吐峪沟沟口出土的两个纳骨瓮，应当是粟特祆教徒的遗骸[1]。新发现的《康虏奴及妻竺氏墓表》，年代早在高昌王国的延昌十四年，在目前所知土葬的入华粟特人中，年代仅仅晚于北周天和六年（571）的康业墓[2]，这表明进入吐鲁番的粟特人，也很早就采用了当地汉族百姓的土葬形式，但在吐鲁番盆地的另外一些地方，则同时采用粟特的丧葬方式。

通过以上论证，我们可以看出，从粟特本土向东，几乎每一个大的城镇或者是位于重要的交通干道上的一些小城镇，都有粟特人的身影。虽然史料极其零碎，但我们把零散的资料汇在一起，就不难看出，粟特商人可以说是前赴后继，无孔不入，不论是北方草原路上的弓月，还是南向印度的洪扎河谷，不论是葱岭高原上的渴槃陀，还是塔里木盆地中的神山堡，都成为他们的商贸据点，甚至成为他们的货物集散地。粟特商人并不总是由西向东兴贩宝石香料，他们也以长安、武威等中原城市为基地，由东向西转运金银丝绢，不论向东还是向西，于阗、楼兰、龟兹、焉耆、高昌等等西域王国的都市，必然成为粟特人的驻足之地，这些西域王国也从粟特人操纵的丝路贸易中获取到丰厚的利益。有关粟特商人与西域王国的交易问题，已溢出本文范围，容另文详论。

2005年2月20日完稿，3月14日改订；原载
《西域研究》2005年第2期，1—11页。

---

[1] 影山悦子《东トルキスタン出土のオッスアリ（ゾロアスター教徒の纳骨器）について》，78—80页。
[2] 新闻报道：《西安再次出土粟特人千年古墓》，见 http://www.cctv.com/geography/20041122/101605.shtml。

北朝隋唐粟特人之迁徙及其聚落补考

1999年，笔者发表《北朝隋唐粟特人之迁徙及其聚落》一文（以下简称《迁徙聚落》），按照粟特人由西向东迁徙的路线，阐明了北朝隋唐时期入华粟特人从西域到东北的活动遗迹，以及他们在一些城镇形成的聚落情况[1]。近年来，有关粟特的考古发现日新月异，而陆续公布的石刻材料也为我们提供了新的研究素材，因此，笔者感到有必要对已有的新资料加以整理，并且通过新的材料来识别过去比较零碎或者比较隐晦的有关记载。本文在前文基础上，进一步追索粟特人在河西走廊、中原北方的活动以及他们的聚落遗迹，通过对近年发现的康业、安伽、史君、翟舍集、翟曹明、虞弘等新出墓志材料的分析，进一步丰富过去论证过的张掖（甘州）、武威（姑臧、凉州）、长安、并州、代州、汲郡（卫州）、魏州（魏郡）、邢州（巨鹿）等地粟特人的行迹，并增补了天水（秦州）、西平（鄯州）、夏州（统万城）、同州（冯翊）、介州等地粟特人的情况。

张掖·甘州

西安新出土的北周《康业墓志》称墓主人是康居国王之苗裔，

---

[1] 初刊于北京大学中国传统文化研究中心编《国学研究》第6卷，1999年；收入作者《中古中国与外来文明》，2001年，37—110页。English translation by Bruce Doar, in *China Archaeology and Art Digest,* IV.1: Zoroastrianism in China, December 2000, pp. 117-163.

天和六年（571）葬于北周都城长安城东，北周皇帝诏赠其为甘州刺史[1]。康业西魏时入华，其墓与安伽墓相距甚近，都是粟特首领，故其出身不应是汉代时存在的康居，而是南北朝时期的粟特康国（Samarkand）。他被追封为甘州刺史，似乎说明他曾在甘州张掖居住，并经过河西走廊进入中原。

相同的例子是武威出土的《翟舍集墓志》，其中说到："曾祖呼末，周历内散都督，隋赠甘州刺史。"[2] 翟姓是与粟特关系十分密切的胡人，甚至可能是我们现在尚不清楚的一支粟特胡人[3]。翟舍集夫人就出自武威粟特大姓安氏（来自安国，Bukhara），他本人显然也是与张掖有着某种联系的胡人[4]。

武威·姑臧·凉州

武威自三国时期至唐朝天宝末年，一直是入华粟特人的一个大本营，相关史料已有确切证明，本不必再多言。但近年来公布的新资料，又为我们认识凉州粟特人的存在，提供了新的内容。

据新近解读、翻译出来的敦煌发现的粟特文古信札中的第5号信札，公元4世纪初，姑臧是粟特人的一个贸易集散中心，他们把转运

---

[1] 参看孙福喜、程林泉《建所十年考古工作回顾》，西安市文物保护考古所编《西安文物考古研究》，西安：陕西人民出版社，2004年，19页；程林泉、张翔宇《第七座有围屏石榻的粟特人墓葬》，《文物天地》2005年第3期，48—52页；西安市文物保护考古所《西安北周康业墓发掘简报》，《文物》2008年第6期，图23，其墓志的全文录文，见随后研究论文的82页。
[2] 王其英编《武威金石录》，兰州大学出版社，2001年，46—47页。
[3] 参看荣新江《中古中西交通史上的统万城》，陕西师范大学西北环发中心编《统万城遗址综合研究》，西安：三秦出版社，2004年，32—33页。
[4] 刘永增发现敦煌莫高窟第196窟一则题记作"民州弟子甘州萨保朝谒"，并认为民州即岷州，其人原籍岷州，后为官张掖，任"甘州萨保"。见所撰《莫高窟第158窟的纳骨器与粟特人的丧葬习俗》，《敦煌研究》2004年第2期，17—18页。若此条材料真实可信，则更能直接证明张掖地区曾有粟特胡人聚落存在。

贸易的货物贮存在那里,并派商人四处转贩[1]。

2000年西安北郊发现的安伽墓,是有关入华粟特人的一次重大发现。据《安伽墓志》记载:"君讳伽,字大伽,姑藏昌松人。"[2]这清楚地表明这位后来任关内同州萨保的安伽,原本是武威昌松人。昌松是位于凉州东南一百二十里的一个凉州属县。

2003年在与安伽墓相距不远处,又发现了粟特出身的史君的墓葬,这是有关入华粟特人的又一重大发现。墓中石椁门楣上方的石板上,刻有汉文和粟特文的双语铭文,其中汉文铭文称:"君〔讳□〕,其先〕史国人也。本居西域,土〔□□□□□〕及延(派?),迁居长安。〔大统〕之初,乡闾推挹,出身为萨保判事曹主。〔□□〕五年,诏〔授〕凉州萨保。而天道芒芒(茫茫),〔沉〕芳永岁。大象元年〔五〕月七日薨于家,年八十六。妻康氏,其〔同年六月七〕日薨。以其二年岁次庚子正月丁亥朔廿〔三日〕己酉,合葬永年(?)县堺(界)。"根据吉田丰教授的解读,粟特文的铭文大意是:出身史氏家族的粟特显贵尉各伽(Wirkak)从北周皇帝那里得到凉州萨保称号,其父名为阿奴伽(Wanuk),祖名阿史盘陀(Rashtvantak),妻子维耶尉思(Wiyusi)生于西平(Senpen)。尉各伽与其妻在西平(Senpen)于某个亥(猪)年六月七日结为连理。尉各伽在亥(猪)年(579)五月七日卒于胡姆丹(Khumtan,长安),六月七日,他的妻子也去世。大周大象二年(580)一月二十三日葬[3]。两种文字

---

[1] F. Grenet, N. Sims-Williams and É. de la Vaissière, "The Sogdian Ancient Letter V", *Bulletin of the Asia Institute*, XII, 1998, pp. 91-104; 毕波《粟特文古信札汉译与注释》,《文史》2004年第2辑,88—93页。

[2] 陕西省考古研究所《西安发现的北周安伽墓》,《文物》2001年第1期,8页,图7;25—26页;又《西安北周安伽墓》,北京:文物出版社,2003年,59—63页。

[3] 西安市文物保护考古所(杨军凯、孙武执笔)《西安北周凉州萨保史君墓发掘简报》附录,《文物》2005年第3期,31—32页;Yoshida Yutaka, "The Sogdian Version of the New Xi'an Inscription", *Les Sogdiens en Chine*, ed. É. de la Vaissière & É. Trombert, Paris: École Française d'Extrême-Orient, 2005, p. 59。

的铭文不尽相同，综合起来可以得知，墓主史君原本出身于中亚粟特羯霜那（Kushāna）的史国，后迁徙至武威，被北周皇帝封为凉州萨保，应当是凉州粟特聚落的首领。以后又迁居北周都城长安，最后与其粟特康国出身的夫人康氏一起合葬在长安东郊。由史君的凉州萨保称号，我们可以知道在北周时期，凉州境内的粟特聚落有好几处，因为我们知道武威安氏的"婆罗，周、隋间，居凉州武威为萨宝"[1]，而康阿达祖拔达也曾在西魏时任凉州萨保[2]，由此可见武威粟特人势力之强盛。

有关武威胡人的新资料，还有 1997 年在武威市高坝镇发现的开元十四年（726）合葬墓所出《翟舍集及夫人安氏墓志》。志文称："公讳舍集，姑臧人也。代禀粹气，人包灵精。西平膏壤，右地名族。曾祖呼末，周历内散都督，隋赠甘州刺史。祖文殊、父沙，并上柱国。公生蕴奇志，长负大才。国家命金方之师，征铁关之右。公躬摄甲冑，率先艰苦，授上柱国。于是乐道知命，居常待终。而窀疾弥留，游魂莫返。久视年五月八日卒于私第，年六十四。夫人安氏，凉国公之孙也。出身名家，宜于贵室。……开元十四年八月廿八日卒，年七十六。其岁景寅子月十一日，合葬凉东南七里志公乡原茔，礼也。"[3] 据考，安氏祖父为安兴贵，在《安元寿墓志》中有记："父兴贵，皇朝右骁卫将军、左武卫将军、冠军将军、上柱国、凉公。"[4] 翟舍集夫人安氏的父亲很可能就是安元寿其人。我们知道安元寿夫人名翟六娘，而此处的翟舍集夫人为安氏，表明武威安氏与武威翟氏有联姻关系，也为我们过去推测翟姓胡人有可能出自粟特地区提供了又一个佐证。

---

[1]《新唐书》卷七五下《宰相世系表》，北京：中华书局，1986 年，第 11 册，3446 页。
[2] 周绍良编《唐代墓志汇编》，上海古籍出版社，1992 年，124 页。
[3] 王其英编《武威金石录》46—47 页。关于这座墓葬的情况，参看黎大祥、刘万虎《武威发现大唐上柱国翟公墓》，《中国文物报》1998 年 4 月 8 日；黎大祥《武威大唐上柱国翟公墓清理简报》，《陇右文博》1998 年第 1 期。
[4] 志文载吴钢编《全唐文补编》第 1 辑，西安：三秦出版社，1994 年，67—69 页。考证见黎大祥《武威文物研究文集》，兰州：甘肃文化出版社，2002 年，34 页。

武威是入华粟特人的一个大本营，因而成为很多在华粟特人的郡望所在。卒于天宝三载（744）的史思礼（史姓出自粟特史国，即Kish 或 Kashāna），是唐隆元年（710）帮助相王李旦（后来的睿宗）一系政治势力灭掉韦后的"唐元功臣"之一，后成为效忠玄宗的龙武军将领。我们知道"唐元功臣"中有不少与粟特人有关，如李仪凤（李怀及夫人何氏之子，何姓出自粟特何国，Kushānika）[1]、何德[2]、薛莫（妻粟特史氏）[3] 等，加之《史思礼墓志》称其为"武威人"，因而我们推测他是入华粟特人的后裔，原籍武威。

武威地区甚至到五代宋初，还被从西北迁往代北（山西北部）的沙陀部人石敬瑭的后人视作他们的郡望。石敬瑭子石重贵和孙石延煦都被契丹掠至辽阳地区，他们的墓志最近在辽阳附近发现，其中石延煦的墓志题作"大契丹国武威石公墓志铭并序"，他曾受契丹封为"武威郡开国伯"[4]，可见一般认为是沙陀部中粟特出身的石敬瑭一族的后人（石姓出自粟特石国，Chach，今 Tashkend），仍把自己的先世来源追溯至武威。

天水·秦州

从凉州武威东行，经天水、固原而至长安，是古代丝绸之路的干线。天水作为这条交通孔道上的重要城镇，应当有粟特人经停其地，但直接的证据却不多见，因而我们在《迁徙聚落》一文中没有论及此地的胡人。事实上，早在 1982 年，天水就发现了一套围屏石榻，年代在北朝晚期或隋代，1992 年最初发表时并未特别引起国内学者的注

---

[1]《全唐文补遗》第 6 辑，西安：三秦出版社，1999 年，407—408 页。
[2]《全唐文补遗》第 3 辑，西安：三秦出版社，1996 年，97—98 页。
[3]《全唐文补遗》第 5 辑，西安：三秦出版社，1998 年，349—350 页。
[4] 都兴智、田立坤《后晋石重贵石延煦墓志铭考》，《文物》2004 年第 11 期，87、92 页。

意[1]。但由于这套石屏的图像和大致同时入藏日本 Miho 美术馆的一套围屏石榻上的图像有类似之处，而后者的人物形象和表现的内容有着浓厚的粟特风格特征，所以，整理 Miho 石棺图像的两位美国学者 A. L. Juliano 和 J. A. Lerner 就据此指出了天水图像的粟特性质[2]。此后由于 1999 年在太原发现的虞弘墓石椁和 2000 年西安发现的安伽墓围屏石榻也和 Miho 藏品及天水石屏拥有一些共同的特征，所以可以认定天水石屏虽然汉化色彩稍重一些，但其基本内容还是属于这些粟特系统的石棺床图像[3]。这个围屏石榻的主人最有可能是当地的粟特人，也可能是归葬或经过此地的粟特人，其图像为我们追寻粟特人在天水的遗迹提供了重要线索。

在此基础上，这样我们再来看一些文献的记载，或许就能理解更深一些了。《罗甑生墓志》称：其"祖日光，□任秦州都督，谥曰盘和公。山川通气，珪璧凝姿。天优其才，人济其美。滔滔不测，若江海之纳川流；岩岩高峙，若山岳之□厚地。"罗甑生父任隋鹰扬郎将（罗姓可能也是出自粟特某国），本人起家秦王左右、陪戎副尉，娶康氏女子为妻（来自撒马尔干），显庆四年（659）卒[4]。由此可以推测，其祖父是在北周时任秦州（今天水）都督。当然任职秦州不一定是当地人，但很可能是因为当地有不少胡人，所以才任用胡人为当地最高军政长官。

---

[1] 天水市博物馆《天水市发现隋唐屏风石棺床墓》，《考古》1992 年第 1 期，46—54 页。
[2] A. L. Juliano and J. A. Lerner, "Cultural Crossroads: Central Asian and Chinese Entertainers on the Miho Funerary Couch", *Orientations*, Oct. 1997, pp. 72-78；周晶汉译文载周伟洲主编《西北民族论丛》第 1 辑，北京：中国社会科学出版社，2002 年，275—287 页。
[3] 参看 A. L. Juliano and J. A. Lerner, "The Miho Couch Revisited in Light of Recent Discoveries", *Orientations*, Oct. 2001, pp. 54-61；陈永耘汉译文载周伟洲主编《西北民族论丛》第 1 辑，288—305 页；李永平《天水出土围屏石榻刻绘图案的内容及相关的几个问题》，《陇右文博》2001 年第 2 期，28—32 页；姜伯勤《隋天水"酒如绳"袄祭画像石图像研究》，《敦煌研究》2003 年第 1 期，13—21 页；收入作者《中国祆教艺术史研究》，北京：三联书店，2004 年，155—170 页。
[4] 《全唐文补遗》第 2 辑，西安：三秦出版社，1995 年，274—275 页。

西平·鄯州

　　西安新发现的《史君墓志》粟特文铭文部分说:"他的妻子生于西平(Senpen),名叫维耶尉思(Wiyusī)的女人。尉各伽与其妻在西平(Senpen)于亥(猪)年第六月第七日(兔日)结为连理。"[1] 这是从吉田丰教授的英文译本翻译过来的。他除了把 synpyn(Senpen)比定为西平外,还考证"猪年第六月的第七日只能是519年(=519年7月19日)"[2],即北魏孝明帝神龟二年。虽然这一比定在发音方面还存有问题,但从《史君墓志》的上下文来看,是最有可能性的对证。

　　这一比定把我们的目光引向西平,也就是今青海省西宁市。西平是东汉建安年间(196—219)由金城郡分立出来的,辖境相当于今青海省湟源、乐都二县的湟水流域地区。十六国时,南凉建都于此。北魏改置鄯善镇于此,北周时为乐都郡。隋炀帝大业初重新设置西平郡。唐初改为鄯州,天宝三载更名西平郡,后复名鄯州,其管辖的区域没有太大变化[3]。虽然史君所在的北周时期此地不名"西平",但"西平"作为此地古老的名称,可能比"鄯州"更容易为胡人接受,因为他们往往使用更为通行的称呼,如他们用"姑臧"指凉州,用"敦煌"指瓜州或沙州。

　　西平是丝绸之路青海道(或称"河南道"、"吐谷浑道")上的重要

---

[1]《西安北周凉州萨保史君墓发掘简报》附录,《文物》2005年第3期,32页。
[2] 吉田丰《西安新出史君墓志的粟特文部分考释》,原为提交"粟特人在中国"国际学术讨论会(北京,中国国家图书馆,2004年4月23—25日)论文,修订本收入荣新江等编《粟特人在中国——历史、考古、语言的新探索》,北京:中华书局,2005年,34页。
[3]《隋书》卷二九《地理志》,815页;《元和郡县图志》卷四〇陇右道鄯州条。参看孙福喜《西安史君墓粟特文、汉文双语题铭汉文考释》,原为提交"粟特人在中国"国际学术讨论会论文,修订本收入《粟特人在中国——历史、考古、语言的新探索》,22页。

据点[1],特别是在南北朝时期,是西域通往南朝的主要道路,因此应当有不少粟特人经停此地。

《曹谅及妻安氏墓志》记:"君讳谅,字叔子,济阴定淘人,晋西平太守曹袪之后也。若夫保姓受氏,可大者宗祊;列象麟图,所高者缨黻。祖贵,齐明威将军。父林,齐定州刺史。六奇拥沙之略,七擒蒙马之谋,斯皆妙冠群才,得诸天纵。君起家朝请大夫,泾州酒城府鹰扬,诏加正议大夫、平州留守。"[2] 曹谅娶妻安氏(来自布哈拉),本人又姓曹(曹姓来自粟特曹国,Kapūtānā),而其最早的祖先可以追溯至"晋西平太守曹袪",后来这支曹姓东迁河北,任职于北齐。由这方墓志我们可以知道有曹姓粟特人入华后的著籍地在西平。

固原发现的《史索岩墓志》称:"公讳索岩,字元贞,建康飞桥人也。其先从宦,因家原州。曾祖罗,后魏宁远将军、西平郡公,食邑八百户。识度恢弘,风神宏邈,早申明略,夙著忠鲠。祖嗣,镇远将军、通直散骑常侍,袭爵西平郡公,鄯、廓二州诸军事、鄯州刺史。"[3] 这里的建康是指河西的建康,具体位于甘州西二百里处。但从其曾祖、祖父都曾封西平郡公来看,后著籍固原的史索岩家的郡望在西平,而且其祖还任鄯州刺史。这样看来,史索岩一家是经过河西走廊的建康,先到西平,然后再到固原的。

上引《翟舍集及夫人安氏墓志》称:"公讳舍集,姑臧人也。代禀粹气,人包灵精。西平膏壤,右地名族。曾祖呼末,周历内散都督,隋赠甘州刺史。"[4] 似乎表明翟舍集的先人在落籍姑臧之前,也先在西平居住,并且是当地的名族。此外,天宝时的《康令恽墓志》记

---

[1] 夏鼐《青海西宁出土的波斯萨珊朝银币》,《考古学报》1958年第1期;收入《夏鼐文集》下,北京:社会科学文献出版社,2000年,36—38页。
[2] 《全唐文补遗》第4辑,西安:三秦出版社,1997年,318页。
[3] 罗丰《固原南郊隋唐墓地》,北京:文物出版社,1996年,45页。
[4] 王其英编《武威金石录》,46—47页。

其祖慈感,"解褐拜西平郡掾曹"[1],也透露出一丝粟特人与西平相关的信息。

由此看来,大概从东晋十六国时期开始,西平就是东来粟特人落脚的地方,那里或许曾经存在过粟特聚落,所以史君和康氏就在那里成婚,而史索岩的祖父史嗣出任鄯州刺史,也可能是因为那里粟特人众多。西宁的一处窖藏中曾发现一百多枚萨珊波斯卑路斯王(459—484年在位)的银币[2],也可以作为粟特人在此经商的佐证,因为学者们现在比较一致的看法是,大量中国出土的萨珊波斯银币都是粟特商人经商所留下的遗迹。

夏州·统万城

今陕西省靖边县北的统万城,曾经是十六国时期赫连勃勃的大夏都城。北魏始光五年(428)北魏攻占统万城,设立统万镇,后改夏州。太延五年(439),北魏征服北凉,迁徙其都姑臧城内大批粟特胡人前往平城。北魏还进而控制整个河西走廊,势力进入西域。于是,从河西走廊经过薄骨律(灵州)、夏州(统万城),沿鄂尔多斯沙漠南缘路到达北魏首都平城(大同),成为一条东西方往来的捷径,远自波斯、粟特的西域使者,纷纷到平城朝贡。六镇起兵叛魏后,统万城一带的胡人与之应接。普泰二年(532),贺拔岳遣部将宇文泰镇守夏州,夏州更成为宇文泰霸业的开创之地。因此,统万城在西魏、北周时仍是北方重镇[3]。

从统万城所处的地理位置来看,这里应该留有粟特胡人的遗迹,

---

[1] 王育龙《唐长安城东出土的康令恽等墓志跋》,荣新江主编《唐研究》第6卷,北京大学出版社,2000年,396页。
[2] 夏鼐《青海西宁出土的波斯萨珊朝银币》,《夏鼐文集》下,32—38页。
[3] 参看荣新江《中古中西交通史上的统万城》,29—33页。

但一直没有线索可寻。直至2001年元旦,笔者与姜伯勤教授一起参观陕西历史博物馆"三秦瑰宝"展览,看到一件标记为"唐翟曹明墓"出土的石墓门,石门为红色底仗,上面的胡人天王形象尤其引人注意[1]。但当时没有展出翟曹明的墓志,所以虽然我怀疑石门上图像具有北朝因素,但尚难做出肯定结论。后承罗丰先生抄示墓志录文,笔者并有机会在2003年9月与罗丰先生同访靖边县文管所,在当地有关部门领导的关照下,得以抄录《翟曹明墓志》的有关文字:"君讳曹明,西国人也。祖宗忠列,令誉家邦。受命来朝,遂居恒夏。"墓志署葬日为"大周大成元年岁次己亥(579)三月癸巳朔四日乙未"。可见翟曹明并非如"三秦瑰宝"展览说明所言为唐人,而是和安伽葬于同一年的西国胡人。与我们一道在靖边文管所参观石门的安伽墓发掘者邢福来先生也指出,翟曹明墓石门旁的石狮子与安伽墓的石狮非常相像。因此,我们可以把翟曹明作为北周晚期统万城的西胡代表,而我们已经反复论证过翟姓胡人和粟特人的不解之缘,所以说当地很可能存在着不少胡人,而任职夏州天主、仪同的翟曹明,应当就是他们的首领之一。

到了唐代,一些长期居住在此的粟特人,自然也就把夏州当作自己的籍贯所在了。《安旻墓志》记载:"君讳旻,字敬爱,夏州朔方县人也。曾讳德,隋任鹰扬郎将。祖达,隋仪同叄司。父绩,唐上护军。西凉大族,声振当时。流宦婆娑,遂居塞北。以大周万岁通天贰年(697)捌月拾伍日卒于私第,春秋伍拾有陆。即以神功元年(697)拾月柒日,葬于统万城南贰拾里。"[2] 安旻的祖上是西凉大族,既可以理解为河西凉州的大族,也可以理解为更远的西方(也即粟特)的大姓,

---

[1] 陕西历史博物馆编《三秦瑰宝》,西安:陕西人民出版社,2001年,133页。姜伯勤先生在《中国祆教艺术史研究》180—181页对此有简要的说明。
[2] 康兰英编著《榆林碑石》,西安:三秦出版社,2003年,图29,录文见211页。

他们因官迁居位于塞北的统万地区,成为夏州人。

甚至到了宋朝初年,早已汉化并任宋夏州定难军管内都军指挥使的康成此,在乾德四年(966)三月二十八日去世后,仍要"归葬于夏州张继堡北"[1]。说明统万也是粟特康氏一家的祖籍之地。

同州·冯翊

在《迁徙聚落》一文的《长安》一节里,我们连带讨论了魏晋南北朝时期渭北地区粟特人的活动情况。新发现的北周《安伽墓志》的有关记载,使我们意识到应当把同州作为粟特人在渭北地区的一个聚集地来重新加以考察。

前秦建元三年(367)冯翊护军郑能进所立《邓太尉祠碑》,记载了前秦冯翊护军所统五部城堡和各部落名称,后者包括"屠各、上郡夫施、黑羌、白羌、高凉西羌、卢水、白房(鲜卑)、支胡、粟特、苦水"[2],表明当时以冯翊(今陕西大荔)为中心的渭北地区有粟特部落活动,他们和羌人、鲜卑、卢水胡、支胡(即小月氏)等部族共同生活在这一地区。《梁书》卷一八《康绚传》记:"康绚字长明,华山蓝田人也。其先出自康居。初,汉置都护,尽臣西域,康居亦遣侍子,待诏于河西,因留为黔首,其后即以康为姓。晋时陇右乱,康氏迁于蓝田。绚曾祖因为苻坚太子詹事,生穆,穆为姚苌河南尹。宋永初中,穆举乡族三千余家入襄阳之岘南,宋为置华山郡蓝田县。"北朝时往往用汉代的康居代指粟特康国,康绚一族明显是出自粟特,西晋时迁到蓝田(今陕西蓝田),著籍为蓝田人。《晋书》卷一一八《姚兴载记》

---

[1] 《榆林碑石》,图 82,录文见 253 页。
[2] 碑石原立于陕西省蒲城县东北邓公(邓艾)祠内,故又称"邓艾祠堂碑"。1972 年移存西安碑林博物馆。图版见荣新江、张志清编《从撒马尔干到长安》,北京图书馆出版社,2004 年,105 页。

记:"扬武、安乡侯康宫驱略白鹿原氐、胡数百家奔上洛。"白鹿原即在蓝田县。马长寿先生据此认为,冯翊的粟特胡人可能是从渭南的蓝田地区迁过来的[1]。《魏书》卷四一《源子雍传》记:"贼帅康维摩拥率羌、胡,守锯谷(在同州韩城县),断甄棠桥,子雍与交战,大破之。"同州即冯翊,为北魏永平三年(510)所改,说明康绚一族迁走后,因为不断有胡人迁入,所以一直有粟特胡酋率众在这一地区活动。2000年在西安发现的安伽墓,据墓志记载,墓主安伽实际上是北周大象元年(579)以前的同州萨保,志文称:"君诞之宿祉,蔚其早令,不同流俗,不杂嚣尘,绩宣朝野,见推里闾,遂除同州萨保。君政抚闲合,远迩祗恩,德盛位隆,于义斯在,俄除大都督。董兹戎政,肃是军容,志劲鸡鸣,身期马革。而芒芒天道,杳杳神祇,福善之言,一何无验。周大象元年五月遘疾终于家,春秋六十二。其年岁次己亥十月己未朔,厝于长安之东,距城七里。"[2]"萨保"是粟特聚落首领之意,由此可以推知,在北朝末年,同州地区应当有粟特人组成的聚落,安伽墓出土的围屏石榻上,形象地展现了他们的生活情形[3]。

长　安

　　笔者前文在讨论长安的粟特居民时,主要是讲隋唐时期的长安。其实在隋文帝建大兴城(唐长安城)前的西魏、北周的长安城中,同样也生活着不少粟特胡人,由于近年来在这座汉以来的长安旧城的东面,亦即隋唐长安城的北面,陆续发现了粟特首领康业、史君、安伽

---

[1] 马长寿《碑铭所见前秦至隋初的关中部族》,北京:中华书局,1985年,21—22页。
[2] 《文物》2001年第1期,8页,图7;25—26页;《西安北周安伽墓》59—63页。
[3] 荣新江《北朝隋唐粟特聚落的内部形态》,作者《中古中国与外来文明》,111—168页;Rong Xinjiang, "The Illustrative Sequence on An Jia's Screen: A Depiction of the Daily Life of a *Sabao*", *Orientations*, February 2003, pp. 32-35 + figs. 1-7.

的墓葬，填补了我们对于北朝后期长安粟特人的认识。

康业为粟特康国人，祖上迁居到长安。魏大统十年（544），其祖上由雍州（长安）地区西国胡豪望等举为大天主，北周保定三年（563）三月卒。天和元年（566）诏以康业继掌大天主，至天和六年（571）六月五日卒，诏赠甘州刺史[1]。虽然目前还不能确定"大天主"的确切含义，但从康业墓的埋葬地点和墓葬中精美的围屏图像，可以知道是长安地区粟特胡人的首领无疑。

如上所述，史君原本为粟特史国人，被西魏或北周皇帝任命为凉州萨保。由于铭文残缺不全，所以史君何时"迁居长安"，我们不得而知。由粟特文铭文称"在胡姆丹这里，他本人去世。此后，……他的妻子也去世"看来，则他在死之前，应该就已生活在长安。那么史君作为凉州萨保，一定有不少侍从、亲属随之而来，至少墓志中的三个儿子，有可能就继续生活在长安了。

与史君相类似的是，安伽的墓志上写着他去世前的职务是同州萨保，但他的墓室却也在都城长安的东郊，与康业、史君的墓室都在一个区域之内。据上引《安伽墓志》，没有迁居长安的记录，其中说他卒于家中，但不知他的家是在同州，还是在长安。无论如何，他是埋在长安城东的。这或许是北周王朝笼络胡人的一个做法，即把胡人首领的墓都埋葬在京城附近，并且墓室的规模相当可观。不过这只是我们的一种推测，尚没有确切的证据说明为何如此。

值得注意的是史君、安伽埋葬的大象年间，正是胡人在长安较为活跃的时期。《周书》卷七《宣帝本纪》记：大象元年十二月甲子，宣帝"还宫，御正武殿。集百官及宫人内外命妇，大列妓乐，又纵胡人乞寒，用水浇沃为戏乐。"又《通典》卷一四六《乐》六《龟兹乐》条

---

[1] 孙福喜、程林泉《建所十年考古工作回顾》，《西安文物考古研究》，19页；程林泉、张翔宇《第七座有围屏石榻的粟特人墓葬》，48—52页；《文物》2008年第6期，82页。

云:"周武帝聘突厥女为后,西域诸国来媵,于是有龟兹、疏勒、安国、康国之乐。帝大聚长安胡儿,羯人白智通教习,颇杂以新声。"[1]表明当时北周的宫廷当中,和北齐宫廷一样,也弥漫着一股胡音、胡乐以及胡人之戏,只是这些胡人没有达到被封侯、开府的程度[2]。

《周书》卷二二《柳庆传》记载雍州有胡家被劫事[3],可见长安有胡人住户,他们之所以被劫,或许是因为他们身为商贾而较为富裕的缘故。

这些北周时期长安的胡人居民,虽经战乱,应当仍有不少人随着隋文帝而迁居大兴城,最后成为唐长安城的居民。唐代长安的粟特移民,除了我们在《迁徙聚落》中所列举的之外,最近发表的西安出土的《康文通墓志》,又为我们补充了一个例证:"君讳文通,字懿,青州高密郡人也。祖和,随上柱国。父鸾,唐朝散大夫。奕叶豪门,蝉联望族。雄材硕量,地灵光陆海之域;祖德家风,天爵盛三秦之国。大夫则高名籍甚,誉重西都;柱国则英略冠时,气凌南楚。公方流有玉,圆析有珠。豫章七年,梢浮云而笼白日;天马千里,游阊阖而观玉台。修身践言,非礼不动。温厚谦让,唯义而行。于是晦迹丘园,留心坟籍。以为於陵子仲辞禄而灌园,汉阴丈人忘机而抱瓮。白珪无玷,庶几三怀之言;黄金满籯,不如一经之业。讲习诗礼,敦劝子孙。松乔之术未成,灵化之期俄远。春秋年七十九,万岁通天元年七月十日终于安邑里之私第,粤以大周神功元年岁次丁酉十月甲子朔廿二日乙酉,葬于京兆万年县龙首乡界之礼也。"[4]康文通自称是青州人,祖、

---

[1] 杜佑《通典》,王文锦等标点本,北京:中华书局,1988年,3726页。
[2] 有关北周长安的胡人,参看毕波《北周的胡人与胡化》,《文史》2005年第4期,149—171页。
[3] 《周书》,北京:中华书局,1971年,371页。
[4] 西安市文物保护考古所《唐康文通墓发掘简报》,《文物》2004年第1期,29—30页,图30。

父都没有什么正式的官职,他本人是没有入仕的处士,但他留心坟典,讲习《诗》、《礼》,已经是彻底汉化的粟特后裔。他所居住的安邑坊,虽然在城东的东市附近,但这里不像西市附近那样,并不是粟特人集中生活之区,说明康文通就像他的名字一样,已经是地道的唐人了,而且他的墓葬中表现的文化色彩,也基本上是典型的唐朝文化[1]。

太原·并州

对于我们在《迁徙聚落》所论述的并州太原的粟特聚落,新出土的《虞弘墓志》给予了进一步的印证:"公讳弘,字莫潘,鱼国尉纥驎城人也。……大象末(581),左丞相府,迁领并、代、介三州乡团,检校萨保府。……开皇十二年(592)十一月十八日葬于唐叔虞坟东三里。"[2]虞弘的族属尚未确定,但肯定是西北民族,他入仕北周时,出任领并、代、介三州乡团,并检校萨保府的官员,说明这三州都有以胡人聚落为统辖对象的萨保府。另外,并州萨保府也得到唐初《龙润墓志》的印证:"君讳润,字恒伽,并州晋阳人也。君属隋德道消,嘉通贞利,资业温厚,用免驱驰。唐基缔构,草昧区夏。义旗西指,首授朝散大夫,又署萨宝府长史。"[3]关于北朝末到唐朝初年,我们现在可以找到检校萨保府官员(虞弘)、并州萨保(翟娑摩诃)、萨保府长史(龙润),以及萨保府民众的记载,因此可以比较全面地看到北方重镇并州以粟特胡人为主体的聚落情况。

咸亨四年(673)的《康元敬墓志》记有"父忤相,九州摩诃大萨

---

[1] 《唐康文通墓发掘简报》,《文物》2004年第1期,17—30、61页。
[2] 山西省考古研究所等《太原隋代虞弘墓清理简报》,《文物》2001年第1期,27—52页。张庆捷《虞弘墓志考释》,荣新江主编《唐研究》第7卷,北京大学出版社,2001年,145—176页。
[3] 《全唐文补遗》第5辑,111页。龙姓来自西域焉耆。

保"[1]，我在《迁徙聚落》一文中认为九州摩诃大萨宝或许是指负责高齐全国胡人政教事务的最高首领。最近承罗新先生教示，这里的"九州"实指北魏六镇之乱后在并肆地区侨置的恒、燕、云、朔、蔚、显等六州加上并、肆、汾三州。这也提示我们并州粟特聚落的存在，但我们尚不能据此头衔而认为上述其他八州都有粟特聚落存在，或许康忤相是负责管理这些州聚落和非聚落中生活的所有胡人，是当时中央政府任命的这一区域的胡人大首领。

雁门·代州

据上引《虞弘墓志》："大象末，左丞相府，迁领并、代、介三州乡团，检校萨保府。"可知北朝末年，代州有粟特聚落，并立有萨保府。这一记载补充了我在《迁徙聚落》一文中论证代州粟特人踪迹时早期材料的缺乏。

介　州

我们把介州（今山西介休）补充为粟特胡人聚落所在，也是根据《虞弘墓志》的此句志文："大象末，左丞相府，迁领并、代、介三州乡团，检校萨保府。"虽然其他可以佐证的材料不多，但从介州在晋中所处的地理位置以及其在北朝隋唐时期南北交通线上的位置，从而推知这里曾经有较多的粟特人居住，也是完全顺理成章的。今天介休城关大街东端仍有袄神楼，其北面曾有传说建于北宋时期的袄神庙，后

---

[1]《唐代墓志汇编》，571页。按，"康居"之"康"字，"九州"之"九"字，据洛阳市文物工作队编《洛阳出土历代墓志辑绳》，北京：中国社会科学出版社，1991年，330页所刊图版补。

改为三结义庙。姜伯勤先生曾详细考察并论证了祆神楼的祆教性质，并把它放在北宋的语境下做了很好的论述[1]。虽然这座祆神楼的年代较晚，而且保存的祆教内涵已经不多，但如果考虑《虞弘墓志》有关介州萨保府的记录，则这里曾经建立与粟特胡人有关的祆神庙，是完全有可能的。祆神楼的存在也可见粟特文化影响之深远。

汲郡·卫州

关于汲郡的粟特人，《迁徙聚落》一文曾举《康威墓志》和《康令恽墓志》，来证明河北道卫州曾有粟特人居止。现在或许可以补充一些身份不够明显的粟特后裔的材料。《史曜墓志》称："君讳曜，字慕伶，汲郡人也。"[2] 又撰于晚唐大中十年（856）的《康叔卿夫人傅氏墓志》，称"叔卿，其先卫人也"[3]，表明这个已经娶了汉人女子为妻的粟特后裔，也是来自卫州地区。其葬地在河南道淄川县，则其后来迁到淄州，即今山东淄博地区。

魏州·魏郡

我们曾据《康郎墓志》称"君讳郎，字善庆，魏州贵乡人也"，证魏州郭下贵乡县有著籍之粟特人，而《安元寿墓志》称"祖罗，周开府仪同三司，隋石州刺史、贵乡县开国公"，也表明安元寿一家与此地

---

[1] 姜伯勤《论宋元明时期山西介休的祆神楼》与《山西介休祆神楼古建筑装饰的图像学考察》两文，均收入《中国祆教艺术史研究》，271—298 页；万毅《西域祆教三联神崇拜与山西介休祆神楼》，荣新江、李孝聪编《中外关系史：新史料与新问题》，北京：科学出版社，2004 年，259—269 页。
[2] 《全唐文补遗》第 6 辑，70 页；《新中国出土墓志·陕西》贰，北京：文物出版社，2003 年，补 21。
[3] 《唐代墓志汇编》，2347 页。

有某种关系。按"贵乡县开国公"的记载，又见于安元寿父亲安兴贵或叔父安修仁的碑铭[1]，以及安兴贵曾孙安忠敬的碑铭中[2]，可知并非虚言。

关于魏州的粟特人，我们还可以补充《康固墓志》的记载："君讳固，字义感，春秋七十有二。以开元八年十月廿一日，寝疾终于魏州馆陶县之别业也。"[3] 墓主人姓康，曾经在粟特人比较集中的西州（吐鲁番）做官，但从他的名字"义感"和娶成州刺史赵氏长女为妻来看，已经是一个汉化的粟特后裔。馆陶县在魏州北五十里，当魏州北上的通路，康固在此有自己的别业，表明他可能在比较早的时间就住在这里了。康固逝于易州遂城县令的官位上，其地亦在河北道，位于定州和幽州之间。

巨鹿·邢州

1995 年，在河北邢台市桥西区，曾发掘唐墓五座，其中编号为 M47 的墓中，出土墓志一合，志盖篆书"唐故史夫人志"，墓志首行题"唐会稽故康氏夫人墓志铭并序"，可惜的是考古简报没有给出录文，所附的图片又不够清楚，故而尚不得其详[4]。从图片上可以看到史夫人大概是太和三年（829）卒。这位嫁给史公的康氏，籍贯为会稽（位于河西），综合来看，应当是粟特后裔。我曾在《安史之乱后粟特胡人的动向》一文中，论证过安史之乱以后的河北地区成为粟特人的

---

[1] "阙题"碑铭，《文馆词林校证》，北京：中华书局，2001 年，173—174 页。
[2] 张说《河西节度副大使鄯州都督安公神道碑》，《文苑英华》卷九一七，北京：中华书局，1990 年，4828—4829 页。
[3] 墓志录文见《全唐文新编》第 21 册，长春：吉林文史出版社，1999—2001 年，14961 页；图版及史睿的解说，见《从撒马尔干到长安》，141 页。
[4] 邢台市文物管理处《河北邢台市唐墓的清理》，《考古》2004 年第 5 期，52—53 页，图三一。

向往之地，他们在那里不必特别掩饰自己的胡人出身[1]。但因为长期在中国的生活，尽管有的还保持着胡人之间的通婚习俗，墓志整个表现出来的形象已经是唐人了，这里的康氏应当就是这样的例证。

关于河北地区的粟特移民，森部丰利用恒州《开元寺门楼石柱刻经造象并柱主题名》、恒州获鹿县《本愿寺石幢题名》以及幽州房山云居寺石经题名，来研究相当地域的粟特居民[2]，可以补充笔者《迁徙聚落》一文的不足。至于安史之乱前后胡人向河北地域的迁徙，除了笔者《安史之乱后粟特胡人的动向》一文外，森部丰先生也发表了一些研究成果[3]，读者可以参看，此处不复赘述。

另外，山东青州（益都）发现过一座北齐武平四年（573）的石棺石屏，其图像主题与安伽、虞弘、Miho 的粟特系图像相似，虽然墓主人的装束不是粟特人，而可能是鲜卑人或汉人[4]，但其上的胡人形象非常明显，加之青州龙兴寺所出卢舍那佛法界人中像上的胡人图像，似乎已经透露出胡人进入山东半岛的信息。但这些尚属于间接的材料，因为图像是可以复制的。比较直接的文献材料中，尚未见到纯粟特人在今山东地区留下的遗迹，上引《康文通墓志》说："君讳文通，字

---

[1] 纪宗安、汤开建主编《暨南史学》第 2 辑，广州：暨南大学出版社，2003 年（2004 年），102—123 页。
[2] 森部丰《唐代河北地域におけるソグド系住民——开元寺三门楼石柱题名及び房山石经题记を中心に》，《史境》第 45 号，2002 年，20—36 页。
[3] 森部丰《唐前半期河北地域における非汉族の分布と安史军渊源の一形态》，《唐代史研究》第 5 号，2002 年，22—45 页；又《8—10 世纪の华北における民族移动——突厥・ソグド・沙陀を事例として》，《唐代史研究》第 7 号，2004 年，78—100 页。
[4] 山东省益都县博物馆（夏名采）《益都北齐石室墓线刻画像》，《文物》1985 年第 10 期，49—54 页；夏名采《青州傅家北齐画像石补遗》，《文物》2001 年第 10 期，49—54 页；郑岩《青州北齐画像石与入华粟特人美术——虞弘墓等考古新发现的启示》，巫鸿主编《汉唐之间文化艺术的互动与交融》，北京：文物出版社，2001 年，73—109 页；姜伯勤《青州傅家北齐画像石祆教图像的象征意义》，《艺术史研究》第 5 辑，广州：中山大学出版社，2004 年；收入作者《中国祆教艺术史研究》，63—76 页。

懿，青州高密郡人也。"[1] 但康文通实际已经是彻底汉化的粟特后裔，不足为据。因此对于山东地区的情况，在此也不进行讨论，而寄希望于将来。

以上是笔者对东来中国的粟特人及其建立的移民聚落所做的进一步系统考察，虽然所处理的这些材料零散琐碎，但把这些资料和笔者前文综合起来看，我们可以更加深刻地认识到中古时期粟特人在中国北方分布之广泛深入，而且，一些重要的萨保墓的发现也提醒我们，粟特聚落在北朝、隋、唐时代政治史、社会史上的重要性。此项研究也为我们讨论粟特贸易网络、宗教传播、图像整合、聚落形态、汉化进程等许多问题，提供了坚实的基础。

  2005年6月20日完稿。原载《欧亚学刊》第6辑，北京：中华书局，2007年6月，165—178页；2010年2月修订。

---

[1]《唐康文通墓发掘简报》，29—30页，图30。

魏晋南北朝隋唐时期流寓南方的粟特人

前　言

北朝隋唐时期，粟特商人东来贩易，在丝绸之路沿线的主要城镇，建立了一系列胡人聚落，作为他们商业经营的中转站和向东方移民的据点。从北朝末期开始，中央政权和地方官府逐渐控制这些移民聚落，其中大多数被转变为乡里，有的则以部落的形式存在。对于北方丝路沿线的粟特聚落，笔者曾经做过仔细的研究，大体上已经有了清晰的认识[1]。

从考古发现及史籍中的点滴记载可知，作为商业民族的粟特人也曾进入到中国的南方地区。那么，他们是如何进入中国南方的？他们是否在南方也形成了像北方丝路沿线那样的聚落？他们在南方活动的方式又是怎样的？本文就尝试利用现有资料对这些问题加以初步的清理。

相对于北方丝绸之路沿线粟特人活动的研究成果来说，有关南方粟特人的研究要少得多，可以说是寥寥无几。

---

[1] 荣新江《西域粟特移民聚落考》，马大正等编《西域考察与研究》，乌鲁木齐：新疆人民出版社，1994年，157—172页；又《北朝隋唐粟特人之迁徙及其聚落》，《国学研究》第6卷，北京大学出版社，1999年，27—85页；两文收入《中古中国与外来文明》，北京：三联书店，2001年，19—36、37—110页；又《西域粟特移民聚落补考》，《西域研究》2005年第2期，1—11页；又《北朝隋唐粟特人之迁徙及其聚落补考》，《欧亚学刊》第6辑，北京：中华书局，2007年，165—178页。

1987年，东野治之先生在《香木铭文与古代香料贸易》一文中，根据日本奈良法隆寺所藏带有婆罗钵文（Pahlavi）和粟特文铭文的香木题记，讨论了波斯人，特别是粟特人加入南海贸易的可能性[1]。1991年，姜伯勤先生发表《广州与海上丝绸之路上的伊兰人：论遂溪的考古新发现》，根据1984年广东遂溪发现的南朝时期（420—589）金银器和波斯萨珊银币窖藏，结合文献材料，论证了粟特人在南海丝绸之路上的活动[2]。1996年，吉田丰先生在对辛姆斯—威廉姆斯（N. Sims-Williams）《中国与印度的粟特商人》一文所做的增补中，对上述两文做了补充说明，特别是指出遂溪窖藏出土银碗上的铭文是粟特文，意思是"（此碗属于）石国（即塔什干）的 [ ]*sp*（人名残），（重）42斯塔特（staters）"。他虽然列举了前人提到的各种岭南地区粟特人的遗迹，但还是认为，到目前为止，尚未发现坚实的证据可以确证公元10世纪前粟特人已经参与了从波斯湾到南中国的海上贸易[3]。同一年，葛乐耐（F. Grenet）教授也讨论了粟特人从海上进入中国的问题，他举出的证据是泰国出土的"胡人"俑[4]。然而，如果我们把这些俑和中国北方出土的胡人俑比较来看，似乎很难把他举出的俑定为确切的粟特人的形象并以此来论证他所要说明的问题。

---

[1] 东野治之《香木の铭文と古代の香料贸易——とくにパフラヴィー文字の刻铭とゾグド文字の烧印をめぐって》，《MUSEUM》第433号，东京国立博物馆，1987年，4—18页；收入作者《遣唐使と正仓院》，东京：岩波书店，1992年，161—187页。
[2] 《广州与海上丝绸之路》，广州：广东社会科学院，1991年，21—33页。
[3] Y. Yoshida, "Additional Notes on Sims-Williams' Article on the Sogdian Merchants in China and India", *Cina e Iran da Alessandro Magno alla Dinastia Tang*, ed. A. Cadonna e L. Lanciotti, Firenze 1996, pp. 73-75.
[4] F. Grenet, "Les marchands sogdiens dans les mers du Sud à l'époque préislamique", *Routes du commerce, routes des idées, entre l'Asie centrale et l'Inde de l'Antquieté à nos jours (Collque international de l'IFEAC, Tachkent, 23-25 octobre 1995). Cahiers d'asie Centrale* 1-2, 1996, pp. 65-84.

一 魏晋南北朝时期粟特进入南方的途径

中国南方与粟特地区相距遥远，但粟特商人是利之所在，无远弗至的。东南沿海、长江流域，如此广阔的区域按理说是不应当被粟特商人所忽略的。

1. 泛海而来

粟特之地，曾经是康居国的属地。公元初这里受到贵霜帝国的影响，因此佛教颇为流行。早年入华传教的佛教僧侣当中，就有不少是来自康居的僧人，他们往往以其国之省称"康"为姓，其中最著名的人物就是三国时期的康居僧人康僧会。但值得注意的是，康僧会最初并非以一个弘法僧侣的身份来到中国，而是随其经商的父亲前来的。《高僧传》卷一记载：

> 康僧会，其先康居人，世居天竺，其父因商贾移于交趾。会年十余岁，二亲并终，至孝服毕出家。[1]

由此可见，康僧会之祖上先是从康居前往天竺，在那里居住过几代后，又移居交趾（今越南北部），然后才辗转进入中国内地的。显然，他们是经由海路来华的。康氏后来到三国吴国的首都建业（今江苏南京），传播佛法。因此说，他进入中国后的主要身份已经是一个佛教僧人，而不是真正意义上的粟特商人。不过，他的父亲却是一个地地道道的商人，其所走的从印度到交趾的道路应当是一条古代商路。虽然十余岁的康僧会已经是出家人，但他的家族从印度到中国的道路，既是一

---

[1] [梁]慧皎撰，汤用彤校注《高僧传》，北京：中华书局，1992年，14—15页。

条传法之路，也是一条古代贸易的通道。从康僧会一家的行迹可以看出，早在公元 3 世纪，就有粟特人经过印度、东南亚来到南中国沿海地区，他们采用的路线是海、陆并进。而由于这一地区佛教势力兴盛，所以出身商人之家的康僧会最终却选择了皈依佛门，成为在中国南方传教的著名法师，他的事迹也提示我们注意粟特胡商与佛教之间存在的某种特殊关系。

2. 从西域到蜀地

魏晋南北朝时期，有关粟特人从海路进入中国的记载几乎没有，我们看到的南方粟特人主要是由北方地区间接到达的，其中尤其以从西域到蜀地和从关中到襄阳这两条道路的作用最为突出。

我们知道，由于这一段历史时期中国南北处于分裂的局面，因此西域诸国与东晋、南朝的联系，主要是走"吐谷浑道"，又称"河南道"、"青海路"等，也就是说由西域经吐谷浑控制的青海地区，经松潘南下益都，再顺长江而下[1]。粟特人应当也是利用了这条道路进入南方的。

道宣《续高僧传》卷二九《蜀部沙门释明达传》记：

> 释明达，姓康氏，其先康居人也。童稚出家，严持斋素。初受十戒，便护五根。年及具足，行业弥峻。胁不着席，日无再饭。外肃仪轨，内树道因。广济为怀，游行在务。以梁天鉴（监）初，来自西戎，至于益部。[2]

---

[1] 夏鼐《青海西宁出土的波斯萨珊朝银币》，《考古学报》1958 年第 1 期，40—50 页；收入《夏鼐文集》下，北京：社会科学文献出版社，2000 年；周伟洲《古青海路考》，《西北大学学报》1982 年第 1 期；王育民《丝路"青海道"考》，《历史地理》第 4 辑，1986 年。详细的考证，见陈良伟《丝绸之路河南道》，北京：中国社会科学出版社，2002 年。
[2] 《大正藏》第 50 册，691 页。

此时的康居应当指粟特康国,这位出自康国的佛教僧侣,他在萧梁天监初年(502—505),从西域来到益都,成为蜀地沙门。佛教僧侣以及佛教造像经过这条路线进入蜀地的例证很多,学者已经做了仔细的论证[1],可以作为我们考虑粟特人从西域进入南方的参考。

进入蜀地的粟特佛教徒,也有考古资料的印证。成都发现的南朝梁普通四年(523)释迦文石像,就是粟特人康胜造的供养像[2]。

更能够说明问题的是《续高僧传》卷二六《释道仙传》的记载:

> 释道仙,一名僧仙,本康居国人,以游贾为业。梁周之际,往来吴蜀,江海上下,集积珠宝,故其所获赀货,乃满两船,时或计者云:直钱数十万贯。既环宝填委,贪附弥深,惟恨不多,取验吞海。行贾达于梓州新城郡牛头山,值僧达禅师说法曰:"生死长久,无爱不离。自身尚尔,况复财物。"仙初闻之,欣勇内发,深思惟曰:"吾在生多贪,志慕积聚,向闻正法,此说极乎。若失若离,要必当尔,不如沉宝江中,出家离著,索然无扰,岂不乐哉。"即沉一船深江之中。又欲更沉,众共止之,令修福业。仙曰:"终为纷扰,劳苦自他。"即又沉之。便辞妻子,又见达房凝水湍漾,知入水定信心更重,投灌口山竹林寺而出家焉。[3]

道仙在皈依佛门之前,是一个地地道道的粟特商人,他出自康国,在萧梁时期,沿长江流域经商贩易,往来于上游益州和下游吴地之间,

---

[1] 吴焯《四川早期佛教遗物及其年代与传播途径的考察》,《文物》1992 年第 11 期;山名伸生《吐谷浑と成都の佛教》,《佛教艺术》第 218 号,1995 年,11—38 页;姚崇新《成都地区出土南朝造像中的外来风格渊源再探》,《华林》第 1 卷,北京:中华书局,2001 年,245—258 页。
[2] 刘志远、刘廷璧编《成都万佛寺艺术》,北京:中国古典艺术出版社,1958 年,图版 1—2;刘长久《中国西南石窟艺术》,成都:四川人民出版社,1998 年,35 页。
[3]《大正藏》第 50 册,651 页。

获取大量珍宝，积聚许多资财。《道仙传》中没有提示他是从什么地方来到南方的，但顺理成章的路线应当是从西域进入巴蜀，再沿长江南下。道仙的事例即可以表明萧梁时粟特胡商在长江流域经商的规模，也让我们再次看到粟特胡商与佛教僧人间的紧密关系。

《续高僧传》卷二七《唐蜀川沙门释慧岸传》记：

> 释慧岸者，未详何人。面鼻似胡，言同蜀汉。往来市里，默言无准，人之不异。[1]

陈寅恪先生曾经在读书札记中指出慧岸或如道仙，"本为贾胡或贾胡子孙也"[2]。

《隋书》卷七五《何妥传》云：

> 西城（域）人也。父细胡，通商入蜀，遂家郫县。事梁武陵王〔萧〕纪，主知金帛，因致巨富，号为西州大贾。[3]

同书卷六八《何稠传》云：

> 何稠，字桂林，国子祭酒妥之兄子也。父通，善斫玉。稠性绝巧，有智思，用意精微。……波斯尝献金绵锦袍，组织殊丽，上命稠为之。稠锦既成，逾所献者，上甚悦。时中国久绝琉璃之作，匠人无敢厝意，稠以绿瓷为之，与真不异。

---

[1] 《大正藏》第50册，656页。
[2] 陈寅恪《读书札记三集》，北京：三联书店，2001年，259页。
[3] 《北史》卷八二《何妥传》同。此处的"西城"，《通志》卷一七四《何妥传》作"西域"，当正之。参看陈寅恪《隋唐制度渊源略论稿》，北京：中华书局，1963年，78—79页。

何妥一家为西域人，其父何细胡因商而进入蜀地。何妥兄善治玉，侄儿何稠善制西方器物，具有最典型的粟特人的文化特征，应当是出自粟特的何国（Kushānika）无疑。唐长孺先生在讨论《何妥传》时指出："《华阳国志》卷三《蜀志》郫县条称'冠冕大姓何、罗、郭氏'，何、罗都是胡姓，并同为'西州大贾'，疑其地多胡姓后裔，何妥一家定居此县，实是依附本族人。"[1] 郫县在成都平原的中心区域，说明这里可能有比较集中的胡人聚落存在。

2000年西安新发现的北周大象元年（579）的《安伽墓志》称："父突建，冠军将军、眉州刺史。"[2] 眉州在今四川省眉山县。这里所列安突建的官衔，前者为勋官将军号，后者是职事官，如果是实授的话，那么刺史的官位是不低的。对于安突建这样作为一个进入中国不久的粟特人来说，似乎有些不太可能。因此，这个官称更可能是安伽封大都督后北周朝廷追赠的，就像安伽母杜氏封昌松县君一样。但问题是为什么北周政府给予同州（今陕西大荔）粟特聚落首领萨保安伽的父亲封一个眉州刺史的官衔呢？或许是眉州地区也是粟特胡人聚居的地方，也不排除安氏一家曾经落足于眉州，因此才会有这样的封赠。

陈寅恪先生在质疑从中亚碎叶迁到蜀地的李白一家氏族出身时，认为其原本非汉姓之家，而为西域胡人，并举上述道仙、慧岸传记，认为："六朝、隋唐时代蜀汉亦为西胡行贾区域。其地之有西胡人种往来侨寓，自无足怪也。"[3] 他在谈到何妥、何稠时再次强调："蜀汉之地当梁时为西域胡人通商及居留之区域。"[4] 虽然李白为胡人的说法还有

---

[1] 唐长孺《南北朝期间西域与南朝的陆道交通》，作者《魏晋南北朝史论拾遗》，北京：中华书局，1983年，194—195页。
[2] 陕西省考古研究所《西安发现的北周安伽墓》，《文物》2001年第1期，8页图七，25页录文；《西安北周安伽墓》，北京：文物出版社，2003年，60—62页。
[3] 陈寅恪《李太白氏族之疑问》，原载《清华学报》第10卷第1期，1935年；此据作者《金明馆丛稿初编》，上海古籍出版社，1980年，279页。
[4] 陈寅恪《隋唐制度渊源略论稿》，北京：中华书局，1963年，78—80页。

待仔细论证，但我们现在可以肯定的一个事实是，李白一家曾经居止的碎叶，是粟特人向东方发展的一个重要据点，那里生活着许多来自粟特各国的商胡，唐朝高宗时甚至曾经以安国粟特人为碎叶州刺史[1]，这为陈寅恪先生的说法提供了一个很好的背景资料。

综合以上列举的史料和前人提出的看法，我们不难勾勒出，从西域经青海到蜀地，甚至再到长江下游地区这样一条西域通向中国南方的最为便捷的道路。这条路不仅仅是外交使节、佛教僧侣（包括粟特僧人）所选取的道路，也是早期入蜀经商的粟特人所采用的商路。经由这条道路进入成都平原的粟特胡人应当为数不少，所以在中心城市如益州或者一些特别的地区如郫县，可能存在着粟特聚落。这些粟特商人促进了西域与蜀汉、长江流域的商业贸易，也把粟特文化和技艺带到中国南方。与北方粟特胡人不同的是，进入南方的粟特人很少见到保持传统琐罗亚斯德教（祆教）信仰者，而我们常常看到的却是皈依佛教的记载，这当然与今天我们所拥有的材料多来自僧传有关。

3. 从关中到襄阳

朱雷先生曾经根据僧祐《出三藏记集》所收《渐备经十住胡名并书序》，为我们勾稽出了一段不曾为人注意的历史细节：东晋宁康元年（373）凉土沙门慧常将《渐备经》寄托凉州"互市人康儿"，由其"展转送至长安"。大概由于这位粟特胡商在路上经商贩易，所以到太元元年（376）五月经本才送抵长安。长安僧人安法华把此经又送至长安的"互市"机构，再由"互市人"送往襄阳，时在太元二年十月初。由这一典型的事例，他复原了姑臧、长安、襄阳三地之间由粟特互市人承担往来贸易的情形，并指出从长安经上洛或丰阳，沿丹水东南入汉水，直抵襄阳；或者是从长安南下，走旱路，逾子午谷至汉中，再东南行

---

[1] 荣新江《西域粟特移民聚落补考》，《西域研究》2005年第2期，2—3页。

至襄阳的道路[1]。可以补充指出的是,除了姑臧到长安是由康国商胡康儿传送外,在长安接收并安排送到襄阳的佛僧,也是粟特出身的安法华。这不仅再次表明了粟特商人与粟特僧人之间的关系,也透露出安法华所托的下一位互市人可能也是粟特商人。

事实上,襄阳早就有粟特人定居。《续高僧传》卷二六《智嶷传》记:

> 释智嶷,姓康,本康居王胤也。国难东归,魏封于襄阳,因累居之十余世矣。七岁初学,寻文究竟。无师自悟,敬重佛宗。虽昼权俗缘,令依学侣,而夜私诵《法华》,竟文纯熟,二亲初不知也。十三拜辞,即蒙剃落。更谙大部,情因弥著。二十有四,方受具足。携帙洛滨,依承慧远,传业《十地》及以《涅槃》,皆可敷导。后入关中,住静法寺。仁寿置塔,敕召送于瓜州崇教寺。初达定基,黄龙出现于州侧大池,牙角身尾,合境通瞩,具表上闻。嶷住寺多年,常思定慧,非大要事,不出户庭,故往参候,罕睹其面。末以年事高迈,励业弥崇,寺任众务,并悉推谢。唐初卒也,七十余矣。[2]

可见智嶷一家原本出自粟特康国,号称是"康居王胤",即粟特康国王族成员。这一家应当是在曹魏时来到襄阳,若以三十年为一代的话,那么到了智嶷出家时,已经经历了十代人了,可见粟特人早在曹魏时已定居襄阳。智嶷出家后来到关中,也表明襄阳和关中之间的联系。以后他被隋文帝派往瓜州(敦煌)崇教寺(莫高窟)置舍利塔,大概

---

[1] 《东晋十六国时期姑臧、长安、襄阳的"互市"》,原载《古代长江中游的经济开发》,武汉出版社,1988年;收入作者《敦煌吐鲁番文书论丛》,兰州:甘肃人民出版社,2000年,327—336页。
[2] 《大正藏》第50册,676页。

也是和他的胡人背景有关[1]。

《梁书》卷一八《康绚传》记载了刘宋初年一次粟特人的大迁徙：

> 康绚字长明，华山蓝田人也。其先出自康居。初，汉置都护，尽臣西域，康居亦遣侍子，待诏于河西，因留为黔首，其后即以康为姓。晋时陇右乱，康氏迁于蓝田。绚曾祖因为苻坚太子詹事，生穆。穆为姚苌河南尹。宋永初中，穆举乡族三千余家入襄阳之岘南，宋为置华山郡蓝田县，寄居于襄阳，以穆为秦、梁二州刺史，未拜，卒。绚世父元隆，父元抚，并为流人所推，相继为华山太守。……（入齐后，康绚）推诚抚循，荒余悦服，迁前军将军，复为华山太守。[2]

康绚一族应当出自粟特康国，经河西地区而于西晋时迁到关中的蓝田。刘宋永初年间（420—422），举族三千余家南迁襄阳，可见这支粟特移民的人数之众，以至于宋廷要专门侨置一个华山郡蓝田县来处置他们，这自然在襄阳地区形成了一个粟特胡人据点，从康穆，经康元隆、康元抚，一直到康绚，这一家族一直是这支粟特流人的首领，同时成为南朝侨置的华山郡太守，这和我们在北方看到的一些粟特聚落及其与中央朝廷的关系异常相像。

在魏晋南北朝时期，襄阳位于一个特殊的南北交界地带，从交通上来看，它北通长安，南达江陵，通过江陵可以勾通巴蜀和淮阳，因此粟特商人、僧侣多经停此地，加上康绚一族的迁入，更使这里成为粟特人的一大聚居地了。

---

[1] 关于智嶷的粟特后裔可能给予敦煌的影响，参看梁银景《莫高窟隋代联珠纹与隋王朝的西域经营》，荣新江主编《唐研究》第 9 卷，北京大学出版社，2003 年，471 页。

[2] 《梁书》，北京：中华书局，1983 年，290 页。

二 唐代流寓南方的粟特人

进入唐朝，国家统一，道路畅通，按理说粟特商人进入南方要更容易一些，而且所选择的道路也没有特别的限制。但是，我们看到的粟特人在南方的行迹相对来讲不多，而且大多数是一些个体的活动，没有形成聚落形态。现将所见零散资料汇集如下：

1. 剑南

成书于大历九年（774）以后不久的禅宗灯史《历代法宝记》有关无住的记载云：

> 和上，凤翔郿县人也。俗姓李，法号无住，年登五十。开元年代，父朔方展效。时年二十，膂力过人，武艺绝伦。和上每日自叹：在世荣华，谁人不乐。大丈夫儿，未逢善知识，一生不可虚弃。遂乃舍官宦，寻师访道。……天宝十载，从西京却至北灵州，居贺兰山二年。忽有商人曹环，礼拜问和上：到剑南识金和上否？答云：不识。……遂乃出贺兰山，至灵州出行文，往剑南礼金和上。遂被留后姚嗣王不放。大德史和上、辩才律师、惠庄律师等诸大德，并不放来。至德二载十月，从北灵出，向定远城及丰宁，军使杨舍璋处出行文。……乾元二年正月，到成都净众寺。[1]

这里所记录的商人曹环，从他的姓氏和身份来看，很可能是来往灵武和成都之间的粟特商胡。

---

[1] 柳田圣山《禅の语录》Ⅲ《初期の禅史》Ⅱ，东京：筑摩书房，1976年，168—169、189—191页。

2. 江淮

杜甫在《解闷》诗中写道:"商胡离别下扬州,忆上西陵故驿楼。为问淮南米贵贱,老夫乘兴欲东游。"[1]是说商胡从成都沿长江而下,去向扬州,可见扬州是盛唐时代商胡的集中之地。这些胡人多经营珠宝业,因此在唐人眼中,胡人具有辨识宝物的特异功能,小说中有许多这样的故事。

薛用弱《集异记》(长庆四年〔824〕成书)有这样一则故事:

> 司徒李勉,开元(713—741)初,作尉浚仪(今开封)。秩满,沿汴将游广陵。行及睢阳,忽有波斯胡老疾,杖策诣勉曰:"异乡子抱恙甚殆,思归江都。知公长者,愿托仁荫,皆冀不劳而获护焉。"勉哀之,因命登舻,仍给馆粥。胡人极怀惭愧,因曰:"我本王贵种也,商贩于此,已逾二十年。家有三子,计必有求吾来者。"不日,舟止泗上(今盱眙),其人疾亟,因屏人告勉曰:"吾国内顷亡传国宝珠,募能获者,世家公相。吾衔其鉴而贪其位,因是去乡而来寻。近已得之,将归即富贵矣。其珠价当百万,吾惧怀宝越乡,因剖肉而藏焉。不幸遇疾,今将死矣。感公恩义,敬以相奉。"即抽刀决股,珠出而绝。勉遂资其衣衾,瘗于淮上。掩坎之际,因密以珠含之而去。既抵维扬,寓目旗亭。忽与群胡左右依随,因得言语相接。傍有胡雏,质貌肖逝者。勉即询访,果与逝者所述契会。勉即究问事迹,乃亡胡之子。告瘗其所,胡雏号泣,发墓取而去。[2]

---

[1]《全唐诗》卷二三〇杜甫《解闷十二首》,北京:中华书局,1992年,2517页。
[2]《太平广记》卷四〇二"李勉"条,北京:中华书局,1986年,3240页。

这里的波斯胡人在垂死之际，搭乘李勉的船，沿汴水从睢阳（今商丘）往广陵（今扬州），至淮上（今江苏淮阴县西南）而卒。他之所以一定要到扬州，是因为要把所得宝珠交给自己的儿子。扬州是胡人聚集之地，李勉最终果然在扬州市场内的群胡中，找到了他的儿子。这条材料告诉我们胡人沿汴水到扬州的商贩道路，以及扬州市场群胡活动的情形。

又，戴孚《广异记》（大历、贞元年间成书）也有关于江南胡人的故事：

> 乾元（758—760）中，国家以克复二京，粮饷不给。监察御史康云间，为江淮度支，率诸江淮商旅百姓五分之一，以补时用。洪州，江淮之间一都会也，云间令录事参军李惟燕典其事。有一僧人（一作波斯胡人），请率百万，乃于腋下取一小瓶。大如合拳。问其所实，诡不实对。惟燕以所纳给众，难违其言，诈惊曰："上人安得此物？必货此，当不违价。"有波斯胡人见之，如其价以市之而去。胡人至扬州，长史邓景山知其事，以问胡。胡云："瓶中是紫𧰼羯，人得之者，为鬼神所护，入火不烧，涉水不溺。有其物而无其价，非明珠杂货宝所能及也。"又率胡人一万贯。胡乐输其财，而不为恨。瓶中有珠十二颗。[1]

这条材料说明，安史之乱后，江淮之间的洪州（今南昌）和扬州是胡人聚集之地，唐朝政府用征商胡商税的方式，来补偿克复长安、洛阳两京的粮饷不足。此外，这里还提到了安史之乱中任江淮度支使、监察御史的康云间，从他的姓氏来看，也应当是一个粟特后裔，虽然他是作为唐朝官员的身份出现，很可能因为他懂得粟特商胡的性格并且

---

[1]《太平广记》卷四〇三"紫𧰼羯"条，3251—3252 页。

知道如何和他们打交道的,所以才被委以江淮度支一职的。

皇甫氏著《原化记》(武宗时成书)记如下故事:

> 苏州华亭县,有陆四官庙。元和(806—820)初,有盐船数十只于庙前。守船者夜中雨过,忽见庙前光明如火,乃窥之。见一物长数丈,大如屋梁,口弄一团火,或吞之。船者不知何物,乃以竹篙遥掷之。此物惊入草,光遗在地。前视之,乃一珠径寸,光耀射目。此人得之,恐光明为人所见,以衣裹之,光透出。因思宝物怕秽,乃脱亵衣裹之,光遂不出。后无人知者,至扬州胡店卖之,获数千缗。问胡曰:"此何珠也?"胡人不告而去。[1]

苏州在扬州东南,正是从扬州南下杭州的官河(大运河)上的重要城镇。虽然这则故事没有提到这里有胡人活动,但陆四官庙里放射光明的宝珠,不禁让我们想起崇拜光明的粟特胡人,而这个宝珠是否真的货真价实,需待拿到扬州的胡店中请教懂行的胡人,方才能够最终确定。

张读《宣室志》(咸通时成书)"玉清三宝"条记:

> 杜陵韦弇……(从蜀地)遂絜其宝还长安。明年下第,东游至广陵,因以其宝集于广陵市。有胡人见而拜曰:"此天下之奇宝也,虽千万年,人无得者。君何得而有?"弇以告之。因问曰:"此何宝乎?"曰:"乃玉清真三宝也。"遂以数千万为值而易之。弇由是建甲第,居广陵中为豪士。竟卒于白衣也。[2]

---

[1]《太平广记》卷四〇二"守船者"条。
[2]《太平广记》卷四〇三"玉清三宝"条,3249—3250页。

在中晚唐时期，广陵（扬州）的市场，正如早年的长安西市一样，成为胡人识宝的主要场所，因此即使京兆杜陵人韦弇在蜀地得到玉清三宝，并且已经带回到长安，但最后还是要在广陵市中，来确认其真正的价值。

同书"任顼"条记唐建中初有乐安（今浙江仙居县）任顼者救黄龙不死，因得一粒"径寸珠"：

> 于湫岸草中，光耀洞彻，殆不可识。顼后特至广陵市，有胡人见之曰："此真骊龙之宝也，而世人莫可得。"以数千万为价而市之。[1]

这条材料也同样强调了广陵胡人的眼力，所以任顼特别要从江南赶到广陵的市场里来寻找答案。

徐铉（917—992）著《稽神录》"康氏"条记：

> 伪吴杨行密，初定扬州，远坊居人稀少，烟火不接。有康氏者，以佣赁为业，僦一室于太平坊空宅中。康晨出未返，其妻生一子。方席藁，忽有一异人，赤面朱衣冠，据门而坐。妻惊怖，叱之乃走。如舍西，蹄然有声。康适归，欲至家，路左忽有钱五千、羊半边、尊酒在焉。伺之久，无行人，因持之归。妻亦告其所见，即往舍西寻之，乃一金人，仆于草间，亦曳之归。因烹羊饮酒，得以周给。自是出必获利，日以富赡，而金人留为家宝。所生子名曰平。平长，遂为富人。有李浔者，为江都令，行县至新宁乡，见大宅，即平家也。其父老为李言如此。[2]

---

[1]《太平广记》卷四二一"任顼"条，3430—3431页。
[2]《太平广记》卷四〇一"康氏"条，3226页。

这里具体提到扬州太平坊居住的粟特康氏一家，以佣赁为业，无论财源如何得来的，在当地人眼中，康氏是个富人，正如经商致富的粟特人一样。

唐人小说的故事情节往往虚构，其中的一些具体人物有的是虚构的，有的是真实的。但小说中的集合名词，如"胡人"，以及故事发生的场所，一般来讲是建立在真实存在的基础上的[1]。上引小说中的胡人有的是指波斯胡，有的是指粟特胡，可能还有大食胡等等，但其中一定包括粟特胡，因此我们把这些胡人事迹集中起来，以见他们在扬州、洪州、苏州、广陵等地生活、居住、经商的情形。

这些小说对于扬州胡人的记载，也得到了出土墓志的印证。早年扬州出土的《米九娘墓志》的文字如下：

唐故米氏（下缺）

米氏九娘□，其先盖□□□郡人也。父讳宁。米氏即公之室女。贞淑温□□家孝行，幼女聪明□□□□□和睦□内外亲族，无不钦传，爱敬立身，闺室令则，高门□礼，于家孝行无比。何期不幸遘疾，即以会昌六年□月五日终于扬州江阳县布政里之第，享年廿有一。呜呼！长及笄年，未娉待字，从兄亲弟，泣血哀号，六亲悲切，行过伤嗟。即以当月十九日殡于城东弦歌坊之平原，礼也。恐陵谷迁，故刊贞石不朽焉。铭曰：白日昭昭，青松森森，生死有限，□明恨深，朱颜永□，万古传今。[2]

---

[1] 依此类小说来研究外来商人在华活动的论著，可参看 E. H. Schafer, "Iranian Merchants in T'ang Dynasty Tales", *Semitic and Oriental Studies Presented to William Popper, University of California Publications in Semitic Philology*, vol. XI, 1951, pp. 403-422；妹尾达彦《都市の外国商人——8、9 世纪の中国における异人买宝谭》，比较都市史研究会编《比较都市史研究会创立 20 周年记念论文集・都市と共同体》，东京：名著出版，1991 年，283—306 页。

[2] 周绍良编《唐代墓志汇编》，上海古籍出版社，1992 年，2244—2245 页。

一般来讲，米姓不是中国传统的姓氏，这里的米宁其人，也应当是出自中亚米国的粟特人后裔。我们不知道这一家是从何时定居于扬州江阳县布政里的，但是到了晚唐时，米氏父女已经完全汉化。墓志对米九娘的描写，与对汉族室女的赞奖之词几乎一模一样。米九娘以二十一岁的弱龄，在会昌六年（846）卒于家中，葬在城东弦歌坊之平原。

可见，中晚唐时期东南地区的重要城市扬州，是一个聚集了包括粟特商人和普通移民在内的大量异国人士的国际贸易都会。过去学术界比较强调扬州大量的波斯、大食商人的存在，特别是《旧唐书》中记载，安史之乱后，刘展作乱，扬州长史、淮南节度邓景山引平卢副大使田神功率兵马讨贼，"至扬州，大掠百姓商人资产，郡内比屋发掘略遍，商胡波斯被杀者数千人"[1]。现在我们由米九娘墓志和唐人小说，不难看出扬州也有不少粟特商人或居民在这里贸易、生活。

此外，唐人赵璘《因话录》卷六提到"洪州优胡曹赞"[2]，应是出身曹国的粟特胡。

3. 岭南

岭南地区在唐代也有粟特人的踪迹。《新唐书》卷二二五上《孙孝哲传》记载：

> 有商胡康谦者，天宝中（742—756）为安南都护，附杨国忠，官将军。上元中（760—762），出家资佐山南驿禀，肃宗喜其济，许之，累试鸿胪卿。婿在贼中，有告其叛，坐诛。[3]

---

[1]《旧唐书》卷一二四，北京：中华书局，1975年，3533页；《旧唐书·邓景山传》则作"商胡大食、波斯等商旅死者数千人"（《旧唐书》卷一一〇，3313页）。
[2]《唐国史补·因话录》，上海古籍出版社，1983年，111页。
[3]《新唐书》卷二二五上，6425页。

康谦原本是商胡，从"出家资佐山南驿禀"来看，一定相当富有，天宝中期曾任安南都护，但后来因为与安史叛军有关联而被杀。这条史料没有说明康谦为商胡时的活动地域，他后来由商胡而成为安南都护，或许与他在岭南地区经商致富有关，也可能与安南都护属下有较多的粟特胡人的缘故。

无论如何，粟特商人确实在岭南地区活动过。阿拉伯文献《中国印度闻见录》记阿拉伯商人的见闻说：

> 我们见到一个游历过中国的人。他告诉我们说，他曾经遇见一个驮着一皮袋子麝香的人。这人说，他是从撒马尔罕徒步走来，沿途经过许多中国的城镇，才到达尸罗夫商人聚集之地的广府。[1]

这说明广州有撒马尔干（康国）来的商人，他们做的是麝香贸易。我们知道，包括麝香在内的各种香料，一直是粟特商人经营的贵重商品之一，这可以从4世纪初叶写于姑臧的粟特文古信札以及8世纪中叶法隆寺的香木题记上得到印证[2]。

柳宗元在《岭南节度使飨军堂记》曾经记到：

> 其外大海多蛮夷，由流求、诃陵，西抵大夏、康居，环水而国以百数，则统于押蕃舶使焉。[3]

---

[1] 穆根来等译《中国印度见闻录》，北京：中华书局，1983年，118—119页。
[2] 关于粟特文古信札，见 N. Sims-Williams, "The Sogdian Ancient Letter II", *Philologica et Linguistica: Historia, Pluralitas, Universitas. Festschrift für Helmut Humbach zum 80. Geburtstag am 4. Dezember 2001*, ed. M. G. Schmidt and W. Bisang, Trier 2001, pp. 267-280; F. Grenet, N. Sims-Williams, and É. de la Vaissière, "The Sogdian Ancient Letter V", *Bulletin of the Asia Institute*, XII, 1998, pp. 91-104；毕波《粟特文古信札汉译与注释》，《文史》2004年第2辑，北京：中华书局，73—97页。关于法隆寺香木，见上引东野治之文。
[3] 《全唐文》卷五八〇，北京：中华书局，1983年，5859页。

此外，罗香林先生曾发现广西桂林石室有景龙三年（709）"安野那"、上元三年（676？）"米□多"的题名，并提到唐人范摅《云溪友议》记陆严梦《桂州筵上赠胡女子》诗云："眼睛深似湘江水，鼻孔高于华岳山。"可见其深目高鼻的胡人特征；还有莫休符《桂林风土记》中提到的穆宗长庆年间（821—824）的桂林都押衙米兰其人[1]。安野那无疑是来自安国的粟特人，而米□多石刻题作"杜（吐）火罗国人"，或许是来自吐火罗地区的粟特米国人。此外，罗先生关于"野那"为景教徒"亚拿"（Anna）的说法不可取，应当按照吉田丰先生用粟特文所作的解说，看作是典型的粟特人名[2]。又，广东遂溪发现的南朝时期（420—589年）粟特银器和萨珊波斯银币窖藏，虽然不能直接肯定说是粟特人带到这里来的，但银碗上的粟特铭文"（此碗属于）石国（即塔什干）的 [ ]sp（人名残），（重）42 斯塔特（staters）"，仍然表明最有可能的持有者是粟特人[3]。对比其他文献记载，应当说粟特商人已经深入到岭南地区，他们大概是从海上丝绸之路或者从中国北方进入这一地区的。

总之，我们看到的唐朝时期南方的粟特商人，基本上都是一些个别的人物，而且常常是互不相关的个体。究其原因，大概是由于粟特商人在北方丝路沿线确立了贸易网络，因此波斯商人则经营海路进入中国南方从事贸易，与南方的波斯商人相比，粟特商胡的势力相对要

---

[1] 罗香林《唐代桂林西域人摩崖题刻与景教之关系》，作者《唐元二代之景教》，香港：中国学社，1966年，87—96页。按，罗先生以上元年号属肃宗，从吐火罗和粟特与唐交往史来看，更可能是高宗上元年号。

[2] 后者的释义，见 Y. Yoshida, "Additional Notes on Sims-Williams' Article on the Sogdian Merchants in China and India", P. 75。

[3] 除上引姜伯勤《广州与海上丝绸之路上的伊兰人：论遂溪的考古新发现》和 Yoshida, "Additional Notes on Sims-Williams' Article on the Sogdian Merchants in China and India" 两文外，参看 Y. Yoshida, "In Search of Traces of Sogdians 'Phoenicians of the Silk Road'", *Berlin-Brandenburgische Akademie der Wissenschaften. Berichte und Abhandlungen*, 9, Berlin: Akademie Verlag, 2002, pp. 189-191。

弱得多[1]。

三　南方多元文化中的粟特要素

由于入华粟特人带有鲜明的伊朗和中亚文化色彩，所以，当他们进入江南地区以后，虽然受到中国传统文化和当地佛教文化的深刻改造，但仍然把某些胡人的文化色彩带给江南，尽管这些蛛丝马迹不易寻找，不过还是有些迹象值得我们注意。

唐贞元年间（785—805）李朝威所撰传奇《柳毅传》有云：

> 毅谓夫曰："洞庭君安在哉？"曰："吾君方幸玄珠阁，与太阳道士讲火经，少选当毕。"毅曰："何谓火经？"夫曰："吾君，龙也。龙以水为神，举一滴可包陵谷。道士，乃人也。人以火为神圣，发一灯可燎阿房。然而灵用不同，玄化各异。太阳道士精于人理，吾君邀以听焉。"[2]

陈寅恪先生在此处批注三个字："火祆教。"[3] 蔡鸿生先生由此提到"火祆教向湖湘地区的传播问题"，他提出了一个重要的问题："火祆教到开封后，有没有继续传播，从湖北进入湖南，是怎样的一个传播史？"但没有深入论证[4]。这确实是一个值得进一步探讨的问题，不过目前的材料尚不足以解答这个问题。

---

[1] 参看荣新江《波斯与中国：两种文化在唐朝的交融》，刘东编《中国学术》2002年第4辑，61—64页。
[2] 《太平广记》卷四一九"柳毅"条，3411页，题作"出《异闻集》"。又，误二"火经"为"大经"。
[3] 陈寅恪《读书札记二集》，北京：三联书店，2001年，232页。
[4] 蔡鸿生《学境》，香港：博士苑出版社，2001年，97—98页。

虽然粟特胡人信奉的祆教进入湖南、湖北的问题还没有太多的史料证明，不过神田喜一郎、饶宗颐等先生很早就论述过的祆教赛神曲《穆护歌》在四川等地的流行情况，可以作为《柳毅传》提到火祆教经典的旁证。据前人对相关史料的整理，我们把《穆护歌》的流行情况简单条理如下[1]：

宋人黄庭坚（山谷）《题牧护歌后》提到，他曾经见到刘禹锡（梦得）作夔州刺史时所写的乐府，有《牧护歌》，似是赛神曲，但不可解[2]。而现存的《刘梦得文集》中没有这首《牧护歌》。"牧护"即"穆护"。洪迈《容斋四笔》卷八"穆护歌"条录有其词云："听说商人木弧，四海五湖曾去。"并说"中有数十句，皆叙贾人之乐"[3]。而张邦基《墨庄漫录》卷四记黄鲁直云："黔南、巴僰间赛神者，皆歌《穆护》，其略云：'听唱商人穆护，四海五湖曾去。'"[4] 在此，"木弧"变成了"穆护"，我想，写作"木弧"可能是洪迈等人把穆护解释为木弧的结果。到了南宋姚宽《西溪丛语》卷上讨论这个问题时，才真正把《牧护歌》和祆教联系起来，并正确地指出："祆有祠庙，因作此歌以赛神。"[5] 从本意来讲，"商人穆护"更合文意，因为可以肯定，穆护原意是粟特商人所信祆教的僧侣，也用来指称祆教本身，还是祆教赛神曲的名字，因此，《穆护歌》是信奉祆教的粟特商人带到黔南、巴僰地区，带到五湖四海的。前辈学者还引《山堂肆考》卷三九"公主"条

---

[1] 参看神田喜一郎《祆教杂考》，原载《史学杂志》第39篇第4号，1929年；此据《神田喜一郎全集》第1卷，京都：同朋舍，1986年，72—84页；饶宗颐《穆护歌考》，原载《大公报在港复刊卅年纪念文集》下，香港，1978年；此据《选堂集林·史林》，香港：中华书局，1982年，472—509页；吴玉贵《中国风俗通史·隋唐五代卷》，上海文艺出版社，2001年，584页。
[2] 《豫章黄先生文集》卷二五。
[3] 洪迈《容斋随笔》下，上海古籍出版社，1978年，703—704页。
[4] 《墨庄漫录·过庭录·可书》所收《墨庄漫录》本略有讹误，北京：中华书局，2002年，116页。
[5] 《西溪丛语·家世旧闻》，北京：中华书局，1993年，41—43页。

引《蜀志》记"祆庙"及《蜀梼杌》所记"灌口祆神",说明五代时四川地区确实存在着祆神崇拜和祭祀祆神的祠庙[1]。

上节我们所列举的有关胡人买宝故事的小说,其发生地点也多在南方的城市,此类故事在南方的流行,也可以说是包括粟特在内的西域胡商在这一带活动给书写文化带来的影响。此外,随着这些胡商的贸易活动,他们带来的贵金属、香料、药物、珠宝等等,也必将大大地丰富南方社会的物质文化。

从中晚唐时期开始,南方的经济文化逐渐发展起来,进而带动了宋代以后江南地方社会、经济、文化的迅猛发展,在这场社会变迁和文化多元化的剧烈变化中,应当说也有着进入中国的粟特胡人的一份贡献。

2005年12月29日完稿。原载韩昇编《古代中国:社会转型与多元文化》,上海人民出版社,2007年12月,138—152页。

---

[1] 参看黎国韬《二郎神之祆教来源——兼论二郎神何以成为戏神》,《宗教学研究》2004年第2期。

唐代六胡州粟特人的畜牧生活形态

——2007 年西北农牧交错地带城址与环境考察纪略

2007 年 8 月 1—18 日，笔者有幸参加妹尾达彦教授主持的"农牧交错地带城址与环境学术考察队"，由李孝聪先生领队，从北京出发，经山西、陕西北部，到宁夏银川，然后南下固原，再到西安，结束考察。一路与同行的中、日、韩三方学者有较多的学术交流机会，对于这一农牧交界地带的城市、村镇、长城、关隘，以及气候、环境、土壤等都有了许多认识。不过，要真正落笔写考察报告时，感到许多考察的收获还来不及消化、吸收。因此，这里仅就过去比较注意的六胡州地区胡人的生活形态，略做探讨，以就教于同行诸君，也请同行专家不吝赐教。

一　考察与问题

8 月 10 日，我们从盐池县出发，沿高速公路西行，在高沙窝下高速公路，走土路前往二步坑村，找人带路，辗转到达明代兴武营古城，即近年来学者所说唐代六胡州中的鲁州遗址。明代城址保存相当完好，我们登上城墙，天空忽降大雨，我们在门楼中躲避，发现无法沿城墙绕行，只大致看了古城的南墙、南门以及南门瓮城，随即撤退。我们依依不舍地离开古城，可是不久以后，天空放晴，两道彩虹横亘天际，给大家留下非常美好的印象。

兴武营古城位于宁夏回族自治区盐池县西北 60 公里处的高沙窝乡

二步坑村，是明代正统九年（1444）营建于毛乌素沙漠西南缘的一个边防要塞。之所以把这里定为鲁州，是因为此地东南约10公里的窨子梁，1985年宁夏自治区博物馆曾在此发掘六座墓葬，其中一座出土的《大周□□□都尉何府君墓志铭并序》记载：

  君□□□□□大夏月氏人也。粤以久视元年九月七日，终于鲁州<u>如</u>鲁县□□里私第，君春秋八十有五。以其月廿八日，迁穸于□城东石窟原，礼也。[1]

由窨子梁向西，最近的古城就是兴武营，而此地曾拾到"开元通宝"，加上其他一些采集的物品，可知兴武营是在唐、宋、西夏以来的古城遗址基础上建造的，这里应当就是唐朝时期的鲁州城址[2]。至于六胡州其他五州的遗址，虽然学者有各种推测[3]，但都还不能像鲁州这样有考古学的证据，因此难以成为定论。

《元和郡县图志》卷四关内道新宥州条记："调露元年（679），于灵州南界置鲁、丽、含、塞、依、契等六州，以处突厥降户，时人谓之'六胡州'。"[4]所谓"突厥降户"，据前人的研究，应当是指原本进入突厥汗国境内的粟特胡人，这一点似乎已经没有人提出疑义，因为我们在各种史料中所见到的六胡州的胡人，都是昭武九姓

---

[1] 宁夏回族自治区博物馆《宁夏盐池唐墓发掘简报》，《文物》1988年第9期，43—56页。墓志录文又见吴钢主编《全唐文补遗》第6辑，西安：三秦出版社，1999年，349页。
[2] 王乃昂、何彤慧、黄银洲、冯文勇、程弘毅《六胡州古城址的发现及其环境意义》，《中国历史地理论丛》2006年第3期，40页。参见森部豊《唐末五代の代北におけるソグド系突厥と沙陀》，《东洋史研究》第62卷第4号，2004年，60—93页。
[3] 有关六胡州城址的比定，参见王北辰《唐代河曲的"六胡州"》，《内蒙古社会科学》1992年第5期，58—64页；收入《王北辰西北历史地理论文集》，北京：学苑出版社，2000年，218—230页；艾冲《唐代河曲粟特人"六胡州"治城的探索》，《民族研究》2005年第6期，73—78页；王乃昂等《六胡州古城址的发现及其环境意义》，36—46页。
[4] 《元和郡县图志》卷四关内道新宥州条，北京：中华书局，1983年，106页。

的粟特人。

《何府君墓志》记志主出身中亚何国的何府君生前住在"鲁州如鲁县□□里",这是否证明他已经是城居的居民了呢?但《唐会要》卷七二"马"条记载:玄宗开元二年(714)九月,"太常少卿姜晦上封,请以空名告身于六胡州市马,率三十匹酬一游击将军"。由此可见,六胡州是唐朝养马的地方,唐朝利用降胡来养马,则六胡州的民众应当主要是从事畜牧业的。

二 粟特人与牧马

2003年,笔者应陕西师范大学西北民族研究中心周伟洲教授邀请,做该年度的"马长寿纪念讲座",讲稿后整理为《粟特与突厥——粟特石棺图像的新印证》发表[1]。在拙文中,笔者列举了史诃耽任左二监、史铁棒授司驭寺右十七监、史道德先后任玉亭监与兰池监、安元寿任夏州群牧使等事例,认为:"在突厥汗国内生存的粟特人,当然会在生活习俗上受突厥人的影响。同时,在中原王朝北方地域生活的粟特人,也同样受突厥影响而善于从事牧业。"罗丰先生讨论固原粟特史氏家族成员的墓志时,认为中亚是良马的产地,因此粟特人原本就有牧马的技能,所以自然被唐朝任命为监牧的官员[2]。还有一些学者也深浅不等地探讨过六胡州粟特人是唐朝监牧系统中从事畜牧的民众的问题[3]。2008年,山下将司氏发表《唐代的监牧制与住在中国的粟特人

---

[1] 周伟洲编《西北民族论丛》第4辑,北京:中国社会科学出版社,2006年,1—23页。
[2] 罗丰《胡汉之间——"丝绸之路"与西北历史考古》,北京:文物出版社,2004年,472页。
[3] 参看张广达《唐代六胡州等地的昭武九姓》,《北京大学学报》1986年第2期,71—82页;此据作者《文本、图像与文化流传》,桂林:广西师范大学出版社,85页;艾冲《论毛乌素沙漠形成与唐代六胡州土地利用的关系》,《陕西师范大学学报》2004年第3期,103—104页;穆渭生《唐代设置六胡州的历史地理考察》,《唐都学刊》第23卷第3期,2007年,24—25页。

的牧马》一文，详细阐述了凉州安氏和固原史氏在唐朝监牧中的角色，指出粟特人作为唐朝的牧马官不仅仅是因为他们的牧马技能，而是他们把马的饲养作为家族产业，他们对于唐朝建国的直接影响是和他们对军马的培育和贸易有关，所以唐朝利用他们来做各级的监牧官[1]。山下氏的说法受到森安孝夫氏关于武威安氏"家业"是指马的饲养和贩卖这样一种说法的启发[2]，他的深入研究和进一步的阐发，使笔者受益匪浅。

对于粟特人之擅长牧马，我们还可以举一个例子。西安出土的《唐安万通墓志》记：

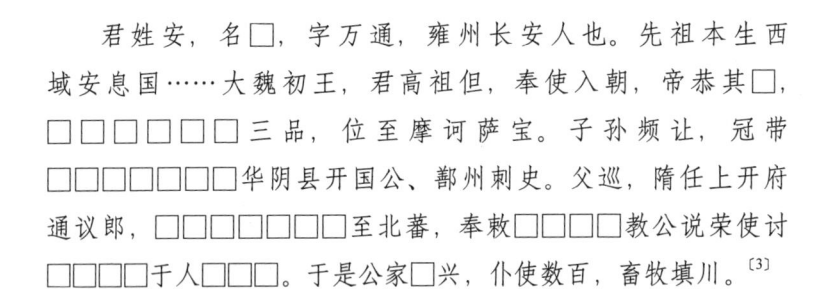

> 君姓安，名□，字万通，雍州长安人也。先祖本生西域安息国……大魏初王，君高祖但，奉使入朝，帝恭其□，□□□□□□三品，位至摩诃萨宝。子孙频让，冠带□□□□□□华阴县开国公、鄯州刺史。父巡，隋任上开府通议郎，□□□□□至北蕃，奉敕□□□□教公说荣使讨□□□□于人□□□。于是公家□兴，仆使数百，畜牧填川。[3]

这方墓志为朱书砖志，所以志文有许多残缺，但安巡在隋朝时出使北蕃（突厥或铁勒），而且家中有仆使数百，畜牧填川的情形，都跃然纸上。这里的畜牧，应包括安巡作为家业的牧马。这个家族原本出身于粟特的安国，北魏时进入中国，从其祖父曾任鄯州（今西宁）刺史来看，可能曾在青海东部生活，这里属于陇右地区，应当是适宜养马的地方。

---

[1] 山下将司《唐の监牧制と中国在住ソグド人の牧马》，《东洋史研究》第66卷第4期，2008年，539—569页。
[2] 参看森安孝夫《シルクロードと唐帝国》，东京：讲谈社，2007年，135—136页。
[3] 《全唐文补遗》第2辑，西安：三秦出版社，1995年，129—130页。

三 六胡州等地粟特人与监牧

进入唐朝，粟特人很快就进入监牧系统，成为陇右监牧中的牧马管理者之一。我们不妨把固原出土史姓墓志中的材料按年代排列如下：

> 义宁元年（617），〔史诃耽〕拜上骑都尉，授朝请大夫，并赐名"马杂彩"。特敕北门供奉进马。
>
> 武德九年（626），以公〔史诃耽〕明敏六闲，别敕授左二监。（《史诃耽墓志》）[1]
>
> 显庆三年（658），勅授〔史铁棒〕司驭寺右十七监。趣马名官，驾人司职。荆珍抵鹊，牛鼎亨（烹）鸡。阙里思于执鞭，蒙邑安于园吏。逐乃触理宣用，随事效能。牧养妙尽其方，服习不违其性。害群斯去，逸足无遗，飞响造天，宁留虞阪，流光曳练，奚止吴门。（《史铁棒墓志》）[2]
>
> 总章二年（669），拜〔史道德〕给事郎，迁玉亭监。既而严肃允著，匪懈克彰。道洽襄城，云聚檀溪之骏；术高缙岭，星繁蒲泽之孳。
>
> 龙朔三年（663），诏除〔史道德〕兰池监。公深知止足，逾诚宵征，五柳归来，不屈陶潜之节；三径长往，还符蒋诩之游。抱瓮忘机，虚舟任触。追赤松而高蹈，玩紫芝以清歌。冀保修龄，方悲大渐。徒赠西山之药，终飞东岱之魂，以仪凤三年（678）三月十九日遘疾终于原州平高县招远里之私第，春秋六十六。（《史

---

[1] 以上两条见罗丰《固原南郊隋唐墓地》，北京：文物出版社，1996年，68—72、206—211页。《全唐文补遗》第7辑，西安：三秦出版社，1998年，284—285页。
[2] 《固原南郊隋唐墓地》，82—84、211—213页。《全唐文补遗》第7辑，284—285页。

道德墓志》）[1]

由此可见，固原史姓家族成员善于放牧，所以一直担任唐朝的牧监官员。笔者之所以把这些史料罗列出来，是因为多年前曾与笔者的硕士生李丹婕讨论一个问题："史道德于龙朔三年（663）到仪凤三年（678）任职兰池监，而兰池与唐朝转年设立的六胡州在地理位置上十分相近，或可以说就在一个地区。据罗丰先生指出，唐朝任用史道德为兰池监是欲加强牧监管理，而在史道德去世后唐朝随即将原突厥降户中的粟特人移居于此，其背后是否存在联系，需要继续深入研究。"[2] 对于这个问题，调露元年（679）在兰池监所在地设立了六胡州，因此，以后这一地区的监牧官应该就由当地的粟特人担任了，固原史氏随着史道德的去世而结束了在六胡州地区持续任监牧的职责。不过粟特人在这里担任的监牧官是低一级的职位，《唐会要》卷六六"群牧使"条记："仪凤三年十月，太仆少卿李思文检校陇右诸牧监使。"这才是统摄全局的最高监牧首长。

我们的考察队也到了今陕西最北边的靖边县，这里有十六国时期大夏的统万城，也就是唐朝的夏州城址。始光五年（428）北魏攻占统万城，设立统万镇，后改夏州。太延五年（439），北魏征服北凉，迁徙其都城姑臧内大批粟特胡人前往平城。北魏还进而控制整个河西走廊，势力进入西域。于是，从河西走廊经过薄骨律（灵州）、夏州（统万城），沿鄂尔多斯沙漠南缘路到达北魏首都平城（大同），成为一条东西方往来的快捷途径，远自波斯、粟特的西域使者，纷纷到平城朝

---

[1] 以上两条见《全唐文补遗》第4辑，西安：三秦出版社，1997年，376—377页。按，龙朔三年在总章二年前，这里原文有误，山下将司氏疑龙朔三年可能是咸亨三年（672）或上元三年（676）之误（上引文，562页）。

[2] 李丹婕《唐代六胡州研究述评》，《新疆师范大学学报》2004年第4期，106页，注35；中田裕子译本《唐代六胡州研究论评》，《东洋史苑》第65号，2005年，17页，注36。

贡。六镇起兵反叛北魏后，统万城一带的胡人与之应接。普泰二年（532），贺拔岳遣部将宇文泰镇守夏州，夏州更成为宇文泰霸业的开创之地。因此，统万城在西魏、北周时仍是北方重镇[1]。

我曾经为了考察统万城出土的北周大成元年（579）葬在统万城的西国胡人翟曹明墓的材料，与罗丰先生一起走访靖边县文管所，调查翟曹明墓志及其他出土文物。以后又根据新出墓志材料，追索北朝到唐宋时期夏州的粟特人遗迹[2]，包括武周时期的西凉大族安旻[3]，还有北宋初年的定难军管内都军指挥使康成此[4]，应当都是当地的胡人领袖。

《唐会要》卷七二"马"条记载：

> 永隆二年（681）七月十六日，夏州群牧使安元寿奏言："从调露元年九月已后，至二月五日前，失死马一十八万四千九十匹，牛一万一千六百头。"[5]

对于这条材料，马俊民、王世平先生在《唐代马政》一书中做过详细的分析，即从丧失的马数与全国监牧马数比较，可以知道这里所说其实是整个唐朝监牧马的损失情况，也表明所谓"夏州群牧使"安元寿，其所统并不仅仅限于夏州，而是与陇右群牧使类似，统辖整个河陇关内道北部的官营监牧[6]。

---

[1] 参看荣新江《中古中西交通史上的统万城》，陕西师范大学西北环发中心编《统万城遗址综合研究》，西安：三秦出版社，2004年，29—33页。
[2] 荣新江《北朝隋唐粟特人之迁徙及其聚落补考》，《欧亚学刊》第6辑，北京：中华书局，2007年，第165—178页。
[3] 康兰英编著《榆林碑石》，西安：三秦出版社，2003年，图29，录文见211页。
[4] 《榆林碑石》，图82，录文见253页。
[5] 《唐会要》原文为"调露九年"，调露年号无九年，应为"调露元年"之误。又见《资治通鉴》卷二〇二高宗开耀元年（681）七月条，6402页。
[6] 《唐代马政》，台北：联合出版，1995年，16—18页。

前人已注意到，安元寿所任这样一个重要的官职，却不见于《安元寿墓志》[1]。我们不妨把《墓志》永隆二年前后的记录引出来，再做讨论：

> 麟德元年，又加授左监门卫中郎将。二年，告禅云郊，升中岱岳，公亲于坛上供奉，恩诏加授忠武将军。咸亨元年，又加云麾将军。董兵栏锜，先伫于干能；掌卫宸轩，必资于忠勇。三年，加拜右骁卫将军。上元元年，又迁授右威卫将军。竭诚莅政，勤著于六戎；励节当官，功宣于八校。然以逝川不驻，藏壑易迁，方延刻玉之期，奄遘盈瑰之衅。以永淳二年八月四日，遇疾薨于东都河南里之私第，春秋七十有七。

安元寿是出身武威安氏家族的重要人物，唐初以来，屡立战功，是唐太宗的亲信，死后陪葬昭陵。据《墓志》，他在麟德元年任左监门卫中郎将，应当在京城效职。麟德二年（665），高宗封禅，他随同上中岳嵩山，于坛上供奉，所以加授忠武将军。咸亨元年（670），又加云麾将军。以后"掌卫宸轩"，仍然表明是在京城帝王左右效力。咸亨三年（672），加拜右骁卫将军。上元元年（674），又迁右威卫将军。至此都没有说到他曾经离开京城。以后生病，最后在永淳二年（683）八月四日薨于东都洛阳，年七十七岁。据此，永隆二年（681）安元寿已经七十五岁高龄，也没有任何曾经离开京城的迹象。因此，我们可以说，如果上述史料中的安元寿就是武威安家的安元寿的话，那么他之任夏州群牧使实际上是遥领，并没有亲自到边地去，笔者倾向于两处的安元寿是一个人，从他当时的年龄来看，恐怕也只能是遥领。

---

[1] 山下将司上引文，8页。

为什么非要安元寿来遥领呢？这当然应该是因为武威安家在畜牧方面的本领，还有就是他们作为粟特人在这一领域的威望。上引《元和郡县图志》说在"灵州南界"设置六胡州，《新唐书》卷三七《地理志》关内道有州条所记略同，只是"灵州南界"作"灵、夏南境"，更近事实。六胡州与夏州接壤，则夏州群牧使应当也会管辖到六胡州的监牧，虽然我们没有史料说明固原史氏家族是否继续在六胡州地域内任监牧官，但因为突厥降户内的粟特人应当也是擅长牧马的，所以那些具体的监牧官恐怕由六胡州本地的粟特担任了，但统辖整个灵、夏乃至六胡州的监牧则由夏州群牧使来负责，安元寿作为唐朝所信任而又擅长养马的粟特人，是这个位置的最佳人选。

我们还知道有另外一位夏州地区的粟特监牧官员，这就是华严宗的贤首大师法藏的弟弟康宝藏。晚唐新罗人崔致远所撰《唐大荐福寺故寺主翻经大德法藏和尚传》，有关康宝藏的记载如下：

> 法藏，俗姓康氏，本康居国人。……高曾蝉联为彼国相。祖父自康居来朝，庇身辇下。考讳谧，皇朝赠左卫中郎将。……弟宝藏以忠孝闻。……至〔神龙〕二年（706），降敕曰："朝议郎行统万监副监康宝藏，颇著行能，早从班秩。其兄法藏，夙参梵侣，深入妙门。传无尽之灯，光照暗境；挥智慧之剑，降伏魔怨。凶徒叛逆，预识机兆。诚恳自衷，每有陈奏。奸回既殄，功效居多。虽摄化无著，理绝于酬赏；而宅生有缘，道存于眷顾。复言就养，实寄天伦。宜加荣禄，用申朝奖。宝藏可游击将军，行威卫隆平府左果毅都尉，兼令侍母，不须差使，主者施行。"[1]

---

[1] 崔致远《唐大荐福寺故寺主翻经大德法藏和尚传》，《大正新修大藏经》卷五〇，281—283页。

唐代的康居指的就是粟特的康国，法藏、宝藏兄弟的祖父来到中国，父亲康谧任左卫中郎将，似乎是在京城的中央政府中任武职，和安元寿在麟德元年所任左监门卫中郎将相同，似乎表明康谧一家是住在长安或洛阳。中宗本来是要奖励在翦除张柬之一党的政治斗争中立功的法藏，但法藏"固辞"，于是中宗就把奖励转授给他的弟弟康宝藏。康宝藏在神龙二年前已经入仕，为朝议郎行统万监副监。"朝议郎"为文散官，正六品上[1]；其职事官是"行统万监副监"。据《唐令》，"马满五千匹以上为上，三千匹以上为中，不满三千匹为下。其杂畜牧，皆同下监。〔其监仍以土地为名。〕"[2] 康宝藏升任"游击将军，行威卫隆平府左果毅都尉"。"游击将军"是从五品下的武散官，他的职事官是隆平府折冲果毅，但考虑到他的母亲年迈，所以不必亲自赴折冲府，而仍在夏州侍亲。

康宝藏家住夏州，也得到《法藏传》记载的印证："永隆元年（680），〔法藏〕觐亲于夏州。道次郡邑，邑宰靡不郊迎缁侣为荣。"[3]《大方广佛华严经感应传》也有类似的记载："天授元年（690），华严藏公归觐祖母。到曾洲，牧宰香花郊迎。"[4] 陈金华先生对这两条都有详细的辨析，指出《法藏传》中的"永隆元年"实应为"天授元年"，《感应传》所记"祖母"和"曾洲"都是笔误。他还认为，法藏的家庭最初住在长安，但是由于法藏的弟弟宝藏任职于夏州的统万监，所以在690年前，法藏的家人已经落户于夏州[5]。

由于法藏作为中国化佛教宗派华严宗初祖的地位如此之高，所以

---

[1] 李林甫等校、陈仲夫点校《唐六典》，北京：中华书局，1992年，31页。
[2] 天一阁博物馆、中国社会科学院历史研究所天圣令整理课题组校正《天一阁藏明钞本天圣令校正》下，北京：中华书局，2006年，401页。
[3] 《唐大荐福寺故寺主翻经大德法藏和尚传》，283页。
[4] 惠英撰，胡幽贞纂《大方广佛华严经感应传》，《大正新修大藏经》卷五一，176页。
[5] Jinhua Chen, *Philosopher, Practitioner, Politician: The Many Lives of Fazang (643-712)*, Leiden: E. J. Brill, p. 355, n. 95.

人们往往忽略了他的家族的粟特背景,笔者过去在考察夏州的粟特人时,也没有注意到法藏的俗家就住在夏州[1],而他的弟弟康宝藏还担任着统万监的副监,这不仅为粟特人在夏州添上一条重要的证据,也为粟特人在统万城一带掌管唐朝的监牧,提供了印证。

四 胡人生活在部落畜牧状态

由兰池监、统万监均用粟特人的例子,可以推测六胡州的低级监牧官,仍然由粟特人担任。而开元二年唐朝以空名告身到六胡州换马,似乎表明这里的胡人除了放养监牧的马匹外,同时也养私马。他们虽然也被唐朝划分在州县的里坊中间,但从事的劳动,主要就是牧马,可能也兼营其他畜牧业。

我们再来看看龙门出土的六胡州大首领安菩墓志的记载:

唐故陆胡州大首领安君墓志

君讳菩,字萨,其先安国大首领。破匈奴衔帐,百姓归中国。首领同京官五品,封定远将军,首领如故。曾祖讳钵达干,祖讳系利。君时逢北狄南下,奉敕遣征。一以当千,独扫蜂飞之众。领衔帐部落,献馘西京。不谓石火电辉,风烛难住。粤以麟德元年十一月七日,卒于长安金城坊之私第,春秋六十有四。以其年十二月十一日,旋窆于龙首原南平郊,礼也。夫人何氏,其先何大将军之长女,封金山郡太夫人,以长安四年正月廿日,寝疾卒于惠和坊之私第,春秋八十有三。以其年二月一日,殡于洛城南敬善寺东,去伊水二里山麓,礼也。孤子金藏,痛贯深慈,膝下难舍。毁不自灭,独守母坟。爱尽生前,敬移殁后。天玄地

---

[1] 感谢季爱民同学提示给我这条史料。

厚，感动明祇。敕赐孝门，以标今古。嘉祥福甸，瑞草灵原。乡曲荫其风，川涂茂其景。粤以景龙三年九月十四日，于长安龙首原南，启发先灵，以其年十月廿六日，于洛州大葬，礼也。嗣子游骑将军胡子、金刚等，罔极难追，屺岵兴恋。日弥远而可知，月弥深而不见。与一生而长隔，悲复悲而肠断。呜呼哀哉。其词曰（略）[1]

这方墓志写于景龙三年（709）十月廿六日合葬安菩及其夫人何氏的时候，此处仍称早在麟德元年（664）十一月七日去世的安菩为"六胡州大首领"，这是他们的儿子安金藏安排人撰写的，似乎表明在胡人眼里，"六胡州大首领"才是六胡州地区胡人领袖的真正名号，而不是唐朝给予的刺史官衔，其原因之一，应当就是这里的胡人保持着原本的部落组织，所以才称安菩为"大首领"，这原本是"大萨保"的意译。景龙三年时安菩的两个儿子胡子、金刚，有游骑将军这样的武散官衔，他们可能仍然在六胡州地区，担任胡人首领。

还应当注意的是，进入唐朝的粟特人，有的进入统治阶层，成为唐政权的新贵，也有的作为普通百姓，而备受奴役，特别是作为突厥汗国降户中的一般民众，逐渐沦为被剥削的最底层。到开元九年四月，六胡州地区爆发了以康待宾为首的粟特民众起义，反叛唐朝。起义领袖还有安慕容、何黑奴、石神奴、康铁头，可能都是当地胡人的低级领袖，或是有号召力的胡人乡里豪杰，在他们的率领下，"有众七万"，声势非常浩大。唐朝赶紧调动朔方、陇右、河东等几路人马，以及天兵军，一起进剿[2]。在唐朝的平叛队伍中，也有粟特出身的首领，其中

---

[1]《全唐文补遗》第 4 辑，402—403 页。
[2] 关于这次起义和唐朝的平定过程，参见周伟洲《唐代六胡州与"康待宾之乱"》，《民族研究》1988 年第 3 期，57—58 页。

亲自活捉康待宾的不是别人，而是出身灵州的粟特胡人康植[1]。而随后继续参与安抚散在各处的六胡州叛民的唐朝左监门将军安庆[2]，也应当是一位粟特武将。可见，进入唐朝的粟特人已经分化，有的成为统治阶级，有的则生活困苦。开元十年，康待宾余党庆州方渠降胡康愿子又自立为可汗，举兵反，"谋掠监牧马，西涉河出塞"。这里特别说到康愿子要劫掠监牧的马匹，应当说就是他们为唐朝畜养的马匹，打算劫之而奔突厥，结果被张说率兵讨伐平定。唐朝为了不让这些六胡州民众再反叛，所以移徙"河曲六州残胡五万余口于许、汝、唐、邓、仙、豫等州，始空河南、朔方千里之地"[3]。然而，这些粟特胡人在六胡州就没有进行过农耕，所以不适应内地的生活，"恋本"、"怀归"，逐渐逃回关内道诸州，唐朝又不得不把六胡州的胡人民众再次安置在六胡州，依旧以畜牧为业。

780 年，诗人李益的诗篇《登夏州城观送行人赋得六州胡儿歌》唱到：

> 六州胡儿六蕃语，十岁骑羊逐沙鼠。
> 沙头牧马孤雁飞，汉军游骑貂锦衣。
> 云中征戍三千里，今日征行何岁归。

---

[1] 康植的灵州出身问题，参见桑原骘藏《桑原骘藏全集》第 2 卷，东京，1987 年，325—326 页；陈寅恪《唐代政治史述论稿》，上海古籍出版社，1982 年，43 页；荣新江《北朝隋唐粟特人之迁徙及其聚落》，《国学研究》第 6 卷，北京大学出版社，1999 年，27—86 页；作者《中古中国与外来文明》，北京：三联书店，2001 年 12 月，90—91 页；森部丰《略论唐代灵州和河北藩镇》，史念海编《汉唐长安与黄土高原》（《中国历史地理论丛》1998 年增刊），西安：陕西师范大学中国历史地理研究所，1998 年，262 页。

[2] 值得注意的是，晚唐沙陀三部落中的"安庆"，也是由粟特人所组成的，参见 Edwin G. Pulleyblank, "A Sogdian Colony In Inner Mongolia", *T'oung Pao*, 41, 1952, p.345。而这里的将军，也叫"安庆"，两者的关系，很值得探讨。

[3] 《旧唐书》卷八《玄宗本纪》，184 页；《资治通鉴》卷二二，玄宗开元十年八月，6752 页；《唐会要》卷七三，灵州都督府，1316 页。

> 无定河边数株柳，共送行人一杯酒。
> 胡儿起作和蕃歌，齐唱呜呜尽垂手。
> 心知旧国西州远，西向胡天望乡久。
> 回头忽作异方声，一声回尽征人首。
> 蕃音虏曲一难分，似说边情向塞云。
> 故国关山无限路，风沙满眼堪断魂。
> 不见天边青作冢，古来愁杀汉昭君。[1]

这里有诗人借汉昭君出塞不归的故事，来为胡人望乡路远加以感叹。从这首诗可以看到六胡州地区胡人的生活习俗仍然是粟特的，他们能讲多种语言，能歌善舞，狩猎和牧马是他们基本的生活方式，"沙头牧马孤雁飞"应当是他们最真实的生活写照。

余 论

现在的六胡州地区，主要是在明代长城的南边。在长城研究或游牧与农耕关系研究领域里有一个传统的说法，就是长城是按照古代农牧交界线修建的。在 2007 年我们沿明代长城进行考察的过程中，我对一些段落的长城是否在古代农牧交界线这种看法表示怀疑，并向同行的一些学者请教。对比唐朝时的情形，像六胡州这样主要以牧业为主的地方，大概是因为明代修了长城，才慢慢变成农业区了，反之亦同，即长城外的某些地区，原本是农业区，由于明代修了长城，农民退回城墙内，于是外面成了游牧的天下。我们今天认识游牧和农耕的界限，

---

[1]《全唐诗》卷二八二，北京：中华书局，点校本，1960 年，3211 页。按这里的"六州"应当指整个河曲地区的六州（丰、胜、灵、夏、朔、代），而不是六胡州，但六胡州包括在这个范围内。

不能跟着明代的长城走,而是应当在明代建长城以前的背景下来加以考察。

> 原载北京大学中国古代史研究中心编《舆地、考古与史学新说:李孝聪教授荣休纪念论文集》,北京:中华书局,2012年6月,666—674页。

安史之乱后粟特胡人的动向

安史之乱的发动者安禄山、史思明起家的营州一带，在开元时就已成为粟特人的新家园。经过安禄山的经营，河北地区成为粟特商胡的向往之地，加上突厥部落内的胡人南下，在天宝末年以前，河北已成为胡化之区。安史乱后，一方面，唐朝出现排斥胡人的情绪，许多粟特人蒙受打击，纷纷向河北三镇转移，寻求新的生存之地。大量粟特胡人迁居河北，加重了河北的胡化倾向，也增加了河北藩镇的力量。最后，加入到晚唐强劲的北方民族沙陀部的粟特人，又成为五代王朝的中坚，甚至像石敬瑭那样当上了皇帝。另一方面，安史之乱虽然造成唐人对"胡化"的反感，但并没有影响粟特人在长安的继续存在，他们用改换姓氏、郡望等方法来转胡为汉，如武威安氏改姓李氏，康姓附会出自会稽，何氏自称望在庐江，而且同属伊朗系胡人的波斯人则在长安继续存在，仍然声称自己是"西国波斯人也"，并保持他们原有的宗教信仰，使唐朝的世界主义（cosmopolitanism）精神一直保持到晚唐[1]。

在本文中，笔者试就安史之乱后粟特胡人的动向问题，略做申论。

---

[1] 笔者在《北朝隋唐粟特人之迁徙及其聚落》和《波斯与中国：两种文化在唐朝的交融》两篇拙文的结论部分，都表示过这种看法，但没有具体论证。前者见拙著《中古中国与外来文明》，北京：三联书店，2001年，109—110页；后者见刘东主编《中国学术》2002年第4辑，76页。

一 安史之乱后唐朝境内对胡化的排斥

安史之乱爆发之前的唐朝,是一个开放的多种民族共存的大国。不论在安史叛军当中,还是在平定安史叛军的唐朝军队当中,都有大量的外族民众,包括西域胡人。因此,我们把安史之乱定性为争夺统治权利的斗争,而不把它看作是一场不同民族间的民族斗争。然而,安史之乱的领导者安禄山父子和史思明父子,在唐朝人眼中是地道的"杂种胡",即昭武九姓出身的粟特人,他们发动了这场叛乱,给唐朝社会造成了巨大创伤。因此,在安史之乱的平定过程中和以后很长一段时间里,唐朝境内出现了对胡人的攻击和对"胡化"的排斥。

这首先表现在唐朝对安禄山的痛恨上。《旧唐书》卷一〇《肃宗本纪》记:至德二载(757)十一月,肃宗进入刚刚收复的长安后,"宫省门带'安'字者改之"[1]。《唐会要》卷八六《城郭》记载略详:"至德二(三)载正月二十七日,改丹凤门为明凤门,安化门为达礼门,安上门为先天门,及坊名有'安'者悉改之,寻并却如故。"[2]《资治通鉴》卷二二〇至德二载年末记:"更安西曰镇西。"[3] 出于对安禄山的憎恶而把一些地名、坊名和门名中的"安"字改掉,显然是一时的情绪冲动,因为"安"字本身是个具有褒义的字,在人们习惯使用的地名、坊名、门名中大量存在,多不胜改,因此,《唐会要》说很快就又改了回去[4]。但是,我们从这个事情上不难看出,唐朝极力希望抹掉所有安

---

[1] 《旧唐书》卷一〇,北京:中华书局,1975年,248页。
[2] 《唐会要》卷八六,上海古籍出版社,1991年,1877页。按,至德二载正月唐军尚未进入长安,故"二"为"三"之讹,参看辛德勇《隋唐两京丛考》,西安:三秦出版社,1991年,11页注[1]。
[3] 《资治通鉴》卷二二〇,北京:中华书局,1956年,7051页。
[4] 也有再未回改的例子,如长安安兴坊改作广化坊,见辛德勇《隋唐两京丛考》,44—45页。

禄山的痕迹。

其次表现在对胡人的排斥甚至杀戮上。傅乐成先生在《唐代夷夏观念之演变》一文中，举安史乱后唐朝对异族立功将领李光弼、仆固怀恩、李怀光三人的猜忌为例，来说明夷夏之防的转变[1]。其中的仆固怀恩，原为铁勒仆骨部人，贞观时就归降唐朝，祖父以来三代任金微都督府都督。仆固怀恩后效力于朔方军，自安禄山叛乱以来，"所在力战，一门死王事者四十六人，女嫁绝域，说谕回纥，再收两京，平定河南、北，功无与比"[2]，却被河东节度使辛云京和宦官骆奉仙构陷，而朝廷不辨曲直，代宗听信中使片面之词，袒护辛云京，最后逼得仆固怀恩走上反叛道路[3]。从整个事件来看，仆固怀恩之叛，完全是唐朝君臣对于胡人将领的猜忌心理造成的。

这种对胡人厌忌心理的极端做法，就是对胡人的杀戮。自代宗时，"九姓胡常冒回纥之名，杂居京师，殖货纵暴，与回纥共为公私之患"。德宗即位，建中元年（780）命回纥使者董突尽率在京师的回纥及粟特胡归国。这些人到振武（今内蒙古和林格尔县西北土城子）后，数月不归，厚求资给，并暴践庄稼。同年回纥顿莫贺可汗新立，在漠北杀九姓胡二千多人，居于振武的九姓胡密献策于唐振武留后张光晟，请杀回纥。而张光晟却喜其党自离，勒兵掩袭，将回纥及九姓胡一并杀戮，并聚为京观。董突为回纥新可汗的叔父，回纥遣使请专杀者复仇，但德宗只是贬张光晟为睦王傅，寻改太仆卿[4]。张光晟在动手之前，曾上奏朝廷，称："回纥本种非多，所辅以强者，群胡也……请杀之。"[5]

---

[1] 傅乐成《汉唐史论集》，台北：联经出版公司，1977年，214—218页。
[2] 《资治通鉴》卷二二三代宗广德元年（763）八月条。
[3] 参看《旧唐书》卷一二一《仆固怀恩传》；《新唐书》卷二二四《仆固怀恩传》。
[4] 参看《资治通鉴》卷二二六德宗建中元年八月条；《旧唐书》卷一二七《张光晟传》。按《通鉴》之"九姓胡"，《旧传》作"杂种胡"，陈寅恪《旧唐书》札记此处记："杂种胡即西域九姓胡。"见《陈寅恪集·读书札记一集》，北京：三联书店，2001年，183页。
[5] 同上注引《资治通鉴》。

朝廷虽未准其奏，但从事后的处理来看，显然对杀胡事件予以默许和庇护。由此可见，唐朝军将对九姓胡的憎恨较回纥为重，而朝廷对诛杀胡人的做法不予追究，这不能不说是安史之乱后唐朝君臣对胡人的厌恶，特别是对于与安禄山、史思明同种的粟特人，恨不得杀之而后快。

这种由于对安、史以及胡人的厌恶感，逐渐形成了一种对唐朝前期胡化现象的否定，并且把这种胡化看成是安史之乱的直接原因。唐人姚汝能著《安禄山事迹》卷下称："天宝初，贵游士庶好衣胡服，为豹皮帽，妇人则簪步摇，衩衣之制度，衿袖窄小。识者窃怪之，知其（戎）〔兆〕矣。"[1] 这是把天宝初年长安盛行穿胡服的风气，看作是安史之乱的征兆。五代后晋刘昫等著《旧唐书》卷四五《舆服志》也说："开元来……太常乐尚胡曲，贵人御馔，尽供胡食，士女皆竞衣胡服，故有范阳羯胡之乱，兆于好尚远矣。"[2] 这段话应当也是来自唐人的说法，这里已经把胡曲、胡食、胡服都当作安史之乱的远兆。

这种胡化导致安史之乱的说法，由于中唐著名诗人白居易（772—846）和元稹（779—831）赋之于诗，而得到更为广泛的认同。白居易《胡旋女》相关诗句云：

> 胡旋女，出康居，徒劳东来万里余。
> 中原自有胡旋者，斗妙争能尔不如。
> 天宝季年时欲变，臣妾人人学圜转。
> 中有太真外禄山，二人最道能胡旋。
> 梨花园中册作妃，金鸡障下养为儿。
> 禄山胡旋迷君眼，兵过黄河疑未反。[3]

---

[1] 姚汝能撰、曾贻芬校点《安禄山事迹》，上海古籍出版社，1983年，38页。
[2] 《旧唐书》卷四五《舆服志》，1958页。
[3] 《白居易集笺校》卷三"讽谕"，上海古籍出版社，1988年，第1册，161—162页。

白居易把天宝末年将要发生的社会巨变,和玄宗爱妃杨玉环与发动叛乱的范阳节度使安禄山的胡旋舞技联系起来。《安禄山事迹》及两唐书《安禄山传》也都特别描述安禄山跳胡旋舞"其疾如风"[1]。元稹《胡旋女》也云:

> 天宝欲末胡欲乱,胡人献女能胡旋。
> 旋得明王不觉迷,妖胡奄到长生殿。
> 胡旋之义世莫知,胡旋之容我能传。……[2]

也是把胡人所献胡女所舞的胡旋,和妖胡安禄山的叛乱联系起来。元稹《立部伎》诗夹注也云:"太常丞宋沇传汉中王旧说云:玄宗虽雅好度曲,然而未尝使蕃汉杂奏。天宝十三载(754),始诏道调法曲与胡部新声合作,识者异之。明年禄山叛。"[3]更是把胡曲和安禄山之反叛直接说成是因果关系。这种社会思潮实际上和当时的古文运动以及韩愈等人的反佛行动是一脉相承的。陈寅恪先生在讨论元稹、白居易《新乐府》时说:"盖古文运动之初起,由于萧颖士、李华、独孤及之倡导与梁肃之发扬。此诸公者,皆身经天宝之乱离,而流寓于南土,其发思古之情,怀拨乱之言,乃安史变叛刺激之反映也。唐代当时之人既视安史之变叛,为戎狄之乱华,不仅同于地方藩镇之抗拒中央政府,宜乎尊王必先攘夷之理论,成为古文运动之一要点矣。昌黎于此认识最确,故主张一贯。其他古文运动之健者,若元、白二公,则于不自觉之中,见解直接受此潮流之震荡,而具有潜伏意识,遂藏于心

---

[1] 《安禄山事迹》卷上,6页;《旧唐书》卷二〇〇《安禄山传》;《新唐书》卷二二五《安禄山传》。
[2] 《元稹集》,冀勤点校本,北京:中华书局,1982年,286页。
[3] 同上,284页。

者发于言耳。"[1]可谓至确之论。

然而,中唐文人的这种看法,并不符合事实。唐朝前期长安流行的胡服,固然可能与大量粟特胡人的涌入有关[2]。但是,开元、天宝年间长安的胡化与河北安禄山控制区域的胡化并非一回事,后者与安史之乱的爆发是有一些关联,但前者却未必[3]。可是,安史乱后唐朝的这种看法流播繁衍,必然对留居唐朝的胡人,特别是九姓粟特胡人产生强烈影响,这是值得我们特别关注的问题。

二 留居中原的粟特胡人如何应对

在唐朝朝野上下排斥胡化的思潮下,留居中原的胡人,特别是与安禄山同种的粟特胡人,必然处于一种尴尬的局面之下。面对这样的形势,想要在中原继续生存的粟特胡人,该采取怎样的行动呢?

武威安氏,即帮助唐朝消灭凉州李轨势力的安兴贵、安修仁一家,可以说是一直跟从唐室的粟特安国后裔。安兴贵子安元寿由李世民秦王府右库真起家,参与玄武门之变,帮助李世民夺取政权,以后在唐朝与东西突厥的斗争中屡立战功,并一直在长安、洛阳任诸卫将军,永淳二年(683)卒于洛阳,特令陪葬唐太宗昭陵[4]。安元寿孙安

---

[1]《陈寅恪集·元白诗笺证稿》,北京:三联书店,2001年,149—150页。
[2] 参看拙文《女扮男装——唐代前期妇女的性别意识》,邓小南主编《唐宋女性与社会》,上海辞书出版社,2003年,723—750页。
[3] 参看毕波《唐代前期长安河北胡化之对比研究》,待刊稿。
[4]《大唐故右威卫将军上柱国安府君墓志铭并序》,图版见《隋唐五代墓志汇编·陕西卷》三,天津古籍出版社,1991年,98页;录文见《全唐文补遗》第1辑,67—69页。参看昭陵博物馆《唐安元寿夫妇墓发掘简报》,《文物》1988年第12期,37—49页。按,本文以下所引唐代墓志材料,主要依据周绍良主编《唐代墓志汇编》上下(上海古籍出版社,1992年)和吴钢主编《全唐文补遗》第1—7辑(西安:三秦出版社,1994—2000年),除特别需要外,只注同一墓志的一个出处,其他录文和图版所在从略;引文出处一般给出全文所在,以便读者通览。

忠敬历任右威卫翊府右郎将兼新泉军使、赤水军副使兼赤水新泉两军监牧使、会州刺史、松州都督、河西节度副大使、临洮军使、鄀州都督，三十年间，为唐朝抗击突厥、吐蕃而转战西北边疆，以开元十四年（726）终于鄀州，归葬凉州之祖茔[1]。这一家族虽然早已落籍凉州武威，但其显然是来自粟特的安国，目前最早提到其家族来源的史料即《安元寿墓志》，其中铭词说安氏是"妫水导源，凉土开国"。妫水即粟特地区的阿姆河，此句表明安氏来自阿姆河旁的安国（布哈拉）。《元和姓纂》卷四"安姓"条记："姑臧凉州。出自安国，汉代遣子朝，因居凉土。后魏安难陀至孙盘婆罗，代居凉州，为萨宝。"[2]即明确说凉州安姓出自安国，而且从北魏以来，一直任凉州萨宝。萨宝正是从队商首领发展而来的胡人聚落首领的名称，也表明了这一家族的粟特来历。但随着这个家族在中原长期生活下来，他们的后人也就慢慢把自己的祖系与黄帝或者汉代来华的著名僧人安世高联系起来。张说所撰《安忠敬碑》说到其家族来源时，云："轩辕帝孙，降居弱水，安息王子，以国为姓。"《新唐书》卷七五下《宰相世系表》更说："武威李氏，本安氏，出自姬姓。黄帝生昌意，昌意次子安，居于西方，自号安息国。后汉末，遣子世高入朝，因居洛阳。"其实，这显然是安氏因为久居中国而特别要和中国攀上关系，为与汉人祖先"通谱"而伪造出来的，这是武威安氏逐渐汉化的表现[3]。

---

[1] 张说《河西节度副大使安公碑铭并序》，见《张说之文集》卷一六，《四部丛刊》本；《文苑英华》卷九一七；《全唐文》卷二三〇。
[2]《元和姓纂》，北京：中华书局，1994年，500页。
[3] 关于武威安氏的粟特出身和与安世高是否有关的问题，参看拙文《安世高与武威安姓——评〈质子安世高及其后裔〉》，黄时鉴编《东西交流论谭》，上海文艺出版社，1998年，366—379页，收入《中古中国与外来文明》，427—440页；吴玉贵《凉州粟特胡人安氏家族研究》，荣新江主编《唐研究》第3卷，北京大学出版社，1997年，295—338页。关于胡人与汉人间的通谱现象，参看马驰《论仕唐蕃人之汉化》，陕西师范大学西北民族研究中心编《陕西师范大学民族学论文集》，西安：陕西师范大学出版社，2001年，40—42页。

安史之乱爆发后，安忠敬子安重璋在李光弼麾下抗击叛军，乾元二年（759）在据守河阳之役中立功，迁泽州刺史。代宗即位，升任泽潞节度使、潞州大都督府长史，兼御史大夫，加领陈、郑二州，迁兵部尚书。《旧唐书》卷一三二《李抱玉传》记：此时抱玉（即安重璋）"上言：'臣贯属凉州，本姓安氏，以禄山构祸，耻与同姓，去至德二年五月，蒙恩赐姓李氏，今请割贯属京兆府长安县。'许之，因是举宗并赐国姓。"在安禄山叛乱后，虽然武威安氏家族成员并没有因为与之同姓而受到唐朝的排斥或猜忌，而且得到太尉李光弼的信任。但安氏家族成员却乘立功之机请求改姓，并被肃宗赐予与皇家相同的李姓[1]。值得注意的是，安氏改姓的年份，即是肃宗更换长安宫省门带"安"字的同一年，虽然史料记载改姓在前（五月），改宫省门名在后（十一月），不过我们从两件事的相同点不难推测，正是当时朝野对安禄山的"安"的厌恶情绪，才促使已经在唐朝赫赫有名的武威安氏改姓为李。到乾元二年，安重璋又借立功之机，要求徙籍京兆，从此脱离凉州，成为地道的长安人了[2]。武威安氏是唐初以来的大姓，这一家族的改姓李氏和徙籍京兆，在胡人中当具有表率作用，虽然其他阶层的胡人不能像李抱玉那样彻底改变安家的标志，从而成为地道的长安人，但这种做法无疑会被其他胡人所模仿，因此具有重要的意义。

同出武威的安昑提供了改姓的另一个很好的例证。李休甫撰《李国珍墓志》相关文字如下："公将门令族，本姓安氏。讳昑，字昑，武威郡人也。天宝中，以忠勇见进，武艺知名。及燕房犯阙，二圣蒙尘，公奉肃宗，以爪牙从事。由是罄其肝胆，稍沐洪恩。特赐嘉名，

---

[1]《资治通鉴》卷二二一肃宗乾元二年四月戊申条未记赐姓具体年代，《新唐书》卷一三八《李抱玉传》将赐姓与徙籍均系在至德二年，不如《旧传》准确。
[2]不过李抱玉从父弟李抱真（安修仁后人）的墓志，即穆员撰《相国义阳郡王李公墓志铭》称其卒后，"中使护丧，达于洛泗，冬十月九日葬于渑池，祔先君太保之茔"（《全唐文》卷七八四），表明李抱真家可能占籍于洛阳。

改氏皇姓。出生入死，实为士卒之先；执锐被坚，颇历日月之久。其改讳曰国珍，则有以见宠渥器重之义矣。以兴元元年（784）九月四日，薨于长安县光德里。其年十一月十二日，葬于万年县长安乡而备礼焉。"[1] 这里只说安昕为武威安氏，但不难推知他是迁来河西的粟特安国后裔。虽然说他出自将门令族，但没有举出任何光荣的祖先，因此与安重璋不是同一家族。但他也在安禄山叛乱以后，由肃宗赐姓李氏，名国珍，而且从他葬于长安万年县长安乡来看，也已经是京兆人了。安昕改姓的时间墓志没有明确记载，一种可能是与安重璋一样在至德二年的环境下而请求改姓；但从安昕的地位来看，他更可能是在安重璋请求改姓李氏以后，以同为武威安氏的身份，得到肃宗赐姓的荣耀。

《新唐书》卷一五六《李元谅传》云："李元谅，安息人，本安氏，少为宦官骆奉先养息，冒姓骆，名元光。"贞元五年（789）立于华州的《李元谅颂》碑称："公本名元光，姓骆氏，武威姑臧人。盖黄轩帝孙，降居安息，高阳王□，留宅姑臧。而弱岁羁孤，感于知己，□□□之族，从骆统之宗党，镇潼关□五年矣。"[2] 这大概是《新传》所本。新出土的《李元谅墓志》相关文字云："公本安姓，讳元光，其先安息王之胄也。家于凉州，代为著姓。"文中没有提冒姓骆之事，大概有所回避。但提到在助唐平定建中时朱泚和李怀光之乱后，被德宗"赐姓李氏，同属籍也；改名元谅，昭诚节也。"[3] 在唐朝，粟特安姓往往说自己是安息王子安世高的后人，所以这里的安息人云云，未必可信。"安元光"一名确有着地道的粟特祆教徒名字的色彩。他冒姓骆的

---

[1] 《全唐文补遗》第2辑，30页。
[2] 王昶《金石萃编》卷一〇三。
[3] 墓志全称为《唐故华州潼关镇国军陇右节度营田观察处置临洮军等使开府仪同三司检校尚书左仆射兼华州刺史御史大夫武康郡王赠司空李公墓志铭》，《全唐文补遗》第3辑，128—130页。

时间不明,但骆奉先就是上一节提到过的逼反仆固怀恩的骆奉仙,在代宗、德宗时"权势炽然"[1],安元光大概是代宗时为其所养,但在骆奉先这样一个嫉恨胡人将领的宦官那里,安元光大概只能用改变姓氏的方法来躲避灾难。他的墓志里只字不提这段经历,恐怕是有原因的。而他通过自己的奋斗,最后被德宗赐予国姓,而且还归入皇族属籍,可谓荣幸之至。安元光之赐姓李,也可能是因为他同是凉州的安氏粟特人。

另外,《曹惠琳墓志》(779年撰)云:"本望敦煌康氏也。未龆龀,舅氏赠绵州刺史元裕见而奇之,毓为后嗣,礼均天属,遂称曹氏焉。"[2]据天宝八载立《大唐博陵郡北岳恒山封安天王之铭》,安禄山很可能出身于瓜州常乐康氏[3],敦煌康氏很容易让人和安禄山联系起来。曹惠琳被舅舅曹元裕过继过去,则完全抹掉了胡人的痕迹,因为在墓志中,没有说这个曹氏是中亚的曹国出身,还是中国的大姓,那么也就可以被视同华夏了。这是一个特殊的例子,或许也是当时粟特人采用的一种改姓方法。

能够被皇帝赐姓的粟特胡人毕竟是少数,因此,像武威安氏那样改变籍贯,倒是一个不必非要皇家批准的做法,因此我们看到,安史之乱以后,粟特人墓志中所书的出身和籍贯有了明显的变化。

在安史之乱以前,粟特人是不讳言出身的,有些直接说是某国人,有些已经在中国入籍,但也在墓志中表示自己的本源。现将我们收集到的材料按墓主葬年顺序列出,并略加解说:

《史射勿墓志》(610年):"平凉平高县人,其先出自西国。"[4]显然是从西方(中亚)粟特史国迁徙而落籍平凉(今固原)的。其子史

---

[1] 《新唐书》卷二〇七《宦者·骆奉先传》。
[2] 《全唐文补遗》第1辑,209页。
[3] 拙文《北朝隋唐粟特人之迁徙及其聚落》,《中古中国与外来文明》,59—60页。
[4] 罗丰《固原南郊隋唐墓地》,北京:文物出版社,1996年,16—19页。

诃耽[1]、史道洛[2]，孙史铁棒[3] 的墓志也都出土，不俱引。

《康婆墓志》（647 年）："博陵人也，本康国王之裔也。高祖罗，以魏孝文世，举国内附，朝于洛阳，因而家焉，故为洛阳人也。"[4] 北魏孝文帝时来自粟特康国，后为洛阳人，又再迁博陵。从其葬在洛阳看，其祖籍仍在洛阳。

《康阿达墓志》（贞观年间）："西域康国人也。祖拔达，凉州萨保。父莫量，同葬安乐里。"[5] 此志出土于武威，康莫量父子同葬于此，而尚未称作凉州人，则是从西域康国迁来不久。

《安延墓志》（653 年）："河西武威人也。灵源潴沼，浪发昆峰；茂林森蔚，华敷积石。跃银鞍而得俊，飞白羽而称雄。故得冠冕酋豪，因家洛俟。"[6] 这里用"昆峰"指其来自西方，可指安延一家出自安国，经武威而落籍洛阳。

《何盛墓志》（653 年）："洛阳人也，其先出自大夏之后。"[7] 大夏是古代巴克特里亚，后为月氏建立的贵霜王朝取代，唐朝则称其地为吐火罗，与粟特地区毗邻。因为入华粟特人冒称是从中国河西走廊迁走的月氏人的后裔，所以用"大夏"来暗指月氏，下引六胡州粟特人《何府君墓志》即称"大夏月氏人也"，可以为证。何盛实为粟特何国后裔，但已著籍为洛阳人。

《安万通墓志》（654 年）："雍州长安人也。先祖本生西域安息国。大魏初王，君高祖但奉使入朝，帝恭其□□□□□□三品，位至摩

---

[1] 罗丰《固原南郊隋唐墓地》，68—72 页；《全唐文补遗》第 7 辑，284—285 页。
[2] 原州联合考古队《唐史道洛墓》，东京：勉诚出版，2000 年，238 页（图版）。
[3] 罗丰《固原南郊隋唐墓地》，82—84 页；《全唐文补遗》第 7 辑，285—286 页。
[4] 《唐代墓志汇编》，96 页。
[5] 同上，124 页，录自《陇右金石录》卷二。
[6] 《唐代墓志汇编》，180 页。
[7] 同上，188 页。

诃萨宝。"[1] 萨宝一般是粟特商队首领的称号[2]，因此，这里的"安息国"可能也是安氏攀附安世高的结果，安万通应当是西域安国出身，后著籍为长安人。

《安静墓志》（658年）："河南洛阳人也。昔夏后承天，派隆基于朔北；魏皇统历，胤华胄于周南。祖巋，齐河阳镇将。父远，隋文林郎。"[3] 安静一家大概较早地进入中原，著籍洛阳，因此只是用很笼统的"朔北"来表示遥远的出身。

《史索岩墓志》（659年）："建康飞桥人也，其先从宦，因家原州。"[4] 没有直接提到其粟特出身。但从其夫人为安国出身的安娘和其侄《史道德墓志》（见下）的文字看，应当如罗丰先生所论证的那样，史索岩是中亚史国人后裔[5]。

《安度墓志》（659年）："长沙人也。以显庆四年岁次己未闰十月甲戌朔寝疾，卒于敦厚之第，春秋七十有八。即以其年十一月癸卯朔七日己酉，葬于洛阳城北邙山之阳礼也。既而神香遥远，空传西域之名。"[6] 安度虽然汉化较深，祖籍洛阳，而今为长沙人了，但其墓志仍然在他去世后的文辞里，用"空传西域之名"来表示他的安国出身[7]。

《安师墓志》（663年）："原夫玉关之右，金城之外，逾狼望而北走，越龙堆而西指，随水引弓之人，著土脾刀之域，俱立君长，并建王侯，控赏罚之权，执杀生之柄。天孙出降，侍子入朝，日殚隆于汉

---

[1] 《全唐文补遗》第2辑，129—130页。
[2] 笔者对萨宝（萨保、萨甫）的性质有详细辨析，参看拙文《萨保与萨薄：北朝隋唐胡人聚落首领问题的争论与辨析》，叶奕良编《伊朗学在中国论文集》第3集，北京大学出版社，2003年，128—143页。
[3] 《唐代墓志汇编》，267—268页。
[4] 罗丰《固原南郊隋唐墓地》，44—47页；《全唐文补遗》第7辑，260—261页。
[5] 罗丰《固原南郊隋唐墓地》，196—199页；又《流寓中国的中亚史国人》，袁行霈主编《国学研究》第7卷，北京大学出版社，2000年，260—261页。
[6] 《唐代墓志汇编》，302—303页。
[7] 参看李鸿宾《唐代墓志中的昭武九姓粟特人》，《文献》1997年第1期，126页的论证。

辰,由余重于秦代,求之往古,备在缣缃。君讳师,字文则,河南洛阳人也。十六代祖西华国君,东汉永平中,遣子仰入侍,求为属国,乃以仰为并州刺史,因家洛阳焉。"[1]文词虽然繁复,而且颇有穿凿附会之处,但明确表明安师祖上很早就来到中国。从这里也可以得知,所谓"玉关之右"、"金城之外"之类的词句,往往就是表示他们的西国出身。

《史索岩夫人安娘墓志》(664年):"岐州岐阳人,安息王之苗裔也。夫弈弈仙基,分轩台而吐胄;悠悠别派,掩妫水而疏疆。徙层构于天街,族高西域;系芳蕤于地绪,道映中区。"[2]这位已是岐州岐阳人的安娘,仍然要特别表示自己"祖高西域"。

《康达墓志》(669年)[3]:前人已经指出,这篇墓志除了名字之外,文字几乎全同于《安师墓志》[4],表明两人祖上经历大致相似,于是墓志作者就借用了以前撰写过的文字。

《康敬本墓志》(670年):"康居人也。元封内迁家张掖郡。酋率望重,播美河西。"[5]康居为汉代西域古国,唐时往往代指粟特康国,"高宗永徽时,以其地为康居都督府"[6]。所以康敬本是从康国迁到河西的,所谓元封时(公元前115—前100年)迁家张掖的说法,显系伪托。

《康武通墓志》(672年):"太原祁人也。远派洪流,导长澜于汉浦;崇基峻阯,擢远条于邓林。"铭词曰:"蒲昌贵族,酒泉华裔。"[7]

---

[1] 《唐代墓志汇编》,384—385页。
[2] 罗丰《固原南郊隋唐墓地》,47—49页;《全唐文补遗》第7辑,272—273页。
[3] 《唐代墓志汇编》,503页。
[4] 岑仲勉《贞石证史》,作者《金石论丛》,上海古籍出版社,1981年,82—84页;叶国良《唐代墓志考释八则》,原载《台大中文学报》第7期,1995年,53—54页,收入作者《石学续探》,台北:大安出版社,1999年,114—115页;吴玉贵《凉州粟特胡人安氏家族研究》,317—319页。
[5] 《唐代墓志汇编》,530—531页;《全唐文补遗》第2辑,234页。
[6] 《新唐书》卷二二一《西域传》康国条。
[7] 《唐代墓志汇编》,545页。

蒲昌海（今罗布泊）曾经有一个大的粟特聚落[1]，康武通家族可能来源于蒲昌的粟特移民[2]，经酒泉而著籍太原。按"邓林"是中国古代神话中夸父逐日所到的遥远地方，则这里借用这个典故表示其来源于更远的西方。

《康元敬墓志》（673年）："相州安阳人也。原夫吹律命氏，其先肇自康居毕万之后，因从孝文，遂居于邺。祖乐，魏骠骑大将军，又迁徐州诸军事；父忤相，齐九州摩诃大萨宝，寻改授龙骧将军。"[3]康元敬应是北魏时入华，后为邺城人的粟特康国后裔。

从以上的例证可以看出，入华粟特人或则直接说自己是某国人，或者用古国名或典故表示，还有用"昆山"、"蒲海"、"玉关之右"、"朔北"等词汇来表示其远源在西方。在安史之乱以前，粟特人的墓志基本都是这样撰写。限于篇幅，以下只举相关文字，除特别情况外，不做具体论证。

《史氏墓志》（674年）："邺人。"铭词曰："岩岩远岫，浩浩长源，昆山玉颖，汉水珠泉。"[4]

《何氏墓志》（674年）："太原人也，远祖因宦，今家洛阳焉。"铭词曰："昆山引闰，汉水源长。"[5]

《史道德墓志》（678年）："其先建康飞桥人事（氏）。原夫金方列界，控绝地之长城；五（玉）斗分墟，抗垂天之大昂。远祖因宦来徙

---

[1] P. Pelliot, "Le 'Cha tcheou tou tou fou t'ou king' et la colonie sogdienne de la region du Lob nor", *Journal Asiatique*, 11 serie 7, 1916, pp. 111-123; 冯承钧译载《西域南海史地考证译丛七编》，北京：商务印书馆，1957年，25—29页。
[2] 向达《唐代长安与西域文明》，作者《唐代长安与西域文明》，北京：三联书店，1957年，31页注[34]。
[3]《唐代墓志汇编》，571页。按，"康居"之"康"字，"九州"之"九"字，诸家录文作缺字，现据《洛阳出土历代墓志辑绳》330页所刊图版补。
[4]《唐代墓志汇编》，584—585页。
[5] 同上书，585页。

平高,其后子孙家焉,故今为县人也。"[1]

《康续墓志》(679 年):"河南人也。昔西周启祚,康王承累圣之基;东晋失图,康国跨全凉之地。控弦飞镝,屯万骑于金城;月满尘惊,辟千营于沙塞。举葱岩而入款,宠驾侯王;受茅土而开封,业传枝胤。"[2]

《安神俨墓志》(680 年):"河南新安人也。原夫吹律命系,肇迹姑臧,因土分枝,建旃强魏。"[3]

《何摩诃墓志》(680 年):"其先东海郯人也,因官遂居姑臧太平之乡。"[4] 从他的名字来看,恐怕何摩诃是先居凉州姑臧,后冒东海郯人的。

《康枕墓志》(681 年):"河南巩县人也,原夫吹律命系,肇迹东周,因土分枝,建旃西魏。"[5] 文字几乎与《安神俨墓志》全同。

《康留买墓志》(682 年):"本即西州之茂族,后因锡命,遂为河南人焉。"[6]"西州"即西方、西土的意思。

《康磨伽墓志》(682 年):"其先发源于西海,因官从邑,遂家于周之河南。"[7]

《安元寿墓志》(684 年):"凉州姑臧人也。"铭词曰:"妫水导源,

---

[1] 罗丰《固原南郊隋唐墓地》,93—96 页;《全唐文补遗》第 4 辑,376—377 页。参看罗丰《也谈史道德墓族属及相关问题》,《文物》1988 年第 8 期,92—94 页;李鸿宾《史道德族属及中国境内的昭武九姓》,《中央民族学院学报》1992 年第 3 期,54—56 页;李鸿宾《史道德族属问题再考察》,《庆祝王钟翰先生八十寿辰学术论文集》,沈阳:辽宁大学出版社,1993 年,358—365 页;邓文宽《史道德族出西域胡人的天文学考察》,作者《敦煌吐鲁番天文历法研究》,兰州:甘肃教育出版社,2002 年,332—338 页。
[2] 《唐代墓志汇编》,658 页。
[3] 同上书,669—670 页。
[4] 同上书,670 页。
[5] 同上书,680 页。
[6] 同上书,694 页。
[7] 同上书,694—695 页。

凉土开国。"[1]

《康宜德墓志》(692年)："西域康居人也。"[2]

《安怀及夫人史氏墓志》(693年)："河西张掖人也。祖隋朝因宦洛阳，遂即家焉。夫人史氏，陇西城纪人也。"[3] 两人之籍贯都直接看不出是粟特人，但两人都是粟特姓氏，且史氏祖父名"盘陀"，是典型的粟特语 Vandak(仆人)的音译[4]。则不难推知也是经河西到洛阳或陇右的粟特人。

《康氏墓志》(697年)："夫人康国人首领之女也，以本国为氏。夫子即安国之首领。"[5]

《何府君墓志》(700年)："大夏月氏人也。以久视元年九月七日，终于鲁州如鲁县□□里私第。"[6] 鲁州为唐朝设立的六胡州之一，专门安置从突厥而降的粟特胡人。

《史善法墓志》(703年)："济北郡人也。夫人康氏。"铭词曰："猗欤哲人，幼彰令问，托性夷远，忘怀喜愠。"[7]

《康郎墓志》(703年)："魏州贵乡人也。或葱岭尘惊，唯欣逐鸟；蒲山雾起，情切鹰鹞。"[8]

《安令节墓志》(705年)："先武威姑臧人，出自安息国，王子入侍于汉，因而家焉。历后魏、周、隋，仕于京洛，故今为豳州宜禄人也。"[9]

---

[1] 《全唐文补遗》第1辑，67—69页。
[2] 同上书，第6辑，336—337页。
[3] 《唐代墓志汇编》，845—846页。
[4] 参看李鸿宾《唐代墓志中的昭武九姓粟特人》，127页；拙文《祆教初传中国年代考》，《中古中国与外来文明》，288页。
[5] 《全唐文补遗》第5辑，231—232页。
[6] 《文物》1988年第9期，56页；《全唐文补遗》第6辑，349页。
[7] 《唐代墓志汇编》，1016页。
[8] 同上书，1016—1017页。
[9] 同上书，1045—1046页。

《康哲墓志》(705年):"其敦煌郡人也。昔因仕邺,今卜居焉。"[1]

《安菩墓志》(709年):"其先安国大首领,破匈奴衙帐,百姓归中国。"[2]

《安思节墓志》(716年):"其先长沙人也。家世西土,后业东周,今为河南人也。"[3]

以上不厌其烦地把安史之乱以前粟特人墓志中的相关材料列举出来,目的是说明粟特人并不有意回避自己的胡人出身,有的甚至引以为荣。同时,这些文字也可以作为我们考察安史之乱以后粟特人墓志的对照材料。

我们也应当指出,在安史之乱以前,也有一些我们认为是粟特人的墓志没有特别声明自己的胡人来历,这一般都是汉化较深的胡人,有的则是因为墓志较短,或有缺文,而不得其详。如《康氏故夫人史氏墓志》(661年),只说是"洛州洛阳人也"[4];《康君夫人曹氏墓志》(677年)作"沛郡谯人"[5];可能与他们女性的身份有关。《康智墓志》(694年)称:"本炎帝之苗裔,后有康叔,即其先也。自后枝分叶散,以字因生,厥有斯宗,即公之谓矣。"[6]从康智五代祖以来的名字来看,这一家族早已汉化,因此从其来源的记录上看不出粟特人的痕迹。但他的夫人姓支,应是汉化的小月氏后裔。按照胡人较多内部通婚的惯例,仍应当把康智看作康国后裔。此外,如康威称作"卫人"[7],安孝臣

---

[1] 《唐代墓志汇编》,1052—1053页。
[2] 同上书,1104—1105页。
[3] 同上书,1180页。
[4] 同上书,335—336页。
[5] 同上书,633页。
[6] 同上书,855—856页。
[7] 同上书,1270页。

称"太原郡人"[1],康庭兰不著籍贯,应是洛阳人[2],这几位没有标明为粟特出身的粟特人,应当是汉化的结果,如康庭兰"雅重文艺","耽思禅宗",已彻底汉化。汉化在安史之乱以前就已经在入华粟特人中潜移默化地发展着,但我们在墓志中看到的现象是,大多数粟特人对于自身的来历并不讳言,也不愿割舍,彻底不提源自西方的反倒是少数。

但安史之乱后,生活在中原的大多数粟特人的墓志有个明显的变化,即讳言出身,他们力图用改变自己的出身和郡望的做法,来与胡人划清界限。下面把有关墓志相关文字列出,并分类加以分析。

《康府君夫人康氏墓志》(760年):"会稽人也。春秋五十有七,以乾元三年二月廿二日,葬于长安县城西龙首原,礼也。"[3]

《康氏墓志》称:"会稽人。"[4]

《安文光夫人康氏墓志》(782):"其先会稽人也。御史大夫、深赵等州团练观察处置使、榆林郡王,则夫人之令侄也。春秋七十有七,以建中三年(782)二月廿二日,终于观察之别第。四月廿日窆于长安县西北十二里平原,志也。"[5]康氏侄儿即建中三年任深赵等州团练观察使的康日知[6]。《康日知墓志》称其封"会稽郡王"[7]。

《康志达墓志》(821年):"本会稽人也。自曾祖曰延庆,皇朝左威卫大将军,徙居为京兆长安人也。考曰日知,皇朝兵部尚书、左威

---

[1] 《唐代墓志汇编》,1433页。
[2] 同上书,1511页。
[3] 《全唐文补遗》第3辑,107页。
[4] 《咸宁长安两县续志》卷下录。
[5] 《全唐文补遗》第6辑,466页。
[6] 师小群《西安郊区出土唐韩国信、康氏墓志考述》,《陕西省博物馆馆刊》第4期,1997年,210页。
[7] 《宝刻丛编》卷七;又《新唐书》卷一四八《康日知传》。

卫上将军，赠尚书左仆射。"[1]康志达为康日知之子。

《何文哲墓志》(830年)："夫人康氏，以贞元十三年（797）六月十九日，终于〔长安〕延寿里之私第。夫人从公之爵，封于会稽郡，为郡夫人焉。"[2]

我曾在另一篇文章中讨论过康氏的会稽郡望问题[3]。康姓本是地地道道的粟特康国人入华后取的汉姓，《新唐书·康日知传》称："康日知，灵州人。祖植，当开元时，缚康待宾，平六胡州，玄宗召见，擢左武卫大将军，封天山县男。"可见康日知本贯灵州，其父封天山县男，表明其家族在开元时还自称来自西域。"天山"和安史乱前粟特人墓志的"昆山"等词同意，表示家族出自西方。可是安史之乱以后，这些康姓家族，或称会稽人，或封会稽郡，有的甚至称为会稽山阴人，使人乍一看以为这里的会稽是指江南道越州会稽郡，其人是地道的汉人。在这里，聪明的粟特人实际上偷换了地理概念，因为在粟特聚居的河西瓜州地域内也有一个会稽[4]。会稽、晋昌即唐代的瓜州常乐，称会稽人者，即等于说常乐人。据上面提到的《大唐博陵郡北岳恒山封安天王之铭》，安史之乱前，本姓康氏的安禄山自称常乐郡望。安史乱后，与之同姓又同郡望的康姓人一定要有所掩盖，于是，他们就用唐人已经不熟悉的会稽来作为自己的郡望，使人一望反以为他们出自江南高门，而不会想到河西的常乐。颜真卿撰《康希铣神道碑铭》，详细叙述了这个家族从周武王以来直到唐朝的谱系，中间没有断绝，其中

---

[1]《全唐文补遗》第5辑，431—432页。
[2] 同上书，第1辑，285页。
[3]《北朝隋唐粟特人之迁徙及其聚落》，《中古中国与外来文明》，60—62页。
[4]《晋书·地理志》记元康五年（295）立会稽县，属晋昌郡。又《通典》卷一七四《州郡典》瓜州条："苻坚徙江汉之人万余户于敦煌，凉武昭王遂以南人置会稽郡。"北周时废郡为县，地点就是晋昌郡治。后县治迁到玉门废县，即今赤金堡地。参看李并成《归义军会稽镇考》，《敦煌吐鲁番研究》第3卷，北京大学出版社，1998年，223—228页。

说这个康氏是从南朝陈开始,"居会稽,遂为郡人焉"[1]。不过,此碑立于大历十一年(776),也不能排除是出自其家族成员提供的伪家谱的可能性。总之,大多数康姓粟特人应当是从河西的会稽迁到中原的,而安史之乱后,一部分康氏巧妙地用地理概念的转换,改头换面变成了江南的会稽人了。

这种改换郡望的做法显然是当时较为普遍的做法,使得有些人从姓名、婚姻等方面仍可以看作是粟特人,但如果看他们的郡望和籍贯,已经是地道的中原人了。如:

《康晖墓志》(765年):"其先颍川人也。昔成王封康叔于卫,其后枝派因为氏焉。故前燕有归义侯康迁,从此因官卜居,今为长安人也。"[2]

《石神福墓志》(813年):"金谷郡人也。"[3]

《石默啜墓志》(817年)题"乐陵郡石府君墓志铭"[4]。

《石忠政墓志》(822年?):"京兆万年县人也。"[5]

《契苾氏妻何氏墓志》(847年):"望在庐江郡。"[6]

《安珍墓志》(850年):"世为东平郡人也。"[7]

《康叔卿夫人墓志》(856年):"(公讳叔卿,)其先卫人也。"[8]

以下年代较晚者,不再列举。

也有三个粟特人墓志继续明言自己是胡人后裔,这一般都有特殊

---

[1] 《颜鲁公文集》卷七;《全唐文》卷三四四。参看程越《从石刻史料看入华粟特人的汉化》,《史学月刊》1994年第1期,23页。
[2] 《全唐文补遗》第5辑,408页。
[3] 《唐代墓志汇编》,1991页。
[4] 同上书,2024—2025页。
[5] 同上书,2086页。
[6] 同上书,2260—2261页。
[7] 同上书,2281页。
[8] 同上书,2347页。

的情况：

《石崇俊墓志》（797年）："府君以曾门奉使，至自西域，寄家于秦，今为张掖郡人也。"此人应当是粟特石国人，因奉使入唐，先家关内，后落籍为张掖人，因为"回向释氏"，所以没有出仕，最后卒于长安群贤里，葬在长安郊外[1]。大概因为石崇俊是使者身份，因此无法在短期内掩盖，而且也没有必要掩盖，因为他的清晰的身份可以表明自己和安、史叛乱贼众无关。

《米继芬墓志》（806年）："其先西域米国人也。代为君长，家不乏贤，祖讳伊□，任本国长史。父讳突骑施，远慕皇化，来于王庭，遐□（质）京师，永通国好。特承恩宠，累践班荣，历任辅国大将军，行左领军卫大将军。公承袭质子，身处禁军，孝以敬亲，忠以奉国。"[2] 这是父辈来唐朝的粟特米国使者之子，且继续以质子身份，忠于唐廷。

《何文哲墓志》（830年）："世为灵武人焉。公本何国王丕之五代孙，前祖以永徽初款塞来质，附于王庭。"其父何游仙曾任行灵州大都督府长史，参予平定安史叛乱。何文哲则自德宗以来，一直在禁军中任职，屡立功勋，文宗大和四年（830）去世前，"策勋进封庐江郡开国公"。其长子公贲，也封"庐江郡开国公"[3] 何文哲一家敢于继续声称为胡人后裔，大概因为他们确实是粟特何国国王的后裔，而且在安史之乱和以后的政治斗争中，一直与唐朝皇帝站在一边，因此不会受到歧视。

最后应当提示的是，与粟特同属于胡人的波斯人，大概没有参加安史叛乱，所以并不需要掩饰自己的出身。撰于元和十四年（819）的

---

[1] 《唐代墓志汇编》，1892—1893页。
[2] 《全唐文补遗》第3辑，143页。
[3] 同上书，第1辑，282—286页。

《李素墓志》，仍旧声称是"西国波斯人也"[1]。而且，根据墓志，我们知道李素及其诸子不仅都入仕唐朝各级政府，并且一直保持着自己家族的景教信仰[2]。咸通十五年（874）的《苏谅妻马氏墓志》，也表明萨珊波斯遗民不仅保持着本民族的祆教信仰，而且还继续使用本民族的婆罗钵文[3]。

三 河北地区成为胡人的新家园

安史之乱以前，河北地区已经陆续有胡人进入，有的可能是随着贞观年间东突厥败亡而迁入的，有的则可能是零散的胡商或者跟随任职于河北地区的粟特裔官员而进入的。其进入河北地区的路线，除了从北边南下外，从笔者根据各种史料所勾勒的粟特人迁徙路线图来看，他们也可以走从灵州经并、代、蔚州进入河北之路，还可以走从洛阳，经卫、相、魏、邢、恒、定州，而达幽州，甚至远到营州的一条路。在河北地区的卫、相、魏、邢、恒、定、幽、营州，都有零散的粟特

---

[1]《全唐文补遗》第 3 辑，179 页。
[2] 拙文《一个入仕唐朝的波斯景教家族》，叶奕良编《伊朗学在中国论文集》第 2 集，北京大学出版社，1998 年，82—90 页；收入《中古中国与外来文明》，238—257 页。
[3] 夏鼐《唐苏谅妻马氏墓志跋》，《考古》1964 年第 9 期，458—461 页；伊藤义教《西安出土汉婆合璧墓志婆文语言学的试释》，《考古学报》1964 年第 2 期，195—202 页；W. Sundermann and Th. Thilo, "Zur mittelpersisch-chinesischen Grabinschrift aus Xi'an", *Mitteilungen des Instituts für Orientforschung*, 11.3, 1966, pp. 437-450; J. Harmatta, "The Middle Persian-Chinese Bilingual Inscription from Hsian and the Chinese-Sasanian Relation", *La Persia nel medioevo*, Roma 1971, pp. 363-376; H. Humbach and Wang Shiping, "Die Pahlavi-chinesische bilingue von Xi'an", *Acta Iranica*, 28, 1988, pp. 73-82; 刘迎胜《唐苏谅妻马氏汉巴列维文墓志再研究》，《考古学报》1990 年第 3 期，295—305 页；林梅村《唐长安城所出汉文—婆罗钵文双语墓志跋》，作者《西域文明》，北京：东方出版社，1995 年，251—258 页；张广达《再读晚唐苏谅妻马氏双语墓志》，《国学研究》第 10 卷，北京大学出版社，2002 年，1—22 页。

移民[1]。其中,有些地方可能还有胡人相对聚居的地方。譬如,如意元年(692)立于恒州城内开元寺的三门楼石柱上,就集中记录了一组相互婚姻的安、曹、史、何、米、罗、石、康、毕的粟特胡人,表明他们是在相对集中的地方居住的[2]。另外,中宗景龙年间(707—710)立于恒州获鹿县本愿寺的石幢,上面也比较集中地记录了史、安、石、毕、罗、翟等姓的粟特胡人[3]。

玄宗开元四年(716),由于契丹的内属,唐朝重建营州地区的统治秩序,《旧唐书》卷一八五《宋庆礼传》所记开元五年,"更于柳城筑营州城……并招辑商胡,为立店肆,数年间营州仓廪颇实,居人渐殷"[4],就是唐朝的一系列措施之一,这必然吸引了一些粟特人前来。天宝初,突厥第二汗国内乱,又使得一些原在突厥境内的粟特胡人归降到河北地区,其中最显著的例子,就是颜真卿《康公神道碑》所记康阿义屈达干的事迹:"公讳阿义屈达干,姓康氏,柳城人。其先世为北蕃十二姓之贵种。曾祖颉利,部落都督。祖染,可汗附马、都知兵马使。父颉利发,墨(默)啜可汗卫衙官,知部落都督。皆有功烈,称于北陲。公即衙官之子也。天宝元年,公与四男及……等部落五千余帐,并驼马羊牛二十余万,款塞归朝。……属范阳节度使安禄山潜怀异图,庶为己用,密奏公充部落都督,仍为其先锋使。"[5]既然康阿义屈达干仍然任部落都督,则其所率五千余帐应当随之入居幽州地区,人数不在少数。《新唐书》卷四三下《地理志》记河北道羁縻州:"降

---

[1]《北朝隋唐粟特人之迁徙及其聚落》,《中古中国与外来文明》,99—108页。
[2] 森部丰《唐代河北地域におけるソグド系住民——开元寺三门楼石柱题名及び房山石经题记を中心に》,《史境》第45号,2002年,23—27页。
[3] 同上注森部丰文,27—28页。按,森部丰主要依据《常山贞石志》卷七的录文,不够全面,此据《八琼室金石补证》卷四六,北京:文物出版社,1985年,313—315页。
[4]《新唐书》卷一三〇略同。参看陈寅恪《唐代政治史述论稿》,上海古籍出版社,1982年,32页。
[5]《颜鲁公集》卷六;《全唐文》卷三四二。

胡州一：凛州，天宝初置，侨治范阳境。右隶幽州都督府。"这很可能与康阿义屈达干率部到来有关[1]。以后，在安禄山的经营下，更有不少胡人将领和胡商陆续进入河北地区，聚集在范阳节度使的麾下[2]。

天宝十四载，安禄山发动叛乱，胡人也卷入其中。唐朝为了尽快结束持续多年的安史之乱，在宝应元年、二年间（762—763），陆续接纳安史部将的投降，并划定各自的统辖范围，形成了以魏博、成德、卢龙为主的河北藩镇割据局面。河朔地区，自立节度使，贡赋不入朝廷，而且拥有重兵，与朝廷分庭抗礼[3]。

安史之乱以后的河北地区，由于统治者仍然是安禄山、史思明的部下，有些本人就是胡人，如李怀仙即"柳城胡"[4]，他们自然会对境内原有的粟特胡人采取优容的态度，安史之乱以前就生活在这里的粟特人，不会像唐朝境内其他地区的粟特人那样，主动地改变自己。更为重要的是，一些在中原地区的粟特胡人，转而进入河北地区，寻求生存和发展。以下将安史之乱以后粟特胡人进入河北地区各个藩镇的情况，略作表述。

1. 魏博镇

长庆二年（822），史宪诚取代田氏任魏博节度使。关于史宪诚其

---

[1] 参看森部丰《唐前半期河北地域における非汉族の分布と安史军渊源の一形态》，《唐代史研究》第5号，2002年，30—31页。
[2] 参看拙文《安禄山的种族与宗教信仰》，《第三届中国唐代文化学术研讨会论文集》，台北，1997年，231—241页；《中古中国与外来文明》，222—237页。
[3] 关于中晚唐河北地区的政治史，有关的研究文献很多，笔者主要参考陈寅恪《唐代政治史述论稿》，黄永年《唐代史事考释》（台北：联经出版公司，1998年），毛汉光《中国中古政治史论》（台北：联经出版公司，1990年），张国刚《唐代藩镇研究》（长沙湖南教育出版社，1987年）等书中的文章。有关河北地域构造及与外界交通问题，参看李孝聪《论唐代后期华北三个区域中心城市的形成》，《北京大学百年国学文粹·史学卷》，北京大学出版社，1998年，659—671页。
[4] 《新唐书》卷二一二《李怀仙传》。

人的来历,《旧唐书》卷一八一《史宪诚传》称:"其先出于奚虏,今为灵武建康人。"《新唐书》卷二一〇《史宪诚传》则说:"其先奚也,内徙灵武,为建康人。"这里称史宪诚原为奚人,后为灵武建康人,从奚人的活动范围,很难理解这种说法。其实,新旧《唐书》的记载不够确切,刘禹锡撰史宪诚子《史孝章神道碑》云:"仆射名孝章,字得仁,本北方之强,世雄朔野。其后因仕中国,遂为灵武建康人。考宪诚,早以武勇绝人,积功至魏博节度使。"[1]可见这一家族来自北方朔野,应当是指突厥汗国,而非东北的奚族。罗丰先生曾论证过,史宪诚所自出的建康,不是指六朝都城建康(建业,今南京),而是指河西的建康,具体位于甘州西二百里处。前凉张骏设郡于此,属凉州。唐朝设建康军,隶属河西节度使[2]。比较合乎逻辑的推测是,史宪诚一家原本来自河西建康,先东迁灵州,然后进入北方突厥领地,或许曾在突厥所辖的奚人中栖身,因而在奚、契丹强盛时冒称奚人,以后进入河北。经过这样的辗转迁徙,他们可能对自己的具体出身并不太清楚,但却始终不忘来自西方,因此,史宪诚一家很可能是粟特史姓的后裔。

《旧唐书·史宪诚传》记:"祖道德,开府仪同三司、试太常卿、上柱国、怀泽郡王。父周洛,为魏博军校,事田季安,至兵马大使、银青光禄大夫、检校太子宾客、兼御史中丞、柱国、北海郡王。"《史孝章神道碑》则云:"曾祖道德,赠右散骑常侍,封怀泽郡王。祖周洛,银青光禄大夫、检校太常卿、兼御史中丞、北海郡王、赠太子少保。"这里史道德、史周洛的结衔,显然是最后的实职和追封。从史周洛最初以军校效力于魏博节度田季安(796—812年在位),其家迁入河北地区应

---

[1]《全唐文》卷六〇九。
[2]《固原南郊隋唐墓地》,196—198页。参看李鸿宾《史道德族属及中国境内的昭武九姓》,54—56页;又《史道德族属问题再考察》,358—365页;程越《从石刻史料看入华粟特人的汉化》,23页。

当在安史之乱以后[1]。经过祖孙三代的努力,这个粟特家族不仅在河北得以立足,而且最后还担任了魏博节度。大和三年(829)史宪诚被杀,其子孝章入长安,后历任三镇节度,开成五年(840)卒[2]。

继史宪诚为魏博节帅的何进滔,《旧唐书》卷一八一《何进滔传》称"灵武人也"[3]。其子何弘敬的《墓志》虽然自称"庐江人也",但又说何进滔是何妥八世孙[4]。《隋书·何妥传》称:"西城人也。父细胡,通商入蜀……号西州大贾。""西城"据《通志》卷一七四《何妥传》当作"西域"[5]。从何进滔娶康氏为妻,何弘敬取武威安氏为妻来看,可以说这是一个典型的粟特胡人家族,所谓"庐江人",显系后来的伪托。

《旧唐书·何进滔传》记:"曾祖孝物,祖俊,并本州军校。父默,夏州衙前兵马使,检校太子宾客,试太常卿。以进滔之贵,赠左散骑常侍。进滔客寄于魏,委质军门,事节度使田弘正。"田弘正元和七年至十五年(812—820)任魏博节度,何进滔既然是客寄于魏,为田弘正效力,表明他是在元和七年至十五年间来到河北的[6]。更值得注意的是,他的曾祖和祖父都任灵州军校,父亲任夏州衙前兵马使,照例是颇有前途的,可是何进滔却转投河北,这或许就是粟特人在唐朝境内的压力使然。而进入河北以后,何进滔最终在大和三年被推为魏博节度使(829—840年在位),其子何弘敬

---

[1] 森部丰认为史宪诚祖上迁河北的时间在安史之乱前后,见所撰《略论唐代灵州和河北藩镇》,史念海编《汉唐长安与黄土高原》(《中国历史地理论丛》1998年增刊),西安:陕西师范大学中国历史地理研究所,1998年,260—262页。
[2] 《旧唐书》卷一八一《史宪诚传》;《史孝章神道碑》,《全唐文》卷六〇九。
[3] 参看陈寅恪《唐代政治史述论稿》,38页。
[4] 《全唐文补遗》第5辑,39—43页。
[5] 参看陈寅恪《隋唐制度渊源略论稿》,北京:中华书局,1963年,78—79页;卢兆荫《何文哲墓志考释——兼谈隋唐时期在中国的中亚何国人》,《考古》1986年第9期,843页。
[6] 森部丰《略论唐代灵州和河北藩镇》,263页已指出在元和年间。

(841—866年在位)、孙何全皞(866—870年在位)相继连任,统治其地垂四十年。

史宪诚、何进滔父子孙以粟特后裔身份任魏博节度,应当是有一定的社会基础的,虽然相关的史料很少,但仍有迹可寻。《何弘敬墓志》记其六代祖令思因与乔叔望、执失思力争功,为叔望所诬奏,于是"并部曲八百人迁于魏、相、贝三州"[1]。乔叔望、执失思力都是贞观时人,所以此时何弘敬祖即已迁到河北是不可能的,也和上述"进滔客寄于魏"的记载矛盾,显然是因为何氏后人要强调何氏在河北根基深远的说法。但是,正如森部丰所指出的那样,这条记载也有合理的一面,即何进滔进入河北时,可能是率领相当数量的粟特人一起来的,这从他娶康氏,弘敬娶安氏的事实也可以看出来,何进滔获得节度使的地位,应当有粟特人集团的帮助[2]。

最近发现的《米文辩墓志》更增加了我们对这一看法的认同,志文相关部分如下:

> 米氏源流,裔分三水,因官食菜,胤起河东,为王为侯,轩盖不绝,至于王父品秩,家谍备诸。公讳文辩,即其后也。大父讳梓,皇宁远将军、河东中军将、上柱国。烈考讳珍宝,皇魏博节度诸使、马军都知兵马使兼将、银青光禄大夫、检校国子祭酒、兼御史大夫、右散骑常侍、食邑三百户。公不坠弓裘,心存节义,德惟深厚,性乃端庄,以孝悌克全,起家从职。长庆初祀,署排衙将。公眈眈虎视,所向风生,迁亲事将,名光盛府,职近麾幢,使于四方,无失君命。大和中,授节度衙前虞候。出为巡按,非道不行,俾问贪残,鉴同秋水。转山河将,安人说剑,细

---

[1] 《全唐文补遗》第5辑,39页。
[2] 森部丰《略论唐代灵州和河北藩镇》,265页。

柳尘清，洞晓机筹，宜当外御，迁贝州临清镇遏都虞候兼将，关河肃静，屏息欺邪，门绝屈词，案无停牍。转武城镇遏都虞候兼将，路当津要，美誉使闻，追署左前冲副兵马使兼将。时潞镇不庭，今相国盖代威名，奉天明命，剪除凶丑。公利战行权，授左前冲都知兵马使，匡君为国，巨显输诚。回戈大名，忧勤可拔，署左亲事、马步厢虞候，兼节度押衙，又营在府西坊征马及驰坊骡坊事。以公忠克佐，善政名彰，大中元年领步军左厢都知兵马使，兼节度押衙，累奏至银青光禄大夫、检校太子宾客、监察御史、加殿中侍御史，又迁侍御史。於戏，绣衣骢马，才见荣门，大限未期，奄然休息。时大中二年二月廿二日，享年五十有五，灵舆远复，宫殡故国。夫人扶风马氏，坤资懿淑，神与惠和，哀申未亡，昼哭仪帐。有四子，长存遇，登仕郎、试左武卫骑曹参军、经略副使；仲存简，宣德郎、试左金吾卫兵曹参军、节度要籍、兼词令官。并忠贞早著，孝悌为心，文武艺周，遂居名职。季存实，幼曰存贤，皆学习礼经，以期乡秀。并哀容扶杖，丧事力营，尽家有无，非亏古制龟筮。以大中三年二月十一日窆于府西北一十五里贵乡县通济乡窦村之原。[1]

这个米氏家族也是安史之乱后从河东迁到河北的，从米文辩父开始任职魏博镇，米文辩自长庆初年开始效力魏博军中，其时正是史宪诚开始节度魏博之际。大和中，为何进滔任节帅之时，米文辩任节度衙前虞候。文中的"相国"则指何弘敬，米文辩在魏博出兵助唐平定泽潞刘稹之乱时又立战功，最后在大中二年（848）以节度故步军左厢都知兵马使兼节度押衙的身份去世，而其二子继续在魏博节度使下任职。这个三代效力于魏博史宪诚、何进滔、何弘敬的米氏家族，正好说明

---

[1] 孙继民、李伦、马小青《新出唐米文辩墓志铭试释》，《文物》2004第2期，88—93页。

了魏博各级军将中,俱有一定的粟特胡人充任,他们构成了粟特节帅的统治基础。

2. 成德镇

成德初,代节度使李宝臣(763—781年在位)本范阳内属奚人,其手下也有不少粟特兵将。

《曹闰国墓志》记:"公字闰国,含州河曲人也。公行旅边蓟,幼闲戎律,于天宝载,遇禄山作孽,思明袭祸,公陷从其中。为(伪)署公云麾将军、守左金吾卫大将军,俛仰随代。夫天不长恶,二凶殄丧,皇威再曜,公归顺本朝,不削官品,改授公试光禄卿,发留河北成德节下,效其忠克,守镇恒岳。"[1] 曹闰国本是六胡州的粟特胡人,安史之乱前到幽州地区,成为安史的部将。安史之乱后,曹闰国随李宝臣降唐,继续在成德军节下任职,成为镇守恒岳的将领。可见,成德军也是粟特人的安全堡垒,即使跟从安史叛乱,也仍然可以继续生存,继续任官。

同样的情形还有石神福。《大唐故成德军节度下左金吾卫大将军试殿中监石府君(神福)墓志》称:"父何罗烛,试云麾将军、蔚州衙前大总管。有子四人,公则第二子也。生于雄武,长在蔚州。遇安史作乱,漂泊至恒阳。君主亦知,收于戎伍,频经战伐,累效疆场。悦畅君心,迁授大将。为征马事,重委在腹心,兼令勾当右厢草马使事。去元和八年(813)正月十七日奄然大谢于野牧,时春秋五十有五。"[2] 根据石神福的年龄推断,安史之乱时他年纪还很小,所以其从河东迁至恒阳的时间应当在安史乱以后。也可能是墓志所记年龄有误,因为内容明确有"遇安史作乱,漂泊至恒阳"这样的文字。无论如何,他

---

〔1〕《唐代墓志汇编》,1787—1788页。
〔2〕同上书,1991页。

在安史乱后继续任成德军节度使手下战将,勾当右厢草马使事。

《新唐书》卷一四八《康日知传》记:"康日知,灵州人。祖植,当开元时,缚康待宾,平六胡州,玄宗召见,擢左武卫大将军,封天山县男。日知少事李惟岳,擢累赵州刺史。"按李惟岳是成德节度使李宝臣的儿子,建中二年(781)李宝臣死时,惟岳任行军司马、恒州刺史,三军推为留后,但唐廷不许,遂叛乱,至明年为王武俊所杀[1]。《新传》不说康日知事李宝臣,而是事其子李惟岳,时间不明,但推测应当是在安史之乱以后。永泰二年(766)立于恒州(今正定)的《成德节度使李宝臣碑》的碑阴,有"节度押衙、左厢步军都使、同节度副使、开府仪同三司、殿中监、兼左金吾卫大将军、上柱国、食实封三百户、榆林郡王康日知"的名字[2]。但这个碑阴的题名年代,未必就在永泰二年,根据康日知显赫的头衔,特别是任节度副使一点,应当是李宝臣在位的末年[3]。康日知于建中三年(782)正月背叛李惟岳,举赵州投降唐朝。二月,唐朝以康日知为深赵都团练观察使[4]。

《新唐书·康日知传》没有提到其父的任职。但康日知子《康志达墓志》补充了相关的情况:"自曾族曰延庆,皇朝左威卫大将军,徙居为京兆长安人也。祖曰孝义,皇朝万安府折冲,累赠户部尚书。考曰日知,皇朝兵部尚书、左威卫上将军,赠尚书左仆射,以忠信奉上竭诚。建中三年将赵州,拔城赴阙,拜晋、慈、隰等州节度使。公即仆射第四子也。"[5]延庆应即康植,大概因平六胡州之乱而得以从灵州徙

---

[1] 《旧唐书》卷一四二《李惟岳传》;《新唐书》卷二——《李惟岳传》;《资治通鉴》卷二二七德宗建中三年条。
[2] 《常山贞石志》卷一〇《成德节度使李宝臣碑碑阴》。
[3] 森部丰《略论唐代灵州和河北藩镇》,262页据此碑正面年代认为康日知可能在安史之乱前后迁到河北,而且是从灵州迁移河北的粟特人的最早记录。
[4] 《资治通鉴》卷二二七德宗建中三年正月、二月条。
[5] 《全唐文补遗》第5辑,431页。

居为京兆长安人。康孝义任折冲的万安府，在河东道晋州[1]。虽然开元以后的折冲府官已是虚衔，但表明他仍在唐朝任职。这样一个已经入籍京兆的家族，为何在康日知时又迁到河北，可能也是与安史之乱后粟特人的处境有关。在经过一番政治变动后，康日知在建中三年又回归唐廷，兴元元年（784）徙为奉诚军节度使，又徙晋绛，彻底回到中原。而他的封号也从榆林郡王转为会稽郡王，其家族也称会稽人了。

上面提到的《成德节度使李宝臣碑》碑阴题名中，还有孔目官安都滔、节度押衙康如珍、左厢□□□将安忠实、右厢马军□将何□、左厢步军十将何山泉、衙前将康日琮、曹敏之、史招福等[2]，很可能都是当地的粟特裔将领[3]，则表明成德镇的兵将中也有不少粟特人。

3. 幽州卢龙

幽州是安禄山经营多年的老巢，原本就有许多胡人生活在这里。安史之乱后，由于安史部将内部的斗争，曾出现杀胡事件。《安禄山事迹》卷下记载：上元二年（761），幽州城内叛军将领阿史那承庆与高鞠仁相互攻杀，"承庆不敌而奔潞县。鞠仁令城中杀胡者重赏，于是羯胡尽殪，小儿掷于空中，以戈承之，高鼻类胡而滥死者甚众。"[4]安史之乱后唐朝任命的幽州节度使李怀仙，就是"柳城胡人也"[5]，照理在他手下应当有其他胡人将领，但我们在史料中所见到的幽州其他胡人将领的记载却很少，这或许是由高鞠仁杀胡事件所致。

但这种突发的事件影响不会很长，对此后大多数幽州粟特人的生

---

[1] 《新唐书》卷三九《地理志》晋州条。
[2] 《常山贞石志》卷一〇《成德节度使李宝臣碑碑阴》。
[3] 参看森部丰《略论唐代灵州和河北藩镇》，262页，注[1]。
[4] 《安禄山事迹》，44页。又见《资治通鉴》卷二二二肃宗上元二年《考异》引《蓟门纪乱》。
[5] 《旧唐书》卷一四三《李怀仙传》。

存更不会造成直接影响。幽州应当和魏博、成德镇一样，对胡人采取优容的政策。幽州境内的民众在房山石经上留下的题名，主要是安史之乱以后的文字，其中即有大量应当是粟特后裔的题名[1]，表明当地民众中有大量胡人的继续存在。

以上所举河北三镇粟特胡人的材料和我们的分析表明，在安史之乱以后，河北节镇对于胡人采取优容的态度，参加安史之乱的胡族将领被继续留用，许多原本在关内、河东等地生存的粟特人也迁到河北，在这里建立新的家园，有些得到新的发展，甚至坐到节度使的高位。这和唐朝直辖地区的粟特人纷纷改变自己姓氏、郡望的情形，形成了鲜明对照。

四　河北胡人祆祠的建立及其文化的传存

河北地区不仅为粟特胡人提供了生存之地，也为胡人文化的继续存在提供了条件。

因为宗教是一个民族传统文化中持续时间最久的文化因子之一，所以我曾在《波斯与中国：两种文化在唐朝的交融》一文中，考察了长安波斯人坚持自己的祆教和景教信仰的情况[2]。目前所知，长安有五座祆祠，分别在布政、醴泉、普宁、崇化、靖恭坊。洛阳有四座，分别在立德、修善、会节坊和南市。姚宽《西溪丛语》卷上记："唐贞观五年（631），有传法穆护何禄，将祆教诣阙闻奏，敕令长安崇化坊立祆寺。"[3] 可知是粟特何国人何禄所建。而布政坊的祆祠是武德四年

---

[1] 森部丰《唐代河北地域におけるソグド系住民——开元寺三门楼石柱题名及び房山石经题记を中心に》，28—32页。
[2]《中国学术》2002年第4辑，71—76页。
[3] 姚宽《西溪丛语》，孔凡礼点校本，北京：中华书局，1993年，42页。

(621)立,"祠内有萨宝府官,主祠袄(祆)神,亦以胡祝充其职。"[1]萨宝为粟特队商首领的称号,这里的祆祠也应当是粟特人的祭祀场所。在安史之乱以后,我们再看不到长安和洛阳新立祆祠的记载,也没有明确的胡人祭祀祆神的记录,但我们从《苏谅妻马氏墓志》得知,这个波斯家族直到晚唐,一直保持着自己的祆教信仰。而建中二年(781)所立的《大秦景教流行中国碑》和元和十四年(819)的《李素墓志》,都证明另一部分波斯人也坚持着自己的景教信仰。

相反,在安史之乱后的河北地区,却有新的祆祠设立的记载。目前所知,至少有两座:

一是立于恒州西南五十里获鹿县(原名鹿泉县)的鹿泉胡神祠。宋人陈思《宝刻丛编》卷六著录《唐鹿泉胡神祠文》:"唐来复撰并书,宝〔历〕二年(826)四月立在获鹿。"[2]既称胡神,且用祆祠常用的"祠"字,不难让我们认为此处之"胡神祠"是一所胡人崇奉的祆祠[3]。可惜的是碑文已佚,不得其详。恒州是成德节度使衙所在之地,我们从上面的讨论中已经揭示,恒州附近的确聚集了许多粟特人,因此在这里为胡人设立祭祀他们的祆神的祠庙,完全顺理成章。

二是定州东瀛州寿乐县祆神庙。宋人王瓘《北道刊误志》记载:"瀛州乐寿县亦有祆神庙,唐长庆三年(823)置,本号天神。"[4]瀛州属于幽州节度使管辖,这里明说是祆神庙,为长庆三年设置,表明幽州地区大概随着粟特民众的增加,甚至有了新立祆神庙的必要。此

---

[1] 宋敏求《长安志》卷一〇,平冈武夫编《唐代的长安与洛阳·资料》,上海古籍出版社,1989年,116页。又见徐松《唐两京城坊考》卷四,方严点校本,北京:中华书局,1985年,104—105页。
[2] 《石刻史料新编》第24册,18177页。
[3] 程越《从石刻史料看入华粟特人的汉化》,22页。
[4] 参看文廷式《纯常子枝语》卷八;神田喜一郎《祆教琐记》,《史林》第18卷第1号,1933年,16页。关于《北道刊误志》,参看李孝聪《〈北道刊误志〉残本及其反映的历史地理问题》,《中国历史地理论丛》1988年第2期,61—72页。

处特别提到祆神本号"天神",正是地道的祆教传统说法[1]。

由此连带地应当提到唐宣武节度使衙所在的汴州(开封),宋代史料记载从晚唐到北宋,这里的祆祠不止一座。对于我们讨论的问题,宋人张邦基《墨庄漫录》卷四的记载很值得分析:"东京城北有祆庙。祆神本出西域,盖胡神也,与大秦穆护同入中国,俗以火神祠之。京师人畏其威灵,甚重之。其庙祝姓史,名世爽,自云家世为祝累代矣,藏先世补受之牒凡三:有曰怀恩者,其牒唐咸通三年(862)宣武节度使令狐给,令狐者,丞相绹也。有曰温者,周显德三年(956)端明殿学士权知开封府王所给,王乃朴也。有曰贵者,其牒亦周显德五年枢密使权知开封府王所给,亦朴也。自唐以来,祆神已祀于汴矣,而其祝乃能世继其职逾二百年,斯亦异矣。"[2]宣武并不是像河北三镇那样的跋扈藩镇,但有时也不完全听命于中央,其地与魏博辖区接近,所以很可能有一些粟特胡人在晚唐时进入汴州地区。这所祆庙建于何时不知,但至少在咸通三年以前,审其文意,可能更早。这里提供给我们的更重要的信息是,负责祆庙宗教事务的庙祝姓史,显然是粟特史国的后裔,他们世代任职,使这座祆庙的圣火一直不灭,持续两百年,至宋代还为京师人所敬畏。宋人董逌《广川画跋》卷四《书常彦辅祆神像》条记:"元祐八年(1093)七月,常君彦辅就开宝寺之文殊院,遇寒热疾,大惧不良。及夜,祷于祆神祠。明日良愈,乃祀于庭。又图像归事之,且使世知神之休也。"这里说北宋时常彦辅在佛寺得病,因为祷于祆神祠而痊愈,虽然我们不知道他所祷的祆祠是否即史家所主持的那座,但祆比佛灵,正好为"京师人畏其威灵,甚重之"的说法提供了例证。

---

[1] 参看拙文《祆教初传中国年代考》,《中古中国与外来文明》,294—300页《西域早期的天神崇拜》一节。
[2] 《墨庄漫录·过庭录·可书》,孔凡礼点校本,北京:中华书局,2002年,110页。

可以说，除了敦煌之外，我们很难在安史之乱后的中原地区找到纯正的祆神祭祀活动，更未见到新设立祆祠的记载。而随着粟特人向河北地区的移徙，新的祆祠在河北地区得以建立，并且为胡汉民众所敬事，有的一直延续到北宋。可见，直到中晚唐的河北及其周边地域，胡人的文化在此继续顽强地生存。

结　论

过去人们常常用汉化来笼统地解说安史乱后唐朝粟特胡人的转变，事实上并不那么简单，而且各地的情形也不一样，需要做具体的分析。我认为，因发动安史之乱的安禄山、史思明出身粟特，因此在安史之乱被平定后，唐朝统辖地区有一种排斥胡化的思潮，从而对这里的粟特人心理和生存产生一定的影响，除了用改变姓氏、郡望等方法来主动使自己"变"胡为汉外，同时也有大量的粟特人迁徙到河北地区，在安史部将建立的藩镇里求得生存和发展。

河朔节帅有的本人就是胡人，有的在安禄山的统治下早已胡化，他们对于粟特人显然采取了优容、庇护的政策，粟特人在这里不仅不受猜忌，而且有的甚至坐上节度使的宝座。在这种环境下，粟特人也把他们习惯于在自己的聚落或聚居地所设立的祆祠，移置于河北地区，继续他们的祆神崇拜，并且影响到当地居民，使之成为一定范围内的各族民众的普遍信仰。

2003年6月2日完稿。原载纪宗安、汤开建主编《暨南史学》第2辑，广州：暨南大学出版社，2003年12月〔实际为2004年4月〕，102—123页。

新获吐鲁番文书所见的粟特人

近年来,新疆吐鲁番地区文物局的考古工作者配合打击盗墓的行动,清理了一批墓葬,这些墓葬分布在吐鲁番盆地几个墓地,除了吐鲁番学界比较熟悉的阿斯塔那和交河沟西墓地外,还有洋海、巴达木、木纳尔等墓地,其中出土了许多文书。同时,吐鲁番文物局历年来也陆续征集到一些流散的文书,这些文书也是近些年来从上述墓地出土的。以上这两类文书,就是我这里所说的"新获吐鲁番文书",以区别于大谷文书中的吐鲁番文书、德国所藏吐鲁番文书以及中国1959—1973年考古发掘所获吐鲁番文书。目前,我正在率领着一个"新获吐鲁番出土文献整理小组",从事着这批文书的整理工作。

以下简要介绍新获吐鲁番文书中所见到的粟特人的有关材料。

近年来,魏晋南北朝隋唐时期粟特人东迁进入西域诸王国和中原王朝的历史,成为东西方学者的热门话题,这中间的推动力,一方面是敦煌吐鲁番文书的大量刊布;另一方面是中国西安、太原等地发现了北朝末到隋代粟特首领的墓葬,即安伽、史君、虞弘等人的墓葬;这两方面的材料为学者们研究粟特人在中国提供了丰富的文字和图像信息,让我们改写或补写了粟特人的不少历史篇章。

过去已经刊布的吐鲁番文书中有关粟特人的资料,如吐鲁番阿斯塔那第29号墓出土的《唐垂拱元年(685)康尾义罗施等请过所案卷》[1]、吐鲁番阿斯塔那第61号墓出土的《唐西州高昌县上安西都护府牒稿为录上讯问曹禄山诉李绍谨两造辩辞事》[2]，涉及的粟特人的活动，东到长安，西到弓月以西，范围十分广阔，而且许多麹氏高昌国和唐西州时期的文书细致入微地反映了粟特人在高昌地区的生活状况，前人对此已经有过深入的探讨[3]。

新出吐鲁番文书中有关粟特的材料，基本上反映的是高昌地域范围内的粟特人的情况，没有已刊吐鲁番文书的材料丰富。但是，已刊

---

[1] 《吐鲁番出土文书》第7册，北京：文物出版社，1986年，92—94页；《吐鲁番出土文书》叁，北京：文物出版社，1996年，346—350页；原书定名中康尾义罗施无"尾"字，此据原文补。有关此卷的研究，参看程喜霖《〈唐垂拱元年（685）康尾义罗施等请过所案卷〉考释》，《魏晋南北朝隋唐史资料》第11辑，1991年，239—250页。

[2] 《吐鲁番出土文书》第6册，北京：文物出版社，1985年，470—479页；《吐鲁番出土文书》第叁册，242—247页。有关此文书的研究，参看黄惠贤《〈唐西州高昌县上安西都护府牒稿为录上讯问曹禄山诉李绍谨两造辩辞事〉释》，唐长孺编《敦煌吐鲁番文书初探》，武昌：武汉大学出版社，1983年，344—363页；王小甫《唐、吐蕃、大食政治关系史》，北京大学出版社，1992年，72—73页；荒川正晴《唐帝国とソグド人の交易活动》，《东洋史研究》第56卷第3号，1997年，185—188页；又"The Transit Permit System of the Tang Empire and the Passage of Merchants", *The Memoirs of the Research Department of the Toyo Bunko*, 59, 2002, pp. 7-18；又《唐代粟特商人与汉族商人》，原为提交"粟特人在中国"国际学术讨论会（北京，中国国家图书馆，2004年4月23—25日）论文，修订本收入荣新江等编《粟特人在中国——历史、考古、语言的新探索》，北京：中华书局，2005年，101—109页。

[3] 参看池田温《トウルフアン汉文文书にみえる外族》，《月刊シルクロード》第4卷第2号，1978年，14—16页；Ikeda On, "Les Marchands Sogdiens dans les Documents de Dunhuang et de Turfan", *Journal Asiatique*, 269, 1981, pp. 77-79；姜伯勤《敦煌·吐鲁番とシルクロード上のソグド人》，《季刊东西交涉》第5卷第1—3号，1986年；又《敦煌吐鲁番文书与丝绸之路》，北京：文物出版社，1994年，150—263页；池田温《神龙三年高昌县崇化乡点籍样について》，《中国古代の法と社会：栗原益男先生古稀记念论集》，东京：汲古书院，1988年，245—270页；吴震《阿斯塔那—哈拉和卓古墓群考古资料中所见的胡人》，《敦煌吐鲁番研究》第4卷，北京大学出版社，1999年，245—264页；李方《唐西州九姓胡人生活状况一瞥——以史玄政为中心》，《敦煌吐鲁番研究》第4卷，265—286页；荣新江《北朝隋唐粟特人之迁徙及其聚落》，《国学研究》第6卷，北京大学出版社，1999年，31—34页；作者《中古中国与外来文明》，北京：三联书店，2001年，44—48页。

资料在涉及高昌地域范围内的胡人资料时，主要反映的是高昌城及其附近的情况，因为其文书的出土地基本上都是阿斯塔那及其紧邻的哈拉和卓两个属于高昌城的墓地。而新出吐鲁番文书的出土地扩大到高昌城东北的巴达木、东南的洋海以及交河城等地，因此所反映的高昌地域范围内胡人的活动范围要更为广阔一些。

以下举三个方面的例证，来推进我们对于进入高昌地区的粟特人的认识。

一　早期进入高昌的粟特人

曾经参加1959—1973年吐鲁番出土文书整理工作的姜伯勤先生，在《敦煌吐鲁番文书与丝绸之路》一书中指出："在吐鲁番所出十六国时期文书中，可以依稀看到一些胡人姓名，如车末都（《吐鲁番出土文书》第一册，第149页）当系车师人。翟阿富（同上，第121页）、翟定（同上，第179页），可能属于高车。竺国奴、竺黄媚（同上，第173页），属于天竺或月氏。可是我们没有明确看到昭武九姓的人名。"[1]

在吐鲁番地区鄯善县吐峪沟乡洋海1号墓，出土有一件《阚氏高昌永康十二年（477）闰月十四日张祖买奴券》（编号97TSYM1:5），提供了准确的粟特人的消息。柳方《吐鲁番新出的一件奴隶买卖文书》一文，录出这件契券的文字，并对年代、格式所反映的经济和社会面貌做了分析，为我们理解这件契券提供了准确的说明[2]，但她对于有关粟特人的内容基本没有涉及。

现将我们整理小组在柳方录文的基础上所做的录文抄录如下（个

---

[1] 姜伯勤《敦煌吐鲁番文书与丝绸之路》，154页。
[2] 文载《吐鲁番学研究》2005年第1期，122—126页。

别文字和标点有所不同）[1]：

1 永康十二年润[月]十四日，张祖从康阿丑
2 买胡奴益富一人，年卅，交与贾行缏百三
3 拾柒匹。贾即毕，奴即付，奴若有人仍（认）
4 名，仰丑了理，祖不能知。二主和合，共成券
5 义之后，各不得返悔，悔者罚行缏贰
6 百柒拾肆匹，入不悔者。民有私要，要
7 行[二主]，沽各半。请宋忠书信，
8 时见祖强、迦奴、何养、苏高昌、
9 唐胡。

按，与这件契券所出的1号墓并排的另一座空墓中，出土了一件木质的墓表，文字已经模糊，但可以看出"张祖"二字，考古工作者认为这个墓表可能是盗墓者从张祖墓盗出而弃置于其旁边的墓中，也就是说这件契券所出的1号墓应当就是张祖本人的墓[2]。契券的背面是一篇简短的衣物疏，疏文上有大字隶书"合同文"的左半墨迹，可知这件契券是张祖收存的一式两份中的一份。

我们感兴趣的是，张祖是从一个名叫康阿丑的人那里买到这个胡奴的，从他的姓名来看，康阿丑应当是一个出身中亚康国（Samarkand）的粟特人。我们不能确定康阿丑是一个流动的商人，还是已经定居高昌的居民，我们更无法看到他所持的另一份契约是汉文书写的还是粟特文的。但我们知道，粟特人一直是丝绸之路上的人口贩子，特别是把中亚粟特地区、西域塔里木盆地周边绿洲王国、北方

---

[1] 荣新江、李肖、孟宪实主编《新获吐鲁番出土文献》，北京：中华书局，2007年，125页。
[2] 吐鲁番地区文物局《吐鲁番地区鄯善县洋海墓地斜坡土洞墓清理简报》，《敦煌吐鲁番研究》第10卷，上海古籍出版社，2007年，1—9页。

草原游牧民族地区的男女奴隶，倒卖到高昌、敦煌，甚至长安[1]。这里称被买的奴隶为"胡奴"，显然也是中亚粟特地区来的奴隶。值得注意的还有，胡奴的名字"益富"，是一个非常中国化的名字，类似新疆出土的汉锦上的吉祥语词。这种采用中国人熟悉的吉祥、褒义、好听的名字来命名倒卖的男女奴隶，是粟特商人向汉人推销他们带来的人口商品的一种手段，吐鲁番出土的唐代契约文书表明，粟特人倒卖给汉人的女奴名叫"绿珠"、"绿叶"等[2]，其中"绿珠"就是石崇家中"美而工笛"的妓人的名字[3]，这在唐人社会中应当是非常有名的，所以其起名的用意十分明显。

这件文书的出土地洋海，位于今鄯善县吐峪沟乡洋海夏村西北2.5公里处[4]，距离其最近的高昌城镇，大概是酒泉城[5]。张祖埋葬在洋海，因此

---

[1] 参看吉田丰、森安孝夫、新疆博物馆《麹氏高昌国时代ソグド文女奴隶卖买文书》，《内陆アジア言语の研究》IV，1988年，1—50页+图版一；柳洪亮译《麹氏高昌国时代粟特文买卖女奴隶文书》，《新疆文物》1993年第4期，108—115页；林梅村《粟特文买婢契与丝绸之路上的女奴贸易》，《文物》1992年9期，49—54页；收入作者《西域文明》，北京：东方出版社，1995年，68—79页；吴震《唐代丝绸之路与胡奴婢买卖》，《1994年敦煌学国际学术研讨会文集》，兰州：甘肃民族出版社，2000年，128—154页。

[2] 见73TAM509出土《唐开元二十年（732）薛十五娘买婢市券》、《唐开元二十一年（733）唐益谦、薛光泚、康大之请给过所案卷》，《吐鲁番出土文书》第9册，29—34页；《吐鲁番出土文书》肆，266—271页。

[3] 余嘉锡《世说新语笺疏》（修订本）下，上海古籍出版社，1993年，924页。

[4] 关于洋海墓地，参看新疆文物考古研究所《"鄯善古墓被盗案"中部分文物之介绍》，《新疆文物》1989年第4期，34—41页；邢开鼎《鄯善县洋海古墓葬》，《中国考古学年鉴（1989）》，北京：文物出版社，1990年，274页；吐鲁番地区文物局《鄯善洋海墓地出土文物》，《新疆文物》1998年第3期，28—40、44页；新疆文物考古研究所、吐鲁番地区文物局《鄯善县洋海一号墓地发掘简报》、《鄯善县洋海二号墓地发掘简报》、《鄯善县洋海三号墓地发掘简报》，以上三篇刊《新疆文物》2001年第1期，1—68页，后又略做修订，以《吐鲁番考古新收获——鄯善县洋海墓地发掘简报》为名，刊《吐鲁番学研究》2004年第1期，1—66页；又《新疆鄯善县洋海墓地的考古新收获》，《考古》2004年第5期，3—7页。

[5] 参看西村阳子、铃木桂《吐鲁番地区遗迹调查报告（2004年10月14日～11月1日）》，中央大学《アジア史研究》第29号，2005年，13—14、38—39页。2006年5月2日，我们部分"新获吐鲁番文献整理小组"成员在张永兵先生率领下，考察了酒泉城遗址。

可能是酒泉城的居民，那么康阿丑就是在477年来到吐鲁番酒泉城，他是我们目前所知最早一期进入吐鲁番盆地的粟特人之一，因此更像是一个商人。在与这件永康十二年券同出一墓的一件阚氏高昌国差役、供物帐（97TSYM1:8-3）中，向当地官府纳薪的人当中，有名为康周德、康元爱、康辛儿者[1]，应当也是同时代居住在吐鲁番盆地的粟特人，他们的名字已是具有汉文词义的词汇了，透露出他们来此定居的时间要早得多。

由这件文书我们再来看哈拉和卓99号墓出土的吐鲁番文书《北凉承平八年（450）翟绍远买婢券》：

> 承平八年岁次己丑九月廿二日，翟绍远从石阿奴买婢一人，字绍女，年廿五，交与丘慈锦三张半，贾（价）则毕，人即付（后略）[2]

对比新发现的文书，两者的内容基本一致，年代也非常接近，则承平八年契约里出卖女婢的石阿奴，很可能就是来自中亚粟特石国（Chach）的粟特人。陈国灿先生和陈海涛博士都曾认为这里的石阿奴是粟特人[3]，但由于石姓也是中国传统的汉姓，所以他们的看法没有得到普遍的认同，现在看来，可以肯定他们的看法了。

另外，2001年香港克里斯蒂拍卖行出售的《北凉玄始十年（421）五月四日马雒赁舍券》，根据关尾史郎、王素两位先生的整理，并参考图版，其开头部分文字可录如下：

---

[1] 分别见于荣新江、李肖、孟宪实主编《新获吐鲁番出土文献》，134、134、142页。
[2] 《吐鲁番出土文书》第1册，北京：文物出版社，1981年，187页；《吐鲁番出土文书》壹，北京：文物出版社，1992年，92—93页。
[3] 陈国灿《魏晋至隋唐河西胡人的聚落与火祆教》，原载《西北民族研究》1988年第1期；此据作者《敦煌学史事新证》，兰州：甘肃教育出版社，2002年，81页；陈海涛《从胡商到编民——吐鲁番文书所见麹氏高昌时期的粟特人》，《魏晋南北朝隋唐史资料》第19辑，2002年，200页。

> 玄始十年五月四日，康□子、黄头、受恩母子三人，以城东舍参（三）内，交与马雏赁参（三）年，与贾（价）毯拾伍（伍）张。（后略）[1]

这里的康□子、黄头、受恩母子三人从姓来看是粟特来源，但从已经完全表示汉文字意的名字来看，已经是汉化的粟特后裔了，他们有自己的宅舍，或许因为家境宽裕，所以把房舍出租给马雏居住，这与粟特人经商、放高利贷的本能是相符的。虽然这件契券来历不明，还有一些问题有待讨论[2]，但尚无人从粟特研究的角度来看这件契券的价值。事实上，这件421年的契券中提到的康□子、黄头、受恩，应当是目前所见吐鲁番最早的粟特人了。

二 麴氏高昌国至西州时期交河的粟特人

交河是吐鲁番盆地最古老的都市之一，这里原是车师王国的都城，也是盆地各族民众聚居的地方，是盆地西半部的政治、经济、文化中心。

公元439年，北魏攻占北凉首都姑臧（武威），凉王且渠牧犍降魏。442年，牧犍弟无讳、安周西击鄯善，又北进高昌，占据盆地东

---

[1] 图版见 *Christie's Fine Classical Chinese Paintings and Calligraphy*, Hong Kong 2001, p.25; 录文和研究见关尾史郎《トゥルファン将来，"五胡"时代契约文书简介》，原为日本内陆アジア出土古文献研究会报告（2003年1月11日），后载《西北出土文献研究》创刊号，2004年，75、79—80页；王素《略谈香港新见吐鲁番契券的意义——〈高昌史稿·统治编〉续论之一》，《文物》2003年第10期，73—74页。

[2] 参看张传玺《关于香港新见吐鲁番契券的一些问题》，北京大学传统文化研究中心编《国学研究》第13卷，北京大学出版社，2004年，361—367页；关尾史郎《トゥルファン将来，"五胡"时代契约文书简介补订》，《西北出土文献研究》第2号，2005年，67—72页。

部的中心城市高昌。443年改元承平,建立高昌大凉政权。承平六年(448),北魏万度归西击焉耆,令车师王车伊洛助攻。且渠安周乘虚引柔然兵分三路围攻交河。车伊洛子车歇率众固守至承平八年,交河城陷落,车歇西奔焉耆,依其父伊洛,翌年入代京,两汉以来的车师国最终灭亡,交河城自此成为以高昌城为中心的大凉政权及其以后的阚、张、马、麴诸氏高昌国的一部分[1]。

位于交河城沟西的墓地,是交河城居民的长眠之地,这里的坟院排列整齐,一个家族的院内墓葬延续时间很长。1928年和1930年,黄文弼先生两次发掘过吐鲁番交河墓地,获得一批墓志和陶器[2]。1994—1996年,新疆文物考古研究所与日本早稻田大学合作,对交河沟西古墓进行发掘,出土了一些墓志和文物材料[3],其所获墓志表明没有粟特人的墓葬[4]。

2004—2005年,吐鲁番地区考古工作者在交河沟西墓地的考古

---

[1] 关于此段历史的详细考察,参看荣新江《〈且渠安周碑〉与高昌大凉政权》,《燕京学报》新5卷,北京大学出版社,1998年,75—79页;王素《高昌史稿·统治编》,文物出版社,1998年,236—254页。

[2] 黄文弼《高昌》第二分本《高昌专集》,北京:西北科学考查团,1931年;又《高昌陶集》(上、下),中国学术团体协会、西北科学考查团理事会,1933年;又《高昌砖集》(增订本),北京:中国科学院,1951年;又《吐鲁番考古记》,北京:中国科学院,1954年。

[3] 新疆文物考古所《1994年吐鲁番交河故城沟西墓地发掘简报》,《新疆文物》1996年第4期,2—12页;又《1995年吐鲁番交河故城沟西墓地发掘简报》,《新疆文物》1996年第4期,13—40页;又《1996年新疆吐鲁番交河故城沟西墓地汉晋墓葬发掘简报》,《考古》1997年第9期,46—54页;又《新疆吐鲁番交河故城沟西墓地麴氏高昌—唐西州时期墓葬1996年发掘简报》,《考古》1997年第9期,55—63页;又《交河沟西——1994—1996年度考古发掘报告》,乌鲁木齐:新疆人民出版社,2001年;シルクロード学研究センター编《中国·新疆トゥルファン交河故城城南区墓地的调查研究》,《シルクロード学研究》10,奈良,2000年。

[4] 这组墓志见邱陵《吐鲁番交河沟西墓地新出土墓志及其研究》,《敦煌吐鲁番研究》第4卷,北京大学出版社,1999年,239—244页;荒川正晴《ヤールホト古墓群新出の墓表·墓志をめぐって》,《中国·新疆トゥルファン交河故城城南区墓地的调查研究》,《シルクロード学研究》10,2000年,160—170页。

发掘中,有幸地发现了一个基本完整的坟院,其中留存的大小坟墓有四十余座。经过清理发掘,发现这是一座属于康氏家族的坟院,其中有几座墓葬出土了墓志,墓主人都姓康[1]。以下简要提示墓志的编号、年代及墓主人的官衔、姓名、卒龄、葬地[2]:

编号	年代	官衔	姓名	卒龄	葬地
04TYGXM4:1	延昌三十年(590)十二月□十八日	领兵胡将	康□钵	五十四	交河
04TYGXM5:1	延昌三十三年(593)三月□□(日)		康蜜乃	八十二	交河
04TYGXM6:1	延昌三十五年(595)三月二十八日	帐下左右	康众僧	三十九	
05TYGXM11:1	贞观十四年(640)十一月十六日	交河县民高将(?)	康业相	八十二	
05TYGXM20	唐龙朔二年(662)正月十六日	交河群(郡)内将之子,释褐而授交河郡右领军岸头府队正	□(康)延愿		城西暮(墓)

从墓志来看,这个康氏家族从麹氏高昌国到唐朝一直繁衍不断,而且出仕于高昌官府和唐朝西州地方军队。最早两位的名字还保存着胡语音译的痕迹,但从康众僧开始,已经用汉语的意思来命名了。最后一方的墓主缺少姓的记录,但从其发现在康氏家族同一坟院来看,应当同属于这个康氏家族。在这方墓志中,提到"其先出自中华,迁播届于交河之郡也",表明到了唐朝,这个家族自我认同的来源为"中华"。从他们的祖先很早就来到这里而推测,其家族大概先从粟特本土到河西地区,再从河西走廊迁入高昌。当他们成为大唐属民后,把自家的出生地改为

---

[1] 吐鲁番地区文物局《新疆吐鲁番地区交河故城沟西墓地康氏家族墓》,《考古》2007年第12期,12—26页。
[2] 相关墓志录文收入荣新江、李肖、孟宪实主编《新获吐鲁番出土文献》,375—379页。

中土。其实，康氏不是中国古代固有的姓氏，其祖先必然来自粟特，但经过多少代在中国的居住，所以就把自己的故乡看作是中土了。这个家族的墓地保存了四十多座墓葬，而且早晚时期的葬法也有不同，这无疑给我们提供了一个粟特家族逐渐演变的典型例证。有关这个家族墓地的考古形态的详细探讨，还有待于当地考古工作者的研究结果。

三 巴达木的胡人墓葬区

在2005年初撰写的《西域粟特移民聚落补考》一文中，我据高昌城东北巴达木乡发现的《延昌十四年（574）康虏奴及妻竺氏墓表》和《延寿七年（630）康浮图墓志》[1]指出，在巴达木墓地附近，应当有一个粟特人聚落，这个聚落可以和安乐城废址出土的《金光明经》卷二题记所记高昌城东的胡天神祠联系起来。同时，新发现的康虏奴墓葬于574年，在目前所知土葬的入华粟特人中，年代仅仅晚于西安发现的康业墓（571年）[2]，这表明进入吐鲁番的粟特人，也很早就采用了当地汉族百姓的土葬形式，但在吐鲁番盆地的另外一些地方，则同时采用粟特祆教徒的丧葬方式[3]。

康虏奴的墓志没有记载他有什么官衔，墓表用一块不规整的木板制成（编号2004TBM201:1），其妻竺氏的墓表是一块粗糙的砖（编号2004TBM202:1），两者都是朱笔书写，有些字已难辨识。康虏奴的名字表明其身份不会高，最早或许是被人虏得的一个奴隶。其妻姓竺名

---

[1] 荣新江、李肖、孟宪实主编《新获吐鲁番出土文献》，380—381页。
[2] 新闻报道：《西安再次出土粟特人千年古墓》，见 http://www.cctv.com/geography/20041122/101605.shtml。
[3] 《西域研究》2005年第2期，10—11页。按，此前吐鲁番发现的最早的胡人墓志是黄文弼所获《唐麟德元年（664）翟那宁昏母康波蜜提墓志》，见黄文弼《高昌砖集》（增订本），53页；《唐代墓志汇编》，上海古籍出版社，1992年，402页；《全唐文补遗》第7辑，西安：三秦出版社，2000年，502页。

买婢，原本是天竺（印度）人，但不知何时来到高昌，她的名字透露出她的身份也很低，最早可能是被人当作女婢买来的。这一对夫妇一个原本是奴，一个原本是婢，他们可能是被那些富有的粟特商人作为商品带到高昌的，最后被卖给当地人，并留居下来。至于高昌国末年的康浮图，曾任左亲侍左右。

巴达木墓地是一处比较集中地发现西域人墓葬的墓区，除了粟特人、印度人之外，还有白姓的龟兹人，表明这里是在高昌的外族人比较集中的丧葬区域。这样就让我们想到他们原本也应当是比较集中地住在一起的，不论他们是住在高昌城中的某处，还是高昌城东的地方。上面提到的安乐城遗址出土的《金光明经》写本题记中称："庚午岁八月十三日于高昌城东胡天南太后祠下，为索将军佛子妻息合家，写此金光明一部，断手讫竟。"[1] 对于这段题记的年代庚午是430年还是490年[2]，尚有争论，笔者同意前一说法[3]。而对于"胡天南太后祠"的

---

[1] 图版见《新疆维吾尔自治区博物馆》（《中国博物馆丛书》9），北京：文物出版社，1991年，26页。

[2] 主张430年的主要有饶宗颐《穆护歌考——兼论火祆教、摩尼教入华之早期史料及其对文学、音乐、绘画之影响》，原载《大公报在港复刊卅周年纪念文集》下卷，香港：中华书局，1978年，又《选堂集林·史林》中册，香港：中华书局，1982年，480页；池田温《中国古写本识语集录稿》I，《三藏》第187号，1979年，5页；姜伯勤《敦煌·吐鲁番とシルクロード上のソグド人》，《季刊东西交涉》第5卷第1号，1986年，39页，注37；王素《高昌火祆教论稿》，《历史研究》1986年第3期，172—174页；荣新江《吐鲁番的历史与文化》，胡戟等《吐鲁番》，西安：三秦出版社，1987年，50页；荒川正晴《トゥルファン出土〈麴氏高昌国时代ソグド文女奴隶买卖文书〉の理解をめぐって》，《内陆アジア言语の研究》V，1989年，153页；池田温《中国古代写本识语集录》，东京：大藏出版，1990年，84页，No.74；姜伯勤《敦煌吐鲁番文书与丝绸之路》，236页；张广达《吐鲁番出土汉语文书中所见伊朗地区宗教的踪迹》，《敦煌吐鲁番研究》第4卷，1999年，1页；荣新江《中古中国与外来文明》，北京：三联书店，2001年，200页。主张490年的主要有李遇春《吐鲁番出土〈三国志·魏书〉和佛经时代的初步研究》，《敦煌学辑刊》1989年第1期，44页；王素《吐鲁番出土张氏高昌时期文物三题》，《文物》1993年第4期，57—59页；王素《吐鲁番出土高昌文献编年》，台北：新文丰出版公司，1997年，No.282；王素《高昌史稿·统治编》，北京：文物出版社，1998年，181页。

[3] 荣新江《中古中国与外来文明》，201页。

理解,原本都是按照"胡天(祆祠)南边的太后祠(佛寺)"来解说,但最近也有不同的看法,即把"南太后"看作是娜娜女神的音译,胡天南太后祠指的是一所祆祠[1]。考虑这是一篇写佛经的题记,笔者还是认为传统的解说比较合理,即高昌人是以城东比较有名的胡天祠(祆祠)来表明佛寺太后祠在其南边的方位,这在汉语里读起来没有任何障碍。

巴达木胡人墓葬区的发现,不论从年代上,还是从地理上,对高昌城东胡天祠是一个有力的支持,由敦煌的例子可以知道,城东一里的安城祆寺所在地,也正好是胡人聚居之地[2]。高昌的情形可能也是相同,在城东胡天祠旁聚居着大量的胡人,他们埋葬在其北部的巴达木墓地。这所祆祠因为是高昌城东标志性的建筑,因此就被人们当作指称其他宗教建筑的地理坐标了。从430年的写经题记,到巴达木出土的574年康虏奴墓表和630年康浮图墓表,可以知道这个胡人聚落延续的时间之长。

以上根据我们对新出吐鲁番文书的初步整理成果,简要介绍了其中有关粟特的内容,并提出一些初步的看法。古代高昌是粟特人东来的必经之地,相信有关粟特的资料,今后仍会继续发现。

原载《吐鲁番学研究》2007年第1期,28—35页。

---

[1] 王丁《南太后考——吐鲁番出土北凉写本〈金光明经〉题记与古代高昌及其毗邻地区的那那信仰与祆教遗存》,原为提交"粟特人在中国"国际学术讨论会(北京,中国国家图书馆,2004年4月23—25日)论文,修订本收入荣新江等编《粟特人在中国——历史、考古、语言的新探索》,北京:中华书局,2005年,430—456页。
[2] 池田温《8世纪中叶における敦煌のソグド人聚落》,《ユーラシア文化研究》第1号,1965年,49—92也;辛德勇汉译《八世纪中叶敦煌的粟特人聚落》,载刘俊文主编《日本学者研究中国史论著选译》第9卷,北京:中华书局,1993年,140—220页。

9、10 世纪西域北道的粟特人

从公元 3 世纪到 10 世纪，中亚河中地区的粟特人大量东迁，在丝绸之路沿线建立殖民聚落和贸易网络，控制了陆上丝绸之路的贸易。同时，随着大量粟特人及其后裔在移民当地入仕于各级军政部门，对西域、北亚、中原王朝的政治进程都有程度不等的影响，也给这些地区的社会生活和宗教文化吹拂起一阵阵强劲的"胡风"。

最近十多年来，笔者在前辈学者研究的基础上，利用近年来大量公布的胡语文书、敦煌吐鲁番汉文文献、中原发现的墓志、石椁或石榻围屏的图像材料等，努力追索粟特人的踪迹，力图把零散的信息集中在一起，构筑粟特人的迁徙路线、聚落分布和贸易网络。笔者就此问题先后发表《古代塔里木盆地周边的粟特移民》[1]（后改订为《西域粟特移民考》[2]）、《北朝隋唐粟特人之迁徙及其聚落》[3]、《西域粟特移民聚落补考》[4]、《北朝隋唐粟特人之迁徙及其聚落补考》[5]、《魏晋南北朝隋唐时期流寓南方的粟特人》[6]等专论，还有一些相关的

---

[1]《西域研究》1993 年第 2 期，8—15 页。
[2] 马大正等编《西域考察与研究》，乌鲁木齐：新疆人民出版社，1994 年，157—172 页。收入《中古中国与外来文明》，北京：三联书店，2001 年，19—36 页。
[3] 初刊于北京大学中国传统文化研究中心编《国学研究》第 6 卷，北京大学出版社，1999 年，27—85 页；收入《中古中国与外来文明》，37—110 页。
[4]《西域研究》2005 年第 2 期，1—11 页。
[5]《欧亚学刊》第 6 辑，北京：中华书局，2007 年，165—178 页。
[6] 韩昇编《古代中国：社会转型与多元文化》，上海人民出版社，2007 年 12 月，138—152 页。

文章[1]。但由于资料分散，新材料不断涌现，所以这项工作仍在进行中，还有一些区域没有得到充分的考察。

本文所探讨的9、10世纪西域北道粟特人的活动情形，就是这项努力的一部分。

一 安史之乱后粟特人没有退出西北的历史舞台

安史之乱不仅是中国历史的一个分水岭，也对入华粟特人产生了巨大影响。其中有关他们在中原王朝的情形，我在《安史之乱后粟特胡人的动向》一文中有详细的分析，主要是想说明，由于发动叛乱的安禄山、史思明都是出身粟特的胡人，所以在唐朝平定安史之乱后，中原地区弥漫着一种批评"胡化"的风潮，胡人也受到不同程度的冲击，于是利用改姓改宗、移民他乡、隐瞒祖籍等方式，来磨灭自身的胡人特征，有的则前往河北三镇，在安史部将的藩镇中求得生存的空间[2]。

至于唐朝的西北地区，由于安史之乱后吐蕃陆续占领了陇右和河西东部，阻断了唐朝与河西西部、西域地区的往来，中原地区那种排斥胡人、胡化的风潮，对于西北地区并没有特别明显的影响，胡人仍然在这个他们原本拥有相当势力的地域内，发挥着自己的作用。

敦煌留下的材料较多，因此我们知道即使在786年吐蕃占领敦煌以后，当地的粟特人仍然保持着相当的势力，显然是粟特后裔的康再荣曾任沙州大蕃纥骨萨部落使，可见粟特上层人士在吐蕃时代的敦煌，仍然占据着很高的行政地位[3]。

---

[1] 荣新江《隋及唐初并州的萨保府与粟特聚落》，《文物》2001年第4期，84—89页；又《新获吐鲁番文书所见的粟特人》，《吐鲁番学研究》2007年第1期，28—35页。

[2] 纪宗安、汤开建主编《暨南史学》第2辑，广州：暨南大学出版社，2003年12月（2004年4月），102—123页。

[3] 郑炳林《吐蕃统治下的敦煌粟特人》，《中国藏学》1996年第4期；此据《敦煌归

在西域地区，情形应当也和敦煌相似，只是我们目前看到的材料不如敦煌文书那么多而已。

在吐蕃阻断西域经河陇到中原的通道以后，西域的唐朝军队仍然在坚守，十多年中，唐朝并不知道西域的唐朝守军的情形，也不知到安西、北庭两镇节度使都换了哪些人。

《资治通鉴》卷二二七德宗建中二年（781）六月条记载：

> 北庭、安西自吐蕃陷河、陇，隔绝不通，伊西、北庭节度使李元忠、四镇留后郭昕帅将士闭境拒守，数遣使奉表，皆不达，声问绝者十余年。至是，遣使间道历诸胡自回纥中来，上嘉之。秋，七月，戊午朔，加元忠北庭大都护，赐爵宁塞郡王；以昕为安西大都护、四镇节度使，赐爵武威郡王，将士皆迁七资。元忠姓名，朝廷所赐也，本姓曹，名令忠；昕，子仪弟之子也。

笔者颇疑这里的北庭节度使曹令忠原本是粟特曹国人的后裔，原因是如果他是一个汉族出身的将领，唐朝没有必要让他改从皇家的李姓，只有这个曹姓是出身胡族的曹姓，才有可能像武威的安氏那样，改作李姓。据日本有邻馆藏《唐开元十六年（728）庭州金满县牒》，开元中庭州郭下的金满县三分之一的人口是兴胡[1]，即粟特商胡，这为曹令忠可能为粟特人的后裔提供了某些背景。不过他作为北庭节度使这样的高官，完全可能来自西北其他地区。

786年，吐蕃占领敦煌以后，开始向西域进军，唐朝的西域守军在漠北回鹘汗国的帮助下，奋力抵抗。791年，吐蕃与回鹘在北庭发生激烈的

（接上页）义军史专题研究》，兰州大学出版社，1996年，374—390页，又《〈康秀华写经施入疏〉与〈炫和尚货卖胡粉历〉研究》，《敦煌吐鲁番研究》第3卷，1998年，191—208页。

[1]《北朝隋唐粟特人之迁徙及其聚落》，《中古中国与外来文明》，49—50页。

争夺战，虽然北庭之战中回鹘失败，但其后不久，回鹘即打败吐蕃，控制了天山东部地区，从北庭、高昌，一直到焉耆、龟兹，均纳入漠北回鹘汗国势力范围[1]。到回鹘保义可汗在位时期（808—821年），回鹘的势力范围一直沿塔里木盆地北缘扩张到疏勒（今喀什）甚至葱岭以西，于是，回鹘汗国也把自己信奉的摩尼教的势力，推广到这些新占领的地域。

德国吐鲁番探险队所获编号为 M 1 的中古波斯语《摩尼教赞美诗集》（*Mahrnāmag*）跋文中，罗列了保义可汗时期漠北回鹘大量的王族成员（可汗和王子们）、与王族密切相关的宰相权臣，以及北庭、高昌、龟兹（包括伕沙和拨换）、焉耆、于术等地一些官员、贵族或地方首领的名称，其中个别人物是摩尼教的所谓"听者首领"（niyōšāgčān），而大多数是一般的听者，即普通的摩尼教信众。从人名的拼写可以看出塔里木北沿各城镇中的上层人士有回鹘人、汉人、粟特人、波斯人等。过去，笔者曾经利用这条史料来论证上述地区粟特人的存在，但没有具体列举名表中哪些是粟特人[2]。王媛媛在她的博士论文《从波斯到中国：摩尼教在中亚和中国的传播（公元3—11世纪）》中，在缪勒（F. W. K. Müller）、博伊斯（Mary Boyce）、克林凯特（H.-J. Klimkeit）和 D. Durkin-Meisterernst 转写、翻译的基础上，把这个重要的跋文做了全部的汉译，为我们提供了一份极其重要的原始材料的完整汉译[3]。我这里把她整理的各个城镇中摩尼教信徒名表中属于粟特人名的部分摘出，以见当时粟特人的情况：

---

[1] 森安孝夫《增补：ウィグルと吐蕃の北庭争夺战及びその后の西域情势について》，流沙海西奖学会编《亚洲文化史论丛》第 3 卷，东京，1979 年，201—226 页。
[2] 《西域粟特移民聚落考》，《中古中国与外来文明》，29—34 页。
[3] 王媛媛《从波斯到中国：摩尼教在中亚和中国的传播（公元 3—11 世纪）》，北京大学历史系博士论文，2006 年 6 月。在人名的汉字构拟上，日本京都大学的粟特文专家吉田丰教授和笔者本人都提供了帮助。王媛媛近刊《中古波斯文〈摩尼教赞美诗集〉跋文译注》，即 M 1 跋文的转写、翻译和注释，文载朱玉麒主编《西域文史》第 2 辑，北京：科学出版社，2007 年 12 月，129—153 页。

(1) 北庭部分（除回鹘王室成员外）所列 9 人中，有 2 名粟特人：

　　mašiyān 蜜始延（粟特人名）

　　zāryūd 座利佑（粟特人名）

(2) 高昌部分列举的 24 人中，有 9 位拥有纯粟特式的人名，另有 1 位是伊朗语的人名，估计也是粟特人：

　　wiγašemāx 于贺施莫（粟特人名）

　　wanōmāx 越奴莫（粟特人名）

　　wanōšēr 越怒失（伊朗人名）

　　pūtyān 伏帝延（粟特人名）

　　γāw pāq 豪白（粟特人名）

　　dšāpat 地舍拨（非摩尼教范畴的粟特式人名）

　　yišōwarz 夷数越寺（粟特人名）

　　māxyān 莫贺延（粟特人名）

　　bändäk 槃陀（粟特人名）

　　aspast 安萨波悉（粟特人名）

(3) 龟兹包括佉沙和拨换，共 25 人，其中 16 位是粟特人：

　　xumār čör 呼末啜（粟特人名）

　　yišōwarz 夷数越寺（粟特人名）

　　βagerēz 薄列（粟特人名）

　　kāyfarn 继芬（粟特人名）

　　dšāpat 地舍拨（粟特人名）

　　freštwarz čapiš 拂夷瑟越寺车鼻施（粟特人名）

　　tsu silang 曹侍郎（粟特人名）

　　gōtam 胡（或俱）耽（印度式人名，但可能为粟特人所借用，实为一粟特人名）

nawemāq 怒莫（粟特人名）
qazān 诃瓒（粟特人名）
zuānak 如缓诺（粟特人名）
βageẓwān 薄如缓（粟特人名）
dēn frād šādak 电拂剌沙陀（粟特人名）
wiɣašefarn 于贺施芬（粟特人名）
βagefarn 薄芬（粟特人名）
βagebīrt 薄毗（粟特人名）

(4) 焉耆部分共 32 人，可以看作是粟特人的有 13 位：
yišōyān 夷数延（粟特人名）
satōyān 萨吐延（粟特人名）
rōxšyān 阿了黑山延（粟特人名）
byāmanwarz čör ïnanču 浮夜门越寺啜伊难珠（粟特人名）
rēžyān il-tutgu wančīk 列而延颉咄吐胡缓职（粟特人名）
māqfarn 莫芬（粟特人名）
tsu pangwan 曹判官（粟特人名）
bōg 仆（粟特人名）
lāfarn 罗芬（粟特人名）
zernwāk 绝怒（或射怒迦）（粟特人名）
yāxē 也希（粟特人名）
tograk 笃勒（突厥人名）
fattaq 发铎（伊朗人名）

(5) 于术部分共 22 人，粟特人有 15 位，占大多数：
anžirki 安日鸡（汉化粟特人名）
naweyān 怒延（粟特人名）

ālāu 安老（汉化粟特人名）
wiɣaše 于贺施（粟特人名）
xūnzāk 昆昨（粟特人名）
nawefarn 怒芬（粟特人名）
wisāx 于索（粟特人名）
wiɣašefarn 于贺施芬（粟特人名）
βag-anut 薄贺讷（粟特人名）
tūnak wahman-čör 顿诺于呼嘎啜（伊朗人名）
tišfarn 啣尸潘（粟特人名，其身份是医生、抄写人）
yišōzēn 夷数前（粟特人名）
wāsēndan 咊辛檀（族属不明）
βāmyān 凡延（粟特人名）
salīgām qüilčör 萨利甘（？）阙啜（突厥人名）

这个名表要分析的方面很多，这里先指出两点：第一，表中大量粟特式人名的存在，说明塔里木盆地北沿各绿洲城镇中居留着大量的粟特人。第二，有些粟特人的名字前面有汉姓，拥有汉姓显示了他们一定程度的汉化。

二　活跃在西州回鹘王国的粟特人

840 年，漠北回鹘汗国破灭，其中一部分部众随庞特勤西迁天山东部地区。大中二年（848），沙州张议潮率众起义，赶走吐蕃守将，收复瓜、沙二州，遣使往唐朝都城长安报捷，沙州使者于大中五年（851）方到达长安。同年冬，唐朝下《沙州专使押衙吴安正等二十九人授官制》，文字出自杜牧。杜氏《樊川文集》卷二〇中，上述《授官制》的前面，还收录了一首《西州回鹘授骁卫大将军制》，抄录如下：

敕：古者天子守在四夷，盖以恩信不亏，羁縻有礼。《春秋》列潞子之爵，西汉有隰阴之封，考于经史，其来尚矣。西州牧守颉干（于）伽思、俱宇合、逾越密施、莫贺都督、宰相安宁等，忠勇奇志，魁健雄姿，怀西戎之腹心，作中夏之保障。相其君长，颇有智谋。今者交臂来朝，稽颡请命。丈组寸印，高位重爵，举以授尔，用震殊邻。无忘敬恭，宜念终始。可云麾将军、守左骁卫大将军、〔员〕外置同正员，余如故。[1]

拥有颉于伽思（il ügäsi）、俱宇合（külüg alp）、逾越密施（ügämïs）、莫贺都督（baya tutuq）、宰相等一系列回鹘文高级官员头衔的安宁，是当时的西州牧守，即西州（吐鲁番）地区的最高首领，从他的姓来看，无疑是出身安国（布哈拉）的粟特后裔。

对于安宁的归属，主要观点有二：一种观点认为安宁系由住在焉耆的庞特勤派遣治理西州的[2]，另一种认为安宁受沙州张议潮控制[3]。笔者曾在《归义军史研究》中做过分析："如果安宁果真是庞特勤的属部，此次西州使者入朝，应当已经把庞特勤的消息报告给唐朝，但据《唐大诏令集》卷一二八所载《大中十年二月议立回鹘可汗诏》，唐朝在大中十年方才得到安西庞特勤的消息。因此，安宁不应是庞特勤的部属。从西州此前的历史背景来看，安宁等很可能是原漠北回鹘汗国的守土封臣。"[4]

虽然漠北的回鹘汗国已经在 840 年被黠戛斯击破，但这个冲击可能没有马上波及到西域的天山东部地区。安宁作为回鹘汗国的西州牧守，也就是吐鲁番地区的最高行政长官，拥有宰相这样的高级称号，

---

[1] 《樊川文集》，上海古籍出版社，1987 年，304—305 页。
[2] 森安孝夫《ウイグルの西遷について》，《东洋学报》第 59 卷 1.2 号，1977 年，120 页。
[3] 刘美崧《论归义军与回鹘关系中的几个问题》，《中南民族学院学报》1986 年第 3 期，131 页。
[4] 荣新江《归义军史研究——唐宋时代敦煌历史考索》，上海古籍出版社，1996 年，354 页。

说明他在回鹘汗国当中并非等闲之辈。大概在知道漠北的汗国破灭以后，他追寻沙州张议潮入朝唐朝，希望得到唐朝的支持。

大中五年后的西州情形没有史料记载，到咸通七年（866）二月，北庭回鹘仆固俊尽取西州、北庭、轮台、清镇等城，"胡汉皆归伏"[1]，于是"使达干米怀玉朝"[2]，入唐朝报捷。一般认为，仆固俊才是西州回鹘王国的真正创立者。在仆固俊取得全面性的胜利后，他派往唐朝献捷的使者叫"米怀玉"，这显然是一个米国（Māymurgh，弭秣贺）出身的粟特人，表明粟特人在仆固俊创建西州回鹘王国的过程中，也是主要的一支力量，史籍所谓归伏的"胡汉"民众中，一定有原在这一地域内生存的大量粟特胡人。

让米怀玉出使唐朝，可能还有另外一层考虑，那就是粟特人擅长作为使者而在不同国家、民族之间充当沟通的角色，因为他们通晓不同民族的语言，像米怀玉应当就是能够在回鹘和唐朝之间的沟通上没有语言障碍的粟特人。

粟特人作为使者的例子在史籍中屡见不鲜，在材料不多的西州回鹘对外交往的有关记录中，我们也可以找到不止米怀玉一个例子。敦煌发现的回鹘语文书 P.2988 + P.2909 号，是西州回鹘使臣在出使沙州归义军时在敦煌写的发愿文，其中依次为 tangri taβγac xan "圣天桃花石汗"（中国皇帝）、tangri uyγur xan "圣天回鹘汗"、沙州之 tangri taypü bäg "圣天太傅匐"等祝福。沙州太傅匐指 10 世纪曹氏归义军节度使中某人无疑。在这批西州回鹘使臣中，有籍属吐鲁番的安姓粟特人（turpan-liγ An enčü），有名为 Māxu-čor 者，还有其他一些高级官吏，如都督（totoq）、地略（tiräk）、将军（sangun）、啜

---

[1] 《资治通鉴》卷二五〇咸通七年春二月《通鉴考异》引《实录》。
[2] 《新唐书》卷二一七下《回鹘传》。

(čor)、刺史（čigši）、特勤（tegin）等[1]，可见这位安姓粟特人也是这个使团的高级官员之一。

相反，沙州归义军出使西州回鹘的使者，也有的以粟特后裔充使。如 P.3501 背（9）《戊午年（958）六月十六日康员进贷绢契》："戊午年六月十六日立契，兵马使康员进往于西州充使。"[2]

一般来讲，当时的使者都是兼带着从事贸易活动的，因此，在西州回鹘对外的贸易交往中，粟特人也扮演着重要的角色。敦煌发现过一些年代属于 9—10 世纪的回鹘语或回鹘—粟特语（Turkish-Sogdian）所写的商业文书，其中有些应当就是西州回鹘王国的粟特商人留在敦煌的[3]。

三 西州回鹘王国中的粟特摩尼教徒和基督教徒

10 世纪波斯佚名作者的《世界境域志》记载：

在今吐鲁番附近有五个属于粟特人的村落，其中住着基督徒、祆教徒和萨毗。[4]

这个记载为 20 世纪初叶以来吐鲁番的考古发现所证明，而根据考古材料，应当补充的是这里还有大量的摩尼教徒。

---

[1] J. R. Hamilton, *Manuscrits ouigours du IXe-Xe siècle de Touen-houang*, I, Paris 1986, pp. 83-92.

[2] Yamamoto Tatsurō and Ikeda On, *Tun-huang and Turfan Documents Concerning Social and Economical History*, Ⅲ, Contract, A, Tokyo, 1987, p. 358. 年代据陈国灿《敦煌所出诸借契年代考》，《敦煌学辑刊》1984 年第 1 期，8 页。

[3] Hamilton, *op. cit.*; N. Sims-Williams, & J. Hamilton, *Documents turco-sogdiens du IXe-Xe siècle de Touen-houang*. London 1990. 参看森安孝夫《シルクロードのウイグル商人—ソグド商人とオルトク商人のあいだ—》，《岩波讲座世界历史》第 11 卷《中央ユーラシアの统合：9—16 世纪》，东京：岩波书店，1997 年 11 月，365—389 页。

[4] V. Minorsky, *Hudud al-'Alam. The Regions of the World*, Oxford University Press, 1937, p. 95.

在吐鲁番出土的摩尼教伊朗语残片中，大约 70% 是以摩尼教的教会用语——中古波斯语（Middle Persian）和帕提亚语（Parthian）书写而成，但也有大约 30% 的粟特语摩尼教文献[1]。研究这些伊朗语摩尼教文献的学者认为，书写中古波斯语和帕提亚语文献的摩尼教教徒未必是波斯人，就像唐朝的景教徒可以书写他们的教会用语叙利亚文，但他们实际上是波斯人或粟特人；或者像今天中国的天主教徒可以书写他们的教会语言拉丁文，但他们是汉人。高昌出土的大量粟特文摩尼教文献表明，使用这些文献的人的母语应当是粟特语[2]。而且，有一些中古波斯文和帕提亚文的摩尼教文献中，也有一些用粟特文加以提示哪里要吟唱，哪里要重复的文句，还有一些这两种教会语言所写文献的后面有粟特文的题跋[3]。这些都表明即使是这些中古波斯文和帕提亚文摩尼教文献，他们的所有者恐怕也是粟特人（和部分回鹘人）摩尼教徒[4]。还有，在吐鲁番出土摩尼教文献当中，还有一些中古波斯语—粟特语双语、帕提亚语—粟特语双语、粟特语—突厥语双语术语表[5]，其中尤以中古波斯语—粟特语居多。据伊朗语专家的看法，这些

---

[1] 王媛媛《从波斯到中国：摩尼教在中亚和中国的传播（公元 3—11 世纪）》，136 页。

[2] W. Sundermann, "The Manichaean Texts in Languages and Scripts of Central Asia", S. Akiner & N. Sims-Williams (eds.), *Languages and Scripts of Central Asia*, School of Oriental and African Studies University of London, 1997, pp. 41-45.

[3] 如 M 481 可能就是某一帕提亚文经书的粟特语跋文部分，见 W. B. Henning, *Ein manichäisches Bet- und Beichtbuch*, APAW X, 1937, p. 12; M. Boyce, *A Catalogue of the Iranian Manuscripts in Manichaean Script in the German Turfan Collection,* Berlin, 1960, p. 32。

[4] W. Sundermann, "Iranian Manichaean Turfan Texts concerning the Turfan Region", *Turfan and Tun-huang, the texts*, Firenze, 1992, p. 74.

[5] W. B. Henning, *Sogdica* (James G. Forong Fund, XXI), London, 1940; M. Boyce, *A Catalogue of the Iranian Manuscripts in Manichaean Script in the German Turfan Collection,* Berlin 1960, p. 148; W. Sundermann, "'The Book of the Head' and 'The Book of the Limbs'. a Sogdian List", *Iran Questions et Connaissances. Actes du IVe Congrès Europeèn des Études Iraniennes Organisè par la Societas Iranologica Europaea Paris, 6-10 Sept 1999*, Vol. I: La période ancienne, Association Pour L'avancement des Études Iraniennes, pp. 135-161.

术语表是摩尼教徒在翻译经典语言时的工具。从历史的角度来看这些术语表，粟特人显然在中古波斯文和帕提亚文摩尼教文献向粟特文，或从粟特文向突厥—回鹘文的转译时，起着中间的桥梁作用。

这里只举一个例子，即柏林藏吐鲁番出土摩尼教文书 M 5779（T Ⅱ D 123），内容是有关摩尼教最高的宗教节日——庇麻节（Bema）的仪式程序，主要用帕提亚文、中古波斯文书写，而仪式主持者所使用的指示性说明文字则是粟特文。现将其译文摘引如下[1]：

正面：

……[帕提亚文]：我主摩尼将从天堂降临。哦，主啊，当您降临，请让我们免受轮回之苦。哦，摩尼，弥勒佛，您降临了，请拯救我。

[中古波斯文/粟特文]：念诵两遍。

[粟特文]：稍后。[帕提亚语]：我们呼唤您，拥有美妙名号的神和庄严的王者，大德摩尼！（哦）您，光明的赐予者，我们大声赞美您！

[粟特文]：当念到灵魂的名字，赞美诗结束时，稍作停顿。然后从《福音》中取……并向神使（摩尼）和正义者（选民）致敬。再开始忏悔。

背面：

唱颂这三首赞美诗：[帕提亚文]："大德摩尼，庄严的君王，美妙的仪相（dīdan）"；"明父，我向您忏悔，请饶恕我的罪过"；

---

[1] 译文是王媛媛以亨宁的德译本为基础，并参考了克林凯特的英译本翻译出来的。"[ ]"中提示了紧跟其后的内容所用的语言。原文见 W. B. Henning, *Ein manichäisches Bet- und Beichtbuch,* pp. 45-46; H. -J. Klimkeit, *Gnosis on the Silk Road: Gnostic Texts from Central Asia,* New York 1993, p. 150. 汉译文见王媛媛《从波斯到中国：摩尼教在中亚和中国的传播（公元3—11世纪）》，147—148 页。

"至善的大德摩尼,哦上帝,请回应我!"

[中古波斯文/粟特文]:念诵两遍。

[中古波斯文]:哦,摩尼,拥有美妙名号的救世主,请拯救我,哦,请拯救并宽恕我的罪过。

[粟特文]:当念完"封印之信(Letter of the Seal)"后,在神使面前吟诵这首赞美诗。[帕提亚文]:我的明父,大德摩尼,升入天堂吧。

[粟特文]:圣餐之后唱颂这三首赞美诗:

[帕提亚文]"拥有美妙名号的王者,大德摩尼神!""哦,主,您离开了,请带我升入天堂。""神使降临……"

这是一个庇麻节仪式上的指导性文书,文中以中古波斯文特别是粟特文写出了详细的提示,如诗歌的念诵次数,何时该暂停、礼拜、忏悔或进行圣餐等等,以提示仪式主持者在什么时点上做什么事情。从大多数提示性的文字都用粟特文书写这一点来看,这位主持者或许就是一位粟特人。

还可以举一组高昌回鹘王国时期的摩尼教文书。1980年柏孜克里克石窟出土三封粟特文书信,其中两封是高昌回鹘境内某地的拂多诞寄给教团更高一级的领袖慕阇的。两封信写于摩尼教的斋月中,除了拂多诞向慕阇问候的语句外,充满了虔诚的套语。从中我们可以得知,在年终、年初的斋月里摩尼教徒的宗教生活情景,他们有的"咏唱了四首赞美诗,反复朗读和歌唱了二十条教规和三百首歌,拜读了优秀的教典《夏普夫尔冈》";有的则"用粟特语两次咏唱了名为《没有过失》的赞美诗,反复朗读和歌唱了四十条教规和三百首歌"[1]。由

---

[1] 吉田丰《粟特文考释》,柳洪亮主编《吐鲁番新出土摩尼教文献研究》,北京:文物出版社,2000年,98页。

此可见，这些高昌回鹘地方上的摩尼教团，已经用粟特文来吟诵摩尼教的赞美诗，而不是用中古波斯文或帕提亚文，说明其教会的成员可能主要是粟特人，至少我们从该教会的首领拂多诞的信件用粟特文书写这一点上，可以知道该教团的领袖是粟特人，而收信的这位名为马尔·阿鲁亚曼·普夫耳的慕阇，也即高昌回鹘王国内最高的摩尼教僧团领袖，恐怕也是一个粟特人。

西州回鹘也为景教徒提供了良好的生存环境，德国探险队在高昌城东和今吐鲁番市北葡萄沟（布拉依克）北部水旁遗址，发现两所景教寺院，其中后者发现了大量景教经典，包括成册的粟特文景教文献，另外，还有少数写本来自木头沟（Mutoq）、库鲁塔格（Kurutaq）以及吐峪沟（Tuyuq）。

关于高昌回鹘景教教团遗存下来的各种语言书写的文献，陈怀宇《高昌回鹘景教研究》一文根据欧美学者的研究成果做了整理，现将其中粟特语文献留存的情况转述如下[1]：

（1）圣经文献：《马太福音》（Mathew）：第 1 章，10—13 节（叙利亚—粟特语双语）；第 5 章，30—33 节；38—41 节；第 10 章，14—19 节；21—33 节；第 13 章，17—19 节；24—25 节；第 16 章 24 节—第 17 章 2 节；第 20 章，17—19 节；第 21 章，28—43 节；第 24 章，

---

[1] J. P. Asmussen, "The Sogdian and Uighur-Turkish Christian Literature in Central Asia before the Real Rise of Islam: A Survey", L. A. Hercus, J. F. B. Kuiper & T. Rajapatirana & E. R. Skrzypczak (eds.), *Indological and Buddhist Studies. Volume in Honour of Professor J. W. de Jong on his Sixtieth Birthday*, Canberra 1982, pp. 11-29. Reprint: Sri Satguru, Delhi 1984. 陈怀宇汉译《前伊斯兰时代中亚粟特语和回鹘突厥语基督教文献概述》，《国际汉学》第 4 辑，郑州：大象出版社，1999 年，345—366 页；N. Sims-Williams, "Die christlich-sogdischen Handschriften von Bulayïq", H. Klengel & W. Sundermann (eds.), *Ägypten, Vorderasien, Turfan. Probleme der Edition und Bearbeitung altorientalischer Handschriften. Tagung in Berlin, Mai 1987*, Akademie-Verlag, Berlin 1991, 119-125；陈怀宇《高昌回鹘景教研究》，《敦煌吐鲁番研究》第 4 卷，北京大学出版社，1999 年，179 页。

24—26 节；32—33 节；第 24 章，31—45 节。《约翰福音》（John）：第 1 章，19—35 节；第 3 章，18—21 节；26—27 节；第 5 章，25—31 节；33—40 节；第 9 章，9—16 节；30—38 节；第 10 章（只有一句）；第 15 章，18—20 节；第 16 章，20—33 节；第 17 章，24—26 节；第 20 章，19—25 节。《路加福音》（Luke）：第 1 章，1—4 节（叙、粟双语）；63—80 节；第 6 章，12—17 节；第 9 章，13 节以下；第 10 章，34—42 节；第 12 章，24 节；31 节见于摩尼教文献；35—39 节；42—44 节；第 13 章，3—4 节；第 16 章，15—27 节；第 21 章，1 节；5—7 节。《哥林多前书》（I Corinthians）：第 5 章；第 7 章（这两章为叙、粟双语）；第 11 章，23—25 节。《加拉太书》（Galatians）：第 3 章 25 节—第 4 章 6 节（叙、粟双语）。《诗篇》（Psalms）：第 5 篇 4 节—第 6 篇 4 节；第 19 篇 1 节—第 20 篇 1 节；第 23 篇 4 节—第 24 篇 10 节；第 29 篇 1 节—30 篇 1 节；第 50 篇 15 节—第 51 篇 5 节。

（2）非《圣经》文献："基督教写本第二组"（即 C 2，经辛姆斯—威廉姆斯（N. Sims-Williams）的研究，这组写本实际是来自一本书[1]）：《佩提昂轶事》（The Story of Pethion）、《达德依苏·卡特拉亚"论阿巴以赛亚第十五布道书"》（Dadiso Qatraya's Commentary on the Fifteenth Homily of Abba Issiah）、《马尔巴拜"论最后不祥时刻"韵文布道书》（A Metrical Homily "On the Final Evil Hour" by Mar Babay）、《使徒教规》（The Apostolic Canons）、《洗礼和圣体礼拜书注释》（A Commentary on the Baptismal and Euchristic Liturgies）、不明来源的《论上帝之慈布道书》（A Homily "On the Maercy of God"）、来自《尊者言论》（Verba Seniorum）的部分、《沙普尔二世治下的波斯殉道者》（The Persian Martyrs under Sapur Ⅱ）、《以弗所之眠者》（The Sleepers of Ephesus）、《欧斯塔提乌斯轶事》（The Story

---

[1] N. Sims-Williams, *The Christian Sogdian Manuscript C2* (Berliner Turfantexte Ⅻ), Berlin 1985.

of Eustathius)、《论谦卑》(*On Humility*)、庞提科斯的《镇魔真言》(*The Antiiheticus of Evagrius Ponticus*)、《佩提昂轶事引言》(*Incipit of the Story of Pethion*)。

（3）杂撰：《赫拉那女王之十字架传奇》(*The Cross Legend of Helana Queen*)、《巴尔沙巴》残卷 (*Bar-Shaba*)、《薛尔吉思》(*Sergios*) 残卷、《西蒙》残卷 (*Simon*)、《但以理》(*Daniel*) 残卷、《论基督教忍耐之劝告》、《阿佩伦》(*Apellen*) 残卷、《反邪心之布道书札记》、《圣乔治受难记》(*St. George Passion*)、一页《生命书》(*The Book of Life*)、《三威蒙度赞》(*Glora in Exesis Deo*)、《拉班·谢敏言论集》(*Rabban Schemin*)、《塞拉皮昂轶事》(*The Story of Serapion*)、《论护教与预言》、《宗主教言论集》(*Apophothegmata Patrum*)、约翰—戴拉马亚 (*Johanan Dailamaya*) 的一件作品、《赞美诗之源》(C19)、《圣徒名单》、《主对门徒论诺亚 (*Noah*) 与抹大拉的玛丽亚 (*Maria Magdalena*)》、可能提到焉耆 ('rgn) 的《教会史》残卷。

据前人研究，集中出土景教文献的水旁景教寺院遗址发现的文献所用的语言计有六种：叙利亚语（Syriac）、粟特语、中古波斯语、钵罗婆语（Pahlavi）、新波斯语（New Persian）、回鹘突厥语（Uighur-Turkish）。其中，叙利亚语作为景教的教会用语而使用最为广泛，一些粟特语、中古波斯语、钵罗婆语和新波斯语、回鹘突厥语写本的题目是用叙利亚语来写，而且还有许多先用叙利亚语书写，接着用粟特语书写的所谓"叙、粟双语"文献，表明了已经慢慢不太懂得叙利亚语真正含义的高昌回鹘景教徒，把叙利亚语景教经典翻译成他们能够读懂的粟特语，这部分景教徒很可能就是粟特人。

这里出土的粟特语景教文献也相当之多，而且题材广泛，它们当然是操粟特语的景教徒所使用的文献。从现存的高昌回鹘景教文献来看，高昌回鹘王国的景教教团主要应由粟特人和回鹘人组成。敦煌保存的一封回鹘—粟特语的书信，是高昌回鹘王国某人寄给敦煌的一位景教徒的[1]，表明两地的粟特教徒也有联络。

以上主要根据吐鲁番出土的属于高昌回鹘时期的文书，来看9、10世纪西域北道特别是吐鲁番盆地的粟特人情况。这里原本就是东来粟特人比较集中的地方，加上回鹘汗国的影响和西迁回鹘中的粟特民众的注入，粟特人拥有相当强大的势力，在北庭、高昌、焉耆、龟兹，一直到疏勒的丝路北道上，一些粟特人成为各个地方政权中的骨干，有的甚至是当地的首脑人物，如西州牧首安宁。在西州回鹘王国成立以后，吐鲁番盆地成为粟特人继续生存的肥沃土壤，他们继续在政府中担任外交使臣的角色，也是当地流传的摩尼教、景教的主要信徒，沟通着西方教会和当地民众之间的联系。随着历史车轮的前进，丝路北道的粟特人也逐渐走上回鹘化的过程，不过这个问题已经跃出本文的范围，在此不做讨论。

> 2008年6月初稿，提交10月"第三届吐鲁番学国际学术研讨会"。2009年1月17日修订，收入新疆吐鲁番学研究院编《第三届吐鲁番学暨欧亚游牧民族的起源与迁徙国际学术研讨会论文集》，上海古籍出版社，2010年5月，449—458页。

---

[1] N. Sims-Williams & J. Hamilton, *Documents turco-sogdiens du IXe-Xe. siècle de Touen-houang*, London, 1990, pp.63-76; N.Sims-Williams, "Sogdian and Turkish Christians in the Turfan and Tun-huang Manuscripts", Alfredo Cadonna (ed.), *Turfan and Tun-hunag: the texts*, Firenze 1992, p. 55; 中文本见陈怀宇译《从敦煌吐鲁番出土写本看操粟特语和突厥语的基督教徒》，《敦煌学辑刊》1997年第2期，142页。

从聚落到乡里
——敦煌等地胡人集团的社会变迁

一 有关粟特聚落与聚落首领萨保的已有研究成果

粟特人的本土位于中亚阿姆河和锡尔河之间的泽拉夫珊河流域[1]。在公元 3 至 8 世纪,由于商业利益的驱使,以及粟特地区的动乱和战争等原因,粟特人沿丝绸之路东行贸易。他们以商队的形式,由商队首领率领,结伙而行,少者数十人,多者数百人,并且拥有武装以自保[2]。

粟特商人在丝绸之路上的一些便于贸易和居住的地点留居下来,建立自己的殖民聚落。在中原农耕地区,被称为"聚落";在草原游牧地区,则形成自己的"部落"。从十六国到北朝时期,这样的胡人聚落在塔里木盆地、河西走廊、中原北方、蒙古高原等地区都有存在,散布十分广泛。通过学者们历年来对粟特文古信札(Sogdian Ancient Letters)、敦煌吐鲁番发现的汉文和粟特文文书、中原各

---

[1] 关于粟特历史,参看 B. I. Marshak, "Sughd" (Sogdiana), *History of Civilization of Central Asia*, Vol. Ⅲ. UNESCO Publishing. 1996, pp. 233-258。

[2] 荣新江《北周史君墓石椁所见之粟特商队》,《文物》2005 年第 3 期,47—56 页 + 图 1—6。英文摘译:"The Sogdian Caravan as Depicted in the Relieves of the Stone Sarcophagus from Shi's Tomb of the Northern Zhou", *Chinese Archaeology*(中国考古学), Vol.6, Beijing: China Social Sciences Press, 2006.12, pp. 181-185+figs. 1-4。

地出土的汉文墓志材料,我们已经可以比较清晰地勾勒出一条粟特人东行所走的丝绸之路,这条道路从粟特本土出发,经怛逻斯、碎叶、弓月到北庭,或是沿西域北道的据史德(今新疆巴楚东)、龟兹(库车)、焉耆、高昌(吐鲁番)、伊州(哈密),或是从勃律、渴盘陀,沿西域南道的于阗(和田)、且末、石城镇(鄯善),进入河西走廊,经敦煌、酒泉、张掖、武威,再东南经天水、原州(固原)、入长安(西安)、同州、洛阳,或东北向灵州(灵武西南)、夏州(统万城)、并州(太原)、云州(大同东)乃至幽州(北京)、营州(朝阳),或者从洛阳经卫州(汲县)、相州(安阳)、魏州(大名北)、邢州(邢台)、定州(定县)、幽州(北京)可以到营州,另外,还有经西平(鄯州,今西宁)南下吐蕃之路,还有从并州南下介州的南北道路。在这些道路上的各个主要城镇,几乎都留下了粟特人的足迹,有的甚至形成了聚落[1]。

就这样,粟特人在丝绸之路沿线的一些城镇周围建立殖民聚落,形成一个个以萨保为首领的自治共同体,居民以胡人为主体,主要经营商业,祆教信仰成为聚落的凝聚力。这些聚落之间相互关联,形成一个贯通东西的贸易网络。

这种有组织的粟特商队(caravan-leader)的首领,粟特文叫作 s'rtp'w,汉文音译作"萨保"、"萨甫"、"萨簿"、"萨宝"等,就是"商队首领"的意思。萨保的粟特文原语,是吉田丰教授从写于公元4世纪初叶的粟特文古信札中找到的[2],最近,这一比定得到了新

---

[1] 荣新江《西域粟特移民聚落考》,马大正等编《西域考察与研究》,乌鲁木齐:新疆人民出版社,1994年,157—172页;又《北朝隋唐粟特人之迁徙及其聚落》,《国学研究》第6卷,北京大学出版社,1999年,27—85页;两文收入《中古中国与外来文明》,北京:三联书店,2001年,19—36、37—110页;又《西域粟特移民聚落补考》,《西域研究》2005年第2期,1—11页;又《北朝隋唐粟特人之迁徙及其聚落补考》,《欧亚研究》第6辑,北京:中华书局,2007年,165—178页。

[2] 吉田丰《ソグド语杂录(Ⅱ)》,《オリエント》第31卷第2号,1989年,168—171页。

发现的史君墓粟特文和汉文双语对照书写的铭文的确证[1]。萨保不仅是粟特商队行进中的领袖,也是粟特人建立的聚落统治者,由于大多数粟特人信奉琐罗亚斯德教(中国称之为祆教),所以萨保也就成为粟特聚落中的政教大首领。

粟特聚落原本是粟特商团或移民建立的殖民地,和所在地的官府没有统属关系。但是,从北魏到隋、唐的中央和地方政府,为了控制这些胡人聚落,极力把首领萨保纳入中国传统的官僚体制当中,任命为中央和地方的一级职官,并设立萨保府。于是我们在史籍和墓志中看到,一些胡人首领成为京师萨保、诸州萨保,在萨保府的下面,有萨保府长史、司马、果毅、祆正、祆祝、府率、府史等官吏,管理聚落行政和宗教事务。唐朝时期,我们看到有些萨保府立于祆祠之中,表明胡人聚落仍保持着其中亚本国政教合一的制度。中央政府还派出检校萨保府的官员,来控制胡人聚落,如虞弘在北周末年,就曾检校并、代、介三州萨保府[2]。

我们在史料中常见到的称呼粟特聚落统治者的词,是"首领"或"大首领",如敦煌写本 S.367《沙州伊州地志》云:"石城镇,本汉楼兰国。隋置鄯善镇,隋乱,其城遂废。贞观中(627—649),康国大首领康艳典东来,居此城,胡人随之,因成聚落,亦曰典合城。"[3] 又同卷伊州条记:"隋大业六年(610)于城东买地置伊吾郡。隋末,复没于胡。贞观四年(630),首领石万年率七城来降。我唐始置伊州。"[4]

---

[1] 西安市文物保护考古所(杨军凯、孙武执笔)《西安北周凉州萨保史君墓发掘简报》附录,《文物》2005 年第 3 期,31—32 页。
[2] 张庆捷《虞弘墓志考释》,荣新江主编《唐研究》第 7 卷,北京大学出版社,2001 年,162—165 页。
[3] 池田温《沙州图经略考》,《榎博士还历记念东洋史论丛》,东京:山川出版社,1975 年,91 页。
[4] 唐耕耦等编《敦煌社会经济文献真迹释录》一,北京:书目文献出版社,1986 年,39—40 页。

又，《唐故陆胡州大首领安君（菩）墓志》记："其先安国大首领，破匈奴衙帐，百姓归□□国。首领同京官五品，封定远将军，首领如故。"[1] 可见，粟特"萨保"的意译是"首领"，"摩诃萨宝"或"摩诃大萨宝"的意译也就是"大首领"。

二 近年研究的新进展：从聚落到乡团、军府

中央政府和地方政府力图控制粟特聚落的目的之一，是希望利用粟特聚落的武装力量。因此我们看到，自北朝末到唐朝初年，一些担任粟特聚落首领萨保的头衔上，开始加上了一些府兵将领称号，如"都督"、"帅都督"、"大都督"、"仪同"、"开府"等，率所属乡兵、乡团随军作战，或驻守某地。这类"乡兵"或"乡团"本是地方豪强招集乡里居民建立的地方私人武装，北周中央政府通过这种方式，逐渐将乡兵纳入到府兵体制之下[2]。北朝其他政权和隋、唐政府也是用同样的方式，把粟特地方武装变成自己的军事力量，关于这一点，山下将司氏和苏航氏以不同的方式做过论证，可以参看[3]。以下举几个例子[4]：

北周都城长安（今西安）东郊出土的《安伽墓志》（大象元年/579年撰）记载，志主先"除同州萨保"，其后又"除大都督，董兹戎政，

---

[1] 《全唐文补遗》第 4 辑，西安：三秦出版社，1997 年，402—403 页。
[2] 谷霁光《府兵制度考释》，《谷霁光史学文集》第 1 卷，南昌：江西人民出版社，1996 年。
[3] 山下将司《新出土史料より見た北朝末・唐初間ソグド人の存在形態——固原出土史氏墓誌を中心に》，《唐代史研究》第 7 号，2004 年 8 月，60—77 页；又《隋・唐初の河西ソグド人軍団——天理図書館蔵〈文館詞林〉〈安修仁墓誌銘〉残卷をめぐって》，《東方学》第 110 輯，2005 年 7 月，65—78 页；苏航《北朝末期至隋末唐初粟特聚落乡团武装论述》，《文史》2005 年第 4 辑，2005 年 11 月，173—186 页。
[4] 这几个例子出自苏航上引文，有的是我提示给他的。

肃是军容，志効鸡鸣，身期马革"[1]。可知，安伽任关内道同州的萨保，管理粟特聚落；随后又任大都督，管理军政。联系北周时期的乡团政策，他以大都督身份所率领的军队，很有可能就是粟特聚落中的乡团。

陕西最北部的统万城出土的《夏州天主仪同翟曹明墓志》（北周大成元年/579年撰），记志主乃"西国人也"，"祖宗忠烈，令誉家邦。受命来朝，遂居恒夏。君幼怀歧嶷，长有才雄。咢咢当官，恂恂乡邑。伤魏载之衰泯，慨臣下之僭凌（凌）。慕义从军，诛除乱廷巨猾。摧峰六军，振振夸赏。"[2]也就是说，他原本在乡邑当官，任职"天主"[3]，则其必为当地粟特聚落领袖；在北魏灭亡之际，加入北魏军队，任"仪同"职，即为国家所授之乡团统帅称号。

山西太原市出土的《虞弘墓志》（开皇十二年/592年撰），记载则更明显：他在北周灭北齐后，"诏充可比大使，兼领乡团。大象末，左丞相府，迁领并、代、介三州乡团，检校萨保府。"[4]"检校萨保府"说明他监领粟特聚落，而同时又领乡团，恐怕这些乡团与粟特聚落不会完全没有关系，三州乡团中应该也有粟特人的乡团组织[5]。

唐高宗时许敬宗等所编《文馆词林》卷四五五，现存仅有日本天理图书馆藏孤抄本，其中有阙题碑文一篇，山下将司氏确认其为《安

---

[1] 陕西省考古研究所《西安北周安伽墓》，北京：文物出版社，2003年，61—62页。
[2] 此志出土于统万城，存陕西省靖边县文管所，笔者两次往访，据原石录文。
[3] 我在2004年4月23—25日北京中国国家图书馆等单位举办的"粟特人在中国"国际学术讨论会上，口头提出这里的"天主"应当是"祆主"，但因为这个墓志材料还没有正式公布，所以尚未加以正式的论证。
[4] 张庆捷《〈虞弘墓志〉中的几个问题》，《文物》2001年第1期，102页。
[5] 参见姜伯勤《隋检校萨宝虞弘墓石椁画像石图像程序试探》，原载巫鸿主编《汉唐之间文化艺术的互动与交融》，北京：文物出版社，2001年；此据《中国祆教艺术史研究》，北京：三联书店，2004年，123页；张庆捷《虞弘墓志考释》，162页；杨晓春《隋〈虞弘墓志〉所见史事系年考证》，《文物》2004年第9期，78—79页。

修仁碑》[1]。该碑记碑主历官为："隋开皇中，起家为蜀王秀库真，迁都督检校仪同兵。及秀废（602），又为大都督领本乡兵。"因为安修仁一家为凉州地区的世袭萨保，所以这里所谓的"本乡兵"，就更有可能是凉州粟特聚落的地方武装。

有关粟特聚落向乡团和军府的转变是近年来粟特研究的一个重要进步，但问题并没有全部解决。

粟特聚落的武装力量被逐渐转移成地方武装的乡团或者进入国家的府兵系统，这无疑是粟特聚落向乡里转变的一个方面。但是，我们还应当注意到，安伽墓志的志盖题"大周同州萨保安君之墓志记"，志文的题名作"大周大都督同州萨保安君墓志铭"，表明他去世的时候，虽然已经拥有"大都督"的头衔，但仍然是萨保，也就是说明他所掌控的粟特聚落并没有解体为乡里。翟曹明墓志题"夏州天主仪同翟君墓志"，也是粟特官职"天主"和北周官职"仪同"并列。《元和姓纂》辑本"安姓"下"姑臧凉州"条记："后魏安难陀至孙盘婆罗，代居凉州，为萨宝。生兴贵……修仁。"或许说明在安修仁之前，安家一直是凉州萨保，到安修仁则未提其任萨保之职，而《安修仁碑》恰好说他是以"大都督领本乡兵"，似表明从萨保统属的聚落变为大都督统领的乡里，可能就发生在隋仁寿二年（602）前后。

---

[1] 罗国威整理《日藏弘仁本文馆词林校证》，北京：中华书局，2001年，173—174页。我曾据陈明的提示使用了这个材料，并考证碑主之父为安元寿祖安罗，则碑主应为安兴贵、修仁兄弟中的一位，见拙撰《北朝隋唐胡人聚落的宗教信仰与祆祠的社会功能》，荣新江主编《唐代宗教信仰与社会》，上海辞书出版社，2003年8月，397页，又《萨保与萨薄：北朝隋唐胡人聚落首领问题的争论与辨析》，叶奕良编《伊朗学在中国论文集》第3集，北京大学出版社，2003年11月，140页表及注1。随后，山下将司氏据江户时代日本学者尾崎雅嘉所纂《群书一览别录》中所载《文馆词林》目录记卷四五五有"右骁骑将军安修仁碑铭一首并序"，判断此碑文实即安修仁碑残文，见所撰《隋·唐初の河西ソグド人军团——天理图书馆藏〈文馆词林〉〈安修仁墓志铭〉残卷をめぐって》，69—71页。

三 隋唐时期粟特聚落向乡里的转变

隋朝祚短，许多已经开始的做法因为隋末的动乱而中止，粟特聚落在短时间内又出现一种回潮现象，像凉州、原州、并州等地都有强大的粟特胡人武装割据势力，据《龙润墓志》记载，唐朝创建后，并州仍有萨宝府的设置[1]。

唐朝建立后，把处于正式州县中的胡人聚落改作乡里，两京地区城镇中的胡人不会再以聚落的形式存在，西州的崇化乡安乐里，敦煌的从化乡，大概都是由胡人聚落改建的。但是，因为中央和地方政府对一些地区的控制力度有强有弱，使得不同地方从聚落到乡里的转变进程也不是同步的，而且有的地方还有反复；边境地区如六胡州、营州柳城等地的胡人聚落，应当继续存在很长一段时间，中央政府对粟特聚落的控制表现为一个逐步的过程。因此，在某些地方萨保府制度并未终结，所以《通典》卷四〇《职官典》以及其他史料表明，直到开元、天宝年间，唐朝的职官体系中仍有萨宝府职官的记录，如萨宝府祆正、祆祝、长史、果毅、萨宝府率、萨宝府史等等[2]，最近公布的《天圣令》中所保存的唐开元二十五年令，也有"萨宝府府、史"和"萨保府杂使"的记录[3]，这说明在大唐帝国的某些边缘地带，仍有萨宝府的存在。

对于不同地区粟特聚落向乡里的转变，我们来考察一下几个典型的例子：

---

[1] 《隋唐五代墓志汇编·山西卷》，天津古籍出版社，1991—1992年，8页；《全唐文补遗》第5辑，西安：三秦出版社，1998年，111页。参看荣新江《隋及唐初并州的萨宝府与粟特聚落》，《中古中国与外来文明》，174—176页。
[2] 《通典》卷四〇《内外官品·流外官》，北京：中华书局，1992年，1106页。
[3] 中国社会科学院历史研究所天圣令整理课题组校证《天一阁藏明钞本天圣令校证》卷三〇《杂令》校录本，北京：中华书局，2006年，375—376页，唐8条。

1. 鄯善地区

鄯善地区位于今罗布泊南的若羌地区,在唐朝初年属于西域范围。敦煌写本《沙州图经》记载:

> 石城镇,本汉楼兰国。隋置鄯善镇,隋乱,其城遂废。贞观中(627—649),康国大首领康艳典东来,居此城,胡人随之,因成聚落,亦曰典合城。上元二年(675)改为石城镇,隶沙州。
>
> 屯城,西去石城镇一百八十里。胡以西有鄯善大城,遂为小鄯善,今屯城也。
>
> 新城,东去石城镇二百卅里。康艳典之居鄯善,先修此城,因名新城,汉为弩之城。
>
> 蒲桃城,南去石城镇四里。康艳典所筑,种蒲桃于此城中,因号蒲桃城。
>
> 萨毗城,西北去石城镇四百八十里。康艳典所筑。其城近萨毗泽。[1]

可见,这里在贞观年间是无人管辖的地区,被从康国东来的大首领康艳典率众占领,因成聚落。到高宗上元二年(675),随着唐朝在西域的扩张,把这一胡人辖区改成唐朝的镇级行政区划,并直接隶属于沙州。这其实是把胡人聚落改变成唐朝的军镇,因为这里仍是西域地区,不知是否建立了乡里体制,但应当有相应的行政组织。至于军镇的军政长官——镇将,唐朝仍然让粟特首领来担任。《沙州图经》还记载武周天授二年(691)的石城镇将为康拂耽延[2],一般认为他应当是康艳

---

[1] 池田温《沙州图经略考》,91—93页。
[2] 同上书,82页。

典的后人。

鄯善胡人聚落向军镇的转变，是胡人聚落转变的一个类型，时间在高宗上元二年。

2. 高昌地区

从吐鲁番安乐城出土的《金光明经》题记可知，430年时高昌城东立有供奉胡天的祆祠，它的存在，表明信奉祆教的粟特人的存在，因为从石城镇、伊州、敦煌、凉州等地的情形看，祆祠往往立在粟特胡人聚落当中[1]。近年来巴达木乡发现的康氏家族墓地，可以表明粟特人原本聚族而居的情况[2]。《麴氏高昌永平二年（550）十二月卅日祀部班示为知祀人上名及谪罚事》记有"萨薄（簿）"（即萨保）[3]，是政府任命的管理粟特胡人聚落的官员，所以证明高昌国时期胡人聚落的确实存在，并受到高昌官府的控制，其首领也纳入高昌国的职官体系。

唐朝贞观十四年（640）灭高昌，建立直辖的西州，实行与内地一样的乡里城坊体制，高昌国范围内的胡人可能在重新建立乡里体制时就被编入乡里。然而，粟特人在640年以后仍在持续不断地进入高昌地区。据阿斯塔那35号墓出土的《唐神龙三年（707）高昌县崇化乡点籍样》，该乡安乐里的住户几乎都是粟特胡人，而崇化乡的其他里则多有汉姓户口[4]。值得注意的一点是，安乐里的粟特人名直译者较多，年龄大多数在四十以上，而且非常集中，表明他们原本是生活在粟特

---

[1] 荣新江《吐鲁番出土〈金光明经〉写本题记与祆教初传高昌问题》，朱玉麒主编《西域文史》第2辑，北京：科学出版社，2007年12月，1—13页+图版1。
[2] 荣新江《新出吐鲁番文书所见的粟特人》，《吐鲁番学研究》2007年第1期，34—35页。
[3]《吐鲁番出土文书》壹，北京：文物出版社，1992年，136页；《吐鲁番出土文书》第2册，北京：文物出版社，1981年，45—47页。
[4] 参看池田温《神龙三年高昌县崇化乡点籍样について》，《中国古代の法と社会・粟原益男先生古稀記念論集》，东京：汲古书院，1988年，248—250、257—258页；姜伯勤《敦煌吐鲁番文书与丝绸之路》，北京：文物出版社，1994年，167—174页。

聚落中的胡人，在神龙三年前四十年之内的某个时间，被西州地方官府编入乡里。从 707 年上溯 40 年，也没有到贞观十四年，这说明崇化乡安乐里的胡人从聚落向乡里的转变，应当是在唐灭高昌国、建立西州的二三十年以后的事情。

3. 敦煌地区

从已经确定的粟特文古信札的内容来看，早在 4 世纪初叶，敦煌就有了以粟特商人为主体的自治聚落，而且伴随有祆教祠舍[1]。

由于敦煌藏经洞发现了大量的汉文文书，使我们今天对于敦煌的粟特人聚落有了较其他地方都详尽的了解。池田温先生《8 世纪中叶敦煌的粟特人聚落》一文，根据《唐天宝十载（751）敦煌县差科簿》所记从化乡人名的姓氏多为粟特式胡名，判断出唐朝敦煌十三乡之一的从化乡，就是在粟特聚落的基础上建立的，其位置恰好就在敦煌城东一里的祆舍所在地，这里又称安城，为粟特民众精神信仰的中心。他还推断从化乡的居民应当是唐朝初年集团性移居此地的，聚落的建立最早可以追溯到隋代，最晚在 7 世纪中叶。他详细研究了从化乡居民的种族构成、家庭形态、公务负担、身份结构，以及他们与敦煌其他乡民众相比在商业上的特性。8 世纪中叶开始，由于粟特地区的动荡、唐朝的内乱、吐蕃对河西的占领，从化乡居民渐渐减少。到 8 世纪末吐蕃占领敦煌后，最终消亡[2]。陈国灿先生以为《唐长安三年（703）三月敦煌县录事董文彻牒》中尚无从化乡，而景龙元年（707）西突厥故将阿史那阙啜忠节勒兵攻于阗坎城，大概迫使播仙镇和石城

---

[1] W. B. Henning, "The Date of the Sogdian Ancient Letters", *BSOAS*, XII, 1948, pp. 601-615; N. Sims-Williams, "The Sogdian Merchants in China and India", *Cina e Iran da Alessandro Magno alla Dinastia Tang*, ed. A. Cadonna e L. Lanciotti, Firenze 1996, pp. 45-67.
[2] 池田温《8 世纪中叶における敦煌のソグド人聚落》，《ユーラシア文化研究》第 1 号，1965 年，49—92 页。

镇的粟特人东迁敦煌，这可能是从化乡的来历[1]。

我们知道，敦煌的从化乡是建立在祆祠附近，这所祆祠在武周时期（甚至上元年间）成书的《沙州图经》中就有记录，所以围绕这个祆祠的粟特聚落可能早就存在。沙州敦煌县从化乡的来历，不必求之于外在的原因，而应当是敦煌本地粟特聚落的演变结果。因此，池田温先生推断的隋朝或唐初成立从化乡的看法是可取的。

敦煌文书 S.542 背《吐蕃戌年（818）六月沙州诸寺丁仕车牛役簿》第 177 行大乘寺部分，有"安萨保：守囚五日，营田夫五日"的记录[2]。这是吐蕃时没入佛教寺院的粟特寺户的派役条记，这里的"萨保"，一种可能是取自"菩萨保佑"的意思；另一种可能是来自"萨保"的本来意义，那在此它只是一个纯粹的人名，而不是胡人首领。值得指出的是，唐朝文献把胡人聚落首领都写作"萨宝"，这里却写作"萨保"，这也说明它不是唐朝时真正意义上的萨宝。

4. 六胡州地区

《元和郡县图志》卷四关内道新宥州条记："调露元年（679），于灵州南界置鲁、丽、含、塞、依、契等六州，以处突厥降户，时人谓之'六胡州'。"[3]《新唐书》卷三七《地理志一》宥州宁朔郡条记："调露元年，于灵、夏南境以降突厥置鲁州、丽州、含州、塞州、依州、契州，以唐人为刺史，谓之六胡州。"多出一句"以唐人为刺史"的话，因此，有的学者认为六胡州的性质不同于一般的羁縻州，而与唐朝内地的一般州府相同[4]。我们的确看到有以汉人为刺史的例子，如

---

[1] 陈国灿《唐五代敦煌县乡里制的演变》，《敦煌研究》1989 年第 5 期，39—50 页。
[2] 池田温《中国古代籍帐研究》，东京大学出版会，1979 年，533 页。
[3] 《元和郡县图志》卷四关内道新宥州条，北京：中华书局，1983 年，106 页。
[4] 周伟洲《唐代的六胡州与"康待宾之乱"》，《民族研究》1988 年第 3 期，400—401 页。

《张仁楚墓志》记:"圣历元年(698),改授朝议大夫、依州刺史。"[1]但是,调露元年以后仍然有以粟特胡人为刺史的例子,如李至远《唐维州刺史安侯神道碑》记永隆二年(681)安附国下葬时,其次子安思恭任鲁州刺史[2]。因此,是否以唐人为刺史,对于六胡州来说并不重要,并不能以此来证明它们的性质。大概缘此之故,《元和志》并没有用这句话。

通过前人的研究,六胡州的民众以原本进入突厥汗国境内的粟特胡人为主体的,这一点应当没有疑问。学者们大多数也承认,这些民众主要是贞观四年随东突厥汗国的破灭而降唐的胡部民众。那么他们在调露元年唐朝建立六胡州之前是什么样的形态呢?很可能还是以在漠北时期的部落为单元,而来源则是粟特聚落集团。可以肯定,当六胡州建立以后,这些州的行政体制已经按照唐朝的州县乡里制度设置起来,如1985年宁夏回族自治区盐池县西北约48公里处发现的《何府君墓志》,称其"以久视元年(700)九月七日终于鲁州如鲁县□□里私第,春秋八十有五"[3]。唐朝显然希望用州、县、里的体制,来统辖六胡州的粟特居民。

然而,我们从史料中看到的这里的粟特民众,却是长期保持着以畜牧为主的生活方式。王义康从唐朝经常征用六胡州的精兵出征作战来说明六胡州的粟特人主要从事畜牧业,因而保持着部落组织形式,带有"柘羯"性质[4]。陈海涛认为这些从东突厥南下的粟特人至少在698年之前仍然保存着原本的部落存在形式,所以保持着很强的战斗

---

[1] 周绍良编《唐代墓志汇编》,上海古籍出版社,1992年,1022页。拙文《北朝隋唐粟特人之迁徙及其聚落》,《国学研究》第6卷(此据《中古中国与外来文明》,94页)揭出这条史料,可惜此前讨论六胡州者多未见到。
[2] 《全唐文》卷四三五,北京:中华书局,1983年,4435页上栏。
[3] 《文物》1988年第9期,56页。
[4] 王义康《六胡州的变迁与六州的种族》,《中国历史地理论丛》1998年第4辑,149—156页。

力[1]。学者们也早就注意到六胡州粟特人是在唐朝监牧系统中从事畜牧的民众[2]。

这种畜牧的生产方式，也促成胡人的聚居形态。因此，虽然唐朝为这些粟特人建立了州县，但他们恐怕仍然以部落的形式聚集在一起；而且名义上他们都属于各自不同的州，但六胡州这个总的称呼一直保存着，如洛阳出土的《唐故陆胡州大首领安君（菩）墓志》表明，这方在景龙三年（709）十月廿六日合葬于洛阳龙门的安菩及其夫人何氏的墓志，仍称早在麟德元年（664）十一月七日去世的安菩为"六胡州大首领"，似乎说明六胡州作为一个集合名称要比分别设立的鲁、丽等六个州名响亮得多，对于胡人也更有凝聚力。

虽然六胡州的大首领如安菩进入了唐朝中央政府，但这里仍然保留了聚居胡人的强大实力，到开元九年四月至八月，六胡州康待宾、安慕容、何黑奴、石神奴、康铁头等率众反叛唐朝。这些起事首领多带有突厥的叶护官衔和唐朝的大将军、将军等武散衔，但从姓氏来看，无疑都是九姓胡人。他们攻占六胡州，有部众七万人。不久，这场起义被唐朝方大总管王晙、陇右节度使郭知运、朔方道防御讨击大使王毛仲、天兵军节度大使张说等镇压下去。同年八月到翌年九月，兰池州的胡人康愿子又起兵反叛，自称可汗。张说发兵再次平定。唐廷决定移徙"河曲六州残胡五万余口于（水灾以后江淮地区的）许、汝、

---

[1] 陈海涛《唐代粟特人聚落六胡州的性质及始末》，《内蒙古社会科学》2002年第5期，40—44页。
[2] 参看张广达《唐代六胡州等地的昭武九姓》，《北京大学学报》1986年第2期；此据作者《文本、图像与文化流传》，桂林：广西师范大学出版社，85页；艾冲《论毛乌素沙漠形成与唐代六胡州土地利用的关系》，《陕西师范大学学报》2004年第3期，103—104页；穆渭生《唐代设置六胡州的历史地理考察》，《唐都学刊》第23卷第3期，2007年，24—25页；山下将司《唐の监牧制と中国在住ソグド人の牧马》，《东洋史研究》第66卷第4号，2008年，539—569页。

唐、邓、仙、豫等州，始空河南、朔方千里之地"[1]。然而，被移徙的粟特胡人怀恋本土，渐次逃回。开元十八年，唐朝复为置匡、长二州。开元二十六年，唐朝为迁回胡户置宥州及延恩、怀德、归仁三县[2]。

六胡州的民众没有改变其原本在突厥部落中的畜牧、斗战的习性，因此虽然在行政体制上已经被编入乡里组织，但六胡州作为胡人聚居的地方，仍然保持着许多粟特聚落特征，民众没有地著，也没有被打散，所以这里可以说没有完成从聚落到乡里的转化过程。在安禄山在河北的势力壮大后，一些六胡州的民众进入河北地区，成为安禄山队伍中的重要成员。中晚唐时期，随着沙陀的兴起，六胡州民众又大量东迁到河东地区，成为晚唐强大的沙陀三部的主要组成部分[3]。

5. 营州柳城

关于营州柳城的胡人聚落，没有直接的史料，但我们可以从安禄山的事迹中推断出来的。

中唐人姚汝能《安禄山事迹》卷上记：

> 安禄山，营州杂种胡也。小名轧荦山。母，阿史德氏，为突厥巫。无子，祷轧荦山神，应而生焉。是夜，赤光傍照，群兽四鸣。望气者见妖星芒炽，落其穹庐。怪兆奇异，不可悉数。其母以为神，遂命名"轧荦山"焉。少孤，随母在突厥中。母后嫁胡将军安波注兄延偃。

---

[1]《旧唐书》卷八《玄宗本纪》，北京：中华书局，1975年，184页；《资治通鉴》卷二一二玄宗开元十年八月条，北京：中华书局，1976年，6752页。
[2]《新唐书》卷三七《地理志》，北京：中华书局，1975年，975页。
[3] 小野川秀美《河曲六州胡の沿革》，《东亚人文学报》第1卷第4号，1942年，203—218页；森部丰《唐末五代の代北におけるソグド系突厥と沙陀》，《东洋史研究》第62卷第4号，2004年，68—75页。

> 开元初，延偃族落破。胡将军安道买男孝节，并波注男思顺、文贞，俱逃出突厥中。道买次男贞节为岚州别驾收之。禄山年十余岁，贞节与其兄孝节相携而至，遂与禄山及思顺并为兄弟。乃冒姓安氏，名"禄山"焉。
>
> 长而奸贼残忍，多智计，善揣人情，解九蕃语，为诸蕃互市牙郎。[1]

安禄山从小就进入安延偃的族落当中，也即漠北突厥汗国中独立的"胡部"[2]；其名字"轧荦山"或"禄山"（粟特语 roxšan 音译）是地道的粟特人名；他通晓多种语言；善于经商或管理商业市场；又擅长粟特人的舞蹈，"作胡旋舞，其疾如风"[3]。

《安禄山事迹》卷下原注云：

> 史思明，营州杂种胡也。本名"窣干"，玄宗改为"思明"。瘦小，少髭须，深目鸢肩，性刚急。与禄山同乡，生较禄山先一日。思明岁夜生，禄山岁日生。及长，相亲，俱以骁勇闻。解六蕃语，同为牙郎。[4]

安史之乱的另一主角史思明，也是营州杂种胡。所谓"同乡"，实即同

---

[1]《安禄山事迹》，上海古籍出版社标点本，1983 年，1 页。按上海古籍标点本、Robert des Rotours 标点译注本 *Histoire de Ngan Lou chan (Ngan Lou chan che tsi)*, Paris 1962, p. 2 和 E. G. Pulleyblank, *The Background of the Rebellion of An Lu-shan*, London: Oxford University Press, 1955, p. 7, 均将"祷轧荦山神"之"神"字下属，实误。"轧荦山"非山名，而是神名。

[2] 护雅夫《东突厥汗国内的粟特人部落》，《古代トルコ民族史研究》Ⅰ，东京：山川出版社，1975 年。

[3]《安禄山事迹》卷上，6 页。

[4] 标点本 42 页；Pulleyblank, *op.cit*., pp. 16-17; R. des Rotours, *op. cit*., pp. 321-322。

出一个部落的意思。史思明的本名"窣干",应当和轧荦山一样,是粟特语的音译,其意或许就是玄宗改名的"思明"[1]。史思明从出生到成长都和安禄山有共同之处,"解六蕃语,同为牙郎",说明他也是个地道的粟特人。

开元初(713年以后),安禄山等人辗转来到柳城。天宝元年(742),康阿义又率部落民众大批到达。可以说,开元、天宝年间,柳城地区形成一个相当规模的粟特胡人聚集区,其时唐朝对这里的控制力不强,因此他们很多应当就生活在粟特聚落当中。高适《营州歌》吟咏的大概就是当时的情形:"营州少年满原野,狐裘蒙茸猎城下。虏酒千钟不醉人,胡儿十岁能骑马。"[2]因为当地游离在唐朝和东北民族政权之间,所以其聚落保存的时间较长,因而形成了以安禄山为首的胡人集团。

《安禄山事迹》卷上又记安禄山任幽州节度使后:"潜于诸道商胡兴贩,每岁输异方珍货计百万数。每商至,则禄山胡服,坐重床,烧香列珍宝,令百胡侍左右,群胡罗拜于下,邀福于天。禄山盛陈牲牢,诸巫击鼓、歌舞,至暮而散。"[3]我曾指出这里记载的实际上是安禄山和部下在幽州祭祀祆神的场景。由此反推,同类的祭祀活动应当也发生在柳城胡人聚落当中。

从安禄山的事迹来看,营州柳城胡人聚落的变迁,恐怕要等到安禄山等人进入唐朝军事系统以后,可惜我们没有进一步的史料来考察当地胡人聚落的变迁情形。

本文在前人研究粟特商队、粟特聚落,以及粟特聚落首领萨保的

---

[1] 参看荣新江《安禄山的种族与宗教信仰》,《第三届中国唐代文化学术研讨会论文集》,台北,1997年;此据作者《中古中国与外来文明》,229页。
[2] 《全唐诗》卷二一四,北京:中华书局,1960年,2242页。
[3] 标点本12页;R. des Rotours. *op.cit*., pp.108-109。

成果基础上，对萨保或其他粟特聚落首领向地方乡团、府兵领袖过渡的情形做了补充。然后举石城、高昌、敦煌、六胡州、营州柳城等地粟特胡人聚落向乡里变迁的不同情况，强调粟特聚落的转化，并不是唐朝初年短时间里完成的，在不同的地域有着不同的时间，转化的程度也有所不同。

安史之乱以后，在唐中央政府控制范围之内的胡人聚落，早已变成唐朝各级官府直辖的乡里，萨保已经名存实亡，居民产业结构发生变化，婚姻形态从胡人与胡人通婚向胡汉结合为主过渡，祆教信仰逐渐世俗化，一些胡人甚至皈依了汉地传统的佛教、道教。但同时，也有大批粟特胡人东迁河北三镇，寻求自己新的安身之地，继续保持一些旧有的聚落形态[1]。五代时期，一些生长在沙陀部中的粟特后裔重新登上历史的舞台，甚至坐上皇帝的宝座。但进入宋朝以后，胡人最终融入中国社会。米芾，从姓氏来看是明显的粟特胡人后裔，但已经是中国传统文化的代表。

> 本文是在提交2009年1月24日在京都大学举行的"多民族的敦煌"研讨会论文基础上修订而成。载高田时雄主编《敦煌写本研究年报》第3号，京都大学，2009年3月，25—36页。

---

[1] 参看荣新江《安史之乱后粟特胡人的动向》，纪宗安、汤开建主编《暨南史学》第2辑，广州：暨南大学出版社，2003年12月（2004年4月出版），102—123页。

第二编 粟特商队与祆祠

萨保与萨薄：北朝隋唐胡人聚落首领问题的争论与辨析

《通典·职官典》、《隋书·百官志》、《旧唐书·职官志》、《新唐书·百官志》所记北齐的"萨甫"、北周及隋的"萨保"、唐朝的"萨宝"，自19世纪中叶以来，学者们做了种种解说。然而，关于萨保（以下即作为不同时期萨甫、萨薄、萨宝的统称）一名的语源、萨保的性质、萨保和萨薄的关系、萨保的管理范围、宗教信仰等问题，都有待深入讨论。而且，在我看来，近年来发表的一些专题论文，有些观点距离事实越来越远，有必要加以通盘的考辨，以期求得萨保的本来含义。这个问题直接关系到我们对北朝隋唐胡人聚落的总体看法，因此不得不辨。以下先对前人研究成果进行整理，然后结合传世文献记载、近年发现的安伽墓和虞弘墓资料以及一些石刻史料，对萨保一词加以考释，并就该词的原语及其含义，来阐明笔者的看法。

一 关于"萨保"和"萨薄"的研究史

我们感谢富安敦（Antonino Forte）教授对1995年以前东西方学术史的清理[1]，但他是主张萨保即萨薄说者，因而在叙述时带有强烈的倾向性。我们以下还是择要依照原文来列举最有代表性的观点，仅在

---

[1] A.Forte, "The Sabao 萨宝 Question", *The Silk Roads Nara International Symposium '97*, Record No.4, 1999, pp. 80–106.

无法找到最早的西文原文时才依据富安敦的叙述。

1863 年，伟烈亚力（Alexander Wylie）在《犹太人在中国》一文中，猜测萨宝是希伯来文 Saupher 的音译，意为一个"抄书手"[1]。1897 年，德微里亚（Gabriel Devéria）在《中国的穆斯林与摩尼教徒》一文中，推测是叙利亚文 *sābā* "vieillard"（老人）、"ancien"（年长者）的音译[2]。1903 年，伯希和（Paul Pelliot）撰《萨宝考》，检出《通典》、《两京新记》、《长安志》中的相关记载，至于萨宝的原意，则接受了德微里亚的看法[3]。1919 年，罗佛（Berthold Laufer，一译劳费尔）在《中国伊朗编》一书中，批评用叙利亚文来比定唐朝都城担任波斯宗教事务的官吏称号，他认为这个汉译名来自一个中古波斯文 *saθ-pāv* 或 *xsaθ-pāv*，其古波斯文的形式是 *xsaθra-pāvan*[4]。1923 年，陈垣在《火祆教入中国考》一文中说："《魏书》卷一〇二、《隋书》卷八三：康国都于萨宝水上阿禄迪城。康国，唐人谓即康居，为祆教流行之地。萨宝之名，是否取于此，不可知也。"[5]

1925 年，藤田丰八在《关于萨宝》一文中，先揭出王国维提示的《隋书》卷二八《百官志》、《通典》卷四〇《职官典》、《新唐书》卷七五《宰相世系表》中的材料，然后指出约生于北魏宣武帝延昌二年（513）之前的晋荡公宇文护的小字"萨保"，但从此前北魏与流行祆教

---

[1] A.Wylie, "Israelites in China", *Chinese and Japanese Repository*, July, 1863; 又见 *Chinese Researches*, Shanghai 1897, Historical Section, p. 10（此据 A. Forte 上引文）。

[2] G. Devéria, "Musulmans et manichéens chinois", *Journal Asiatique,* Nov.-Dec. 1897, pp. 464-465, 481（此据 A. Forte 上引文）。

[3] P. Pelliot, "La *sa-pao*", *Bulletin de l'École Francaise d'Extreme-Orient*, 3, 1903, p. 671.

[4] B. Laufer, *Sino-Iranica*, Chicago 1919, p. 529；劳费尔著，林筠因译《中国伊朗编》，北京：商务印书馆，1964 年，358 页。

[5]《国学季刊》第 1 卷第 1 号，1923 年，38—39 页；此据作者修订本，载《陈垣学术论文集》，北京：中华书局，1980 年，318 页。

之伊兰系诸国关系来考察，他以为此词不一定来自伊朗语，也不一定指祆教教长。他认为此词应当是佛教典籍《贤愚经》和《法显传》中的"萨薄"，即梵文 sārthavāha（商人首领）的对音，而萨薄在宇文护取小名时早已脍炙人口。此外，藤田氏还强调："萨宝者，自以之视作商主为最稳当之解释。惟彼等俱属祆教徒，其刑法（即胡律）亦有置于祆祠中之习惯，因此，祆祠设立萨宝府，而以萨宝任统制一切之责。"他的意思是说，萨宝不仅仅管理祆教，也管理其他事务，特别是商务。因为伊朗系国家置胡律于祆祠，所以北朝隋唐的萨保府就设在祆祠当中。他认为虽然尚不知宇文护的父母是否信佛，但宇文护是个热心的佛教徒，其"萨保"一名，应当是取"商主"之意，而不会是取祆教教长的意思[1]。1926 年，桑原骘藏在《隋唐时代来华之西域人》中，提到藤田氏在前一年发表的论文，接受萨宝为队商首领的看法，但不接受来源于梵文的 sārthavāha，而认为与同样是"队商首领"的回鹘文 sartpau 关系更为密切，他还提出可能有一个相对应的粟特文[2]。1933 年，向达在《唐代长安与西域文明》中讨论祆教时，补充了《隋翟突娑墓志》、《唐米萨宝墓志》等新资料，并指出"萨保即是萨宝，皆回鹘文 sartpau 之译音，义为队商首领"[3]。显然是接受桑原的论说。

1962 年，丁爱博（Albert E. Dien）发表内容极为丰富的评述

---

[1] 藤田丰八《西域研究（第二回）：（四）萨宝につきて》，《史学杂志》第 36 卷第 3 号，1925 年，195—215 页；收入作者《东西交涉史の研究·西域篇》，东京：星文馆，1933 年，279—307 页；杨鍊汉译文，载《西域研究》，上海：商务印书馆，1937 年，27—50 页。

[2] 桑原骘藏《隋唐时代に支那に来往した西域人に就いて》，《内藤博士还历祝贺支那学论丛》，京都：弘文堂书房，1926 年，660 页；收入《桑原骘藏全集》第二卷，东京，1968 年，292—293、359—360 页，但删掉有关粟特文对应词的推测。

[3] 向达《唐代长安与西域文明》，《燕京学报》专号 2，1930 年；此据《唐代长安与西域文明》，北京：三联书店，1957 年，89—92 页。

文章《萨保问题再探》，分别讨论了三个名词：第一，首先介绍贝利（Harold W. Bailey）考证于阗文的 spā 或 spāta 系指"senāpati, military official"即军官的看法，在和田出土双语文书中，汉字音译作"萨波"，然后指出《周书·波斯传》中掌四方兵马的官名"萨波勃"系同样的称呼，而《旧唐书·焉耆传》中的焉耆王名"薛婆"，《册府元龟》作"萨婆"，但不清楚是否为同一译音。第二，关于佛教文献中的"萨薄"，他指出在康孟详（fl.194—199年）译《兴起行经》、康僧会译《旧杂譬喻经》（251年）中是作为商人的名字，道略集《杂譬喻经》作"萨薄主"，此名还见于昙无谶（fl.414—426年？）译《裴（悲）华经》、佛陀跋陀罗与法显合译《摩诃僧祇律》（416—418年）及《贤愚经》（445年）。虽然早在 1836 年 E. Jacquet 就指出此词是 sārthavāha（一组商人的首领）的对译，但并未受到重视，直到 1904 年伯希和用《十诵律》与 Divyāvadāna 的对比，确定了两者的对应关系[1]。在其他佛教故事中，萨薄还被译作"贾客"、"商人"、"导师"。丁爱博进而认为，梵文 sārthavāha 似乎已从印度传到中亚，即中古帕提亚文的 s'rtw', srtw'、于阗文的 sāṇṭāvāya、焉耆文的 sārthavāk, sārthavāhe、回鹘文的 sarthavayi, s'rtp'w，还有罗佛指出的藏文 sar-phag。此字的头一音节 sārtha 在中亚的最早用例，见于恒宁（W. B. Henning）考订为 312—313 年所写的粟特文古信札的 s'rth，恒宁译作"caravan"（队商）。由于队商首领有导引和护卫商人通过危险地带的作用，所以萨薄被当作佛或菩萨的一种比喻说法。第三，关于唐以前和唐代管理伊朗胡人聚落的官称萨甫、萨保、萨宝，他首先整理了已知的萨保府各级官吏，认为萨保府可能类似于唐宋时期管理大食商人的

---

[1] 见 P. Pelliot, "Deux Itineraires de Chine en Inde à la fin du VIIIe siècle", *Bulletin de l'École Francaise d'Extreme-Orient*, 4, 1904, p. 356, note 1.

番坊或南北朝时管理僧人的机构。至于该词的语源，他认为于阗的"萨波"可以等同于这个"萨宝"，不论从发音，还是从称号的角度，都可以成立，而这一比定可以说明萨宝未必是一个纯粹的宗教官员，而应当是一个世俗官称。至于宇文护字萨保问题，他不同意陈寅恪先生把萨保和祆教联系起来的观点，认为从宇文护家庭其他成员的佛教化名字和他支持佛教事业的做法，宇文护更可能是佛教徒，而取"萨保"一名，一种可能是取"菩萨保"的意思，另一种可能则如藤田丰八所说，是来自梵文的 sārthavāha。他在结论中说：从公元 2 世纪至 6 世纪，佛教文献中的萨薄是梵文 sārthavāha 的音译。到 6 世纪，萨甫作为伊朗胡人在中国的行政首脑出现，即隋的萨保和唐的萨宝。萨保更早是作为宇文护的小名出现，有理由认为也是梵文 sārthavāha 的表现形式。由于 sārthavāha 的"队商首领、商主"的含义明确，且这个梵文词在中亚具有世俗的用法，因此可以考虑萨甫、萨保、萨宝也是 sārthavāha 的音译。9 世纪于阗当地有等同于梵文 senāpati 的官称"萨波"，类似的称号亦见于 6 世纪波斯和 7 世纪的中亚，如果可以和萨甫、萨保比定，则宇文护使用同样的词就有些不太适合。也许萨波也是表示 sārthavāha，其比定为 spā, spāta 是后起的语源。但目前来看，说萨波与其他音译词相似是明智的，两个系列还是区分开好。虽然这个问题在一百年来有很大进步，但丁爱博认为问题还没有得到解决[1]。1963 年，薛爱华（Edward H. Schafer）在《撒马尔干的金桃》中讲到长安的外来居民时，说到其中以伊朗居民占重要地位，因此唐朝政府为之特设"萨宝"一官来监管他们的利益，"萨宝（sārthavāha）的字面意思是队商首领"，并加注说 sārthavāha 是个粟特词，根据是丁爱博告

---

[1] A. E. Dien, "The Sa-pao Problem Re-examined", *Journal of the American Oriental Society*, 82.3, 1962, pp. 336-346.

诉他的贝利的看法[1]。1971 年，羽田明在《粟特人的东方活动》中，认为萨宝更可能源于回鹘文的 sartpau，而此词应当来自粟特文[2]。

1986 年，王素在其《高昌火祆教论稿》中专列《萨簿》一节，揭出吐鲁番出土文书《高昌永平二年（550）十二月三十日祀部班示》中的官名"萨薄"，并据高昌文书中"薄"为"簿"之通假字的普遍现象（如"主薄"都写作"主簿"），指出"萨薄"就是"萨簿"，其音正与北齐"萨甫"相同，证明"萨簿是高昌国设置的专门管理和监督火祆教的官"[3]。

1988 年，吉田丰在《粟特语杂录（Ⅱ）》中有"萨宝"的专论，他指出罗佛的古波斯文形式 xsaθra-pāvan 和藤田丰八的梵文 sārthavāha，从中古音韵上讲都是无法和"萨宝"（中古音 *sât-pâu）吻合的。而羽田明举出的回鹘文 sartpau 的发音最为符合。他从 312—313 年的粟特文古信札编号第 5 件的残片中，检出 s'rtp'w 一词，该词前半 s'rt "队商"来自梵文的 sārtha，后半 -p'w 来自古伊朗语的 *pawan- "守护者"，是一个梵文和粟特文的组合词，意思是"队商首领"，其音义与"萨宝"完全吻合[4]。

---

[1] E. H. Schafer, *The Golden Peaches of Samarkand. A Study of T'ang Exotics*, University of California Press, 1963, pp. 20, 284, note 116; 吴玉贵汉译本《唐代的外来文明》，北京：中国社会科学出版社，35、78 页注 119。据我所知，贝利在讨论萨宝时，从没有把该词比定为 sārthavāk，也没有说 sārthavāk 是个粟特词。贝利在讨论尼雅俗语中的 cojhbo 一词时，猜测汉文的马兹达教官名"萨宝"一词中是否存有 cojhbo 的变体 cazba；关于萨宝，他提示参看伯希和文 (*Bulletin de l'École Francaise d'Extreme-Orient*, 3, pp. 665-671)、罗佛 (*Sino-Iranica*, p. 529)，以及 A. Ashikaga (*Bibliographie bouddhique*, 7-8, p. 355) 的看法，并特别提到后者建议把此词看作是梵文的 sārthavāha，对此，贝利并未表示赞同，见 H. W. Bailey, "Irano-Indica Ⅱ", *Bulletin of the School of Oriental and African Studies*, XIII .1, 1949, p. 127.

[2] 羽田明《ソグド人の东方活动》，《岩波讲座世界历史》第 6 卷《内陆アジア世界の形成》，东京：岩波书店，1971 年，426—427 页。

[3] 《历史研究》1986 年第 3 期，172—173 页。

[4] 吉田丰《ソグド语杂录（Ⅱ）》，《オリエント》第 31 卷第 2 号，1989 年，168—171 页。

1992年，张乃翥《中原出土文物与中古祆教之东浸》，指出《翟突娑墓志》（615年）中的"摩诃大萨宝"之"摩诃"，当来自梵文的 *mahā*；又《康婆墓志》（647年）记其父康和为定州萨宝，而命其子为"须达"，此名来自佛教 Sudatta 一名。但他认为这些都是祆教徒吸收佛教文明的表现[1]。1993年，姜伯勤发表《论高昌胡天与敦煌祆寺》，指出吐鲁番出土《高昌永平二年祀部班示》及高昌义和六年（619）萨薄传令付胡人车不六多粮食条记的意义有二：一是证实了藤田丰八关于萨宝即5世纪高昌所译《贤愚经》中的"萨薄"，二是萨薄在高昌政权下既兼管民事，又兼领教务；既是商胡聚落的"商主"或侨领，又是来华后接受政府任命并享有职权的管理胡户的职官。他又结合史籍和石刻资料，论证了萨宝府的职官构成，从而说明萨保不是单纯意义上的教职，而是伊兰系胡户聚落上的一种政教兼理的蕃客大首领。至于"萨薄"的语源，他根据《贤愚经》乃是据于阗胡音编译而认为来自一种东伊朗语，并特别强调薛爱华著作中"萨宝"来自粟特文 *sārthavāk* 的说法[2]。1995年，荣新江《祆教初传中国年代考》一文，结合粟特文古信札中的 *muypt-*（穆护长）和 *s'rtp'w*（萨宝）两个称呼以及一些人名所含的祆神名称，判定河西走廊存在着粟特聚落，其中可能已经有了教团组织和从事宗教事务的场所——祆祠，而萨宝正是兼领这个粟特商团的商务和祆教事务的大首领[3]。

1996年，在巴黎罗浮学院举办的西域研讨会上，富安敦（A. Forte）发表《伊朗人在中国——佛教、祆教及商业机构》，特别批判把萨宝看作是祆教教职的观点。他提出四点理由：一是萨宝即萨

---

[1]《世界宗教研究》1992年第3期，29—39页。
[2]《世界宗教研究》1993年第1期，2—5页。相同的内容又见姜伯勤《敦煌吐鲁番文书与丝绸之路》，北京：文物出版社，1994年，227—235页；姜伯勤《敦煌艺术宗教与礼乐文明》，北京：中国社会科学出版社，1996年，478—485页。
[3]《国学研究》第3卷，北京大学出版社，1995年，339—343页。

薄，表示外国商人的意思；二是从佛教徒宇文护小字萨保来看，萨保与佛教有关，而不能作为祆教流行的证明；三是"摩诃大萨宝"的"摩诃"既然来自梵文，则"萨宝"也应来自梵文，"摩诃萨宝"应是 mahā sārthavāha 的译音；四是安世高的后裔既然是萨宝，他们不应当背离祖先的佛教信仰[1]。1997 年奈良国际丝绸之路研讨会上，富安敦发表《萨宝问题》，他首先回顾了前人关于《法显传》（414年）中"萨薄"的种种解说，认为萨薄的原语应当是伯希和主张的 sārthavāha（商人首领），而非比尔（S. Beal）主张的 sabaean（波斯 Saba 的商人）。接着，他重新检讨了早期佛典中的"萨薄"资料，如《摩诃僧祇律》（416—418 年译）的"萨薄主"、《十诵律》（5 世纪早期译）的"萨薄"、《杂譬喻经》（5 世纪早期译）的"萨薄主"、《旧杂譬喻经》（传 247—280 年康僧会在建业译）的"萨薄"、《兴起行经》（传为 2 世纪末康孟详在洛阳译）的"萨薄"，指出"萨薄"一词早在法显之前就已使用，从以上文献的上下文看，其义是指陆上或海上的商人，其本意是"队商首领"，但也可以理解为"商人首领"或"商人"，萨薄或 sārthavāha 的真正含义是"有足够资本组织一次商贸远征团的商人"，他还举宝唱《翻梵语》（5 世纪末编）的"萨薄主，应云萨他婆，译曰商估"，来证明 sārthavāha 的汉译可以只用"商人"来表示，尽管宝唱明知其原义是"商人主"。他在简单介绍了早期关于萨宝的几种解说之后，特别表彰了藤田丰八的"萨薄"等于"萨宝"的说法，并以此为基础，认为萨宝的起源往往被人错误地与中国的祆教联系起来，他没有讨论祆教本身，却只是强调萨宝可以在佛教的上下文中得到圆满的理解，而根本无须把它和

---

[1] A. Forte, "Iranians in China -Buddhism, Zoroastrianism, and Bureaus of Commerce", *Cahiers d'Extreme-Asie*, 11, 1999-2000, pp. 285-289；其法文本也已发表，即 A. Forte, "Iraniens en Chine. Bouddhisme, mazdéisme, bureaux de commerce", *La Sérinde. Terre d'échanges* (Rencontres de l'école du Louvre), Paris 2000, pp. 181-190。

祆教扯到一起。站在萨薄即萨宝、萨宝与佛教关系更加密切的立场上，富安敦一一评述了桑原骘藏、向达、丁爱博以来的种种解说。他最后举出五个墓志中"摩诃萨宝"或"摩诃大萨宝"，认为"摩诃"只能是来自梵文的 mahā，而梵文表明其很可能与佛教相关。他还举如下佛教徒的例子：安同、萨甫下司录商人何永康、宇文护、岐萨保、安萨保、米萨宝。他的结论是：萨宝府建立的主要原因是控制外来贸易及相关事宜，包括外商和外来宗教，佛教也在其中，但佛教有自己的特殊官吏，所以不必萨宝府额外监管，而祆教及摩尼教、基督教则需要建立萨宝府加以管理[1]。富安敦对研究史的整理贡献很大，但由于他关心的主要是上述两点，因此对前人观点的介绍并不完整。

1998年1月，荒川正晴发表《论北朝隋及唐代"萨宝"的性质》，首先指出高昌的"萨薄"应按王素关于通假字的解说读作"萨簿"，因此没有必要解释为 sārthavāha 的音译，从高昌当时的情况来看，其原语很可能是粟特语，这一称号可能是从高昌国建立以前吐鲁番当地的粟特聚落中继承下来的，为管理粟特聚落和祆教徒的职官。接着作者讨论八方隋唐墓志中所记北朝和隋代的"萨宝"和"摩诃萨保"，确定这一官职最早在北魏时期就开始设置，其来源可能是粟特本国既有的称号，而随着粟特聚落的急速增加，在京师和地方诸州广泛设置了萨宝官职。最后指出一进入唐朝，拥有"萨宝"官职的粟特人全然不见，"米萨宝"等皆是以人名的形式出现的，说明唐朝时粟特聚落已经逐渐变成唐朝的乡里，萨保府也主要成为管理祆祠的机构[2]。1998年8

---

[1] A.Forte, "The Sabao 萨宝 Question", *The Silk Roads Nara International Symposium '97*, Record No.4, 1999, pp. 80-106.
[2] 荒川正晴《北朝隋・唐代における"萨宝"の性格をめぐつて》，《东洋史苑》第50・51合并号，1998年，164—186页；又《ソグド人の移住聚落と东方交易活动》，《岩波讲座世界历史》15，东京：岩波书店，1999年，81—103页。

月，龚方震、晏可佳《祆教史》一书有《萨宝的疑窦》一节，仍以萨宝为祆教职官，并指出萨宝来源的种种可能：萨波（军人）、萨薄与萨宝（商人、导师）、萨薄（长者）、萨宝（地区保护者），显然是综合各家的观点而成。

1998年11月，姜伯勤发表《萨宝府制度源流论略》，既是对相关的汉文粟特人墓志的考释，也是对1997年富安敦文章的回应。他根据固原出土《史射勿墓志》所记"曾祖妙尼、祖波波匿，并仕本国，俱为萨宝"，对照穆格山出土文书，认为萨宝原是粟特本土贵族政治中的职官，相当于拥有童仆的"货币贵族"。他分析了史籍和唐代墓志所记北朝时期的"摩诃大萨宝"、"京邑萨宝"、"诸州萨宝"，力图区分它们之间的等级，然后再分析唐代的萨保府职官构成。他又综合自己以前的看法和富安敦的观点，把萨保府制度的来源归纳为三点：一是中原职官制度中的开府建署制度，二是佛典所见印度系的"商人主"即"萨薄主"的制度远源，三是伊兰、粟特系队商制的近源，其特征是下属有祆正、祆祝等官职。最后，作者进一步申论印度型 Sārthavāha 商主制与粟特型 Sārthavāk 商主制的消长，两者具有共同之处，但祆教作为维系粟特商业民族的纽带，是与印度制度不同的，因此，到了唐代的萨宝府制度中拥有祆正等建制时，萨宝制度已经是完全粟特的制度。另外，萨宝府制度也是开府领民制度兴衰及与之平行存在的大小酋渠"首领"制度的消长结果。这种制度随着安史之乱的巨大震撼而逐渐衰落[1]。1998年12月，罗丰发表《萨宝：一个唐朝唯一外来官职的再考察》，首先根据史籍和出土墓志，把萨宝分为萨宝、摩诃萨宝、摩诃大萨宝三种递进的等级，又接受高昌"萨薄"即"萨宝"的说法，指出萨宝原本是粟特地区固有的职官。其次分析了唐朝萨保府的各种官吏，以及在这种职官的影响下出现的以

---

[1]《华学》第3辑，广州：中山大学出版社，1998年，290—308页。

"萨保"或"萨宝"为名的现象。第三，回顾了前人关于萨宝语源的解说，沿着藤田丰八的思路，追寻各种佛经中关于萨薄的记载，指出梵文"萨薄"的出现要早于粟特文古信札的 s'rtp'w（萨宝）的年代，后者应当源于巴利语或梵语。最后，强调萨宝不是专门管理祆教的官员[1]。2000 年，芮传明发表《"萨宝"的再认识》，批评把萨宝看作是一个祆教的教职，而以为是一个世俗性官职。关于萨宝的语源，他认为梵文 Sārthavāho 之说最可取，萨薄是其同名异译。在列举了佛经中的萨薄史料后，作者认为中原的"萨宝"源于粟特人传播的"萨薄"称号，其源是印度的佛教，而与祆教没有必然的联系。高昌的萨薄可能是从南亚或中亚的"萨薄"演变为中原"萨宝"的中间环节，是粟特人为主的西胡东来定居后，高昌官府给予的荣誉官称。中原的萨宝是西胡自治团体首领的世俗性官职。由于"摩诃"的原语是梵文，因此"萨宝"也可能是从梵文翻译而来的[2]。

二　前人研究的成绩与遗留的问题

由于萨保是中西交通史上的重要问题，一百多年来，东西方学者发表了各种不同的解说。但由于语言的障碍和信息的不通，所以不是每一个后来的学者都能全面掌握前人的说法，有时不免重复劳动。不过，近年来东西方联系越来越密切，因此，学者讨论问题时也能尽可能地掌握前人的不同论说。我们可以把上面介绍的研究成果略加总结，有些看法大家已经有比较一致的意见；有些看法则迄今仍各执己见。

早年，伟烈亚力、德微里亚的说法，虽然迄今仍有人列为一说，

---

[1] 荣新江主编《唐研究》第 4 卷，北京大学出版社，1998 年，215—249 页。
[2] 《史林》2000 年第 3 期，23—39 页。

但实际上，罗佛已经指出，担任伊朗系统宗教事务的官吏称号，不应当来自叙利亚文，当然亦不应当来自希伯来文。因此，Saupher 和 sābā 音译说可以不必再提。陈垣把"萨宝"与《魏书》卷一○二、《隋书》卷八三所记康国都城阿禄迪城所在的萨宝水联系起来，颇有见地，虽然他谨慎地说萨宝是否来源于此"不可知也"。

据丁爱博的考察，早在 1836 年，E. Jacquet 就指出佛典中的"萨薄"是 sārthavāha（一组商人的首领）的对译。到 1904 年，伯希和确认了两者的对应关系。1925 年，藤田丰八进而认为，"萨保"即"萨薄"，皆为梵文 sārthavāha（商人首领）的对音，他根据梵文 sārthavāha 的词义，认为"萨宝者，自以之视作商主为最稳当之解释。惟彼等俱属祆教徒，其刑法（即胡律）亦有置于祆祠中之习惯，因此，祆祠设立萨宝府，而以萨宝人统制一切之责。"或者说，萨宝不仅仅管理祆教，也管理其他事务，特别是商务。藤田关于萨保性质的看法基本上获得认同，但萨保的语源是否是梵文 sārthavāha，却没有成为共识。1962 年，丁爱博仔细分析了萨保、萨薄和相关的印度、中亚语言中的对应词汇，认为萨甫、萨保、萨宝也是 sārthavāha 的音译。1963 年，薛爱华直接把"萨宝"括注为梵文的 sārthavāk，而且把 sārthavāk 说成是一个粟特词，实属混淆不辨。

但是，藤田丰八首创的萨保等于萨薄说，并未成为定论。在藤田文章发表的翌年，桑原骘藏撰文，不接受萨保来源于梵文的 sārthavāha 的说法，但从"队商首领"的回鹘文 sartpau 一词，推论萨保可能有一个相对应的粟特文，因为回鹘文的许多专有名词是来自粟特文。向达接受了他的看法。丁爱博已经找到了萨保更确切的回鹘文拼法 s'rtp'w，但他未能留意这个拼法与萨保古音上的相符，而是囿于藤田的说法，以为是梵文 sārthavāha 在中亚的变体。1971 年，羽田明再次强调萨宝更可能源于回鹘文 sartpau 所出自的一个粟特词。这个粟特词，在 1988 年被吉田丰在粟特文古信札第

5 件上找到，即 s'rtp'w 一词，与丁爱博举出的回鹘文完全等同。无论从年代、对音、词义哪个方面来说，吉田丰的比定都是完美的。所以笔者在 1995 年撰写《祆教初传中国年代考》一文时，即直接采用了吉田丰的说法，并确认萨保是兼领粟特商团的商务和祆教事务的大首领。1998 年，荒川正晴发表《论北朝隋及唐代"萨宝"的性质》，也主张萨保即高昌的"萨薄"（应读作"萨簿"），是管理粟特聚落和祆教徒的职官。

关于高昌的"萨薄"，1986 年王素《高昌火祆教论稿》一文，据高昌文书"薄"、"簿"通假的现象（如"主簿"都写作"主薄"），指出"萨薄"就是"萨簿"，审其音，正与北齐"萨甫"相合。可惜如此重要的一个关键字的提示，竟为后来的许多学者所忽视（荒川除外）。1993 年，姜伯勤的《论高昌胡天与敦煌祆寺》一文，就把高昌的"萨薄"与藤田丰八提示的《贤愚经》的"萨薄"等同起来，虽然他关于萨保是"伊兰系胡户聚落上的一种政教兼理的蕃客大首领"的定义不错，但在追寻萨保的原语时，却采用了薛爱华"萨宝"来自所谓粟特文 sārthavāk 的说法。事实上，sārthavāk 是梵文，而非粟特文。

1996 年以来，富安敦发表两篇文章，力主萨宝即萨薄，是表示外国商人的意思；萨薄的原语是梵文的 sārthavāha，其真正含义是"有足够资本组织一次商贸远征团的商人"，他举出《摩诃僧祇律》、《旧杂譬喻经》、《兴起行经》等一系列佛典来论证其说。1998 年姜伯勤发表《萨宝府制度源流论略》一文，一方面根据《史射勿墓志》认为萨宝原是粟特本土的职官，另一方面列举一大批佛典中的相关资料来证明萨保也来源于印度系的"萨薄主"，即印度型 Sārthavāha 商主制与粟特型 sārthavāk 商主制是萨保府的两个源头。这显然是为了调和他本人的旧说和富安敦的说法。同年，罗丰发表《萨宝：一个唐朝唯一外来官职的再考察》，也是认为萨保等于萨薄，并沿着藤田丰八的思路，追寻萨薄在各种佛典中的记载，认为其语源出自巴利语或梵语。2000年，芮传明发表《"萨宝"的再认识》，也认为萨保来源于梵文 *Sārthavāho*（原文如此），萨薄是其同名异译。

把萨保和萨薄联系或者等同起来的做法，必然导致要把原本认为与祆教关系密切的萨保与佛教紧密地联系起来。在这方面，富安敦《伊朗人在中国——佛教、祆教及商业机构》一文有总结性的概括。罗丰和芮传明的文章在这方面也着墨较多。

从到目前为止的研究史来看，似乎是萨保等于萨薄的看法占了上风，然而，这种看法忽视了萨保或萨薄的原语在印度—伊朗语（Indo-Iranian）发展过程中的演变和分离，因此也就未能注意同一词汇的变体在印度和伊朗两个系统的典籍中的不同用法，更没有关注萨保拥有者的胡人身份和萨保语源的密切关系，因此，这个看似更有影响力的说法现在需要商榷。

三　萨薄、萨保的原语、异名和含义

我们先抛开后来的研究者所给予萨保和萨薄的种种解说不谈，先来考察这两个词在古代文献中的实际用法及其确定的对音，然后再作结论。

如上所述，1904年伯希和就用《十诵律》与 *Divyāvadāna* 的对比，确定了汉文佛典中的"萨薄"是梵文 *sārthavāha* 的音译。吉田丰指出《大孔雀王神咒经》的"萨陀婆诃"是其全译[1]。富安敦又补充了宝唱《翻梵语》的"萨薄主，应云萨他婆，译曰商估"的对应材料[2]。*Sārthavāha* 一词是由 *sārtha-* 和 *-vāha* 两个部分组成的，前者意为"队

---

[1] 吉田丰《ソグド语杂录》（II），171页。
[2] A. Forte, "The Sabao 萨宝 Question", p.87.

商"（caravan），后者意为"首领"（Leader）。Sārtha 的巴利文形式是 sattha，都是"商人"（merchant、trader）的意思，有时也是指"属于队商的商人"之意。sārthavāha 合在一起，本意是"队商首领"（a caravan leader），而队商首领本身也是商人，所以此词也表示"一个商人"（a merchant）的意思。在佛教文献里，由于他常常率领众人渡过难关，所以此词用来指"佛"或"菩萨"。另外，它有时也指"魔王 Māra 的儿子（māra-putra）"或一个"夜叉"的名字。比较"队商首领"的意思，这些显然是后起的意思[1]。在汉译佛典中，sārthavāha 意译作"商主"、"大商主"、"导首"、"导师"、"众之导师"，或"贾客"、"商人"[2]。音译的"萨薄"是分别译 sārtha- 和 -vāha 的第一个字，这是佛教经典梵汉传译时经常使用的方法，因而这个译名比较通行。而"萨陀婆诃"或"萨他婆"虽然译法更为准确，但也可能是晚出的缘故，所以没有多少人采用。

佛典中的"萨薄"和"商主"等 sārthavāha 的音译和意译名称，前人已经基本上检索出来，我们可以在丁爱博、富安敦、姜伯勤（1998）、罗丰、芮传明诸氏的上引文中读到，此处不烦再抄录原文。以下仅以图表形式列出汉魏两晋南北朝时期译出的佛典中出现的"萨薄"及其含义，以确定其词义的准确含义和发展变化[3]：

---

[1] 参看 M. Monier-Williams, *A Sanskrit-English Dictionary*, Oxford: The Clarendon Press, 1899, first Indian edition, Delhi 1993, p. 1209; Franklin Edgerton, *Buddhist Hybrid Sanskrit Grammar and Dictionary*, vol. ii, Dictionary, New Haven 1953; reprint, Delhi 1985, p. 593; T. W. R. Davids & W. Stede, *Pali-English Dictionary*, London 1921-1925, reprint, Delhi 1997, p. 674; V. S. Apte, *The Practical Sanskrit-English Dictionary*, Delhi 1965, reprint, Delhi 1998, p.983. 关于 sārthavāha 一词的含义，我曾请教过段晴教授和陈明博士，在此谨表谢意。

[2] 参看荻原云来《汉译对照·梵和大辞典》下，台北：新文丰出版公司，1988 年，1465 页；中村元《佛教语大辞典》（缩印版），东京：书籍社，1987 年，352、717、1018 页。

[3] 多年前，我曾请陈怀宇同学帮我从《大正藏》中检索过一遍"萨薄"，他利用《大正藏索引》抄录的材料，与今天我们利用《大正藏》电子文本检索到的资料基本一致。在此，我向他表示诚挚谢意。

音译	意译	含义	出处	译者与时代	《大正藏》
萨薄	贾客主	渡海经商的商主	《兴起行经》卷上	后汉康孟祥	4.169c-170a
萨薄	商人、导师	赴他国贩卖货物	《旧杂譬喻经》卷上	吴康僧会译	4.510b-511a
萨薄		现形以救商人	《罗摩伽经》卷中	西秦圣坚译	10.863
萨薄主		乘船入海求珍宝主人	《杂譬喻经》	道略集	4.529a
萨薄、萨薄主		有萨薄聚落,是四方商客所聚集处。又置船出海	《十诵律》卷二五、二六、四一	后秦弗若多罗译	23.178b-c,188a,295b
萨薄	商人	师子国城中居民	《法显传》	东晋法显撰	51,865a
萨薄主		施物	《摩诃僧祇律》卷一六、三一	东晋佛陀跋陀罗与法显译	22.353,480b-c
萨薄		入于大海欲采珍宝	《悲华经》卷九	北凉昙无谶	3.227a
萨薄		与估客上船入海	《贤愚经》卷四	北魏昙觉等	4.378b
萨薄	估客	负债人	《贤愚经》卷五	北魏昙觉等	4.383a
萨薄主		率诸商人行旷野中	《贤愚经》卷六	北魏昙觉等	4.393b
萨薄		以乳供养辟支佛,获大利益。	《贤愚经》卷八	北魏昙觉等	4.404a-b
萨薄			《贤愚经》卷九	北魏昙觉等	4.416b-c
大萨薄		与众贾客办船入海	《贤愚经》卷十	北魏昙觉等	4.422a-b
萨薄		家居巨富	《贤愚经》卷十二	北魏昙觉等	4.434c
萨他婆、萨薄主	商估		《翻梵语》卷六	梁宝唱编	54.1022a
萨薄、萨婆、萨婆			《翻梵语》卷七	梁宝唱编	54.1032c

除《法显传》中的萨薄是指师子国城中的真实人物外，佛典中的萨薄，基本上都是出现在本生故事当中，其基本形象是富有的商人，置办船具，然后率众商人入海寻宝，或从事买卖贸易，在遇到各种危险时，萨薄救助众生，有时甚至献出自家身命。这个救助众生的商主不是别人，实际就是佛的前身。因此，在印度文献里，"萨薄"的意思就是商人首领，即"商主"的意思，因为印度近海，所以这个商队往往是入海经商的团体。只有到了在于阗讲述、而在高昌编成的《贤愚经》中，才出现经行山谷、旷野的队商，这或许是当地情况的反映。这里最值得注意的是，萨薄除了"商主"一义之外，我们找不到他还具有像萨保那样的兼管政治、外交、宗教事务的情况，而且，除一条材料提到聚落外，从印度出海的萨薄所率的队商很少形成聚落，他们往往以胜利回到祖国作为成功的标志，而不是像萨保那样率众形成新的聚落以后，就成为一个新殖民地的首长。

现在我们再来看"萨保"。

"萨保"的早期中古音（EMC）是 sat-paw，与吉田丰在粟特文古信札中找到的 s'rtp'w 对音完全吻合。该词也由两部分组成，即词根 s'rt- 和后缀 -p'w。s'rt- 也拼作 s'rth-，作为一个独立的词，最先是由恒宁（W. B. Henning）在粟特文第 2 号古信札中释读出来，意为"队商"[1]。1983 年，辛姆斯—威廉姆斯（Nicholas Sims-Williams）在《帕提亚语和粟特语中的印度语因素》一文中指出，此词实际来自于印度语的 sārtha-，并推测这样的借词可能是粟特人从楼兰地区的印度居民那里得来的[2]。随着研究的深入，辛姆斯—威廉姆斯在 1996 年发表的一篇文章中，在讨论一些似乎是从大夏文（Bactrian）里借来的粟

---

[1] W.B. Henning, "The Date of the Sogdian Ancient Letters", *Bulletin of the School of Oriental and African Studies*, XII, 1948, pp.605, 607.

[2] N. Sims-Williams, "Indian Elements in Parthian and Sogdian", *Sprachen des Buddhismus in Zentralasien*, ed. by K.Röhrborn & W.Veenker, Wiesbaden 1983, pp. 135, 140.

特文时，举出所谓伊朗—印度语的混合称号 s'rtp'w（caravaneer，队商商人）。他肯定了吉田丰关于 s'rtp'w 与"萨宝"这一主管伊朗事务官员的称号的比定，同时指出该词的后缀显然是伊朗语的，但却不是粟特语的，因为这个后缀在其他粟特文里使用的是另一种形式。这个后缀 -p'w 对应于古波斯文的 -pavan-（protecting），见于 xsacapavan-（satrap）一词中，而粟特文则一般使用 -p'k [1]。最近，辛姆斯—威廉姆斯在翻译该词所出现的粟特文第 5 号古信札时，把此词译作"chief merchant"（商人首领、商主），原本的意思是"caravaneer"（队商商人）[2]。古波斯文的 xsacapavan- 是"州长"、"总督"的意思，也就是守护一个地方的首长 [3]。据此，粟特文的 s'rtp'w 一词，实际上是一个复合词，即由古印度语的 s'rth- 和古伊朗语 -p'w 组合而成，应当有"保护队商的首长"和"队商的首领"的含义，而这个后缀赋予了梵语 -vāha 所没有的"长官"的意思。吉田丛已经论证了"萨薄"（中古音 *sât bʻâk）的"薄"，不能转译为外文的 p-，因此不能对应于 s'rtp'w；同样，sārthavāha 的 v-，也无法与萨保系列的"保"（pâu）、"甫"（piu）、"宝"（pâu）对译。因此，把 s'rtp'w，看作是"萨保"、"萨甫"、"萨宝"的音译，在对音上是毋庸置疑的。

对音在历史学研究中仅为一种辅助性工具，我之所以要否定自藤田丰八以来关于萨保等于萨薄的说法，尚有另外一个根据：即两个词汇本身含义不同。sārthavāha 没有由队商首领发展出来的聚落首领的含义，而"萨保"在汉文史料中可以确证其为以粟特胡人为主的聚落

---

[1] N. Sims-Williams, "The Sogdian Merchants in China and India", *Cina e Iran da Alessandro Magno alla Dinastia Tang,* ed. A. Cadonna e L. Lanciotti, Firenze 1996, p. 51.
[2] F. Grenet, N. Sims-Williams, and E. de la Vaissière, "The Sogdian Ancient Letter V", *Bulletin of the Asia Institute,* new series, 12, 1998, pp. 93, 95.
[3] Cf. R. Schmitt, "Der Titel 'Satrap'", *Studies in Greek, Italic, and Indo-European Linguistics Offered to Leonard R. Palmer on the Occasion of his Seventieth Birthday June 5, 1976,* eds. by A. M. Davies and W. Meid, Innsbruck 1976, pp. 373-390.

的大首领，所以，*s'rtp'w* 的意思，也从一个单纯的"队商首领"之义发展为"聚落首长"、"一方之长"之义。*s'rtp'w* 这个粟特词虽然部分来自梵文，但随后该词词义的演变结果却与其初义不尽相同，在汉文史料中所见到的"萨保"，完全是粟特文 *s'rtp'w* 概念下的意思，而不单纯是梵文 *sārthavāha* 的意思了。

更值得注意的是，在古代文献中，"萨保"和"萨薄"是严格区分的，从未混淆过。试看上举如此多的佛教经律传记，凡是译自 *sārthavāha* 的词，都是用"萨薄"，或"萨他婆"、"萨陀婆诃"，从来没有对译为"萨保"。高昌王国文书中的"萨薄"确实是指萨保，王素已经从文书学的内证判定，这个"萨薄"都应读作"萨簿"，我们不应当仅仅因为字型相同就和佛典中的"萨薄"等同起来，因为高昌人本来就不把它读作"萨薄"，而是读作"萨簿"。

我们再来看汉文史料中出现的所有已知的萨保一系的称呼，特别是粟特聚落存在的北朝、隋到唐初一段时间里，萨保也从未和印度的事情联系在一起过[1]：

译名	全称	所指	来源	年代	出处
萨宝	京师（？）摩诃萨宝	安但	安国	北魏	《安万通墓志》
萨保	使持节骠骑大将军开府仪同三司、凉甘瓜三州诸军事、凉州萨保	康拔达	康国	梁大通年间	《康阿达墓志》
萨宝	凉州萨宝	安难陀	安国	北魏	《元和姓纂》
萨宝	凉州萨宝	安盘娑罗	安国	北周	《元和姓纂》

---

[1] 表中材料的参考文献出处，均见荣新江《北朝隋唐粟特人之迁徙及其聚落》，《国学研究》第6卷，北京大学出版社，1999年，27—85页；收入作者《中古中国与外来文明》，北京：三联书店，2001年，19—110页。

续表

译名	全称	所指	来源	年代	出处
萨宝	雍州萨宝	安弼	安国	北魏	《文馆词林》卷四五五[1]
萨宝	摩诃大萨宝、张掖县令	史尼	史国	北魏	《史诃耽墓志》
萨宝	京师萨宝或摩诃萨宝、酒泉县令	史思、史多思	史国	北周	《史诃耽墓志》《史铁棒墓志》
萨宝	并州大萨宝、薄贺多比	翟娑摩诃		北齐	《翟突娑墓志》
萨宝	九州摩诃大萨宝、龙骧将军	康忤相	康国	北齐	《康元敬墓志》
萨甫	定州萨甫下司录商人	何永康	何国	北齐	《惠郁造像记》
萨保	同州萨保	安伽	安国	北周大象元年（579）	《安伽墓志》
萨保	领并、代、介三州乡团，检校萨保府	虞弘	鱼国	北周大象末（580前后）	《虞弘墓志》
萨宝	定州萨宝	康和	康国	隋	《康婆墓志》
萨宝	萨宝府长史	龙润	焉耆	唐初	《龙润墓志》
萨宝	故米国大首领	米萨宝	米国	唐天宝元年（742）	《米萨宝墓志》

首先应当说明两点：

第一，有学者强调这些墓志中"萨宝"前面的"摩诃"，即梵文的 Mahā，意思为"大"。其实这一点显然是后加上去的，如史射勿的《墓志》中仅说"曾祖妙尼、祖波波匿，并仕本国，俱为萨宝"[2]；其

---

[1] 陈明博士提醒我注意《文馆词林校证》（中华书局，2001年）173页"阙题"碑铭有："祖讳，魏雍州萨宝。父讳，隋开府仪同三司、贵乡县开国公、赠石州刺史。"按，昭陵出土《安元寿墓志》称："曾祖弼，周朝服侯。……祖罗，周开府仪同三司，隋石州刺史、贵乡县开国公。"（《全唐文补遗》第1册，68页）可知残碑之"父"应即安元寿祖安罗，职衔全同；则魏雍州萨宝，应当是安元寿的曾祖安弼，其雍州萨宝之衔或许是《墓志》失载，亦可能为后来追赠。
[2] 罗丰编著《固原南郊隋唐墓地》，北京：文物出版社，1996年，17页。

子史诃耽的《墓志》则称："曾祖尼，魏摩诃大萨宝、张掖县令。"[1] 此处的"摩诃"显然是后加进去的。因为，粟特人把中国人所熟悉的梵文加在他们的萨保称号之前，是完全可以理解的。况且，"萨宝"前的"摩诃"一词，也未必不能用粟特文本身做出合理的解释。

第二，有些学者强调北周信佛的宇文护字"萨保"、西魏大统十六年（550）《岐法起造像碑》中有"佛弟子岐萨保"两条材料，认为萨保与佛教有关，因而与印度有关。我们并不反对兼管宗教事务的胡人聚落首领也与佛教有关，但这两条中原的材料实在无法表明胡人聚落的萨保与印度梵文有关。作为人名出现的"萨保"应当具体分析，前者比较复杂，笔者认为很可能与胡人聚落首领意义的萨保有关[2]；后者作为佛弟子，意义很可能是"菩萨保佑"的缩写[3]，完全不能与上面列举的萨保官称相当。

从上表还可看出，文献材料里的萨保，无论是在北朝、隋唐实际担任萨保或萨保府官职的个人本身，抑或唐人墓志中所记载的曾任萨保的其曾祖、祖、父，绝大多数是来自昭武九姓的粟特人[4]，作为例外的翟姓，可能是高车人，也可能是粟特人[5]；鱼国目前尚不知所在，但为中亚或中亚北部的国家当无疑义[6]；焉耆是塔里木盆地的西域王

---

[1] 罗丰编著《固原南郊隋唐墓地》，北京：文物出版社，1996年，69页。
[2] 详参拙文《北朝隋唐胡人聚落的宗教信仰与祆祠的社会功能》，荣新江主编《唐代的宗教信仰与社会》，上海辞书出版社，2003年，385—412页。
[3] 按《岐法起造像碑》现存上海博物馆，笔者已三次观摩，全碑图像和题记都是佛教内容无疑。
[4] 林悟殊先生曾经指出："迄今所出土的墓志所提到的萨宝都是九姓胡，即粟特人。"见所撰《火祆教在唐代中国社会地位之考察》，蔡鸿生主编《澳门史与中西交通研究》，广州：广东高等教育出版社，1998年，183页。
[5] 荣新江《北朝隋唐粟特人之迁徙及其聚落》，《中古中国与外来文明》，96页；同作者《敦煌归义军曹氏统治者为粟特后裔说》，同上书，267页。
[6] 参看张庆捷《虞弘墓志考释》，荣新江主编《唐研究》第7卷，2001年，145—176页；林梅村《稽胡史迹考——太原新出隋代虞弘墓志的几个问题》，《中国史研究》2002年第1期，71—84页；罗丰《一件关于柔然民族的重要史料——隋〈虞弘墓志〉考》，《文物》2002年第6期，78—83、93页。

国。所有萨保的出身，没有一个跟印度有关。因此，我们不应到梵文里去追寻"萨保"的原语，如此众多的粟特人担任萨保一职，更能说明"萨保"应当来自粟特文的 s'rtp'w。

固原出土的《史射勿墓志》记载史射勿的"曾祖妙尼、祖波波匿，并仕本国，俱为萨宝"。似表明萨保一名早就存在于粟特本土；《魏书》卷一〇二、《隋书》卷八三记康国萨宝水上阿禄迪城，把粟特故乡的泽拉夫珊河称作"萨宝水"，表明这个词在粟特地区并不罕见，只是粟特地区迄今发现的粟特文字材料远少于中国境内的敦煌、吐鲁番，因此这个粟特文的名词首先在敦煌发现的粟特文古信札中被发现。吉田丰的这一发现，得到伊朗语专家的普遍赞同，却不为坚持萨保等于萨薄说的学者所认同，甚至被误解。富安敦曾批评沙畹、伯希和、罗佛三位对萨薄和萨宝史料都很熟悉的大家未能把两者联系起来，觉得非常遗憾。实际上，这可能正表明了他们不赞同这种联系。笔者不厌其烦地把有关萨薄和萨保的所有资料分别列出，揭示萨薄和萨保之间从未混用的事实，由此给予吉田丰的说法提供一个有力的补充。

如上所述，在汉文史料中，"萨薄"一般译作"商人"、"商主"，而"萨保"从未意译为这两个词。我们在史料中常见到的称呼粟特聚落主人的词是"首领"或"大首领"，如敦煌写本 S.367《沙州伊州地志》云："石城镇，本汉楼兰国。隋置鄯善镇，隋乱，其城遂废。贞观中（627—649），康国大首领康艳典东来，居此城，胡人随之，因成聚落，亦曰典合城。"又同卷伊州条记："隋大业六年（610）于城东买地置伊吾郡。隋末，复没于胡。贞观四年（630），首领石万年率七城来降。我唐始置伊州。"[1] 又，《唐故陆胡州大首领安君（菩）墓志》记："其先安国大首领，破匈奴衙帐，百姓归□□国。首领同京官五品，封

---

[1] 唐耕耦等编《敦煌社会经济文献真迹释录》一，北京：书目文献出版社，1986 年，39—40 页。

定远将军，首领如故。"[1] 可见，粟特系"萨宝"的意译是"首领"，"摩诃萨宝"或"摩诃大萨宝"的意译也就是"大萨宝"，与萨薄没有关系。

结　语

笔者在《北朝隋唐粟特聚落的内部形态》一文中，曾经对粟特聚落的首领萨保作了专门论述[2]，但由于重点不在萨保问题本身，因此对颇有争议的萨保的名称和性质问题没有展开讨论，而是按照笔者以前的观点，对萨保在聚落中的地位、作用、日常生活等方面做了阐述。本文也可以看作是上文的继续。

近年来，学术发展很快，有关问题的争论也是一环套一环，有些研究者因未能全面占有前人的研究成果，故只强调某一方面的史料，因而看法有些偏颇，难以回应其他方面的史料。而且，新材料的不断发现，也要求我们不断地修正自己的观点，在这样新的课题上，我们不应当保守地固执己见，而是应当随时调整甚至改正自己的观点。当然，对于一个史料记载不明且长期争论的问题，我们并不企求观点一致，只是希望研究者在发表自己的文章时，至少要做到自圆其说。笔者正是抱着这样的学术理念来展开讨论，并希望专家和读者予以批评指正。

2002年11月5日初稿，2003年1月16日改定；原载叶奕良编《伊朗学在中国论文集》第3集，北京大学出版社，2003年11月，128—143页。

---

［1］《全唐文补遗》第4册，402—403页。
［2］《中古中国与外来文明》，115—130页。

萨保与萨薄：佛教石窟壁画中的粟特商队首领

一 关于萨保与萨薄的研究史

在2002年11月13—14日北京大学伊朗文化研究所举行的"第三届伊朗学在中国学术研讨会"上，我发表了《萨保与萨薄：北朝隋唐胡人聚落首领问题的争论与辨析》，在丁爱博（A. Dien）、富安敦（A. Forte）两位的论文的基础上，仔细清理了有关粟特胡人聚落首领萨保问题的学术史，并从原始史料出发，指出在古代汉文文献中，"萨保"和"萨薄"是严格区分开来的，从未混淆过。佛典中的萨薄，音译自梵文的 sārthavāha，意为"队商首领"，意译作"商主"、"大商主"、"导首"、"导师"、"众之导师"，或"贾客"、"商人"，基本上都是出现在本生故事当中，其基本形象是富有的商人，置办船具，然后率众商人入海寻宝，或从事买卖贸易，在遇到各种危险时，萨薄救助众生，有时甚至献出自家性命。这个救助众生的商主不是别人，实际就是佛的前身。而萨保（又作萨甫、萨簿、萨宝），则是音译自粟特文的 s'rtp'w，由"队商首领"发展成"聚落首领"之意，汉文意译为"首领"或"大首领"。无论是在北朝、隋唐实际担任萨保或萨保府官职的个人本身，抑或唐人墓志中所记载的曾任萨保的其曾祖、祖、父，基本上都是来自昭武九姓的粟特人。因此，萨保不等于萨薄，虽然两者有某些共同的含义[1]。至于前人从萨保

---

[1] 此文已收入叶奕良编《伊朗学在中国论文集》第3集，北京大学出版社，2003年，

等于萨薄出发而提出的一些萨保与佛教更加密切的佐证,如北周佛教徒宇文护小字"萨保",唐人墓志中"摩诃大萨宝"的"摩诃"应当来自梵文的 mahā,"萨甫下司录商人何永康"出资去赎买佛寺,一些佛教徒的名字叫萨宝,如岐萨保、安萨保、米萨宝等,我在另外一篇文章《北朝隋唐胡人聚落的宗教信仰与祆祠的社会功能》中已做了一一的辨析,以说明粟特聚落内部的宗教主要应当是祆教[1],此不赘述。

对于我来说,有关萨保与萨薄的讨论还有一个有待探讨的问题,就是佛教石窟壁画中的萨薄形象问题。恰好,紧接着"第三届伊朗学在中国学术研讨会",同年 11 月 15—16 日,在北京大学中国古代史研究中心举办的"古代中外关系史:新史料的调查、整理与研究国际学术讨论会"上,张庆捷先生发表《北朝隋唐的胡商俑、胡商图与胡商文书》,其中提到:"在新疆克孜尔石窟第 8 窟、17 窟、38 窟、114 窟、184 窟等石窟壁画中,均有许多表现萨薄与商人的内容,最著名、最普遍的应是萨薄商主燃臂引路、马壁龙王救诸商人渡海和萨薄商主救商人出海的故事,这些甚至在一窟中反复出现。"他具体介绍了这三种本生故事的基本内容和汉译佛典的出处。在同一篇文章中,他还介绍了敦煌石窟壁画中与胡商有关的内容,即北周 296 窟的福田经变、隋代 420 窟的"商人遇盗图"、盛唐 45 窟的"商人遇盗图"和 103 窟的商旅图[2]。张庆捷先生的这篇文章不仅为我们提示了佛教石窟壁画上的胡商形象,而且还提供了大量可以与之相互对比的陶俑、砖雕、石刻、

(接上页) 128—143 页;并译成英文:"Sabao and Sabo: On the Problem of the Leader of Sogdian Colonies during the Northern Dynasties, Sui and Tang Period", Paper presented to: Crossing the Borders of China: A Conference on Cross-cultural interactions in Honor of Professor Victor H. Mair, December 5-7, 2003, University of Pennsylvania, Philadelphia。

[1] 荣新江主编《唐代宗教信仰与社会》(《北京大学盛唐研究丛书》),上海辞书出版社,2003 年,385—412 页,图 1—9。
[2] 此文已收入荣新江、李孝聪合编《中外关系史:新史料与新问题》,北京:科学出版社,2004 年,173—203 页,特别是 199—201、189—192 页。

墓葬壁画等方面的资料。

本文拟系统收集佛教石窟壁画上的萨薄形象，并从萨保与萨薄的关系角度加以论证，然后试图揭示出佛教壁画中萨薄或其所率印度商人在龟兹和敦煌地区向粟特萨保和商人转化的过程。

二 龟兹石窟壁画所见的萨薄及其商人

在今天新疆库车、拜城地区的古代龟兹国范围内的佛教石窟寺中，如克孜尔石窟、库木吐喇石窟、森木塞姆石窟、克孜尔尕哈石窟、台台尔石窟，都多少不等地保存有关于萨薄形象的本生故事图像，其中尤以克孜尔最为集中，而且保存的画面也比较清晰。以下就以克孜尔石窟的图像为主，将有关图像分类叙述，每种图像后提示在其他洞窟保存的情况，并把相关故事的汉文佛典摘要列出。

在进入正文前，有两个问题应当先做一些说明。

第一，有关克孜尔石窟的年代在学术界有比较多的讨论，各家的观点不尽一致，主要争论在开凿的起始年代和衰落的下限[1]。我们这里

---

[1] 有关克孜尔石窟年代主要观点，见 Albert von Le Coq and E. Waldschmidt, *Die buddhistische Spätantike in Mittelasien*. T. 7: Neue Bildwerke. 3, Berlin: Dietrich Reimer und Ernst Vohsen, 1933, pp. 24-29；宿白《克孜尔部分洞窟阶段划分与年代等问题的初步探索》，新疆维吾尔自治区文物管理委员会、拜城县克孜尔千佛洞文物保管所、北京大学考古系编《中国石窟·克孜尔石窟》一，北京：文物出版社，1989 年，10—22 页（收入宿白《中国石窟寺研究》，北京：文物出版社，1996 年，21—38 页，题《新疆拜城克孜尔石窟部分洞窟的类型与年代》）；霍旭初、王建林《丹青斑驳 千秋壮观——克孜尔石窟壁画艺术及分期概述》，新疆龟兹石窟研究所编《龟兹佛教文化论集》，乌鲁木齐：新疆美术摄影出版社，1993 年，201—228 页（收入霍旭初《龟兹艺术研究》，乌鲁木齐：新疆人民出版社，1994 年，1—30 页）；霍旭初《克孜尔石窟的分期问题》，《西域研究》1993 年第 2 期，58—70 页（收入霍旭初《考证与辨析——西域佛教文化论稿》，乌鲁木齐：新疆美术摄影出版社，2002 年，337—362 页）；廖旸《克孜尔石窟壁画分期与年代问题研究》，《艺术史研究》第 3 辑，广州：中山大学出版社，2001 年，331—374 页；李崇峰《中印佛教石窟寺比较研究——以塔庙窟为中心》，新竹：觉风佛教艺术文化基金会，2002 年，160—176 页。

无法细致讨论相关洞窟的年代问题，仅提示《克孜尔石窟内容总录》所给出的大致年代，其他比较重要的断代说法，读者可以参考《总录》的相应注记[1]。

第二，在我们讨论的4—7世纪的克孜尔石窟里，基本上没有汉文题记，因此可以推知这些本生故事应当不是根据汉文本来绘制的，很可能是根据当地流行的梵文本或吐火罗文本绘制的，当然也可能有图像的粉本。但这些梵文或吐火罗文本保存得不够完整，而汉译佛典中基本完整地保存了相应的故事文本，这个汉文本应当和龟兹的梵文或吐火罗文本有着相同的来源，为方便起见把相应的汉文佛典引出。

本文涉及的这些图像几乎都见于《贤愚经》中。据僧祐（445—518）《出三藏记集》卷九引《贤愚经记》，这部佛典是河西沙门释昙学、威德等八僧在于阗般遮于瑟大会上听诸位三藏法师说经讲律后，各书所闻，445年在高昌集成的[2]。这正好说明《贤愚经》所记的故事5世纪前后在西域丝路南北道颇为流行。因此，龟兹石窟壁画中所绘制的这些本生故事，常常不止存在于一座石窟中，而且常常不止一幅。除了我们这里讨论的几种与萨薄相关的本生故事外，《贤愚经》和其他佛经所记载的许多常见的佛本生故事，在龟兹石窟中都有所表现[3]。

龟兹石窟佛教图像是依据佛典绘制的，按照佛典成立的背景来说，

---

[1] 新疆龟兹石窟研究所编《克孜尔石窟内容总录》，乌鲁木齐：新疆美术摄影出版社，2000年。

[2] 《大正新修大藏经》第55卷，67页。关于《贤愚经》，参看 S. Lévi, "Le *sutra du sage et du fou* dans la litterature de l'Asie centrale", *Journal Asiatique*, 1925, pp. 304-332; V. H. Mair, "The Linguistic and Textual Antecedents of *The Sutra of the Wise and the Foolish*", *Sino-Platonic Papers,* 38, April 1993, pp. 1-95; idem., "The Khotanese Antecedents of *The Sutra of the Wise and the Foolish (Xianyu jing)*", *Collection of Essays 1993: Buddhism Across Boundaries-Chinese Buddhism and the Western Regions*, ed. Erik Zürcher et al., Sanchung, Taiwan, 1999, pp.361-420。

[3] 详见梁丽玲《新疆石窟中的〈贤愚经〉壁画》，见其《〈贤愚经〉研究》，台北：法鼓文化公司，2002年，521—544页。

图 1　克孜尔第 38 窟萨薄燃臂本生

这些图像中的人物应当是印度人，但是，当我们仔细审视这些图像的时候，我们发现问题似乎并不那么简单。

1. 萨薄燃臂引路本生（Legend of Pradīpapradyota Kingdom）

此故事见于许多佛典，这里引证两段文字比较丰富的记载。《贤愚经》卷六《五百盲儿往返逐佛缘品》第二十八：

> 如是我闻，一时佛住舍卫（Srāvast）国祇树（Jetavana）给孤独园，……阿难白佛：不审世尊，过去世中，为此除闇，其事云何？佛告阿难：乃昔久远，无量无数阿僧祇劫，此阎浮提，五百贾客，共行旷野，经由崄路，大山谷中，极为黑闇。时诸商人，迷闷愁忧，恐失财物，此处多贼，而复怖畏。咸共同心，向于天

图2　克孜尔第17窟萨薄燃臂本生

地日月山海一切神祇，啼哭求哀。时萨薄主愍诸商客迷闷之苦，便告言曰：汝等莫怖，各自安意，吾当为汝作大照明。是时萨薄，即以白㲲自缠两臂，酥油灌之，然用当炬，将诸商人，经于七日，乃越此闇。时诸贾客感戴其恩，慈敬无量，各获安隐，喜不自胜。佛告阿难：尔时萨薄，岂异人乎？我身是也。……尔时五百诸贾客者，岂异人乎？今此五百比丘是也[1]。

又，梁沙门僧旻、宝唱等集《经律异相》卷二四《灯光金轮王(Čakravartin) 舍臂》四：

---

[1]《大正新修大藏经》第4卷，No.202，392—393页。

尔时有大恶罗刹（Rākṣasa），随逐商人，如影随形，欲为虐害。是恶罗刹，即于其日放大恶风。时诸商人迷闷失道，生大怖畏，失声啼哭，唤呼诸天摩醯首罗（Maheśvara）、水神、地神、火神、风神，复称父母、妻子、眷属，愿救济我。善男子：我于尔时，以净天耳闻其音声，寻往其所。以柔濡音而慰抚之，莫生怖畏，当示汝道，令汝安隐还阎浮提（Jambudvīpa）。善男子：我于尔时，白氎缠臂，以油灌之，然以为炷，发真实言。……然臂乃至七日七夜，此诸商人，寻便安隐还阎浮提。……善男子：我于往昔诸所发愿，皆得成就，如恒沙等大劫之中，常作无上萨薄之主，于恒河沙五浊恶世雨种种宝，一日之中七反雨之，令得满足（出《过去香莲华佛世界经》）。

两段经文略有不同，即《贤愚经》是说商人走到黑暗山谷中，恐怖忧惧，萨薄自燃双臂，引导众商人走出暗谷；而《经律异相》则说商人因为大恶罗刹放大恶风，致使商人迷路，才心生恐怖的，导引者是佛的前身，而没有明确说是萨薄。以上述两段经文来对比龟兹石窟的图像，显然《贤愚经》的文字和图像更加接近。

目前所见萨薄燃臂引路本生的壁画，主要有：

克孜尔第38窟主室券顶东侧壁下面，绘有萨薄燃臂本生（图1）：萨薄高举双臂，燃烧作炬，一商人右手上举翘望，左手执杖，旁有一牛一驴，背上驮着货物。商人身着紧口蓝衣，头戴白色虚帽，深目高鼻[1]。此洞窟年代约公元4世纪。

克孜尔第17窟主室券顶东侧壁第二排左侧菱格内，画有萨薄商主燃臂引路本生（图2）："萨薄举双手燃臂当炬，旁立二商伸臂指向火

---

[1]《中国石窟·克孜尔石窟》一，图121，244页解说。

炬；商人身后一载货骆驼随行。"[1] 此洞窟年代约 6 世纪。前一商人穿褐色翻领紧身长袍，上有白色斑点，绿色裤子，腰间束带，脚穿长统靴。后一商人穿白色圆领紧身长袍、白裤，衣边为褐色镶边。不论是翻领长袍还是圆领长袍，都和安伽墓石屏风上的粟特人的服饰相同，如翻领长袍见左侧屏风第 2 幅下半部两个猎人、正面屏风第 6 幅下半部中间舞蹈者[2]，圆领长袍见左侧屏风第 1 幅牛车前佩刀者，左屏第 2 幅上半部狩猎者、正面第 1 幅下半部抱酒坛者、正面第 4 幅下面会盟图左侧的萨保等[3]。石窟上两个商人的面部不清，但都戴有白色虚帽，其颜色、形制、大小都和安伽图像上的萨保所戴者相同，如正面第 2 幅下半部猎狮者、第 4 幅下半部左侧会盟者、右屏第 3 幅上下出行者[4]。

克孜尔第 8 窟主室券顶西侧壁南端下部下排中幅菱形格中，所绘为本生故事画，描述萨薄燃臂炬引众商人出阇林[5]。按，其中萨薄着菩萨装。商人着翻领花袍，戴白色尖帽，牵引一驴。洞窟年代在公元 7 世纪。

克孜尔第 178 窟（德国探险队编为 Schlucht Höhle、峡谷窟）主室券顶左侧壁画第三排（现藏柏林印度艺术博物馆，编号 MIK Ⅲ 8449a），有萨薄燃臂本生，萨薄后有商人随之，商人胡服白帽，穿长统靴，一驼载物随后[6]。洞窟年代约公元 7 世纪。

---

[1]《中国石窟·克孜尔石窟》一，图 62，241 页解说。参看马世长《克孜尔中心柱窟主室券顶与后室的壁画》，《中国石窟·克孜尔石窟》二，北京：文物出版社，1996 年，184 页，插图 41。
[2] 陕西省考古研究所编《西安北周安伽墓》，北京：文物出版社，2003 年，68 页，图版 30、32、65。
[3] 同上书，68—69 页，图版 31、42、56。关于安伽图像上萨保的认定，参看拙文 "The Illustrative Sequence on An Jia's Screen: A Depiction of the Daily Life of a *Sabao*", *Orientations*, February 2003, pp. 32-35 + figs.1-7。
[4]《西安北周安伽墓》，图版 49、56、73。
[5]《中国石窟·克孜尔石窟》一，图 33，238 页解说。
[6] *Along the Ancient Silk Routes. Central Asian Art from the West Berlin State Museums*, New York: The Metropolitan Museum of Art, 1982, pp. 100-101, pl. 34; 东京国立博物馆《ドイシ·トルファン探险队西域美术展》，东京：东京国立博物馆等，1991 年，86 页，图版 35。

克孜尔第 184 窟主室侧壁下部第 15 幅图（现藏柏林印度艺术博物馆，编号 MIK Ⅲ 8888），"一菩萨举双手立，双手已点燃，向左是一赶驴的商人，驴背上驮有货物，左侧边缘为山崖，背景暗。"[1] 洞窟年代约公元 7 世纪。

此外，克孜尔第 58、63、114 窟[2]，台台尔石窟第 13 窟主室券顶东壁[3]，也有这幅图像。其中克孜尔第 114 窟的商人（图 3），戴白色尖顶帽，穿翻领紧身长袍。

2. 马壁龙王本生

《经律异相》卷二四《灯光金轮王舍臂》四云：

> 时阎浮提有五百商人，入海采宝。有一商主，名曰满月，得如所愿，即欲发还。龙心怀瞋，欲害商人。复有一龙王，名曰马坚（壁），是大菩萨，以本愿故，生于龙中。起慈悲心，救诸商人，令得安隐过于大海，至彼岸边。龙王然

图 3　克孜尔第 114 窟萨薄燃臂本生

---

[1]《中国石窟·克孜尔石窟》三，北京：文物出版社，1997 年，图 207，234 页解说。
[2]《克孜尔石窟内容总录》，69、73、144 页。其中第 114 窟的图像，见《中国壁画全集》8《克孜尔》1，天津人民美术出版社、乌鲁木齐：新疆美术摄影出版社，1992，134 页，图 145。
[3] 许宛音《台台尔石窟踏查记》，《中国石窟·克孜尔石窟》一，图 172，228 页。

图 4　克孜尔第 114 窟马壁龙王救众商人本生

后还本住处（出《过去香莲华佛世界经》）。

克孜尔第 114 窟主室券顶西侧壁，有马壁龙王救众商人本生（图 4），所绘为两个商人牵一驼一牛，背负货囊经过二龙头所架之桥[1]。商人为圆脸形，颇似龟兹供养人，与大多数深目高鼻者不同，穿紧身长袍。洞窟年代约公元 4 世纪。

第 114 窟主室券顶东侧壁为德国探险队切割走（现藏柏林印度艺术博物馆，编号 MIK Ⅲ 9103），其中第三排第二幅也是马壁龙王本生，龙作 S 形，身体粗壮，两端龙头张着大口。龙身上有一商人赶着一牛一驴，牛身上所驮圆形包袱一共三层，中间用绳捆扎，很像 Miho

---

[1]《中国石窟·克孜尔石窟》二，图 134 左下部。参看马世长《克孜尔中心柱窟主室券顶与后室的壁画》，181 页，插图 24。细部图版，见《中国壁画全集》8《克孜尔》1，139 页，图 150。

图 5　克孜尔第 14 窟马壁龙王救众商人本生　　图 6　克孜尔第 13 窟马壁龙王救众商人本生

美术馆 D 石屏上的骆驼所驮包裹[1]，商人长袍束带，裤腿扎进长统靴中，头戴白色尖顶帽[2]。

克孜尔第 14 窟券顶东侧壁北端上部（第 4 幅）菱格画（图 5）："二男子穿大翻领上衣，立于首尾各有一头的大龙身上。前者戴一尖顶圆帽，穿白上衣，束一腰带，衣有橘红色镶边，下穿蓝灰色紧口裤，双手合掌举于胸前，并回头顾盼后一人。后者头上披发，穿黑色上衣，腰束一带，下穿白色紧口裤，双手合掌举于胸前。两人前后呼应。龙身为绿色，腹部为白色，绿底上画白色小圆点，两端龙头上竖有角，大眼圆睁。龙身前后各缠绕住一座山头，张口咬住自己的身躯。龙头

---

[1]《Miho Museum. Southwing/ 南馆图录》，Miho Museum，1997 年，251 页。
[2]《中国石窟·克孜尔石窟》三，图 197。231 页解说不够详细。

为土黄色，墨线勾轮廓。菱格山为蓝色。"据考证这里描绘的也是马壁龙王本生[1]。这里的两位商人，戴圆顶尖帽者，似为卷发、深目。后者圆形脸，与龟兹人物形象相同。洞窟年代约公元 6 世纪。

克孜尔第 17 窟主室券顶西侧壁第二排最后一幅也是马壁龙王救众商人本生，图像已残，仅存二龙头所架之桥，上残存马腿[2]。洞窟年代约 6 世纪。

此外，第 7、13 窟中也有此图[3]。其中第 13 窟的商人（图 6），身穿紧身长袍，下着长统靴，腰间束带，佩挂一短剑。又，克孜尔尕哈第 21 窟左右壁的下方，各有一幅马壁龙王本身，龙王身上有二商人，帽子及衣饰似粟特装[4]。

对比上述图像来看，《经律异相》的文字比较简略，因此石窟图像所据文本应当比《经律异相》要细致。总体上看，图像表现的是马壁以身体作桥梁，让商人通过，到达大海彼岸。

3. 萨薄圣友施乳本生

此故事亦见于《贤愚经》卷八《盖事因缘品》第三十四：

> 佛告阿难，乃复过去久远无量阿僧祇劫，此阎浮提波罗柰国(Vārānasi)仙人山中，有辟支佛(Pratyeka Buddha)，恒于山中止住。时辟支佛患身不调，往问药师。药师语曰：汝有风病，当须

---

[1] 《中国石窟·克孜尔石窟》一，图 47，图 48（特写），240 页（解说）；北京大学考古系、克孜尔千佛洞文物保管所编《新疆克孜尔石窟考古报告》第 1 卷，北京：文物出版社，1997 年，81—82 页，彩色图版 18、22。
[2] 《中国石窟·克孜尔石窟》一，图 66，241 页（解说）。参看马世长《克孜尔中心柱窟主室券顶与后室的壁画》，181 页，插图 24。
[3] 《克孜尔石窟内容总录》，13、20 页。其中第 13 窟的图版，见《中国壁画全集》8《克孜尔》1，156 页，图 168。
[4] 此为笔者 2004 年 8 月 2 日调查记录。

图7 克孜尔第14窟萨薄圣友施乳本生

服乳。时彼国中有一萨薄,名曰阿利耶蜜罗(Aryamitra),晋言圣友。时辟支佛往告其家,陈病所由,从其乞乳。萨薄欢喜,便请供养,日给其乳,经于三月。三月已竟,身病得差。感其善意,欲使主人获大利益,踊在空中,坐卧行立,身出水火,或现大身,满虚空中,又复现小,入秋毫之里。如是种种,现十八变。于是,圣友极怀欢喜。复从空下,重受其供,经于数时,乃入涅槃。萨薄悲悼,追念无量[1]。

克孜尔第14窟券顶西侧壁上排左侧(第2幅)菱格内(图7),"一菩萨戴单珠冠,胡跪,下身穿蓝长裙,腰两侧各有一结。披巾从肩部向后飘起,在胸前呈圆环下垂。菩萨前卧一病人,病人穿蓝色袈裟,

---

[1]《大正新修大藏经》第4卷,No.202,404页。

两腿相交，左手扶膝，右手伸前，掌面向上接一物。菩萨上身微前倾，左手托钵，右手握木勺盛物喂病人。"[1]《中国石窟·克孜尔石窟》称此或为圣友施辟支佛乳本生[2]。洞窟年代约公元 6 世纪。

克孜尔第 178 窟（德国探险队编为 Schlucht Höhle、峡谷窟）券顶西侧壁也有圣友室辟支佛乳图像[3]。洞窟年代约公元 7 世纪。

此外，此图像还见于森木塞姆石窟第 26 窟主室券顶[4]。

两相对照，图像描绘的应当就是萨薄圣友施乳给辟支佛的故事。因为这里只是萨薄与辟支佛的形象，萨薄着菩萨装，画面没有萨薄所带领的商人形象。

4. 大施抒海本生（Mahātyāgavan-Legend）

所对应的文献见《贤愚经》卷八《大施抒海品》第三十五，文字稍长，不俱引，大意是：婆楼施舍（城婆罗门尼拘楼陀，Nyagrodha）之子摩诃阇迦樊（Mahātyāgavan），晋言大施，以萨薄身份，装办行具，率五百商人，入海采宝。商人满载而归，大施为救济穷苦，深入龙宫，获得三枚宝珠，飞翔出于海外。当大施已度海难后小眠休息时，有诸龙乘机将珠持去。大施觉醒，发现珠已不在，于是来到海边，得一龟甲，两手捉持，在诸天帮助下抒海，一反抒海，即减四十里，二反抒之，减八十里，三反抒之，减百二十里。其龙惶怖，出珠还之[5]。

---

[1]《新疆克孜尔石窟考古报告》第 1 卷，85 页，彩色图版 20。此处其称此"似是施肉给病比丘故事"，并引《贤愚经》卷四《摩诃斯那优婆夷品》第二十一文字，但此病比丘并非卧草窟中，施舍者亦非优婆夷装束，而是菩萨装。其说似有未谛。
[2]《中国石窟·克孜尔石窟》一，图 50，240 页（解说）。
[3] 参看马世长《克孜尔中心柱窟主室券顶与后室的壁画》，193 页，插图 78。
[4] 丁明夷《记两处典型的龟兹石窟——森木塞姆与克孜尕哈石窟》，《龟兹佛教文化论集》，366 页。
[5]《大正新修大藏经》第 4 卷，No.202，404—409 页。参看 É. Chavannes, *Cinq cent contes et apologues. Extraits du Tripitaka Chinois*, IV, Paris 1910, pp. 90-91。

图 8　克孜尔第 38 窟大施抒海本生

克孜尔第 38 窟主室券顶西侧壁第一排有大施抒海本生（图 8），"绘水中一人执器掏水，水中另立一人，双手捧盘，内置宝珠。"[1] 按，萨薄大施着菩萨装，立水中，水不没膝。水中所立龙王，水及腰部，正捧盘奉献宝珠。洞窟年代约公元 4 世纪。

克孜尔第 14 窟券顶西侧壁下排左侧（第 9 幅）菱格内绘大施本生："一菩萨蓝发束顶，下身穿土红色短裤，腰侧打一结。两腿立于绿色海水中。蓝披巾横系于胸部，再于背后打结。菩萨弯腰俯身，双手握着龟板从海水中向外打水。"[2] 洞窟年代约公元 6 世纪。

---

[1]《中国石窟·克孜尔石窟》一，图 129，245 页解说。
[2]《新疆克孜尔石窟考古报告》第 1 卷，86 页，彩色图版 20、25；《中国石窟·克孜尔石窟》一，图 50，240 页（解说）。

克孜尔第 17 窟主室券顶西侧壁第二排第 3 幅，也是大施本生[1]，绘菩萨装的大施正在以钵淘水，旁一人屈膝端物相向，应当是龙王献珠。洞窟年代约公元 6 世纪。

克孜尔第 186 窟（小峡谷）中心柱台座左侧第 2 幅为大施本生（现藏柏林印度艺术博物馆，编号 MIK Ⅲ 8851，作菩萨装的大施正以钵淘水，其前后各有一龙王献宝珠，上方则有二天人以巾向外淘水[2]。洞窟年代约公元 7 世纪。

此外，克孜尔第 91、104、178、206 窟[3]，克孜尔尕哈石窟第 14 窟右甬道外侧壁、21 窟甬道[4]，库木吐喇石窟第 2 窟主室券顶西侧壁[5]，也有此图像。

这里萨薄大施的形象也是以菩萨的形象出现，他手拿龟板（有时是钵）来淘水，龙王献宝珠，图像和文字基本对应。

5. 勒那阇耶（Lenasheye）本生

故事见《贤愚经》卷十《勒那阇耶品》第四十三：

> 佛告比丘：过去久远，此阎浮提波罗奈国，时彼国王名梵摩达（Brahmadatta）。尔时国中有大萨薄，名勒那阇耶。……当于是时，有众贾客，劝进萨薄，欲共入海。即答之曰：为萨薄法，当办船具，我今穷困，无所复有，何缘得从？众人报言：我等众人

---

[1] 《中国石窟・克孜尔石窟》一，图 66，241 页（解说）。参看马世长《克孜尔中心柱窟主室券顶与后室的壁画》，181 页，插图 21。
[2] *Along the Ancient Silk Routes. Central Asian Art from the West Berlin State Museums*, p. 104, pl. 36;《ドイシ・トルファン探险队西域美术展》，86 页，图版 34。《中国石窟・克孜尔石窟》三，图 210，234 页解说。
[3] 《克孜尔石窟内容总录》，117、132、200、233 页。
[4] 丁明夷《记两处典型的龟兹石窟——森木塞姆与克孜尔尕哈石窟》，368、369、371 页。
[5] 《中国石窟・库木吐喇石窟》，北京：文物出版社，1992 年，图 6，243 页解说。

凡有五百，开意出钱，用办船具。闻是语已，即便许可。……至第七日，断索都尽，船即驰去。便于道中，卒遇暴风，破碎其船。众人唤救，无所归依，或有能得板樯浮囊以自度者，或有堕水溺死之者。中有五人，共白萨薄，依汝来此，今当没死，危险垂至，愿见救度。萨薄答曰：吾闻大海不宿死尸。汝等今者，悉各捉我，我为汝故，当自杀身，以济尔厄，誓求作佛。后成佛时，当以无上正法之船，度汝生死大海之苦。作是语已，以刀自割。命断之后，海神起风，吹至彼岸，得度大海，皆获安隐。佛告比丘：欲知尔时勒那阇耶者，今我身是[1]。

克孜尔第114窟主室券顶西侧壁左上菱形格内，所绘似勒那阇耶本生（图9）："一圆形大海浮卧一人，另有四人在水中分别浮托此人。上方另一人抱一木板浮游而来。"[2] 按，萨薄作菩萨装。洞窟年代约公元4世纪。

此外，克孜尔第13窟[3]、克孜尔尕哈石窟第14窟右甬道外侧壁、21窟甬道[4]，也有此图像。

图像中除萨薄外只有四人，而经文说是五人，这可能是画面受菱格面积狭小的限制，无法容纳，并不一定表明所据文本有差异。从图像和经文的基本意来看，两者所出相同。画面上不论是萨薄勒那阇耶，

---

[1]《大正新修大藏经》第4卷，No.202，421—422页。É. Chavannes, *Cinq cent contes et apologues. Extraits du Tripitaka Chinois*, IV, p. 129 有部分翻译。T. Lenz, *A New Version of the Gāndhārī Dharmapada and a Collecion of Previous-Birth Stories. British Library Kharosthi Fragments 16 + 25*, Seattle and London: University of Washington Press, 2003, pp. 214-216 有完整英译。

[2]《中国石窟·克孜尔石窟》二，图145，257页解说。参看马世长《克孜尔中心柱窟主室券顶与后室的壁画》，190—191页，插图71。

[3]《克孜尔石窟内容总录》，20页。

[4] 丁明夷《记两处典型的龟兹石窟——森木塞姆与克孜尔尕哈石窟》，368、369、372页。

图 9　克孜尔第 114 窟勒那阇耶本生

还是另外四个商人，都是龟兹式的圆形脸。

龟兹石窟壁画上的萨薄形象，作为佛的前生形象，所以大多数是作菩萨装束，如萨薄燃臂引路本生、萨薄圣友施乳本生、大施抒海本生、勒那阇耶本生中的萨薄，都是表现为菩萨的样子，是印度传统图像的龟兹表现形式。

关于壁画上的商人形象，朱英荣、韩翔早年曾撰文认为这些龟兹壁画上的商人都是龟兹服饰和打扮，是龟兹商人从事商业活动的反映[1]。实际上，仅仅从服饰上来看，并不能确定人物的族属，学者们早已指出，龟兹供养人的服饰其实是受到萨珊波斯样式的强烈影响，比如现藏柏林印度艺术博物馆的克孜尔供养人像，穿翻领长袍，有镶边，

---

[1] 韩翔、朱英荣《龟兹石窟》，乌鲁木齐，新疆大学出版社，1990 年，285—286 页；朱英荣《龟兹石窟研究》，乌鲁木齐：新疆美术摄影出版社，1993 年，20—21 页。

上面有波斯联珠纹样[1]，和粟特地区壁画上的人物服饰基本相同。李明伟先生也认为这些图像中有龟兹商人，但他同时把这些商旅形象和丝绸之路贸易联系起来，强调其不是古代印度社会的反映，而是西域地区商业经济的生活，其中也有波斯商人[2]。

霍旭初先生指出，龟兹石窟初创期（公元3世纪末至4世纪中），壁画中未见商人题材，到了发展期（4世纪中至5世纪末）开始出现[3]，这是受到丝绸之路上商人的影响。张庆捷先生在利用克孜尔石窟壁画商人图像来讲述丝绸之路上的商队情况时，虽然没有讨论他们的族属问题，但他提供的大量伊朗系统的胡商及骆驼陶俑、壁画、雕刻形象[4]，使我们不难看出，这些佛教石窟壁画上的商人与北朝隋唐人常常见到的粟特商人基本相同。

从上面我们收集并仔细描述的龟兹壁画上的商人形象来看，除了克孜尔第114窟两幅马壁龙王本生上的商人为圆脸形、颇似龟兹供养人之外，其他的商人则更像是我们从安伽等粟特石屏图像所见到的粟特人的形象。其中主要有四点特别明显：

第一，这些商人大多数是深目高鼻，而不是龟兹壁画中佛像和供养人像的圆形面孔，因此可以认定不是印度商人，也不具有龟兹商人种族特征，在和安伽、Miho等石屏风上确定为粟特人的形象相比较之后，把他们看作是粟特人较为妥当。

第二，虽然人的穿戴并不能确定一个人的种族归属，但如果这种穿戴比较普遍的话，也可以看作是一个民族的特征所在。在龟兹石窟

---

[1] *Along the Ancient Silk Routes. Central Asian Art from the West Berlin State Museums*, p.168, pl.107.
[2] 李明伟《莫高窟和克孜尔石窟壁画中的丝路贸易》，见段文杰等编《（1990年）敦煌学国际研讨会文集：石窟考古编》，沈阳：辽宁美术出版社，1995年，426—427页。
[3] 霍旭初《克孜尔石窟前期壁画艺术》，见其《龟兹艺术研究》，44—45页。
[4] 张庆捷《北朝隋唐的胡商俑、胡商图与胡商文书》，见《中外关系史：新史料与新问题》，173—203页。

壁画的商人头上，往往戴着一个白色尖顶虚帽，正如上文已经指出的那样，这和安伽石屏风上萨保所戴的帽子相同，而且这几乎已经成为我们判断萨保的重要标志，所以，我们据此把戴有这种帽子的商人看作是粟特商人，应当是可以成立的[1]。

第三，这些商人多穿圆领紧身长袍，有些穿翻领紧身长袍，这也是粟特人的主要服饰，我们在安阳、安伽石屏风图像看到的最多的图像正是这种紧身长袍，尤其以圆领居多。

第四，在《萨保与萨薄：北朝隋唐胡人聚落首领问题的争论与辨析》一文中，我曾指出因为印度近海，所以，植根于印度土壤的佛本生故事中的萨薄商队，往往是入海经商的团体。只有在于阗讲述而在高昌编成的《贤愚经》中，才出现经行山谷、旷野的队商，这或许是当地情况的反映[2]。虽然在西域龟兹所绘制的佛本生故事中的萨薄，也仍然以大海为主要背景，如马壁龙王本生、大施抒海本生、勒那阇耶本生，都是发生在海上的故事，所以画面上也多是海上的情形。但表现萨薄燃臂为炬，把商人引出黑暗山谷的本生故事，在龟兹石窟中也占有相当的比例，而这可能正是西域地区更为真实的写照。值得注意的是，不论是描绘发生在山谷中的萨薄燃臂引路本生（克孜尔第178窟），还是发生在大海中的马壁龙王本生（克孜尔第114窟），都有沙漠之舟骆驼的形象出现，此外还有马、驴和牛，这些都是从粟特到中国的粟特萨保所率商队经过的沙漠地带的常见运载牲畜，而非印度萨薄入海采宝的工具——船。

从以上考察4—7世纪的龟兹石窟壁画上的商人形象，我们可以

---

[1] 影山悦子对此帽子有更加详细的论证，见 E. Kageyama, "Sogdians in Kucha, a study from archaeological and iconographical material", Paper presented to the International Conference of "Sogdians in China. New researches in history, archaeology and philology", Beijing, April 23-25, 2004。
[2] 《伊朗学在中国论文集》第3集，138页。

说，这些佛教壁画上所描绘的萨薄所率领的商人，虽然画家想表现的是印度商人的形象，但其形象的实质已转换成了当时西域地区常见的粟特商人的模样。我们根据文献材料和出土文书已经知道，龟兹地区也和西域其他地区一样，是粟特商人往来经商必经之地[1]，他们的形象更为当地居民所熟悉，因此当地画家在进行创作时，就可能有意无意地把佛经中的印度萨薄转换成了粟特萨保的形象。

三 敦煌石窟壁画所见的萨薄及其商人

敦煌石窟壁画中，也有不少依据佛经绘制的商主及其所率领的商人的形象。但敦煌石窟壁画中的本生故事，流行的题材主要是九色鹿、舍身饲虎等，我们尚未见到克孜尔石窟中常见的有萨薄的画面。敦煌石窟的商人形象，主要见于《法华经变》中。

敦煌莫高窟第 296 窟窟顶北披东段，据考是北周时依据《佛说诸德福田经》绘制的《福田经变》[2]。该经中说到七种修福田的方法之一，就是"安设桥梁过渡羸弱"。与此相应的画面，描绘了一座小桥，桥上有两匹驮着商品包裹的马，正由左向右行，后面是四个汉族模样的商人随之而行，其中两人骑马，两人步行。桥的另一侧，是一个头戴尖顶帽、深目高鼻的胡商牵着两峰骆驼，正准备过桥，骆驼的身上驮着高大的货包，其后还有一个胡商赶着两头驮着货物的毛驴相随。此图的上面一栏，自左向右描绘商人休憩的果园、席地而坐的商人和卧地休息的骆驼、一人照料骡马在槽中饮水或吃草、两人给一头卧着的骆

---

[1] 荣新江《西域粟特移民考》，马大正等主编《西域考察与研究》，乌鲁木齐：新疆人民出版社，1994 年，164—165 页；又见其《中古中国与外来文明》，北京：三联书店，2001 年，32—34 页。
[2] 史苇湘《敦煌莫高窟中的〈福田经变〉壁画》，《文物》1980 年第 9 期，44—48 页。

驼灌药[1]。

《佛说诸德福田经》中虽然没有特别讲到萨薄或商人，但是我们不难看出，北周时期敦煌壁画的创作者，不是把想象中的印度人的模样绘制出来，而是用中亚深目高鼻的胡商形象，来作为桥对面的中原汉族商人的比对。由于这幅早期的胡商图像画得比较粗略，所以我们还不能判定他们确切的种族特征，但至少可以肯定不是印度商人。

敦煌莫高窟壁画中的商人形象，主要见于《法华经变》中的《观世音菩萨普门品》和《化城喻品》。《观世音菩萨普门品》所叙述的故事，正如第45窟画面正中的榜题所云："若三千大千国土，满中怨贼，有一商主（即萨薄），将诸商人赍持重宝，径（经）过险路，其中一人做是唱言：诸善男子，勿得恐怖，汝等应当一心称观世音菩萨名号，是菩萨能以无畏施于众生，汝等若称名者，于此怨贼当得解脱。众商人闻，俱发声言：南无观世音菩萨，称〔其名故〕，即得解脱。"[2]《化城喻品》则是讲一群商人去寻宝，经过险难恶道和旷绝无人怖畏之处，众人因为极度疲劳而且畏怖，于是产生退还的念头，这时有位"强识有智能"的导师（即萨薄），以方便法化出一座城池，让众人休息。众人又贪图安稳，不想继续前进，于是导师又把城化去，让大家前进而一起达到宝物所在的地方。

莫高窟第420窟窟顶东坡上部，是隋代绘制的一幅《观世音菩萨普门品》（图10）[3]。据贺世哲先生的释读，此画面从右向左，依次画着商主出行前跪地求观世音保佑一路平安，商队起程，赶着一队驮着货物的

───────

[1] 敦煌文物研究所编《中国石窟·敦煌莫高窟》一，北京：文物出版社，1982年，图189。更清晰的图版，见马德编《敦煌石窟全集》26《交通画卷》，上海人民出版社，2001年，18—19页，图2。
[2] 杨雄编《敦煌石窟艺术·莫高窟第四五窟》，南京：江苏美术出版社，1993年，81页，图83。
[3] 敦煌文物研究所编《中国石窟·敦煌莫高窟》二，北京：文物出版社，1984年，图75。更清晰的图版，见马德编《敦煌石窟全集》26《交通画卷》，26—27页，图8。

图 10　莫高窟第 420 窟隋代《观世音菩萨普门品》

骆驼、毛驴翻山越岭。当商队下到山谷休息时，忽然一队穿戴盔甲的强盗骑马冲杀过来。商人仓猝应战，寡不敌众，全部被俘。观音显灵，强盗排成两队，合十而立[1]。这幅图像的场面虽大，但人物形象很小，加上颜色已经变黑，无法判断商人的族属。我们可以根据那一排排的驼队，来判断这里描述的应该是经常穿越西域沙漠地带的中亚商人。

第 217 窟南壁的《法华经变》（图 11），绘制于初盛唐之交，摆脱了传统的横卷式，创造出一种类似西方净土变的向心式大型经变画[2]。其中的《化城喻品》，在蜿蜒曲折的河流和层峦耸崎的山丘的中间，绘出寻宝的商人，或缓缓而行，或歇马休息，或策马奔向导师变出的化城[3]。

第 103 窟南壁西侧也是大型向心式《法华经变》（图 12），绘制于

---

[1] 贺世哲编《敦煌石窟全集》7《法华经画卷》，上海人民出版社，2000 年，33 页，图 18。
[2] 贺世哲《敦煌壁画中的法华经变》，敦煌研究院编《敦煌研究文集·敦煌石窟经变篇》，兰州：甘肃民族出版社，2000 年，148—153 页。
[3] 贺世哲编《敦煌石窟全集》7《法华经画卷》，64—65 页，图 49—50。

天宝年间（742—755）。其中的《化城喻品》，描绘一个商人牵着背负货物巨囊的大象，旁边是一匹没有乘骑的马，后面跟着两个商人，在商队前面，一个僧人在面对着峭壁祈祷，另有一人五体投地，祈求观音化险为夷[1]。

217窟和103窟的《法华经变》的风格相同，贺世哲先生认为这是因为直接受到中原画风的影响[2]。这里表现的商队和我们在龟兹石窟壁画和莫高窟北周、隋代壁画上所见的中亚商队情况差别较大，画中的商人形象也和敦煌地区此后《法华经变》中的商人图像不同，大概正因为是依据了唐朝初期从中原传来的文本。这两个窟所绘的商队都有一个僧人导引，《法华经》中所说的导师的位置变成了一个僧人。在

---
[1] 《中国石窟·敦煌莫高窟》三，北京：文物出版社，1987年，图153。更清晰的图版，见贺世哲编《敦煌石窟全集》7《法华经画卷》，72页，图61。
[2] 贺世哲《敦煌壁画中的法华经变》，153页。

图 11　莫高窟第 217 窟初盛唐《法华经变》

商队中，牵马者都是一种瘦削身材的胡人形象，服饰也和常见的粟特紧身长袍不同。第 217 和 103 窟有带幂䍠的骑马妇女在商队当中，这是唐朝初年妇女出行时的服装[1]，在盛唐时期的 103 窟仍然绘制，表明他们所依据的是粉本，而不是像此前敦煌壁画的绘制者那样，表现的是现实生活中所见的经过敦煌的胡人商队。第 217 和 103 窟图像的另一个共同点是，商队中都有印度习见而在西域罕见的大象，这倒是为

---

[1] 段文杰《莫高窟唐代艺术中的服饰》，见《向达先生纪念论文集》，乌鲁木齐：新疆人民出版社，1986 年，231、233 页及图十；荣新江《女扮男装——唐代前期妇女的性别意识》，见邓小南主编《唐宋女性与社会》下（《北京大学盛唐研究丛书》），上海辞书出版社，2003 年，724—725 页。

图 12　莫高窟第 103 窟初盛唐《法华经变》

图像抹上了一层印度的色彩。但图中的城池，则又是典型的西域城市风貌。这种杂糅了印度、西域、中原要素的商队图像，并不是 8 世纪前半长安或敦煌地区商队的真实写照，而可能是因为当地的艺术家既试图忠实于经典中的描述，又试图对现实场景有所反映，于是采用了折中的做法，索性将心中力图表现的内容全部置于一幅画面中所致。

值得注意的是，217 窟东壁门北侧有另一幅《法华经变》，中间的胡商遇盗图线条粗犷，但商人带着高帽，圆领（？）长衫，脚蹬尖头皮靴，牵着一峰骆驼。其前面有四个强盗，穿盔甲，执矛盾[1]。此图与

---

[1]　此为笔者 2004 年 7 月在敦煌莫高窟调查记录。

同一窟南壁上的商人形象不同,是北朝以来传统的丝路上的胡商形象,说明这一绘画传承并没有因为中原新样的到来而彻底消失,这也为莫高窟第 45 窟这种胡商形象的再现提供了中间的环节。

《法华经变》最著名的一幅应当就是莫高窟第 45 窟的"商人遇盗图"(图 13),这是盛唐时绘制的《观音经变》中的一幕。画面是山间一伙强盗执刀截住一群商胡,商人把一些货物卸在地上,向强盗求饶。这些商胡都深目高鼻、卷发浓髯。站在最前面的队商首领头戴高顶毡帽,身着绿色长衫,其身后的商胡,有的头戴毡帽,有的不戴帽子,有的以长巾缠头,多穿圆领长衫,最后穿红袍的商人,牵引着两头满驮货物的毛驴。商人神色慌张,双手合十,请求观音救助[1]。这种高高的尖顶毡帽是胡人常戴的一种帽子,如太原北齐娄睿墓壁画两驼中间的胡人,戴的就是这种帽子[2]。这些商人穿的圆领长衫,并非胡人特有的服饰。但他们的深目、高鼻、卷发、浓髯等特征,让我们确信这里所绘的不是佛经所说的印度商人,而是敦煌人常常见到的粟特商人形象。其中站在最前面的商胡,看上去年纪较大,可能就是佛经中的商主形象。由此我们看到,和龟兹地区的情形一样,在同为丝路重镇的敦煌的画家笔下,同样是受现实因素的影响,佛经中的印度萨薄也已转换成了粟特萨保的形象。

四 图像与文本的转换

在结束对图像的分析之后,我们现在再重新回到萨保与萨薄的问题上来。

通过上文对佛教石窟壁画上萨薄图像的系统考察,我们可以说,萨

---

[1] 《中国石窟·敦煌莫高窟》三,图 133。更清晰的图版,见马德编《敦煌石窟全集》26《交通画卷》,28—29 页,图 9;杨雄编《敦煌石窟艺术·莫高窟第四五窟》,81 页,图 82。
[2] 张庆捷《北朝隋唐的胡商俑、胡商图与胡商文书》,188—189 页,图 29。他认为"似波斯人"。

图13　莫高窟第45窟盛唐"商人遇盗图"

薄在本生故事中基本上是以菩萨的形象出现的，在经变画中则有时作为僧人的形象出现。只有在8世纪中叶的莫高窟第45窟中，如果那个领头的商人确是萨薄的话，他已经变成了一个地道的粟特萨保的形象了。

　　佛教石窟壁画的图像可以依据粉本来描绘，也可以根据经典来制作。敦煌藏经洞保存的各个时代的大量写经，还有相对来讲数量非常少、而且时代比较晚的一些粉本，从两者的比例来看，应当说早期的佛教壁画，可能更多地是依据佛经来制作，在一个画面形成固定的模式以后，在同一石窟寺当中，可以从一个母本复制出多个副本；邻近地区的其他石窟寺的画匠，也可以从这个母本或它的复制品那里摹绘到其他的石窟寺壁画上去。

对于要求表现佛教主题的壁画创作者来说，对那些已经形成固有模式的佛、菩萨、天王的形象，以及一些佛本生、因缘、佛传故事画的基本构图形式，原则上是必须严格遵循的，但在尊像的边缘和故事画的一些细节处，则还是留有创作者自我发挥的很大余地的。我想龟兹石窟本生故事画上的富有粟特商人特征的图像，应当是当地画家根据现实生活中所见到的情景来描绘的。这些西域胡商的形象早在公元4世纪就出现于克孜尔的石窟壁画上并非偶然，写于4世纪初叶的粟特文古信札表明，此时正是粟特商团在从塔里木盆地，经河西走廊，到中原内地这一广阔区域内十分活跃的阶段[1]。他们成群结队地往来于粟特与中国、中国与印度、北方游牧汗国和中原王朝之间，几乎垄断了陆上丝绸之路的贸易，使我们不仅在这条道路上很难见到印度商人的踪迹，甚至波斯商人也不得不转移向海路去发展[2]。因此，我们看到在4—8世纪的丝绸之路上，不论是龟兹还是敦煌，画家所描绘的佛教故事中的商人形象，并不是本应出现的印度人的模样，而变成了他们所熟悉的西域粟特商胡的形象。

---

[1] 关于古信札的年代，参见 F. Grenet and N. Sims-Williams, "The Historical Context of the Sogdian Ancient Letters", *Transition Periods in Iranian History* (*Studia Iranica*, cahier 5), Leuven 1987, pp. 101-122. 古信札译文，见 N. Sims-Williams, "The Sogdian Ancient Letter Ⅱ", *Philologica et Linguistica: Historia, Pluralitas, Universitas. Festschrift für Helmut Humbach zum 80. Geburtstag am 4. Dezember 2001*, ed. by M. G. Schmidt and W. Bisang, Trier: Wissenschaftlicher Verlag, 2001, pp. 267-280; F. Grenet, N. Sims-Williams, and E. de la Vaissière, "The Sogdian Ancient Letter V", *Bulletin of the Asia Institute*, Ⅻ, 1998, pp. 91-104；毕波《粟特文古信札汉译与注释》，《文史》2004年第2辑，73—97页。

[2] 关于粟特商人垄断丝路贸易问题，参看姜伯勤《敦煌吐鲁番文书与丝绸之路》，北京：文物出版社，1994年，150—226页；N. Sims-Williams, "The Sogdian Merchants in China and India", *Cina e Iran da Alessandro Magno alla Dinastia Tang*, ed. A. Cadonna e L. Lanciotti, Firenze 1996, pp. 45-67. 关于粟特与波斯对丝路的争夺问题，参看荣新江《波斯与中国：两种文化在唐朝的交融》，见刘东编《中国学术》2002年第4辑，北京：商务印书馆，2002年，61—64页；英文本 "Persia and China: Cultural Interaction in Tang Period", Paper presented to "New Perspectives on the Tang: An International Conference", Princeton University, April 18-20, 2002。

此外，我们还应当注意到，当佛教壁画上的萨薄逐渐失去其本来的形象时，汉译佛典中的"萨薄"也越来越多地用"商主"、"导师"等字眼表示，流行最广的鸠摩罗什所译《妙法莲华经》中，就没有出现"萨薄"字样，对于汉文佛典的阅读者来讲，他们可能已经不清楚萨薄的本意是置办船具，然后率众商人入海寻宝商队首领，而有可能把萨薄和他们平常所见到的粟特队商首领萨保等同起来。这样，表现在像莫高窟第45窟壁画上时，也完全有可能就是去表现一个萨保，而非萨薄了。

这样一来，图像与文本的转换还会给阅读这些图像和文本的后来人造成新的印象，即原本应当是印度佛经故事中的萨薄，已和现实生活中的萨保无所区别了。或许他们根本不知道什么是萨薄，而把从文本或图像中看到的商主认作萨保。在吐鲁番发现的9世纪以后的回鹘文佛典中，有若干件《妙法莲华经·普门品》或其单行本《观世音经》的写本，应当是译自鸠摩罗什的汉译本[1]。其中在提到"商主"一词时，回鹘文作 sartpau[2]。桑原骘藏最早认为这个表示"队商首领"的回鹘文词汇，可能有一个相对应的粟特文[3]。丁爱博也提到萨保更确切的回鹘文拼法是 s'rtp'w[4]。羽田明认为萨宝更可能源于回鹘文的 sartpau，而此词应当来自粟特文[5]。这个词的原语最后是由吉田丰从粟

---

[1] 参看张铁山《国外收藏刊布的回鹘文佛教文献及其研究》，《西域研究》1991年第1期，137页。

[2] W. Radloff, *Kuan-ši-im Pusar*, St. Petersburg 1911, p. 37；羽田亨《回鹘文法华经普门品の断片》，《羽田博士史学论文集》下《言语·宗教篇》，京都，1957年，144、146页。

[3] 桑原骘藏《隋唐时代に支那に来往した西域人に就いて》，《内藤博士还历祝贺支那学论丛》，京都：弘文堂书房，1926年，660页；见其《桑原骘藏全集》第二卷，东京，1968年，292—293、359—360页，但删掉了有关有粟特文对应词的推测。

[4] A. E. Dien, "The Sa-pao Problem Re-examined", *Journal of the American Oriental Society*, 82.3, 1962, pp. 335-346.

[5] 羽田明《ソグド人の东方活动》，《岩波讲座世界历史》第6卷《内陆アジア世界の形成》，东京：岩波书店，1971年，426—427页。

特文古信札 5 号残片中检出，即作 *s'rtp'w* 一词[1]。因此，我们可以肯定，回鹘文《妙法莲华经·普门品》中的 *sartpau* 或 *s'rtp'w*，不是来自于梵文的 *sārthavāha*（萨薄），而是用他们早已从粟特文借入的 *s'rtp'w* 一词，来准确地对译汉文的"商主"[2]。这样，在晚期的回鹘文佛教典籍中，印度的"萨薄"就真的等同于粟特的"萨宝"了。

> 2004-2-14 初稿，2004-3-30 改订，提交"粟特人在中国"国际学术研讨会论文，2004 年 4 月 23—25 日。收入《粟特人在中国——历史、考古、语言的新探索》，北京：中华书局，2005 年 12 月，49—71 页。

---

[1] 吉田丰《ソグド语杂录（Ⅱ）》，《オリエント》第 31 卷第 2 号，1989 年，168—171 页。
[2] J. Elverskog, *Uygur Buddhist Literature* (Silk Road Studies I), Brepols, Turahout, 1997, p. 59 认为回鹘文本可能译自一个粟特文本。若然，则是回鹘人最早用表示萨保的 *s'rtp'w* 一词，来对译汉文的"商主"。这是极其可能的，只是目前尚未发现粟特文本《妙法莲华经》或《观音经》。

北周史君墓石椁所见之粟特商队

继虞弘、安伽墓之后，2003年西安发现的北周凉州萨保史君墓，又为我们研究入华粟特人提供了丰富的图像资料。这里仅就史君石椁所见的粟特商队，参考其他文字史料和图像材料，略作整理分析。不妥之处，敬请方家指正。

一 史君石椁等图像上的粟特商队

史君石椁西壁第三幅（W3）画面分上下两部分（图1）。上部描绘的是一位粟特首领在树丛中狩猎的场面。画面下部的图像，是一幅商队行进图。商队最前面是两个骑马的男子，其中一位可以看见腰间悬挂着箭袋。后面是两头驮载货物的骆驼，再后面是一位头戴船形帽的骑马男子，上举的右手上握着望筒正在瞭望。在两头骆驼的右上方，有两匹马和一头驴驮载着货物并行，后面一持鞭男子正驱赶前行[1]。

紧挨着这幅图像，转到石椁北面的第一幅（N1）（图2），上部中心位置的帐篷内盘腿坐一男子，头戴宝冠，着翻领窄袖长袍，腰束带，右手握一长杯，脚穿长靴。帐篷前铺设一椭圆形毯子，上面跪坐一位头戴毡帽的长者，着翻领窄袖长袍，腰束带，悬挂腰刀，右手握长杯，

---

[1] 西安市文物保护考古所（杨军凯、孙武执笔）《西安北周凉州萨保史君墓发掘简报》，《文物》2005年第3期。

图 1 史君墓石椁商队图

图 2 史君墓石椁商队图

图 3　Miho 美术馆藏石屏商旅图（郑岩绘图）　图 4　益都石屏商旅图（郑岩绘图）

与帐内人物对坐饮酒。帐篷两侧有三位侍者。画面的下部是一个正在休息的商队，中间有两位男子正在交谈，一人肩上还背着货囊。有一人牵着载货的马，一人照料着两匹驮载货物的骆驼卧地休息，后面还有两头驮着包裹的驴子[1]。这幅图的上部，应当是粟特商队首领萨保拜见游牧民族（嚈哒或突厥）首领的画面，下部则是商队休息的场景，这个商队，应当就是上述西壁第三幅下部商队的缩影。

与这些画面类似的场景，也出现在其他粟特系统石棺床的围屏

---

[1]《西安北周凉州萨保史君墓发掘简报》,《文物》2005 年第 3 期, 图版 37。

北周史君墓石椁所见之粟特商队　|　219

图5　安伽石屏商队休息图

上。如日本Miho美术馆藏石棺床编号D的石板（图3），即绘有胡人牵驼而行，骆驼背上驮有高大的包裹，骆驼右侧和后面各有一胡人随行，下面有三个披发的游牧民族（嚈哒或突厥人）骑马而行[1]。这与史君西壁的出行图表现的都是商队行进的情形。山东益都发现的石棺床围屏，也有一幅"商旅驼运图"（图4），绘一仆人牵着一匹骆驼和供主人骑坐的骏马向右方行进。仆人深目高鼻，短发，上穿翻领

---

[1] 参看荣新江《Miho美术馆粟特石棺屏风的图像及其组合》，《艺术史研究》第4辑，广州：中山大学出版社，2002年12月（2003年7月），213—214页，图8a。

衫，腰系革带，右佩香囊，左挂短剑，下着紧腿裤，脚穿软底尖头皮鞋。骆驼背驮成捆的织物，悬挂着水囊[1]。安伽墓石棺床后屏左边第5幅（图5），上部绘两人在虎皮圆帐篷内席地而坐，左边头戴虚帽者为粟特萨保，右边是披发的突厥首领。帐外有四位从者，有的戴波斯冠，有的戴突厥皮帽。下部绘三个穿紧身长袍的胡人，其中一个背负包袱，一个手持胡瓶，身后有两头背负口袋的驴，还有一峰骆驼背负高大的包裹，跪地休息，旁边还有鹿、羊在歇凉[2]。这种上下构图，和史君石椁北壁第一幅非常相像，上面表现粟特萨保出行中访问游牧民族的部落，下面是随行商队休息图像。此外，山西太原发现的北齐娄睿墓的壁画上，也有同类的商队图像，绘四个胡人牵引五峰骆驼，驼背上驮着软包和垂橐[3]。

这些专门表现商队的图像中，有明确墓志记录的安伽、史君的图像均出自粟特萨保墓中，而图像的主要人物是粟特人，因此我们统称之为粟特商队，虽然我们不否认在这些商队中也包含着其他种族的成员。另外，在这些大致相同系统的石棺床或石椁图像上，还有一些画面可以间接表现商队出行的场面，下面在相关部分予以说明。

中国发现的粟特首领墓葬中的这些商队图像，如果我们和粟特本土的图像加以比较的话，就立刻可以看出他们的价值所在。近年来一直在粟特本土从事考古发掘的葛乐耐（F. Grenet）教授说："整个粟特本土艺术甚至没有一个表现商旅驼队的景象。"[4] 史君石椁等图像资料

---

[1] 夏名采《益都北齐石室墓线刻画像》，《文物》1985年第10期，49—50页，图一。
[2] 陕西省考古研究所《西安发现的北周安伽墓》，《文物》2001年第1期，16—17页，图27；又《西安北周安伽墓》，北京：文物出版社，2003年，32页，图29，图版57。
[3] 山西省考古研究所《太原市北齐娄睿墓发掘简报》，《文物》1983年第10期，16—18页，图版一。
[4] Frantz Grenet, "The self-image of the Sogdians"（粟特人的自画像），提交"粟特人在中国"国际学术讨论会论文，北京，中国国家图书馆，2004年4月23—25日；收入《粟特人在中国——历史、考古、语言的新探索》，北京：中华书局，2005年，305—323页。

为我们观察粟特商队提供了一个很好的视角。

二 商队的规模

中古时期粟特商队是如何组成的，商队的规模多大，种族构成如何，一直是我们关心的问题。在上面展示的史君石椁或其他商队图像上，我们看到的商队人数很少，不过这大概是画面空间有限的缘故。在这些构图非常紧凑的画面上，人数虽然不多，但很可能每个人都代表着商队中的一类人员。从现存的其他材料，我们可以看出这种粟特商队的一般规模。如《周书》卷五〇《吐谷浑传》记魏废帝二年（553），"是岁，夸吕又通使于齐氏，凉州刺史史宁觇知其还，率轻骑袭之于州西赤泉，获其仆射乞伏触扳、将军翟潘密、商胡二百四十人、驼骡六百头、杂彩丝绢以万计。"[1] 这是一个以青海为中心的吐谷浑国派到北齐而返回的使团，这个使团除了负有政治使命外，显然同时是一个商贸队伍，因此使团的首领是吐谷浑的官人仆射乞伏触扳和将军翟潘密，而队伍的主体是商胡。从翟潘密的名字来看，他可能就是商队首领（萨保？），同时又是使团的将军。这次被西魏凉州刺史俘获的商胡有240人，如果这一商团是全军覆没，那么其规模也是相当大的——240人加上"驼骡六百头、杂彩丝绢以万计"。而如果被俘的只是其中一部分，则其总人数必然在240人以上，那么可以想见这支商队的壮观了。

佛经中常有五百商人在萨薄（商主）率领下出外经商的故事，我们曾通过对克孜尔、敦煌石窟相关图像的分析，指出这些原本反映印度商人出海的情景，在中亚和中国西北沙漠地区变成了粟特商人的形

---

[1] 北京：中华书局标点本，1971年，913页。

象[1]。如敦煌莫高窟第 296 窟窟顶北披东段绘制的《福田经变》[2]，在桥的一侧，有一个头戴尖顶帽、深目高鼻的胡商牵着两峰骆驼，骆驼驮着高大的货物包裹，后面一个胡商赶着两头驮着货物的毛驴相随，上面一栏则描绘商人在果园休憩，骆驼也卧地休息，还有骡马在槽边饮水，两个人正给一头卧着的病骆驼灌药[3]。在同一洞窟窟顶东披所绘制的《贤愚经》善友太子入海求宝故事画面上，也有一个丝路商队的图像，前面是三个骑马的商人，后面是两人步行牵引着两队驴马，都背负着包裹，后面还有一人照应着牲畜[4]。这些人物有的像汉人，有的则深目高鼻，都穿着胡人常穿的紧身长袍，应当是胡人商队的表现。莫高窟第 420 窟窟顶东坡上部隋代《观世音菩萨普门品》，绘有一个商队正赶着一队驮着货物的骆驼、毛驴翻山越岭[5]。这些画面，形象地表现了当时粟特商队在穿行中亚沙漠地区的情景，有些商队行进和休息的场景部分可以和史君石椁等粟特图像直接对比，而石窟中相对宽敞的绘画空间，给我们展现了粟特商队更加壮观的画面。

其实，从情理上来讲，我们也可以想象当年粟特商队带着许多金银财宝，一定是要结成较大的团队才敢通过一些人烟稀少的地区，人数多的目的之一，就是抵御路上的强盗甚至敌对的官军的劫掠，如上述属于吐谷浑的粟特商团遇上的西魏官军，以及敦煌壁画上常常描绘的胡商所遇到的强盗。

---

[1] 荣新江《萨保与萨薄：佛教石窟壁画中的粟特队商首领》，提交"粟特人在中国"国际学术讨论会论文，北京，中国国家图书馆，2004 年 4 月 23—25 日；收入《粟特人在中国——历史、考古、语言的新探索》，49—71 页。
[2] 史苇湘《敦煌莫高窟中的〈福田经变〉壁画》，《文物》1980 年第 9 期，44—48 页。
[3] 敦煌文物研究所编《中国石窟·敦煌莫高窟》一，北京：文物出版社，1982 年，图 189。更清晰的图版，见马德编《敦煌石窟全集》26《交通画卷》，上海人民出版社，2001 年，18—19 页，图 2。
[4] 马德编《敦煌石窟全集》26《交通画卷》，20—21 页。
[5] 贺世哲编《敦煌石窟全集》7《法华经画卷》，上海人民出版社，2000 年，33 页，图 18。

三　商队的种族构成

因为这些商队图像发现于粟特入华首领的墓葬中,所以我们称之为粟特商队,但我们并不是说商队中的所有成员的种族成分都是粟特。事实上,中古时期行进在丝绸之路上的粟特商队,其种族构成是非常复杂的,从安伽的商队图像上,我们看不出这几个胡人的种族是否有一些细微的差别,但是史君图像上的人物穿戴和长相不太一样,似乎不是一个种族,虽然我们现在还无法分辨他们的人种所属。在 Miho 的图像中,我们可以明显地看出在粟特胡人之外,有披发嚈哒或突厥人随队而行。游牧汗国实际是粟特东来西去贩易的保护者,因此一些游牧民族在粟特商队中很可能是承担护卫的任务,比如在 Miho 图像上他们骑马走在商队的外面。娄睿墓壁画上的人物,也是胡人[1]。

上面引述的吐谷浑商团,也有吐谷浑人乞伏触扳,而主体是胡人。翟潘密从其姓来看,可能是北方游牧民族高车人,但从其名字来看,又像是粟特人,我们已经指出不少翟姓人与粟特难解难分,如并州萨保翟娑摩诃[2]、伊州祆庙中的祆主翟槃陀[3]、武威粟特人安元寿夫人翟六娘[4]、吐鲁番阿斯塔那出土《唐麟德元年(664)翟那宁昏母康波蜜提墓表》[5]、康国大首领康公夫人翟氏[6]。因此,这个商队应当也是以粟特胡为主而同时有其他民族参加的"国际商队"。

---

[1] 山西省考古研究所《太原市北齐娄睿墓发掘简报》,17 页认为是波斯人和大食人。然则此时尚无大食其名,若是指阿拉伯人,则似应说是阿拉伯半岛西亚人。
[2] 赵万里《魏晋南北朝墓志集释》卷九,北京:科学出版社,1956 年,图版 484,323 页。
[3] 唐耕耦等《敦煌社会经济文献真迹释录》第 1 辑,北京:书目文献出版社,1986 年,40—41 页。
[4] 昭陵博物馆《唐安元寿夫妇墓发掘简报》,《文物》1988 年第 12 期,37—49 页。
[5] 侯灿、吴美琳《吐鲁番出土砖志集注》,成都:巴蜀书社,2003 年,515 页。
[6] 周绍良编《唐代墓志汇编》,上海古籍出版社,1992 年,1634 页。

这种商队的多种族构成方式直到唐代也还存在。吐鲁番出土文书《唐垂拱元年（685）康尾义罗施等请过所案卷》里提到两个由粟特、吐火罗人组成的商队，分别向唐朝西州官府申请过所，以便"向东兴易"，西州官府将其重组为另外两个商队，其中一个商队领首的是粟特康国人康尾义罗施，其他商人有吐火罗拂延、吐火罗磨色多、康纥槎、何胡数剌，此外还有康纥槎两个儿子射鼻、浮你了，康尾义罗施等三位粟特商人的作人曹伏磨、曹野那、安莫延、康□、曹延那，他们的奴婢可婢支、突蜜□、割逻吉、莫贺咄、□□□、婢颉、婢□□、婢桃叶等[1]，可以看出，粟特人的作人也都是粟特裔，而吐火罗人的奴隶突蜜□、割逻吉、莫贺咄，则更像是突厥系的人名，"割逻"或为葛逻禄的缩写[2]，"莫贺"常是突厥、回鹘系人名的组成部分，如莫贺咄俟斤、莫贺达干[3]。这个在西州重组的商队，以康国人为首领，包括了粟特康国、何国人，还有与粟特本土相邻的吐火罗（今阿富汗）人，甚至还有一些突厥系的奴隶。这支商队打算从西州到长安，中间所经过的地区在垂拱元年前后没有什么特别危险的情形，因此，在唐朝内地旅行的商队可以不像在帕米尔高原和北部草原地带那样危险，商队的人数也可以少一些。

从图像资料来看商队的种族构成，还可以对比1996年山东青州龙兴寺出土的卢舍那佛造像上的一组胡人形象（图6）[4]。在这尊佛像胸肩

---

[1]《吐鲁番出土文书》第叁册，北京：文物出版社，1996年，346—350页。参看程喜霖《唐代过所研究》，北京：中华书局，2000年，246—258页。

[2] 葛逻禄简称葛禄，见《新唐书·黠戛斯传》，又作割禄（《宋史·外国·高昌传》引王延德《使高昌记》）、割鹿（敦煌写本《西天路竟》），参看黄盛璋《敦煌写本〈西天路竟〉历史地理研究》，作者《中外交通与交流史研究》，合肥：安徽教育出版社，2002年，103页。

[3]《旧唐书》卷一九四上《突厥传》。

[4] 山东青州市博物馆《青州龙兴寺佛教造像窖藏清理简报》，《文物》1998年第2期，12页，封三图版2；青州市博物馆《青州龙兴寺佛教造像艺术》，济南：山东美术出版社，1999年，115—116页。

图 6　青州北齐法界人中像上的胡人

右部，贴金彩绘有三个人物，大体上都面向佛像中心位置，最前面一位头戴翻沿皮帽，深目，有胡须，随后一人也是长髯，两人都穿着长袍，足蹬黑色高筒皮靴。最后一人稍矮，束发于脑后，侧面而立，似乎正在牵引着后面的一头牛，牛只残头部，身上是否有驮载物不得而知。佛像胸肩左部，也绘有两个胡人像，前面一人与右部最前面的相向而立，秃顶，头发后披，高鼻凹眼。后面一人面向外侧，似乎也是在照顾后面的牲畜（？），因图像已残，这里只能是推测。这组图像也似乎是一个多种族商队的缩影，其中右侧最前面戴帽者，与安伽石屏上的粟特萨保相

比 [1]，举止装束及所处的位置都像是一个商队首领；其身后的一位，长髯很像梁萧绎《职贡图》中的波斯国使者 [2]；最后一个披发的，很像是游牧民族；对面前面一人，对比章怀太子墓壁画上的客使图，应当是秃顶的罗马人形象 [3]。在笔者看来，青州卢舍那法界人中像上的胡人，虽然是作为佛教图像的组成部分，但却反映了丝绸之路上的商人情况，而且，表现的是不同国家的人组成的一个多种族商队的情景。

四　商队的人员构成

我们从许多相关的材料中知道，粟特商队的首领萨保，一般是由粟特人出任的，这在我们现在能够看到的所有关于萨保的资料中可以清楚地确认这一点 [4]。有关萨保的讨论已详见他文，此不赘述。从安伽的图像资料里，我们可以清楚地看到一个头戴虚帽的萨保形象，他出现在几乎所有画面上，在上举后屏左边第五幅上，萨保正和突厥首领在帐篷内对饮。在史君石椁相似的图像上，那个留着较长胡子的头戴毡帽的长者，应当是粟特商队的萨保，他正坐在毡帐的外面与帐内一人说话。至于在西侧的商队出行图上，那位头戴船形帽、长着胡子手握望筒的男子，骑马走在整个商队的最中间，应当是这个商队首领萨

---

[1] 陕西省考古所编著《西安北周安伽墓》，图版 56。
[2] 林树中、马鸿增主编《六朝艺术》，南京：江苏美术出版社，1996 年，33 页。F. Grenet 把这两个人物都看作是粟特人，见所撰 "Old Samarkand. Nexus of the Ancient World", *Odyssey*, sep./Oct. 2003, p.34。
[3] 陕西省博物馆等《唐章怀太子墓发掘简报》，《文物》1972 年第 7 期，17 页，图版贰：1。清晰图版见《章怀太子墓壁画》，北京：文物出版社，2002 年，图 24。罗马人的比定，见王仁波、何修龄、单昉《陕西唐墓壁画之研究》（上），《文博》1984 年第 1 期，49 页。
[4] 我曾在《萨保与萨薄：北朝隋唐胡人聚落首领问题的争论与辨析》一文中列举了当时所能见到的所有萨保的名字，除了翟娑摩诃不能确定是否粟特人，其他均出自昭武九姓诸国，见叶奕良编《伊朗学在中国论文集》第 3 集，北京大学出版社，2003 年，140 页。现在，我们又可以补上史君的名字。

保之下的下级领队一样的人物。

至于商队的其他成员，则以青壮年男子为主。《旧唐书》卷一九八《西戎传》康国条称康国人："善商贾，争分铢之利。男子年二十，即远之旁国，来适中夏。利之所在，无所不到。"[1]可见粟特男子到了二十岁时，就随商队出门做生意了。上引《唐垂拱元年（685）康尾义罗施等请过所案卷》中提到的商人，康尾义罗施年三十，吐火罗拂延年三十、吐火罗磨色多年三十五、康纥槎年五十五、□藉马潘年三十五、那尾达年三十六、□□钵年六十、□□延年六十。从这里可以看出粟特商队中的人是以三十多岁的壮年人居多。值得注意的是，在唐西州官府重新组织的两个商队里，都没有两位年龄为六十的人，或许这两个商人因为年纪偏大而被留在了吐鲁番。除了这两个六十岁的人之外，年龄最大的是五十五岁的康纥槎，也正是他，带着两个儿子一起上路，他们的年龄或许都过了二十岁。我们从史君、安伽、Miho 等粟特商队图像上也可以看到，商队的主要成员应当是青壮年的男人。

妇女是否也跟随商队出行？在上述纯粹表现商队的图像中并没有妇女，似乎说明她们可能不是从一开始就随同出行，但一旦粟特商队在前方建立了新的殖民聚落，他们应当随后就到。这种晚一步从粟特本土或西边某一个粟特聚落向东进发的粟特妇女，也应当是随粟特商队而行的，表现在图像上，可能就像史君石椁北侧第三石（N3）的男女主人出行图，上面骑马的男主人应当是萨保，下面的女主人应当是萨保的夫人，她也骑马，戴风帽，身披裘皮披风，旁边站立一个为女主人举伞盖的女侍者，前面有一骑马佩带武器的男子开道，后面还有两个女眷，也戴裘皮风帽。这应当是粟特女性与商队首领一起出行的写照。在敦煌长城烽燧下发现的粟特语最古老的商业信件，已经比较确定是写于公元 4 世纪初叶，最近刚刚解读出来的粟特文古信札第 1

---

[1] 北京：中华书局标点本，1975 年，5310 页。

封和第 3 封的内容，是一位粟特妇人和她的女儿被丈夫遗弃在敦煌三年，因为没有任何消息而写信求救[1]。这也表明粟特的女性也随着商队到达中国的粟特聚落当中，她们在聚落中的生活场景，在史君、安伽等图像中可以见到。

另外，在粟特商队中还有作人和奴婢。作人是身份较低的雇佣劳动者，主要从事赶脚、保镖等工作[2]。在史君、Miho 商队图像中走在外围的人，有些应当就是这种作人。而身份最低的奴婢，在粟特商人眼里大概也和唐朝普通百姓眼里的奴婢一样，是和牲口一样的商品。

五　商队的运载工具——牲畜

在史君石椁的商队图像上，我们看到这个商队的运载工具主要是骆驼、马和驴，安伽、益都、Miho 等商队图像中运载货物或供人骑乘的也是这三种牲畜，敦煌壁画上的图像相同，说明这是粟特商队的主要运输工具。在《康尾义罗施等请过所案卷》记录的商队牲畜，有马一匹、骆驼二峰、驴二十六头。《周书·吐谷浑传》所记吐谷浑使团兼商队中，有驼骡六百头，即骆驼和骡子。

粟特商队是否用牛来作为运载工具？安伽石棺床左屏第一幅图上部，刻绘一辆正向前行驶的牛驾大轮木车，上面有帐篷，帘内隐约有

---

[1] Nicholas Sims-Williams, "Towards a new edition of the Sogdian Ancient Letters"（粟特文古信札新刊本的进展），提交"粟特人在中国"国际学术讨论会论文，北京，中国国家图书馆，2004 年 4 月 23—25 日；收入《粟特人在中国——历史、考古、语言的新探索》，72—87 页。

[2] 朱雷《论魏氏高昌时期的"作人"》，《敦煌吐鲁番文书初探》，武昌：武汉大学出版社，1983 年，32—65 页；收入作者《敦煌吐鲁番文书论丛》，兰州：甘肃人民出版社，2000 年。程喜霖《唐代过所文书中所见的作人与僱主》，《敦煌吐鲁番文书初探》（二编），武昌：武汉大学出版社，1990 年，440—462 页；程喜霖《〈唐垂拱元年（685）康尾义罗施等请过所案卷〉考释》，《魏晋南北朝隋唐史资料》11，1991 年，247—248 页；收入作者《唐代过所研究》，北京：中华书局，2000 年。

人或物品。牛前一人着圆领对襟红袍，腰带系刀鞘，回顾牛车[1]。我曾认为这里描述的是粟特商人从一个聚落起程前往另一个商贸地的情形，牛车前面的人可能是这个新商队的首领，从他的装束看，他还不是萨保，但他如果成功，则将是下一个粟特聚落的萨保了[2]。下面的女性，或许是他们的家眷，正在为商队送行，要等到商队立足以后，再随后跟去。右屏第三幅图的上半部分，也绘有一辆满载物品的牛车，车的右侧有一匹马，背驮束紧的口袋，里面装的也应当是商品。马后一人头戴虚帽，身着白色圆领袍，骑马而行，应即商队首领萨保[3]。此外，Miho 石板 K 也是牛车出行，有驭手和骑马的主人[4]。这些图像表明，牛作为驾车的牲畜而被粟特商人使用，不过这可能是他们进入中国以后，受到中国大量使用牛车的影响，而且牛车一般不能走太崎岖的道路，而主要是在进入中原以后的一些道路比较平坦的地区往来运输。在中亚地区，我们从克孜尔第 38、114 窟壁画上所见的中亚商人所带的牲畜，牛是驮载货物的工具，而不是拉车的牲口。在这里，牛和骆驼、马、驴都是经常出现的商人运载货物的工具。由此看来，青州龙兴寺卢舍那法界人中像上的牛，很可能是驮着货物的牲畜[5]。吐鲁番文书《唐开元二十一年（733）西州都督府案卷为勘给过所事》记有兴胡史计思等由北庭到西州市易，所带牲畜有羊二百口、牛七头、驴二头、马一匹[6]，也证明牛也是商队运载工具的组成部分。

---

[1] 《西安发现的北周安伽墓》，7—8 页，图 15；《西安北周安伽墓》，21—22 页，图 21，图版 27。
[2] 荣新江《中古中国与外来文明》，北京：三联书店，2001 年，144—145 页。
[3] 《西安发现的北周安伽墓》，20 页，图 32；《西安北周安伽墓》，38—39 页，图 34，图版 73。
[4] 同注 [3]，图 8b。
[5] 青州市博物馆《青州龙兴寺佛教造像艺术》图录中对此画面的解说认为："胡人身旁可见有牛头形貌。因为河南高寒寺法界像肩部以牛车与马车来表示太阳车与月车，即表肩有日天、月天之意，此处之牛也可能代表太阳或日天之意。"
[6] 《吐鲁番出土文书》第肆卷，北京：文物出版社，1996 年，295 页。

在这些作为运载工具的牲畜中，虽然都用于驮载货物，但是马大多数时候是为人乘骑的，骆驼一般是驮比较大的物品或帐篷等用具，驴、骡、牛则驮较小的商品，但牛应该主要还是拉车。在这些牲畜中，无疑以高大的骆驼最富于异域色彩，因此从北朝以来，胡人牵驼的陶俑或三彩成为北朝到隋唐人们喜好的形象，这在此一时期的墓葬中有大量发现[1]。但牵驼俑往往只是一个胡人牵一峰骆驼，容易让人产生错觉，忽视了对粟特商队整体构成的想象和认识。

六　商队运营方式

从史君、安伽等石椁、石屏上的图像，我们还可以了解到一些粟特商队的运营情况。

中古时期丝绸之路上的某些路段常有强盗出没，玄奘在他西行取经的路上就时而遇到盗贼。为了抵御路上的强盗，以及某个敌对政治势力的官军的劫掠，粟特商队都有武装人员护卫。在史君石椁图像上我们就可以看到处在最前面的一人，腰上悬挂着箭袋，全神贯注地看着前方，而不像其他人那样要照料牲口，应当就是这种武装卫士。在Miho的商队图上，担当卫士的是披发游牧民族武士，而《康尾义罗施等请过所案卷》上担任保卫的作人，则都出身于粟特。

尽管有武装护卫，粟特商人仍然会在路上遇到危险的情形，正像敦煌莫高窟第45窟所绘的那幅著名的胡商遇盗图一样，商人只好把货物摆在强盗面前，请求免死。对于这样的突发情况，粟特商人一定有一些应急的措施，只是我们不清楚具体的方法。1959年在新疆克孜勒苏柯尔克孜自治州乌恰县一个山崖缝隙间，曾发现947枚波斯银币、

---

[1] 关于胡人牵驼俑，参看张庆捷《北朝隋唐的胡商俑、胡商图与胡商文书》，荣新江、李孝聪编《中外关系史：新史料与新问题》，北京：科学出版社，2004年，173—196页。

16根金条，可能就是商人遇到强盗时紧急掩埋的结果[1]。当然，最好的方法是事先探知危险的存在，我们看到史君的粟特商队图上队长模样的人，手中拿着一支望筒，正向远处瞭望，这无疑是防患于未然的最好手段。而粟特商队使用望筒，我们也是从史君墓中首次看到的。

史君石椁北侧一幅商队休息图，表明粟特商队时常要在野外休整或者露宿。Miho、益都图像上骆驼背负的大型包裹，里面可能就是用于露宿的毡帐[2]。他们对于休息或露营的地方是有选择的，敦煌文书 P.2005《沙州图经》卷三敦煌西北一百一十里处记有一处兴胡泊，之所以被称作"兴胡泊"，就是因为从沙州到伊州（哈密）的路上，水都咸苦，唯有此泉可以饮用，所以"商胡从玉门关道往还居止，因以为号"[3]。在露营的时候，商队也是有一定的规矩。比如玄奘和商人一起从疏勒（今喀什）到沮渠（今叶城）中间，"同伴五百皆共推〔玄〕奘为大商主（即大萨保），处为中营，四面防守"[4]，表明在露营时，要四面防守，而且分作若干营，商队首领处在中间的位置，大概是便于指挥应敌。

史君石椁西侧图像的下部是商队行进图，上部则是狩猎图，狩猎图和商队图像连在一起[5]，应当也不是偶然的，因为打猎是对商队的食物接济。粟特商队如果规模庞大，则行进速度不会太快，所以在一个个绿洲之间需要花较多的时间，他们除了随身携带一些干粮外，可能还要在路上想办法解决自己的食物来源，那么打猎无疑是

---

[1] 李遇春《新疆乌恰发现金条和大批波斯银币》，《考古》1959 年第 9 期。详细报告，见《新疆出土のサーサーン式银货——新疆ウィゲル自治区博物馆藏のサーサーン式银货》，《シルクロード学研究》第 19 号，奈良シルクロード学研究センター，2003 年 3 月。
[2] 郑岩《魏晋南北朝壁画墓研究》，北京：文物出版社，2002 年，264 页。
[3] 池田温《沙州图经略考》，64 页；《释录》8 页。
[4] 《续高僧传》卷四《玄奘传》，《大正藏》第 50 卷，454 页中栏。其同伴为商侣，见《大慈恩寺三藏法师传》卷五，北京：中华书局标点本，1983 年，118 页。
[5] 2002 年在青海德令哈里木发现的吐蕃棺板画上，商旅图和狩猎图也是画在一起的，见许新国《唐代绘画新标本——吐蕃棺板画》，《文物天地》2004 年第 3 期，18—20 页。

一种最佳的方法。当然，对于粟特商队来说，打猎的意义并不仅仅是猎取食物，也可能兼有猎取某些动物或野味来作为他们对于突厥首领、各地官府进贡的物品[1]。同时也是获取商品的一种手段，这些猎物可能经过处理变成他们在市场上出售的上佳产品。因此，我们看到在粟特首领墓葬中，往往都有狩猎图，有的还不只一幅。狩猎活动也是非常丰富多彩的，史君图像上狩猎的主人（萨保）后面，有披发突厥左手架着猎鹰相随，而射猎的对象有花角鹿、羚羊、野猪等，可能是表现他们猎获物的丰盛。史君和安伽图像上粟特与嚈哒或突厥人共同狩猎的场景，也展现了粟特与游牧民族之间彼此沟通与协作的一种很好的方式，因为粟特人的东行贩易实际上是得到了北方游牧民族首领的保护[2]。

从公元4世纪初到8世纪中叶，粟特商队是欧亚大陆上最为活跃的商业团体，粟特商人行进在这条道路上，一方面要得到北方游牧民族首领的保护，这就是我们在史君、安伽的图像上都可以看到萨保拜访嚈哒或突厥首领的一幕；另一方面要求得中国中央和地方官府贸易认可，发给过所，这也就是我们从吐鲁番文书中看到的那些粟特商人请求发给的过所文书。我想除此之外，粟特商人必然要祈求他们所信仰的神灵的呵护。在早期，他们所信仰的神灵应当是祆神，他们一定要把这些祆神的图像带在身上。段成式《酉阳杂俎》卷四说："突厥事火祆，无祠庙，刻毡为形，盛于皮袋，行动之处，以脂酥涂之。或系之于竿上，四时祀之。"[3]不停奔波于旅途中的粟特商人，大概也和

---

[1] 可以参考粟特诸国向唐朝入贡的物品，见蔡鸿生《唐代九姓胡与突厥文化》（北京：中华书局，1998年）49—52页《唐代九姓胡入贡年表》、许序雅《唐代丝绸之路与中亚历史地理研究》（西安：西北大学出版社，2000年）171—189页《中亚诸胡国朝贡与唐朝册封、赏赐年表》，其中像狮子、羚羊等可以和图像对应。

[2] 参看荣新江《粟特与突厥——粟特石棺图像的新印证》，周伟洲主编《西北民族论丛》第4辑，北京：中国社会科学出版社，2006年，1—23页。

[3] 方南生点校本，北京：中华书局，1981年，45页。

游牧的突厥人一样，把祆神之形用毛毡或其他织物刻画出来，盛于皮袋或其他地方，在方便或需要的时候顶礼膜拜[1]。大概正是由于他们所供的祆神是放在袋子中的，所以我们在商队出行图像上看不到祆神的形象。不过，他们后来祈求的神灵却变成了佛教里的观世音菩萨，或许是因为行进在丝绸之路上的粟特商人有时是与不畏艰险出外求法的佛教僧人同行，因而皈依了佛教，或许是佛教徒为了夸饰自身宗教的灵验，所以莫高窟45窟壁画上的那些胡商，在遇到凶恶的强盗时，最先求助的是菩萨。而看到这幅壁画的商人们，也无形中被教导着只有虔诚地去念《观世音经》，方可逃脱苦难。

七 小 结

史君、安伽原本都是商队首领——萨保，虽然去世时已经是作为聚落首领意义上的萨保，但他们对于曾经率商队经商的情景记忆犹新，这种历史记忆是入华粟特商人挥之不去的情结，因此，他们要在自己的墓葬图像上展现出来，而这种历史记忆也影响着他们的下一代人，把他们经商的本领一直延续下去。

2004年12月16日完稿。原载《文物》2005年第3期，47—56页。

---

[1] 唐代陶制或三彩骆驼鞴鞯上的虎形纹样，姜伯勤先生《唐安菩墓所出三彩骆驼所见"盛于皮袋"的祆神——兼论六胡州突厥人与粟特人之祆神崇拜》一文认为是"刻毡为形，盛于皮袋"的祆神图像，虽无确证，但颇有道理。文载荣新江编《唐研究》第7卷，北京大学出版社，2001年；此据姜伯勤《中国祆教艺术史研究》，北京：三联书店，2004年，225—236页。

北朝隋唐胡人聚落的宗教信仰
与祆祠的社会功能

自1923年陈垣先生发表《火祆教入中国考》以来，祆教在中古时期传入中国的基本事实已经确凿无疑。多少年来，中外学者继续努力，发掘出不少与祆教有关的直接或间接的史料，对祆教在中古中国流行的范围、形式，传教的方法、仪式，以及对中国文化乃至中国社会的影响，都有不同程度的探讨。然而，随着研究的深入和涉及范围的日益广泛，学者之间在许多问题上也产生了诸多分歧。如中文史料中所讲的祆教是否可以等同于波斯的琐罗亚斯德教，是否有必要区分波斯的祆教和粟特的祆教，进入中国的祆教是一种纯粹的有组织的宗教抑或仅为一种吸引了一些信众的民间信仰，管理胡人聚落的首领——萨保之职能主要是管理祆教事务还是主要与佛教有关……迄今为止，这些问题在学者中并未取得一致的意见。本文不可能讨论所有问题，仅就萨保的宗教信仰问题、与之相关的萨保府和祆祠的结合问题以及祆祠的社会功能等问题，略抒己见，错误之处，敬请方家指正。

一 有关萨保宗教信仰的史料辨析

本来我们从胡人聚落形成的背景出发，自然而然地可以得出胡人聚落的宗教信仰，应当就是伊朗系民族早期信奉的祆教；胡人聚落的首领萨保，也应当是祆教的信仰者。然而，由于我们对于胡人聚落的情况并不是从一开始即有清楚的认识，而是在史料不断丰富的基础上，经过反复的研究才最终得出的看法。因此，迄今为止，学术界对于萨保和胡人聚落的宗教信仰问题，并没有形成一致的看法。

以富安敦（Antonino Forte）教授为代表的一些学者，特别批判把萨保看作是祆教教职，而强调其与佛教关系更为密切。这一看法比较集中地体现在富安敦 1996 年发表的《伊朗人在中国——佛教、祆教及商业机构》一文中，其理由有四：（1）根据藤田丰八的观点，萨保即萨薄（sārthavāha），萨薄大量见载于佛经，是外国商人的意思；（2）北周晋荡公宇文护小字"萨保"，他是一个佛教徒，因此萨保与佛教有关；（3）唐人墓志中"摩诃大萨宝"的"摩诃"，应当来自梵文的 mahā，则"萨宝"也应来自梵文，"摩诃萨宝"应是 mahā sārthavāha 的音译；（4）既然安世高的后裔武威安氏曾任萨宝，他们不应当背离自己祖先的佛教信仰[1]。随后，富安敦又在《萨宝问题》一文中，进一步申论他的观点。他说萨宝往往被人错误地与中国流行的祆教联系起来，而实际上萨宝可以在佛教的上下文中得到圆满的理解，而无须和祆教扯到一起。他还举出安同、萨甫下司录商人何永康、岐萨保、安萨保、米萨宝等佛教徒或与佛教有关的例子来证明自己的观点[2]。

---

[1] A. Forte, "Iranians in China-Buddhism, Zoroastrianism, and Bureaus of Commerce", *Cahiers d'Extreme-Asie*, 11, 1999-2000, pp. 285-289; idem., "Iraniens en Chine. Bouddhisme, mazdéisme, bureaux de commerce", *La Sérinde. Terre d'échanges* (Rencontres de l'école du Louvre), Paris 2000, pp. 181-190.

[2] A. Forte, "The Sabao 萨宝 Question", *The Silk Roads Nara International Symposium '97*, Record No.4, 1999, pp. 80-106. 富安敦的看法受到以下文章的影响：藤田丰八《西域研究（第二回）：（四）萨宝につきて》，《史学杂志》第 36 编第 3 号，1925 年，195—215 页，收入作者《东西交涉史的研究·西域篇》，东京：星文馆，1933 年，279—307 页；杨錬汉译文，载《西域研究》，上海：商务印书馆，1937 年，27—50 页；A. E. Dien, "The Sa-pao Problem Re-examined", *Journal of the American Oriental Society*, 82.3, 1962, pp. 336-346；张乃翥《中原出土文物与中古祆教之东浸》，《世界宗教研究》1992 年第 3 期，29—39 页。而他的观点又影响了姜伯勤《萨宝府制度源流论略》，《华学》第 3 辑，1998 年，290—308 页。罗丰《萨宝：一个唐朝唯一外来官职的再考察》，荣新江主编《唐研究》第 4 卷，1998 年，215—249 页；芮传明《"萨宝"的再认识》，《史林》2000 年第 3 期，23—39 页。以上诸位也持类似的看法。

笔者从自身对于胡人聚落的研究出发，实难苟同此种看法。以下提出商榷意见，并给予上述材料以不同的解说。

（1）藤田丰八把萨保和佛经里的"萨薄"，也即梵文的 sārthavāha（商人首领）等同起来，并无特别坚实的基础，并且受到桑原骘藏的反对[1]。无论是从对音，还是从意思上来讲，吉田丰在约312—313年所写粟特文古信札（第5号）中检出的 s'rtp'w 一词，作为萨保的语源，都更为合适[2]。笔者统计过所有见于汉文佛经、史籍、文书、碑志的"萨薄"与"萨保"（包括"萨甫"、"萨宝"），前者只见于佛教文献，所指是印度泛海经商的商主或商人；后者仅用于中亚胡人，特别是粟特首领，是胡人聚落首领的称呼；两者从未混淆，清楚有别。因此，没有理由说萨保等于萨薄，仅据萨薄常见于佛教文献就说萨保也与佛教有关，这是完全没有根据的臆说[3]。

（2）《周书》卷一一《晋荡公护传》载：

> 晋荡公护字萨保，太祖之兄邵惠公颢之少子也。……护至泾州见太祖，而太祖疾已绵笃，谓护曰："吾形容若此，必是不济。诸子幼小，寇贼未宁，天下之事，属之于汝，宜勉励以成吾志。"护涕泣奉命。行至云阳而太祖崩。护秘之，至长安乃发丧。时嗣子冲弱，疆寇在近，人情不安。护纲纪内外，抚循文武，于是众心乃定。先是，太祖常云"我得胡力"。当时莫晓其旨，至是，人以护字当之。

---

[1] 桑原骘藏《隋唐时代に支那に来往した西域人に就いて》，《内藤博士还历祝贺支那学论丛》，京都：弘文堂书房，1926年，660页；收入《桑原骘藏全集》第二卷，东京，1968年，292—293、359—360页。

[2] 吉田丰《ソグド语杂录（Ⅱ）》，《オリエント》第31卷第2号，1989年，168—171页。

[3] 详细的讨论见荣新江《萨保与萨薄：北朝隋唐胡人聚落首领问题的争论与辨析》，提交"第三届伊朗学在中国学术研讨会"论文，北京大学东语系，2002年11月13—14日；此文已收入叶奕良编《伊朗学在中国论文集》第3集，北京大学出版社，2003年，128—143页。

藤田丰八上引文认为虽然不清楚宇文护的父母是否信佛，但宇文护确实是一个热心的佛教徒，其字"萨保"，应当是取佛经中"商主"的意思，而不会是取祆教教长之意。陈寅恪先生也曾独立地考察过宇文护的名字问题，他以为萨保是宇文护本来的胡名，后依北朝胡人改名的通例，改用汉名护，而以萨保为字。此萨保即管理祆教的萨保，其与祆教的关系自不待论[1]。丁爱博（Albert E. Dien）不同意陈寅恪的观点，认为从宇文护家庭其他成员的佛教化名字和他支持佛教事业的做法，宇文护更可能是佛教徒，而取"萨保"一名，一种可能是取"菩萨保"的意思，另一种可能则如藤田丰八所说，是来自梵文的 sārthavāha[2]。以后，学者们往往从宇文护是一个佛教徒为出发点，来考虑他的名字萨保的含义，倾向于把作为官职的萨保也看作与佛教有关，从而忽视了陈寅恪之灼见。

在笔者看来，《周书》本传中太祖所说的"我得胡力"值得琢磨，这里明确说"胡"系指宇文护的字——萨保。萨保皆由伊朗胡人担任，这在北周时是一个常识。过去我们只是从《隋书》卷二七《百官志》中得知北齐有萨甫，隋有萨保，而《通典》、《新唐书》及唐代墓志记唐时则称萨宝。现在，我们从2000年发现的安伽墓的墓志上，清楚地读到北周时的胡人聚落首领"萨保"的写法[3]，这更增强了我们认为宇文护的萨保含义，应当就是当时流行的胡人首领意义上的萨保，而与佛经中的萨薄或与佛教相关的"菩萨保"的含义有别。如果用宇文护的父母给其子起名时常常用佛教的名词，来推测宇文护的萨保也是佛教的名词，固然有其道理，但我们不能忽视北魏以来这样一种宗教

---

[1] 陈寅恪《隋唐制度渊源略论稿》，重庆：商务印书馆，1944年，57页。又见《陈寅恪集·隋唐制度渊源略论稿·唐代政治史述论稿》，北京：三联书店，2001年，89—91页。
[2] A. E. Dien, "The Sa-pao Problem Re-examined", pp. 341-343.
[3] 陕西省考古研究所《西安发现的北周安伽墓》，《文物》2001年第1期，7—8页图6—7；25页录文。

背景,即在佛教兴盛的同时,祆教也同样在北方广阔地域里流行[1]。而且,有些学者在考虑问题时,往往把佛教和祆教对立起来,事实上,在北朝隋唐的西域、河西乃至广大的北方地区,祆教和佛教常常是并行不悖的。因此,在这样的历史背景下,与西域有着某种关系的宇文护之母阎氏,用当时指称胡人首领的"萨保"一词来给儿子命名,是完全可以讲得通的。至于宇文护本人对于佛教事业的支持,并不能成为立论的根据,因为像他这样身居要职的人,总是要利用各种宗教来为自己服务,其崇佛活动未必完全表明他们只支持佛教。

(3) 隋开皇五年(585)立于定州(今河北定县)的《七帝寺碑》(又称《惠郁等造像碑》或《惠郁等造像记》),文字如下(图1):

> 大随(隋)开皇五年岁次乙巳八月乙酉朔十五日己亥,前定州沙门都、故魏七帝旧寺主惠郁,像主玄凝等,以先师僧晕去太和十六年(492)敬造三丈八弥勒金像,至后周建德六年岁次丁酉(577)破灭大象,僧尼还俗。至七年六月,周帝宇文邕因灭三宝,见受迦摩罗之患。稚扶天元承帝,改为宣政(578)。至二年,以父坏法破僧,愿造大像,即改为大像(象)元年(579)。但周将灭□,即禅位大隋国,帝主杨坚,建元开皇(581)。自圣君驭宇,俗易风移,国大民宁,八方调顺。护持三宝,率遣兴修。前诏后敕,佛法

---

[1] 参看陈垣先生的《火祆教入中国考》,北京大学《国学季刊》第1卷第1期,1923年;此据作者1934年的校订本,载《陈垣学术论文集》第1集,北京:中华书局,1980年,305—307页;饶宗颐《穆护歌考》,《大公报在港复刊卅年纪念文集》下,香港:中华书局,1978年;此据《选堂集林·史林》,香港:中华书局,1982年,472—509页;林悟殊《火祆教始通中国的再认识》,《世界宗教研究》1987年第4期,13—23页;陈国灿《魏晋至隋唐河西胡人的聚居与火祆教》,《西北民族研究》1988年第1期,198—209、278页;姜伯勤《论高昌胡天与敦煌祆寺》,《世界宗教研究》1993年第1期,1—18页;荣新江《祆教初传中国年代考》,《国学研究》第3卷,北京大学出版社,1995年,335—353页。

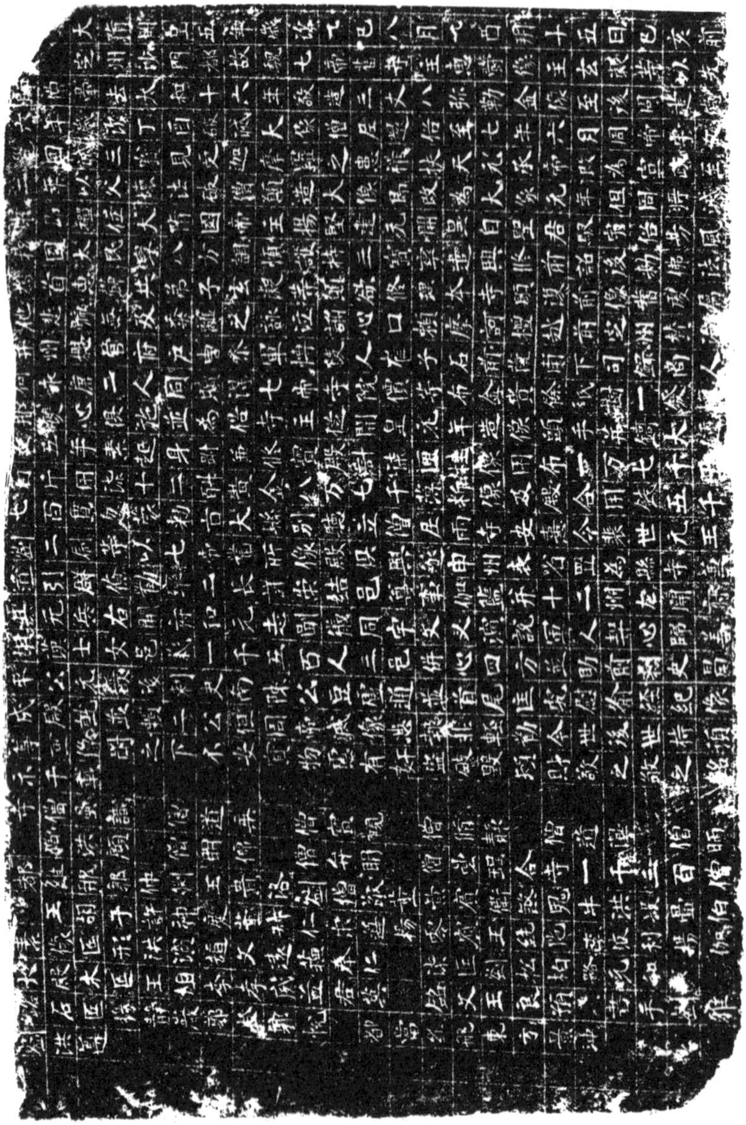

图1 隋开皇五年（585）《七帝寺碑》（《北京图书馆藏中国历代石刻拓本汇编》9，25页）

为首。惠郁共弟子玄凝等，愿欲修理本寺，肆复前像。旧处属他，悲号无及，《黍离》之咏，泣诵心口。赖摩诃檀越前定州赞治、并州总管府户曹参军博陵人崔子石，前萨甫下司录商人何永康，二人同赎得七帝寺院，价等布金，贵余祇树，一发檀那，双心俱施，并为俗寺主。从开皇元年造像，头手并镯大钟，至五年素起身跗，兼修宝殿，计七匣桂像，用布一万七千五百斤，用柒（漆）十一斛，黄金八万七千薄，料像及殿，合用钱五千七百贯。忽蒙敕旨，大县别听立僧尼两寺。安憙令裴世元，王、刘二尉等，以七帝旧所，像殿俱兴，申州表省，置为县寺，兼道引群像，効率二长，详崇结邑，尊事伽蓝，并十二州左开府其元兵、右开府和元志、副仪同宇文义，演说军人，契心归善，胡汉士女，邑义一千五百人并心，四方并助。前刺史昌平公元岩，后刺史南陈公豆卢通，并首尾匡究，慰喻经纪，像成殿就，并赖二公。但周帝灭像，患报非轻。劝今世后世，持须尊重，像酬之下，不安宝物，虑有奸盗，破毁肆财。敬之敬之，铭示千载。（下列寺僧、都维那、各类工匠名，从略。）[1]

以上不厌其烦地把《七帝寺碑》的全文录出，是为了获得全面的认识。

过去，有的学者把"萨甫下司录商人何永康"出资去赎买佛寺，作为萨甫（即萨保）与佛教有关的重要证据，并且指出粟特人何永康为佛教徒。应当说明的是，"萨甫下司录商人"只是说明何永康的身份，并不是说有萨甫本身来赎买佛寺。何永康作为一个属于萨甫统治下的商人，其宗教信仰完全可以与萨甫不同，因为萨甫统辖的商人是一个流动的群体，他们中的某些分子时而会脱离萨甫所在的胡人聚

---

[1] 民国贾思绂《定县金石志余》(《定县志》卷一八)，《石刻史料新编》第3辑第24册，253页图，273页录文（略有讹误）。按北京图书馆金石组编《北京图书馆藏中国历代石刻拓本汇编》第9册，郑州：中州古籍出版社，1989年，25页所刊"章735"拓本的图版更佳。在此感谢北大考古系刘为同学惠告我图版所在。

落，进入到一个纯粹的佛教社会当中，那样他也可能会皈依佛教。况且，何永康是"前萨甫"下的商人[1]，现在是否仍属于萨甫统辖也未必然。总之，在《七帝寺碑》中，我们所能获得的信息，主要是前萨甫下司录商人何永康与前定州赞治、并州总管府户曹参军博陵人崔子石一同赎得七帝寺院，因而被僧人当作俗寺主。我想碑文撰写者在这里所要强调的，或许正是这样的意思，即信奉祆教的萨甫治下的司录商人，也一起出资来赎买佛寺，表明这件事的不同凡响。还应当注意的是，这所七帝寺始建于北魏孝文帝时，太和十五年（491）北魏太庙建成，迁七庙神主于新庙。于是，在定州立七帝寺，象征七庙，并为七帝造像。太和十六年，僧晕为七帝建三丈八弥勒金像。至后周武帝灭法时被毁。隋文帝复兴佛法，开皇五年恢复七帝寺，时有僧一千三百人，可见规模之大[2]。所立《七帝寺碑》表明，这所寺院的恢复，实际是在地方官员的直接参与下完成的，其最主要的檀越是前定州赞治、并州总管府户曹参军博陵人崔子石，并得到前后刺史和十二州官吏的助力，当地县令、县尉并将其申报为官寺，在这样一种环境下，如果有地方官员要求粟特商人何永康出资赎买佛寺地，即使何永康是个祆教信徒，他恐怕也是无法回绝的。我们还可以对比武则天在建造天枢时，"并番客胡商聚钱百万亿所成"[3]；唐开成四年（839）正月扬州大都督府长史李德裕修开元寺瑞像阁，有波斯国侨民捐钱一千贯[4]；这

---

[1] 前人在讨论这条材料时，大概因为所据都是王仲荦《北周六典》上（北京：中华书局，1982年）163页的录文，所以均缺"前"字。实则在此碑所立之隋朝，已不用北齐的"萨甫"称呼，而是沿用北周的"萨保"一名。
[2] 参看《定县金石志余》所录太和二年《造象残石》、《七帝寺碑》、《正解寺残碑》及跋文，《石刻史料新编》第3辑第24册，268、273—279页。
[3] 刘肃《大唐新语·辑佚》，北京：中华书局，1984年，204页，又见《太平广记》卷二三六"则天后"条。
[4] 小野胜年原著，白化文等修订《入唐求法巡礼行记校注》卷一，石家庄：花山文艺出版社，1992年，95页。

些都不能说明捐钱的番客、胡商及波斯侨民的信仰与建造者相同。

（4）西魏大统十六年（550）《岐法起造像碑》中有"佛弟子岐萨保"[1]，这也被认为是萨保与佛教有关的直接证据。该《造像碑》现藏上海博物馆（图2），笔者近年曾三次观摩，现简记如下：

这方石刻造像碑正面中间，一佛端坐，两边是二弟子、二菩萨，佛像上面有香炉，两侧是供养天人，左右下角蹲二狮。背面图像与正面相同，只是中栏左侧有跪着的供养人像。石碑左右两侧分上中下三栏，左侧上栏有"大统十六年九月一日佛弟子岐法起造白石像一区"题记，下两栏为岐法起等六人的供养像，并有"佛弟子岐法起"、"佛弟子岐辉和"等题名；右侧上栏为供养人坐像，并有二侍者，中栏一人骑马，有伞盖，题"佛弟子岐黑仁"，下栏左边为女供养像，有侍者为撑华盖，题"佛弟子张首生"，右边为男供养人像，站立，形体较小，题"佛弟子岐萨保"。可见，这方造像碑的功德主是岐法起，最主要

图2　西魏大统十六年(550)《岐法起造像碑》中佛弟子岐萨保题名（上海博物馆提供）

---

[1] 前人引用这条材料时多依王仲荦《北周六典》上163页作"大统十一年"，今据原碑，实为大统十六年。

北朝隋唐胡人聚落的宗教信仰与祆祠的社会功能 | 243

的人物是骑马的岐黑仁，而岐萨保是整个造像碑上最不起眼的人物，如果他是胡人聚落首领意义上的萨保，或是佛经中意为商主的萨薄，则不应当处在这样的地位。因此，我以为把这位佛弟子名字中的萨保，解释为"菩萨保佑"的缩写，可能更符合本来的意义。

（5）在唐人墓志中，指称墓主人的祖上职官时，常常见到有"摩诃萨宝"或"摩诃大萨宝"的称号，一些学者把"摩诃"比定为梵文的 *mahā*，意思为"大"，并由此认为萨宝与佛教有关。其实，生活在中亚的粟特人早就和印度有交往，到处做生意的粟特人也会深入到印度文化圈以内，因此，粟特文中有印度文字的借词并非希奇之事，像我们所说的"萨保"一词的原文 s'rtp'w，实际上就是由借自印度语 *sārtha-* 的 s'rt- 和伊朗语的后缀 -p'w 共同组成的。因此，"摩诃"一词也可能是粟特人把中国人所熟悉的梵文"大"字加在他们的萨保称号之前的。另外，粟特文表示"大"的意思的词是 mz'yγ(h)、mz'yγk'、mzyx、mzyyx [1]，若急读，则也可以读做"摩诃"的发音，所以"摩诃萨宝"也可以从粟特文本身获得解释。无论如何，"摩诃"只不过是一个普通的词汇，即使来自梵文，也不能据此而认为它所修饰的"萨宝"一词也来自佛教。

（6）唐朝文献中还有一些作为人名的萨宝，如米萨宝，富安敦先生根据他的墓志中有佛教词汇，就一反前人看法，认为他是佛教徒，而非祆教徒。事实上，佛教是最早进入中国的外来宗教，后来的任何一种外来宗教，甚至于中国本土的宗教——道教，都大量借用了佛教的词汇，如摩尼教经典《摩尼光佛教法仪略》、《下部赞》，就充满了佛教的用语 [2]。所以，用词汇的佛教化并不能判定米萨宝的宗教信仰。过

---

[1] B. Gharib, *Sogdian Dictionary. Sogdian-Persian-English*, Tehran: Farhangan Publications, 1995, pp. 227-228, Nos. 5681, 5682, 5698, 5703.

[2] Cf. A. van Tongerloo, "Buddhist Indian terminology in the Manichaean Uygur and Middle Iranian Texts", *Middle Iranian Studies*, ed. by W. Skalmowski & A. van Tongerloo, Leaven 1984, pp. 243-252; P. Bryder, *The Chinese transformation of Manichaeism. A study of Chinese Manichaean terminology,* Lund 1985.

去，我曾认为这个米萨宝只是作为人名出现，而不包含萨宝一词的本来意义[1]。后许全胜先生指出，米萨宝的墓志题为"米国大首领米公"，而大首领即萨宝的意译，因此萨宝在此仍是官称[2]。按米萨宝于天宝元年（742）二月十一日寿终于长安崇化里，春秋六十五岁[3]，在他去世时，长安应当没有他所能治理的胡人聚落了，因此这里的萨宝还是看作人名比看作官称合适，但他为何名为萨宝，则大概是因为他原本就是一个萨宝，即胡人聚落的大首领。

敦煌文书 S.542 背《戌年（818）六月沙州诸寺丁仕车牛役簿》第 177 行大乘寺部分，有"安萨保：守囚五日，营田夫五日"的记录[4]。这是吐蕃时没入佛教寺院的粟特寺户的派役条记，这里的萨保肯定是属于佛寺的，但它早已失去了萨保的本来意义，而纯粹是一个人名。而且，唐朝文献把胡人聚落首领都写作"萨宝"，这里却写作"萨保"，这也说明它不是唐朝时真正意义上的萨宝。

（7）富安敦先生认为安世高的后裔安同为佛教徒，武威安氏曾任萨宝，必然也信奉佛教。对于安世高后裔的这种假说，我曾有专文予以辩驳[5]，否定安世高与武威安氏同源，所以也就不存在武威安氏萨宝是佛教徒的问题。其实武威安氏成员确实有皈依佛教的问题，但那是在胡人聚落离散以后的事情，或部分成员的个别行为，不能一概而论。

---

[1] 荣新江《北朝隋唐粟特人之迁徙及其聚落》，原载《国学研究》第 6 卷，北京大学出版社，1999 年；此据作者《中古中国与外来文明》，北京：三联书店，2001 年，84—85 页。
[2] 许全胜《书评:〈中古中国与外来文明〉》，荣新江主编《唐研究》第 8 卷，北京大学出版社，2002 年，531 页。
[3] 向达《唐代长安与西域文明》，《燕京学报》专号 2，1930 年；此据《唐代长安与西域文明》，北京：三联书店，1957 年，92 页。
[4] 池田温《中国古代籍帐研究》，东京大学出版会，1979 年，533 页。
[5] 荣新江《安世高与武威安姓——评〈质子安世高及其后裔〉》，黄时鉴编《东西交流论谭》，上海文艺出版社，1998 年，366—379 页；收入作者《中古中国与外来文明》，427—440 页。

图3 《大周大都督同州萨保安君墓志铭》志盖(《文物》2001年第1期,7页,图6)

以上篇幅,针对萨保问题不吝笔墨陈说前人及笔者之见解,目的非常简单,即为了表明:到目前为止,前人所提到的萨保与佛教相关联的史料,没有一条能够支持萨保可以在佛教的上下文中得到圆满的理解这一看法。因此,我们若要对此问题作出合乎事实的解释,还是应该像一些学者所强调的那样,将其和在中国流行的祆教放在一起来进行考察。

二 萨保与胡人聚落的宗教信仰

我们知道,中古时期中国的祆教,是由胡人传入中土的琐罗亚斯德教的一个变种[1]。正如佛教开始传入中国时一样,祆教入华之初,应

---

[1] 蔡鸿生先生说:唐宋火祆教"已非波斯本土之正宗,而为昭武九姓之变种",见《林悟殊〈波斯拜火教与古代中国〉序》,台北:新文丰出版公司,1995年,1页;收入蔡鸿生《学境》,香港:博士苑出版社,2001年,152—153页。林悟殊先生曾对此观点加以发挥,见所撰《波斯琐罗亚斯德教与中国古代的祆神崇拜》,余太山主编《欧亚学刊》第1辑,北京:中华书局,1999年,207—227页。

图4　安伽墓门额火坛图（《文物》2001年第1期，91页，图1）

当只是胡人内部的一种宗教信仰。因为中古时期入华的所谓胡人，实际上主要是以粟特人为主的伊朗系人种的各个民族，他们往往是以商团的形式进入中国从事贸易活动，在一些较为重要的城镇，特别是一些交通枢纽城市，建立了他们的自治殖民地，汉文史料称之为"聚落"。萨保（s'rtp'w）原本是队商首领，也就自然成为胡人聚落的首领，汉文文献中用"萨保"、"萨甫"或"萨宝"来音译这个来自粟特文的称号。胡人聚落中所流行的宗教，必然也就是萨保的宗教信仰，这本来是没有什么问题的，问题是上述史料提到萨保时，或作为人名，或与兴佛事件联系在一起，因此产生一些误解。据笔者涉猎所及，林悟殊先生《火祆教在唐代中国社会地位之考察》一文是坚持萨保应是火祆教徒，并给予充分论证的最佳篇什[1]，惜其发表时安伽墓尚未发现，故笔者在此略加申论。

事实上，我们如果把着眼点转向考古资料，对于我们认识萨保以

---

[1] 文载蔡鸿生编《澳门史与中西交通研究》，广州：广东高等教育出版社，1998年，169—196页。

图 5　Miho 美术馆粟特石屏风祆教葬仪图（Courtesy of the Miho Museum）

及胡人聚落的宗教信仰问题，会有极大的帮助，特别是 2000 年西安发现的安伽墓，可以说提供了确定性的新资料。

安伽墓出土了带有明确纪年的墓志，题"大周大都督同州萨保安君墓志铭"（图3），卒年为北周大象元年（579）五月。这位北周末年任同州萨保的安伽，其墓门上方的门额（图4），刻画着三峰骆驼支撑的火坛，两旁是半鸟半人形的祭司，下面是典型的粟特供养人，供养人前又各有一个小型的火坛[1]。马尔沙克（B. I. Marshak）教授对此

---

[1]　陕西省考古研究所《西安发现的北周安伽墓》，《文物》2001 年第 1 期，5—7 页。

图像表现的祆教意义解释得最为透彻:"墓门门楣上画着一对鸟人形状的祆教祭司,以及中间喷火的火坛。火坛放置在由三峰骆驼托起的宝座上。这种火坛以前从未见过。画家很有可能来自中亚,在粟特地区,祆神的宝座通常都是用一峰或两峰骆驼托着的。我自己认为是胜利之神,在粟特即 Washaghn(《阿维斯塔》的 Verethraghna,是骆驼的化身)。在粟特艺术中,骆驼托举的宝座上的神常常负责守护主要的火坛。在伊朗,最高等级的火坛称为'Wahrām 火',这个名称源于 wahrām 神(Verethraghna 的巴列维语形式)。安伽墓门楣上承托火坛的骆驼似乎更像是 Washaghn。"[1] 这已经清楚地表明了同州胡人首领——萨保安伽的祆教信仰。而且,他的尸骨放在墓门外面,经过火焚,似乎是经过了某种祆教葬法的处理。在他的墓室里,只有一个棺床,上面三面摆放着石屏风,其中刻绘了十二个画面,描绘了萨保的日常生活[2]。安伽墓的墓主人本身就是萨保,他的墓门门额上特别雕出拜火教的大型火坛,已经无可辩驳地说明了萨保所信仰的就是祆教。

安伽的石屏风上所刻画的图像,主要表现的是萨保日常生活的宴饮、狩猎、出行等情况,没有特别的宗教内容。但是,由于安伽墓的出土,学者们现在可以确定早年安阳出土的一套石棺床、现存 Miho 美术馆的一套石屏风、益都和天水发现的石棺床,以及太原发现的虞弘墓石椁,都是属于同一组的粟特系统的图像,甚至有些石棺床的主人,应当就是萨保本人。在这些图像中,可以清楚地看到一些表现祆教主题的内容,比如安阳石棺床门柱上的祆教祭司,Miho 美术馆石屏风上的娜娜女神像和祆教葬仪图(图5),都表明了胡人聚落内部祆

---

[1] B. I. Marshak, "La thèmatique sogdienne dans l'art de la Chine de la seconde moitié du Vie siècle", *Académie des Inscriptions & Belles-Lettres, Comptes rendus des seances de l'annee 2001 janvier-mars*, Paris 2001, pp. 244-245.

[2] Rong Xinjiang, "The Illustrative Sequence on An Jia's Screen: A Depiction of the Daily Life of a *Sabao*", *Orientations*, February 2003, pp. 32-35.

教祭祀活动和一些祆教仪式的存在[1]。因此，《新唐书》卷四六《百官志·祠部》记"两京及碛西诸州火祆，岁再祀而禁民祈祭"，并非虚言。从北朝到隋唐，在以粟特人为主体的胡人聚落未分散之前，聚落内部的宗教主要应当是祆教，而聚落的首领萨保，固然总管聚落内部各种事务，但他本人的宗教信仰，显然也应当和聚落内部的大多数胡人一样，是祆教而非佛教。

三 萨保府的建立与职官设置

关于萨保府的建立与职官构成，姜伯勤和罗丰两位先生几乎同时发表的文章，对有关的史料和出土墓志中的材料，已经做了极其详细的整理和研究[2]。笔者可以补充的是：

第一，他们指出有关萨保府的明确记载是唐朝，但推测应当早于隋朝。目前所见的材料，可以把萨保府的建立，上推到北周时期。1999年发现的《虞弘墓志》记："大象末（580），左丞相府，迁领并、

---

[1] 参看以下论著的相关讨论，此不赘述：G. Scaglia, "Central Asians on a Northern Ch'i Gate Shrine", *Artibus Asiae*, XXI, 1958, pp. 9-28; B. I. Marshak, "Le programme iconographique des peintures de la 'Salle des ambassadeurs' à Afrasiab (Samarkand)", *Arts Asiatiques*, XLIX, 1994, pp. 1-20; 姜伯勤《安阳北齐石棺床画像石的图像考察与入华粟特人的祆教美术》，《艺术史研究》第1辑，广州：中山大学出版社，1999年，151—186页；J. A. Lerner, "Central Asians in Sixth-Century China: A Zoroastrian Funerary Rite", *Iranica Antiqua*, XXX, 1995, pp. 179-190; A. L. Juliano and J. A. Lerner, "Cultural Crossroads: Central Asian and Chinese Entertainers on the Miho Funerary Couch", *Orientations*, Oct. 1997, pp. 72-78; 姜伯勤《图像证史：入华粟特人祆教艺术与中华礼制艺术的互动——Miho博物馆所藏北朝画像石研究》，《艺术史研究》第3辑，广州：中山大学出版社，2001年，241—259页；荣新江《北朝隋唐粟特聚落的内部形态》，作者《中古中国与外来文明》，153—168页。

[2] 姜伯勤《萨宝府制度源流论略》；罗丰《萨宝：一个唐朝唯一外来官职的再考察》。从官制角度研究萨保府者，有李锦绣《唐代视品官制初探》，《中国史研究》1998年第3期，68—81页。

代、介三州乡团,检校萨保府。"[1]可以确证北周末年在并(太原)、代(大同)、介(介休)已经有萨保府的设置,并且有中央政府派出的检校萨保府的官员来监理三个州的萨保府。由此来看,萨保府的设立时间,还应当更早,很可能是从北魏时开始,但各地的先后或许不一致。

第二,在已知的萨保府所属官吏系列中,有一些已经湮灭无闻。所幸笔者在1984年10月在太原市北郊区小井峪村东发现的永徽六年(655)撰写的《龙润墓志》中,找到墓主人在唐初被任命为"萨宝府长史"的记载[2],补充了萨保府职官系列中的一个缺环。

现将史料中有关萨保府职官和墓志等材料所记具体的任职者表列于下[3]:

萨保府职官	萨保府官职及兼官	担任者	源出国	年代	出处
京师萨保	京师(？)摩诃萨宝	安但	安国	北魏	《安万通墓志》
雍州萨宝	雍州萨宝	安弼	安国	北魏	《文馆词林》卷四五五
凉州萨保	凉州萨保、使持节骠骑大将军开府仪同三司、凉甘瓜三州诸军事	康拔达	康国	北魏(梁大通年间)	《康阿达墓志》
	凉州萨宝	安难陀	安国	北魏	《元和姓纂》
张掖萨宝	摩诃大萨宝、张掖县令	史尼	史国	北魏	《史诃耽墓志》

---

[1] 张庆捷《虞弘墓志考释》,荣新江主编《唐研究》第7卷,北京大学出版社,2001年,162—165页。
[2] 志文图版载《隋唐五代墓志汇编·山西卷》,天津古籍出版社,1991—1992年,8页;录文见《全唐文补遗》第5册,西安:三秦出版社,1998年,111页。参看荣新江《隋及唐初并州的萨保府与粟特聚落》,《文物》2001年第4期,84—89页。
[3] 表中材料的参考文献出处,除史籍外,均见荣新江《萨保与萨薄:北朝隋唐胡人聚落首领问题的争论与辨析》。

续表

萨保府职官	萨保府官职及兼官	担任者	源出国	年代	出处
检校萨保府	检校萨保府，领并、代、介三州乡团	虞弘	鱼国	北周大象末（580前后）	《虞弘墓志》
京师萨宝	京师萨宝	史诃耽	史国	北周	《史诃耽墓志》
凉州萨宝	凉州萨宝	安盘娑罗	安国	北周	《元和姓纂》
酒泉萨宝	摩诃萨宝、酒泉县令	史多思	安国	北周	《史铁棒墓志》
同州萨保	同州萨保	安伽	安国	北周大象元年（579）	《安伽墓志》
京邑萨甫				北齐	《隋书·百官志》
九州萨宝	九州摩诃大萨宝、龙骧将军	康仵相	康国	北齐	《康元敬墓志》
诸州萨甫					《隋书·百官志》
并州萨宝	并州大萨宝、薄贺多比	翟娑摩诃		北齐	《翟突娑墓志》
定州萨甫	定州萨甫			北齐	《惠郁造像记》
萨甫府司录	定州萨甫下司录	何永康	何国	北齐	《惠郁造像记》
雍州萨保				隋	《隋书·百官志》
诸州萨保				隋	《隋书·百官志》
定州萨宝	定州萨宝	康和	康国	隋	《康婆墓志》
并州萨宝府长史	萨宝府长史	龙润	焉耆	唐初	《龙润墓志》
萨宝府祆正				唐	《通典》卷四〇《职官》
萨宝府祆祝				唐	《通典》卷四〇《职官》
萨宝府果毅		郑行谌		唐	《新唐书》卷七五上《宰相世系表》
萨宝府率				唐	《通典》卷四〇《职官》
萨宝府史				唐	《通典》卷四〇《职官》

总括上表所搜集的材料，我们可以看出，从北魏时开始，在都城所在地区设有京师萨保，或者叫雍州萨保。在胡人东来建立殖民聚落的凉州、张掖等地，也有州一级的萨保。这个制度大概经西魏、东魏而由北周、北齐继承下来。北周的情况由近年出土的墓志证明，不仅有京师萨保，还有凉州、酒泉、同州、并州、代州、介州等州一级的萨保，以及中央政府派出的检校萨保府的职官设置。《隋书》卷二七《百官志》中记北齐官制有"京邑萨甫二人，诸州萨甫一人"。墓志所见"九州摩诃大萨宝"，或许是管理全国萨保府事务的官职，也可能等同于京邑萨甫。另外，还有北齐并州萨甫、定州萨甫以及萨甫下司录一种职官。从名称来看，隋代继承了北周的制度，有雍州（京师）萨保和诸州萨保，留下名字的有定州萨宝。入唐以后，两京地区和河西走廊的胡人聚落逐渐消散，但边境地区如六胡州、柳城的胡人聚落仍然存在，因此萨保府的制度并未终结。虽然我们几乎看不到京师萨宝的名字，仅在唐初的材料里见到并州萨宝府长史的一例，但有关萨宝府的职官体系，却由于《通典》卷四〇《职官典》及其他史料的记录而保留下来，计有萨宝府祆正、萨宝府祆祝、萨宝府长史、萨宝府果毅、萨宝府率、萨宝府史。

在萨保府中，萨保之下不仅有行政官职的设置，还有专司祆教事务的祆正和祆祝，因此我们说萨保是兼理胡人行政事务和祆教活动的胡人聚落首领，应当说是距离事实不远的结论吧。

四　祆祠的宗教与社会功能

我们从文献记载可以得知，在北朝隋唐的胡人聚落中，一般都立有祆祠，作为胡人祭祀祆神的宗教活动中心，起着凝聚胡人精神的作用。笔者曾辑录过高昌、伊州、石城镇、敦煌、武威、张掖、长安、洛阳、幽州、获鹿、乐寿等地祆祠的有关记载[1]，此不赘述。以下从几个方面，来考察祆祠的社会功能。

1. 胡人聚落管理机构萨保府所在地

北朝隋唐时期胡人聚落的管理机构萨保府，往往就建立在祆教祠寺当中。宋敏求《长安志》卷一〇布政坊下记：

> 西南隅，胡祆祠。武德四年（621）立。西域胡祆神也。祠内有萨宝府官，主祠祆神，亦以胡祝充其职。

与这条史料可以相互印证的是《通典》卷四〇《职官典》所记：

> 武德四年置祆祠及官，常有群胡奉事，取火咒诅。

这里揭示了一个重要的事实，即长安的萨宝府实际上就设置在祆祠之内，而祆祠是群胡奉事祆神的主要场所，萨宝府的官员的重要职务，是"主祠祆神"，而且还有专职的胡祝司其事。

林悟殊先生曾提醒我们注意，西域胡人生活的一大特色，就是教务与民事的结合，他举《魏书》卷一〇二《西域传》所记粟特康国的风俗云：

> 有胡律，置于祆祠，将决罚，则取而断之。重者族，次罪者死，盗贼截其足。

证明祆教活动场所与司法裁判的地点一致，显示了政教的结合。他强

---

[1] 荣新江《北朝隋唐粟特聚落的内部形态》，作者《中古中国与外来文明》，158—160页。

调唐朝政府之设立萨宝府，应当主要是和信奉祆教的中亚胡人大量入华有关，虽然萨宝的主要职能是管理民事[1]。

我们知道，胡人聚落是从萨保所率的队商发展而来的，当一批粟特商人在某个地方找到了立脚点之后，他们开始时很可能是在人比较少的城外居住，比如高昌和敦煌的粟特聚落大概最早都是在城东的某个地方。他们常常在一个空旷的地方建立殖民聚落，虽然那里未必有他们所希望有的固定的居所，因为从Miho美术馆所藏粟特石屏风上我们见到有骆驼背负帐篷的情形[2]，从安伽墓石屏风上我们看到一些粟特人宴饮时也是在粟特式帐篷中[3]。粟特人在自己的本土建有大量祆祠，作为祆教信仰的中心，当他们到达一个新的地点时，必然会首先考虑建立祆祠的问题。在约写于312—313年的粟特文古信札中，就提到βynpt-的祆教职名，相当于汉文史料中的祆祝，似表明当时他们在敦煌已建立了祆祠[4]。按照粟特的传统，法律条文是放置在祆祠当中的，因此，在新建的胡人聚落当中，首领萨保很可能也是在祆祠中根据胡律来进行司法审判的。当北魏政府正式建立萨保府机构时，很可能就把这个机构放在本来就是处理政教事务的场所——祆祠当中。

由于在不同地区，比如绿洲、城市之内、草原上的粟特聚落形式不尽相同，因此，也不排除有独立于祆祠之外的萨保府机构的存在，但从种种记载来看，大多数的情况下，两者很可能处于同一个建筑空间里。

---

[1] 林悟殊《火祆教在唐代中国社会地位之考察》，172—182页。
[2] 参看荣新江《Miho美术馆粟特石棺屏风的图像及其组合》，《艺术史研究》第4辑，广州：中山大学出版社，2002年12月（2003年7月），199—221页。
[3] Rong Xinjiang, "The Illustrative Sequence on An Jia's Screen: A Depiction of the Daily Life of a *Sabao*", *Orientations*, February 2003, pp. 32-35.
[4] W. B. Henning, "The Date of the Sogdian Ancient Letters", *Bulletin of the School of Oriental and African Studies,* XII, 1948, pp. 602-605.

2. 胡人举行宗教祭祀仪式的场所

袄祠是胡人宗教信仰的中心，也是胡人进行宗教祭祀活动的场所。袄祠中往往有神像，敦煌文书 P.2005《沙州图经》卷三（大约编成于唐高宗时期）记敦煌县袄神庙云："右在州东一里，立舍，画袄主，总有廿龛。其院周回一百步。"[1] S.367《沙州伊州地志》（晚唐抄本记唐前期事）记伊州"火袄庙中有素书（画）形像无数"[2]。都说明袄祠中供奉有袄神画像或塑像。在 Miho 美术馆藏粟特石屏风上，有一幅娜娜（Nana）女神像（编号 J-2，图 6），画面的上方是四臂女神娜娜，半身，坐在一个浅刻着双头狮子的神坛上，下面是两个伎乐天人，立在莲花上，一弹琵琶，一拨箜篌。再下面是乐舞图，中间是一个女子正在跳舞，两旁是席地而坐的乐队，人物形象要比上面的神像和天人小得多，表现的应当是在神殿或殿前跳舞祭祀的场景。这块画像石板为我

图 6 Miho 美术馆粟特石屏风娜娜神祠图（Courtesy of the Miho Museum）

---

[1] 池田温《沙州图经略考》，《榎博士还历记念东洋史论丛》，东京：山川出版社，1975 年，70—71 页。
[2] 唐耕耦等编《敦煌社会经济文献真迹释录》第 1 辑，北京：书目文献出版社，1986 年，40 页。

们提供了一个直观的供奉娜娜女神的祆祠情形,要知道,娜娜是粟特人最为崇敬的女神。

在祆神像前,比较正式的祭祀仪式是通过祆教崇敬的圣火来进行的。如上引《通典》卷四〇《职官典》记:祆祠中"常有群胡奉事,取火咒诅。"应当就是通过圣火仪式,来进行咒愿。宋人董逌《广川画跋》卷四《书常彦辅祆神像》条记:"唐祠令有萨宝府主司,又有胡祝,以赞相礼事,其制甚重,在当时为显祠。"可见,正式的祭祀仪式是由萨宝亲自主持的,由专职的祆祝司仪赞唱导引之事,这在唐朝是一种制度庄重的显祠。《新唐书》卷四六《百官志·祠部》记"两京及碛西诸州火祆,岁再祀而禁民祈祭",这种一年两次的正式祭祀火祆神,应当就是这种显祠,大概是由官府主持,所以禁止普通民众祈祭。

在官方正式的祭祀仪式之外,还有普通民众的祭祀活动,特别是祆教作为波斯古老的琐罗亚斯德教的粟特变种,其中掺杂了许多民俗的成分,如西域幻术,而这种杂耍式的祭祀活动,有时没有其他宗教仪式那样庄重,常常也就不被当作祆教的宗教活动了。唐人张鷟《朝野佥载》卷三记:

> 河南府立德坊及南市西坊皆有胡祆神庙,每岁商胡祈福,烹猪羊,琵琶鼓笛,酣歌醉舞。酹神之后,募一胡为祆主,看者施钱并与之。其祆主取一横刀,利同霜雪,吹毛不过,以刀刺腹,刃出于背,仍乱扰肠肚流血。食顷,喷水咒之,平复如故。此盖西域之幻法也。
>
> 凉州祆神祠,至祈祷日,祆主以铁钉从额上钉之,直洞腋下,即出门,身轻若飞,须臾数百里。至西祆神前舞一曲即却,至旧祆所乃拔钉,无所损。卧十余日,平复如故。莫知其所以然也。[1]

---

[1] 北京:中华书局标点本,1979年,64—65页。

可见，这种祭祀活动是在专门的祈祷日进行。先是杀猪宰羊，洒酒祭神，群胡演奏琵琶、鼓、笛等乐器，酣歌醉舞。《安禄山事迹》卷上记："潜于诸道商胡兴贩。每岁输异方珍货计百万数。每商至，则禄山胡服，坐重床，烧香列珍宝，令百胡侍左右。群胡罗拜于下，邀福于天。禄山盛陈牲牢，诸巫击鼓歌舞，至暮而散。"[1]《新唐书·安禄山传》对应于最后一句处作："引见诸贾，陈牺牲，女巫鼓舞于前以自神。"[2] 其实也是这样一种祭祀过程，而且更加详细生动。Miho 石屏风刻画的娜娜女神像前的乐舞，正是这种"邀福于天"的祭祀活动的具体形象，这里的"天"其实就应是娜娜等祆神。

祭祀活动的后半段，则是一位祆主来做西域幻法的表演，正如《广川画跋》卷四《书常彦辅祆神像》条所说的那样，这种"出肠决腹，吞火蹈刃"的把戏，目的是使"下俚庸人，就以诅誓，取为信重"，强化人们对祆神的敬重和信从。

3. 萨保继承仪式并设立盟誓的场所

萨保的继承应当是一个胡人聚落的重大政治事件，过去，我们从《元和姓纂》"安姓"下"姑臧凉州"条所记"后魏安难陀至孙盘婆罗，代居凉州，为萨宝"，知道萨保是一种世袭担任的官职，但详细的继承仪式和如何继承，我们并不清楚。安伽和 Miho 石屏风上，各保存了一幅萨保继承仪式图，为我们讨论这个问题提供了非常形象的素材。

安伽石屏风后屏中间右边一幅（图7），上部刻画萨保在野外欢迎披发的突厥首领，下部刻画萨保和突厥首领在一个用连珠纹装饰的房子里对坐，显然是在设立盟誓，中间一个身着华丽服装年轻人，马尔

---

[1] 上海古籍出版社标点本，1983 年，12 页；R. des Rotours, *Histoire de Ngan Lou chan*, Paris 1962, pp. 108-109.
[2] 以上引文和其所描述的祭祀祆神的情况，参见荣新江《安禄山的种族与宗教信仰》，收入作者《中古中国与外来文明》，234—236 页。

图 7　安伽石屏风萨保继承仪式图　　图 8　Miho 美术馆粟特石屏风萨保继承仪式图
　　　《磨砚书稿》，106 页，图 1）　　　　　（Courtesy of the Miho Museum）

沙克认为是萨保的儿子，姜伯勤则以为是证盟人[1]，目前尚难确定。立盟所在的房子屋顶正中，装饰有祆教图像中常见的日月图案，如萨珊波斯银币上波斯国王的王冠上的图案，因此我怀疑这个设盟的地点，就是粟特聚落中的祆神庙[2]。

---

[1] B. I. Marshak, "La thèmatique sogdienne dans l'art de la Chine de la seconde moitié du Vie siècle", p. 246; 姜伯勤《西安北周萨宝安伽墓图像研究——北周安伽画像石图像所见伊兰文化、突厥文化及其与中原文化的互动与交融》，《华学》第 5 辑，广州：中山大学出版社，2001 年，23—25 页。
[2] Rong Xinjiang, "The Illustrative Sequence on An Jia's Screen: A Depiction of the Daily Life of a *Sabao*", *Orientations*, February 2003, pp. 32-35.

Miho 编号为 G 的石板（图 8）也是粟特人和突厥人的盟誓图，上面是宴饮图，中间刻画一位体形超过其他人物的主人公，坐在华盖下面，左右有三人服侍。下面两人对坐在一食品盘左右，各有一随从，左为粟特人，右为突厥人，盘后立有一人，姜伯勤以为是证盟人[1]。上面中间坐着的是看上去比较年轻的萨保的儿子，即粟特胡人聚落的继承人——新萨保，他面部表情有些悲哀。下面与突厥人订立盟誓的粟特人显得比较苍老，应当是老萨保。

通过这两幅大体可以对应的图像，我们可以了解到，萨保的继承仪式一般是在祆祠中进行，由老萨保与突厥首领订立盟誓，新的萨保需要得到突厥首领的认可，这是因为在很长一段时间里，突厥人不仅是丝绸之路上粟特人的宗主，而且甚至把北周、北齐皇帝看作是自己的两个儿子。经过在祆神面前的盟誓，新的萨保就可以继承其父成为胡人聚落的新的统治者了。

在祆祠中专门从事宗教事务的祆祝，也同样是世袭担任的。宋人张邦基《墨庄漫录》卷四记载河南开封事：

> 东京城北有祆庙。祆神本出西域，盖胡神也，与大秦穆护同入中国，俗以火神祠之。京师人畏其威灵，甚重之。其庙祝姓史，名世爽，自云家世为祝累代矣，藏先世补受之牒凡三：有曰怀恩者，其牒唐咸通三年（862）宣武节度使令狐给。令狐者，丞相绹也。有曰温者，周显德三年（956）端明殿学士权知开封府王所给。王乃朴也。有曰贵者，其牒亦周显德五年枢密使权知开封府王所给。王亦朴也。自唐以来，祆神已祀于汴矣，而其祝乃能世继其职逾二百年，斯亦异矣。

---

[1] 姜伯勤《图像证史：入华粟特人祆教艺术与中华礼制艺术的互动——Miho 博物馆所藏北朝画像石研究》，244—246 页。

可见，直至晚唐五代，祆祠中的庙祝，仍然数代坚守其职，这应当是祆教神职人员的传统，并得到晚唐五代政府的认可，且每次继承，都给予证明身份的牒文。这虽然与萨保继承问题无直接关系，附及于此，以做参考，很可能进入唐朝范围内的萨保的继承，是需要唐中央或地方官府认可的。

4. 凝聚胡人的地方

粟特商胡是一个流动的群体，他们即使在一个聚落中定居下来，由于许多人经营商业贩运，所以不定何时又要远离亲朋，甚至一去不返。在胡人聚落当中，祆祠因为有人们常常需要供奉的祆神，所以自然而然地就成了人们聚集的地方。特别是在新年的节庆日和一些宗教节日，如祈祷日里，聚集的人群一定很多。现存波士顿美术馆和巴黎集美博物馆的 20 世纪初河南安阳出土的粟特石棺床屏风上，就有许多人在新年节庆日子里，带着礼物和祭品，聚集到首领或其他贵人的葡萄园，饮酒作乐的情景[1]。祆祠因为有大家所信奉的祆神，因此是最容易聚集胡人的地方。

对于聚落的首领或者神职人员来说，祆祠是进行政治宣传的最好地方；胡人在祆祠中聚集之时，也是其最好利用之机。S.367《沙州伊州地志》记伊州伊吾县祆庙的宗教仪式活动云：

> 火祆庙中有素书（画）形像无数。有祆主翟槃陀者，高昌未破以前，槃陀因入朝至京，即下祆神，因以利刀刺腹，左右通过，出腹外，截弃其余，以发系其本，手执刀两头，高下绞转，说国家所举百事皆顺天心，神灵〔相〕助，无不征验。神没之后，僵仆而

---

[1] 姜伯勤《安阳北齐石棺床画像石的图像考察与入华粟特人的祆教美术》，151—186 页，特别是 164、163 页。

倒，气息奄奄。七日即平复如旧。有司奏闻，制授游击将军[1]。

这个故事可以与《朝野佥载》的记载相印证，但这里不仅仅是娱神，而是借着这种取信于人的反常做法，来讲说唐朝的各种举措都是顺应天心的，此所谓"天"，也可以理解为祆，因为这位祆主是在京师长安的祆神庙中讲这番话的，而所谓"神灵相助，无不征验"，正是为唐朝进军高昌做政治舆论宣传。

同样，作为胡人首领的安禄山，虽然早已从军，但天生的粟特人禀性，使得他也懂得应当充分利用祆祠的此种功能达到自己的目的。《安禄山事迹》卷上记："每商至，则禄山胡服，坐重床，烧香列珍宝，令百胡侍左右，群胡罗拜于下，邀福于天。"这里的"天"实即"祆"，这种在祆神像前的一种宗教祭祀活动最可能是在胡人经常聚集的祆祠中进行，特别是安禄山为此特地穿上胡服，而且看来确实没有其他种族民众参加。另一种可能是在安禄山的宅第或官衙进行，那么此时的宅第和官衙在功能上实际已经等同于一种胡人崇拜偶像的祆祠了。在这种百胡相待卫，群胡聚集之时，也正是安禄山进行他反叛唐朝的政治宣传的最好时机，他能够动员如此多的人参与他的叛乱行动，我想他一定是充分利用了祆祠凝聚胡人的机会，来做政治宣传。

5. 祈雨之地与医疗场所

与中古时期的佛寺、道观、景教寺院一样，祆祠的社会功能是多方面的，只不过有关祆祠的史料较少，所以不能做全面的考察，这里仅举两例。

祆祠是唐朝时期祈雨的场所。P.2748《敦煌廿咏》中有《安城祆咏》，文字如下：

---

[1]《敦煌社会经济文献真迹释录》第1辑，40—41页。

> 板筑安城日，神祠与此兴。一州祈景祚，万类仰休征。
> 蘋藻来（采）无乏，精灵若有凭。更看雩祭处，朝夕酒如绳（渑）[1]。

池田温先生在《八世纪中叶敦煌的粟特人聚落》一文中，对敦煌的粟特聚落、祆祠及其功能做了透彻的解说。根据他的研究结果，安城位于粟特聚落所在的敦煌城东一里的地方，在甘泉水边，那里立有祆祠，是胡人的信仰中心[2]。对于上述诗歌，他解释如下："如同《甘咏》当中所歌咏的那样，在8世纪时，祆神已经成为祈雨的对象，而且在祈雨时还要倾倒酒液。向神祇供奉酒品也是中国式的礼仪。这大概是一种模拟性的巫术，即模拟降雨的情形倾洒酒液。……这样看来，敦煌的祆神尽管还保留着祆神的名称，但是其实际机能已经完全同中国的礼仪以及民间信仰相融合，与汉人的信仰合为一体。……祆祠之所以能够成为祈雨的场所，推察其起因，也是基于祆教祭火坛的存在。燃火飞烟是祈雨时普遍举行的仪式。而祆祠圣火坛上经常焰起烟升，自然会被人们视为灵验显著的祈雨场所。"[3] 据此，祆祠的祈雨活动，是唐朝礼仪与民间祆神信仰的结合[4]。姜伯勤先生认为，天水出土的粟特石棺床屏风上，有一幅过去认为是酿酒的图像（图9），所描绘很可能就是倒酒祈雨的情形[5]：台上有三人注视着台侧的两个兽头，兽口中

---

[1] 徐俊《敦煌诗集残卷辑考》，北京：中华书局，2000年，165页。
[2] 池田温《8世纪中叶における敦煌のソグド人聚落》，《ユーラシア文化研究》1, 1965年，49—92页；辛德勇汉译文载《日本学者研究中国史论著选译》第9卷，北京：中华书局，1993年，140—219页。此据池田温《唐研究论文选集》，北京：中国社会科学出版社，1999年，3—67页。
[3] 池田温上引文，《唐研究论文选集》，4—6页。
[4] 关于唐代祈雨的全面情况，参看雷闻《祈雨与唐代社会研究》，《国学研究》第8卷，北京大学出版社，2001年，245—289页。
[5] 此据其于2002年11月16日在北京大学中国古代史研究中心主办的"古代中外关系史：新史料的调查、整理与研究"国际学术研讨会上的发言内容。

流淌着酒液,下面有两个大酒瓮正在盛接,大瓮中间有一人,左手执一小瓶,正从瓮中往瓶中装酒,另有一人双手抱瓶,边走边闻酒香,下面一人跪坐在地,左手捧碗酣饮,身边有一罐酒[1]。在晚唐五代宋初的归义军时期,敦煌官府的入破历中,经常见到赛祆的记载,如 P.3569《光启三年(887)四月归义军官酒户龙粉堆牒》记有:"四月十四日,夏季赛祆,用酒肆瓮。"[2] P.4640 背《己未至辛酉年(899—901)归义军军资库司布纸破用历》记有:"辛酉年三月三日,东水池及诸处赛祆,用粗纸壹帖。"[3] 敦煌研究院藏卷+P.2629《归义军酒帐》有:"四月廿日,城东祆神,酒壹瓮。""十日,城东祆赛神,酒两瓮。"[4] 赛祆是一种民俗化的祭祀祆神的活动。东水池在敦煌城东,在这里赛祆,使人很容易联系到同样是位于城东

图9 天水粟特石屏风祈雨图
(《考古》1992 年第 1 期,图三:9)

---

[1] 天水市博物馆《天水市发现隋唐屏风石棺床墓》,《考古》1992 年第 1 期,51—52 页,图版八:1,图三:9。
[2] 《敦煌社会经济文献真迹释录》第 3 辑,北京:全国图书馆缩微复制中心,1990 年,623 页。
[3] 池田温《中国古代籍帐研究》,610 页。
[4] 施萍亭《本所藏〈酒帐〉研究》,《敦煌研究》创刊号,1983 年,142—155 页。关于敦煌入破历中赛祆记录的讨论,参看姜伯勤《高昌胡天祭祀与敦煌祆祀》,作者《敦煌艺术宗教与礼乐文明》,北京:中国社会科学出版社,1996 年,496—499 页;F. Grenet and Zhang Guangda, "The Last Refuge of the Sogdian Religion: Dunhuang in the Ninth and Tenth Centuries", *Bulletin of the Asia Institute, new series*, 10 (Studies in Honor of Vladimir A. Livshits), 1996, pp. 175-186。

的安城祆祠，也即最后一条材料中的城东祆神。值得注意的是，赛祆时往往用酒，这正是祆祠祈雨必备之物。由此可知，敦煌地区在祆祠祭祀以祈雨的做法，一直保持到宋朝初年。

祆祠也是治病的地方。董逌《广川画跋》卷四《书常彦辅祆神像》条记：

> 元祐八年（1093）七月，常君彦辅就开宝寺之文殊院，遇寒热疾，大惧不良。及夜，祷于祆神祠。明日良愈，乃祀于庭。又图像归事之，且使世知神之休也。

这是晚到北宋时期发生在汴京的一件事，讲到常彦辅其人在佛寺中得了寒热疾病，到晚上祈祷于祆神祠，第二天就得痊愈，于是在自己庭院里祭祀祆神，并把祆祠中的神像画下来，带回家供奉。作者着意表明，祆神比佛、菩萨要灵，因此具有比较典型的意义。可以推测，从唐到宋，这种到祆祠去医病的做法，应当是一脉相承的。这是祆祠在民间社会中发挥功用的重要方面。

本文在对有关中古中国胡人聚落首领萨保与佛教关系的种种解说加以辨析的基础上，利用新发现的安伽墓等考古资料，论证了萨保以及胡人聚落的主要宗教信仰是粟特系统的祆教，并重新整理了萨保府的职官设置。最后，从几个方面讨论了胡人聚落里设立的祆祠，在政治、宗教、社会等方面所起的功能和作用。

    2003 年 1 月 20 日完稿。原载荣新江主编《唐代宗教信仰与社会》，上海辞书出版社，2003 年 8 月，385—412 页。

安禄山的种族、宗教信仰及其叛乱基础*

安史之乱（或称安禄山之乱）是中国历史上重大的事件，影响极其深远，可以说是中国历史上一次重要变革的分水岭。20 世纪初，日本学者内藤湖南提出"唐宋变革论"，认为唐宋之际是中国从"古代"走向"近世"的交接点。其时内藤对于唐宋历史的细节并无充分的把握，以后他的弟子们不断充实"唐宋变革论"，弥补其疏漏之处，但所揭示的变革现象基本上都可以追溯到中唐时期。而对于中古史有着非常深入研究和思考的中国学者陈寅恪，则特别强调安史之乱才是中国古代历史的分水岭。陈寅恪的观点可以称之为"天宝变革论"，研究"唐宋变革论"的学者的结论越来越多地支持了"天宝变革论"。笔者是"天宝变革论"的拥护者，因此从中外关系史的角度关心安史之乱问题，感到还有许多相关问题没有人讨论。

从中唐以来，安禄山叛乱的政治、军事背景，历史学家提出了

---

* 本文初稿《安禄山的种族与宗教信仰》为提交 1996 年 11 月在台北举行的"第三届中国唐代文化学术研讨会"论文，由于是同年 8 月在柏林自由大学讲学期间完稿，所以当时苦于没有参考书而论述不够充分。文章会后即印入《第三届中国唐代文化学术研讨会论文集》，此为非正式出版物，且未经校对，错字颇多，所以我又将其发表在《北京大学百年国学文粹·史学卷》（北京大学出版社，1998 年）中，后收入拙著《中古中国与外来文明》（北京：三联书店 2001 年）。十多年来，笔者的观点没有改变，但相关的讨论和有关入华粟特人的考古和碑志资料激增。今在初稿的基础上，利用新资料重写一过，并回应相关研究论著提出的一些问题，以进一步坚实笔者提出的安禄山利用祆教发动叛乱的看法。文章篇幅增加近一倍，故以《安禄山的种族、宗教信仰及其叛乱基础》为题发表，以就教于通人。

不少观点。但是，由于过去的史家在研究安史之乱时大多数是依靠对安、史"叛贼"大加挞伐的传统史料，他们是以王朝政治来衡量一切的，即便他们把安、史看作"胡人"，那也是汉族士大夫眼中的"杂种胡"。事实上，正如我们下面所论证的那样，安禄山、史思明都是典型的胡人，我们研究这种胡人，需要与散布在内陆亚细亚的整体胡人加以对照，应当从内亚史的角度来分析这些胡人的性格，这样我们才能透过传统史料，看出一些传统史家无意留给我们的珍贵记录。

过去从来没有人注意过安禄山叛乱的宗教背景，但实际上在传统史料中有着明确的记载。本文就是从论述安禄山、史思明等叛乱首领的种族出身出发，利用近年来进步很大的粟特研究成果，从安、史等人成长的粟特聚落及其宗教环境，来揭示史料中所暗示给我们的安禄山叛乱时所利用的祆教号召。

安禄山的种族来源问题仍值得进一步探讨。自五六十年代以来，学者们对敦煌吐鲁番出土汉文和伊朗文（包括中古波斯文、帕提亚文、粟特文、于阗文等）文书的研究，为这种探讨提供了丰富的材料，使我们能够对已知的史料给予新的解说，近年来中原地区发现的一些粟特首领萨保的墓葬，也为我们了解入华粟特人的社会生活和宗教文化面貌提供了图像资料，可以使我们更加清晰地认识安禄山等人的种族特征。

一 安禄山的粟特种族特征

要说明安禄山、史思明等人叛乱的宗教背景，首先应当厘清他们的种族来历以及他们的成长环境，即他们所赖以生存的粟特胡人聚落的情况。

关于安禄山的种族，早在1925年，桑原骘藏就根据姚汝能的《安禄山事迹》,认为是康国出身的粟特人[1]。向达肯定了这种看法[2]。陈寅恪更进一步指出,所谓安史之乱时期唐人所说的"杂种胡",大多数情况下是指九姓粟特胡人[3]。1955 年,蒲立本(Edwin G. Pulleyblank)从姓名、来源等方面,详细论证了安禄山是生活在漠北突厥汗国内部的粟特人安延偃的儿子。他不同意安禄山本姓康的说法,强调他可能是从六胡州而进入漠北的粟特人。开元初,突厥内乱,其父亡,与其叔安波注二子逃亡入唐[4]。至此,安禄山之为粟特人似乎已成定论。40 年后,富安敦(Antonino Forte)反驳蒲立本的观点,认为当时人说安禄山本姓康是毫无疑问的,但他认为安波主和延偃都是突厥人,他们在投奔安贞节后,才冒姓安氏[5]。

安禄山随母在安延偃部落的时候,正是他的文化属性和价值观念形成的时候,那么他到底最终成为一个粟特人还是突厥人,这是非常重要的阶段。因此,安禄山的早年经历和种族归属问题仍需要加以考辨。

关于安禄山的来源,仍以中唐人姚汝能编纂的《安禄山事迹》卷上所记最详。其文曰:

> 安禄山,营州杂种胡也。小名轧荦山。母,阿史德氏,为突厥巫。无子,祷轧荦山神,应而生焉。是夜,赤光傍照,群兽四

---

[1] 桑原骘藏《隋唐时代に支那に来住した西域人に就いて》,《内藤博士还历记念支那学论丛》,东京,1926 年,624—626 页。
[2] 向达《唐代长安与西域文明》,原为《燕京学报》专号二,北京,1933 年,14 页、30 页注 36;收入作者《唐代长安与西域文明》,北京:三联书店,1957 年,14 页、31 页注 36。
[3] 陈寅恪《唐代政治史述论稿》,上海:商务印书馆,1947 年,21—23 页。
[4] E.G. Pulleyblank, *The Background of the Rebellion of An Lu-shan*, London 1955, pp. 7-23, 104-121 notes. 他为 *Encyclopaedia Iranica* I.9 (London 1985) 所写"安禄山"词条,观点未变。
[5] A. Forte, *The Hostage An Shigao and His Offspring,* Kyoto: Istituto Italiano di Cultura and Scuola di Studi sull'Asia Orientale, 1995, pp. 100-107.

鸣。望气者见妖星芒炽，落其穹庐。怪兆奇异，不可悉数。其母以为神，遂命名"轧荦山"焉。（原注：突厥呼斗战神为轧荦山。）少孤，随母在突厥中。母后嫁胡将军安波注兄延偃。

开元初，延偃族落破。胡将军安道买男孝节，并波注男思顺、文贞，俱逃出突厥中。道买次男贞节为岚州别驾收之。禄山年十余岁，贞节与其兄孝节相携而至，遂与禄山及思顺并为兄弟。乃冒姓安氏，（原注：案，郭汾阳《请雪安思顺表》云：本姓康，亦不具本末。）名"禄山"焉。[1]

安禄山之于唐朝，是叛乱的逆贼，但在河北地区，他却是个短命的皇帝，一直被尊为圣人[2]。就像历史上每一位皇帝或圣人一样，安禄山的出生也被赋予了一层神话的色彩，但透过神话，仍可看出一些历史的真相。

《安禄山事迹》称安禄山母为阿史德氏，为突厥巫。阿史德是突厥汗国中仅次于可汗家族阿史那氏的族姓，历代可汗所娶之可敦多出于此姓。我们不太确定安禄山的突厥母亲是否真的出自阿史德氏，也可能神话的制造者需要给安禄山找到一些王家的血统，故此把他的母亲说成是阿史德氏。族属突厥的阿史德氏和某个康姓粟特人一起生下这个孩子后，取其名为"轧荦山"（古音 *·at-lǎk-san），《资治通鉴》作"阿荦山"（古音 *·â-lǎk-san），据伊朗语专家恒宁（W. B. Henning）的考释，因为汉语在音译以 r 开首的外族词汇时，往往要在 r 前加上元音，所以这完全是粟特语 roxšan（rwxšn, rwyšn）的音译，意为"光明、明亮"，而进入中原后采用的"禄山"（中古音 *luk-san），其原语也是同一个粟

---

[1] 按 Robert des Rotours, *Histoire de Ngan Lou chan (Ngan Lou chan che tsi)*, Paris 1962, p. 2 和 Pulleyblank, *The Background of the Rebellion of An Lu-shan*, p. 7；《安禄山事迹》卷上，上海古籍出版社标点本，1983 年，1 页，均将"祷轧荦山神"之"神"字下属，实误。按，"轧荦山"非山名，而是神名，说详下文。

[2] 《新唐书》卷一二七《张弘靖传》，北京：中华书局，1975 年，4448 页。

特文，但为了符合汉人双名制而省略了前面一个汉字[1]。因此，应当是安禄山的粟特父亲给他取了个地道的粟特语名字，而不是突厥语的名字。这种看法是和姚汝能注中提到的邵说《代郭令公请雪安思顺表》所云安禄山"本实姓康"相一致的，富安敦的观点值得肯定，即安禄山的生父是一位康姓的粟特人，所以安禄山是粟特和突厥的混血儿，在汉人眼中是个"杂种胡"。在天宝八载（749）树立的《大唐博陵郡北岳恒山封安天王之铭》上，安禄山以"常乐"为自己的郡望。常乐位于河西走廊的西部，与敦煌相邻，这里确实是入华粟特康姓的一个落脚点[2]。但按照《安禄山事迹》作者姚汝能的理解，安禄山的名字是其突厥母亲所

---

[1] Henning 说引见 Pulleyblank, *The Background of the Rebellion of An Lu-shan*, pp. 15-16。王小甫认为"轧荦山"是拜火教神祇 Verethraghna（Warahrān/Bahrām）的对音，即斗战神；而"禄山"是伊朗语 roshān 的音译，指灵光神，见所撰《拜火教与突厥兴衰——以古代突厥斗战神研究为中心》，《历史研究》2007 年第 1 期，24—40 页。按粟特语之斗战神见于粟特本土片吉肯特发现的壁画，为拥有三头而手持三叉戟的湿婆形象，与阙特勤墓地发现的石板上鸟身祭司的所谓斗战神形象迥不相牟，而该壁画神像下有粟特语题记 wšpr(kr)，即祆教神祇 Weshparkar，也和轧荦山无法勘同。该图版和题记见 A. M. Belenitskii and B. I. Marshak, "The Paintings of Sogdiana", *Sogdian Painting. The Pictorial Epic in Oriental Art*, by G. Azarpay, Berkeley: University of California Press, 1974, pp. 29-30, fig. 5。若从姚汝能说"突厥呼斗战神为轧荦山"来看，则"轧荦山"一词当求诸突厥语，而不是伊朗语。钟焓在王小甫之前就已经意识到这一点，但他无法否定恒宁"轧荦山"与 roxšan 对译的观点，认为 roxšan 这个粟特词进入突厥语后意思有了改变，指斗战神（见所撰《安禄山等杂胡的内亚文化背景》，《中国史研究》2005 年第 1 期，68—69 页）。然而，按照《安禄山事迹》所述，"轧荦山"与"禄山"之间是一脉相承的，并没有语言的转换问题，而且钟焓已经指出敦煌吐鲁番文书中 roxšan 一词既译作"禄山"，也译作"阿禄山"，即使他强调多数情况下译作前者，但我们并不能排除少数情况的存在，况且敦煌吐鲁番文书记录的粟特人多为在唐郡县中的粟特人，他们当然更多的是采用汉风的"禄山"。所以，迄今为止，关于姚汝能所说"突厥呼斗战神为轧荦山"这句话，尚没有一个圆满的解说。笔者对此不敢强作解人，这里只是回应学者对本文初稿的批评。

[2] 荣新江《北朝隋唐粟特人之迁徙及其聚落》，北京大学中国传统文化研究中心编《国学研究》第 6 卷，北京大学出版社，1999 年，40—42 页；Rong Xinjiang, "The Migrations and Settlements of the Sogdians in the Northern Dynasties, Sui and Tang" (tr. by Bruce Doar), *China Archaeology and Art Digest*, IV.1: Zoroastrianism in China, December 2000, pp. 130-131。

起,"轧荦山"是突厥语斗战神的名字。

无论如何,从种族上看,可以说安禄山是个杂种。但从安禄山的出生神话,特别是他的粟特语名字来看,他身上更多的是粟特种族特征。

在当时唐朝社会上层的概念里,突厥阿史德氏显然比九姓胡人地位要高,所以,安禄山本人就是利用自己的母亲是突厥种而和突厥人哥舒翰拉近乎。《安禄山事迹》卷上又记:

〔哥舒〕翰母尉迟氏,于阗女也。……〔安禄山〕谓翰曰:"我父是胡,母是突厥女。尔父是突厥,母是胡,与公族类颇同,何得不相亲乎?[1]

我们知道,哥舒翰是突厥族突骑施部下的哥舒部落的人,其父亲哥舒道元曾任唐朝的安西副都护,驻守于阗,娶于阗王女为妻,所以其母亲出自于阗王族的尉迟氏[2]。安禄山原本可能是从河西走廊的常乐郡(瓜州)迁徙到突厥地区的康姓粟特人,其父亲娶突厥阿史德氏为妻,生安禄山。显然,在安禄山本人的眼中,于阗人和粟特人都是"胡",突厥人不是"胡",胡与突厥虽然族类"颇同",但毕竟是不同的。安禄山本人为"营州杂种胡",毕竟是归属于"胡"的,用今日民族认同的观点来看,这是安禄山的"自认"(Ethnic Self)。20 世纪初以来,敦煌及中亚一些地区出土的于阗语和粟特语文献表明,二者都属于印欧语系伊朗语族的东伊朗语分支,由此也可证明安禄山是粟特系伊朗人种。敦煌出土的一件汉蕃词汇表(P.t.1263)中,"胡"字对应于 Sog

---

[1]《安禄山事迹》卷上,14 页。Cf. Pulleyblank, *op.cit.*, p.11; R. des Rotours, *op.cit.*, p.120.
[2]《旧唐书》卷一〇四《哥舒翰传》,北京:中华书局,1975 年,3211 页;《新唐书》卷一三五《哥舒翰传》,4569 页。关于哥舒道元在于阗的情况,参看荣新江《关于唐宋时期中原文化对于阗影响的几个问题》,《国学研究》第 1 卷,北京大学出版社,1993 年,416 页。

（藏文的"粟特"），也完全证明了此点[1]。除了前述陈寅恪指"杂种胡"为粟特胡外，薛爱华（Edward H. Schafer）指出，广义的胡人是指西北地区的外国人，狭义主要是指伊朗系统的胡人[2]。森安孝夫在最近发表的《唐代的胡与佛教的世界地理》一文中，根据《梵语杂名》、日本所存有藏文汉文对照题名的西域地图等材料，强调"胡"指的就是粟特人，胡姬就是年轻的粟特女子[3]。

上引《安禄山事迹》又说道，其母后嫁胡人安延偃，延偃部落破散后，轧荦山与胡将军安道买、安波注的子辈一起入唐。轧荦山"冒姓为安，名'禄山'焉"。不论安禄山的真实父母是谁，从上述引文可知，他从孩提时代就进入安延偃的族落当中，这个"族落"，首领是胡将军安波注的兄长安延偃，我们在史料中看不出这个部落会像是富安敦所说的为突厥部落，它实际上就是漠北突厥汗国中具有独立性质的"胡部"[4]。从此，安禄山完全生活在粟特人的集团当中，他承认安延偃是他的父亲，他的语言、文化当然也是粟特系的。如果我们从文化的角度来辨别一个人的种族的话，更应当说安禄山是个粟特人。当他随同其他安姓兄弟进入唐朝领地后，也同其他入华粟特人一样，要取个汉式的名字，所以就姓安，并把"轧荦山"改成同音而汉语意思更佳的"禄山"了。我想在粟特人中间，他们还是把他叫作 roxšan。

《安禄山事迹》以下接着记载安禄山渐长成人的情形：

---

[1] P. Pelliot, *Hsitoire ancienne du Tibet*, Paris 1961, p.143; A. Spanien et Y.Imaeda (eds.), *Choix de documents tibétains*, II, Paris 1979, pl.525；森安孝夫《チベット语史料中に现すれる北方民族——DRU-GU と HOR》，《アジア・アフリカ言语文化研究》第 14 号，1977 年，39 页；荣新江《龙家考》，《中亚学刊》第 4 辑，北京大学出版社，1995 年，147 页。

[2] Edward H. Schafer, *The Golden Peaches of Samarkand. A Study of T'ang Exotics*, Berkeley 1963, pp.4-5.

[3] 森安孝夫《唐代における胡と佛教の世界地理》，《东洋史研究》第 66 卷第 3 号，2007 年，1—33 页。

[4] 护雅夫《东突厥汗国内の粟特人部落》，《古代トルコ民族史研究》I，东京：山川出版社，1975 年，61—93 页。

长而奸贼残忍，多智计，善揣人情，解九蕃语，为诸蕃互市牙郎。[1]

粟特人本是个商业民族，他们的足迹遍布古代欧亚大陆的商道上。从魏晋到隋唐，大量粟特人东来兴返，穿梭往来于粟特本土、西域城邦绿洲诸国、草原游牧汗国和中原王朝之间[2]。正是因为他们代代相传的本领就是在各民族之间打交道，所以粟特人大都通晓多种语言。所谓"九蕃语"，或新、旧《唐书》的"六蕃语"，都是表示多数的意思。由于粟特人的这种本领，粟特语也成为当时丝绸之路上不同民族间交往时用的混合语（lingua franca）了。唐朝政府早就了解这一点，所以不论在唐中央政府所在的两京，还是边镇贸易频繁的州郡，都使用粟特人作译语人。《唐会要》卷六一弹劾条记："永徽元年（650）十一月二十四日，中书令褚遂良抑买中书译语人史诃担宅，监察御史韦仁约劾之。"史诃担为出身史国的粟特人，其名又写作史诃耽，他的墓已在固原被发现[3]。吐鲁番发现的文书证明西州的译语人也是昭武九姓胡[4]。

---

[1]《安禄山事迹》卷上，1 页；R. des Rotours, *op.cit.*, p. 11.
[2] 荣新江《西域粟特移民聚落考》，马大正等编《西域考察与研究》，乌鲁木齐：新疆人民出版社，1994 年，157—172 页；又《北朝隋唐粟特人之迁徙及其聚落》，27—85 页；又《西域粟特移民聚落补考》，《西域研究》2005 年第 2 期，1—11 页；又《北朝隋唐粟特人之迁徙及其聚落补考》，《欧亚研究》第 6 辑，北京：中华书局，2007 年，165—178 页；Rong Xinjiang, "The Migrations and Settlements of the Sogdians in the Northern Dynasties, Sui and Tang", pp. 117-163; idem., "Sogdians around the Ancient Tarim Basin", *Ērān ud Anērān. Studies Presented to Boris Il'ič Maršak on the Occasion of His 70th Birthday*, eds. M. Compareti, P. Raffetta and G. Scarcia, Venezia: Libreria Editrice Cafoscarina, 2006, pp. 513-524; idem., "Further Remarks on Sogdians in the Western Regions", *Exegisti monumenta. Festschrift in Honour of Nicholas Sims-Williams* (Iranica 17), eds. Werner Sundermann, Almut Hintze and François de Blois, Wiesbaden: Harrassowitz Verlag, 2009, pp. 399-416. 最新的概说，见 É. de la Vaissière, *Sogdian Traders. A History*, tr. by J. Ward (Handbook of Oriental Studies, Section 8: Central Asia, Volume 10), Leiden / Boston : Brill, 2005；森安孝夫《シルクロードと唐帝国》（兴亡的世界史 5），东京：讲谈社，2007 年。
[3] 罗丰《固原南郊隋唐墓地》，北京：文物出版社，1996 年，55—77、206—211 页。
[4] 李方《吐鲁番文书中的译语人》，《文物》1994 年第 2 期，45—51 页。

经商是粟特人最擅长的本领，这一点也同样为唐朝政府所重视。敦煌发现的天宝十载（751）敦煌郡敦煌县的《差科簿》表明，市壁师一类管理市场商业的色役，例由从化乡的粟特人担任[1]。而在与边外各族互市的贸易中，粟特人凭借语言的优势，更是扮演着重要的角色。吐鲁番出土的唐西州官府与三姓葛逻禄或突骑施关于马匹的交易文书，表明西州的互市也是由粟特胡作中间人的[2]。安禄山在同样是唐朝边境城镇的营州作"互市牙郎"，正是他粟特人本性的最好反映。

此外，安禄山"作胡旋舞，其疾如风"[3]。胡旋舞和胡腾舞是粟特人的长技，史籍和唐人诗文多有描写，近年来发现的虞弘、安伽、史君等墓葬图像上也有形象的表现[4]。

如果我们根据陈寅恪先生"种族之分，多系于其人所受之文化，而不在其所承之血统"的观点来看安禄山的话，他无疑是个地地道道的粟特人。

二 从柳城胡人聚落到幽州军事集团

《安禄山事迹》开头即称："安禄山，营州杂种胡也。"《新唐书》本传则称作"营州柳城胡也"。安禄山既然"少孤"，并跟从安姓粟特家族行动，则柳城之地，粟特胡人当不在少数。虽然传世史料关于这个边城的记载不多，我们还是能够找到至少另外四个例证。

---

[1] 池田温《8世纪中叶における敦煌のソグド人聚落》，《ユーラシア文化研究》第1号，1965年，49—92页。
[2] 姜伯勤《敦煌吐鲁番文书与丝绸之路》，北京：文物出版社，1994年，116页；冻国栋《唐代的商品经济与经营管理》，武昌：武汉大学出版社，1990年，172—183页。
[3] 《安禄山事迹》卷上，6页。
[4] 参看石田干之助《"胡旋舞"小考》，《长安の春》，东京：平凡社，1967年，25—43页；陈海涛《胡旋舞、胡腾舞与柘枝舞——对安伽墓与虞弘墓中舞蹈归属的浅析》，《考古与文物》2003年第3期，56—60、91页；张庆捷《北朝隋唐粟特的"胡腾舞"》，荣新江等编《粟特人在中国——历史、考古、语言的新探索》，北京：中华书局，2005年，390—401页。

1. 在这场叛乱中与安禄山齐名的史思明,《安禄山事迹》卷下原注云:

> 史思明,营州杂种胡也。本名"窣干",玄宗改为"思明"。瘦小,少髭须,深目鸢肩,性刚急。与禄山同乡,生较禄山先一日。思明岁夜生,禄山岁日生。及长,相亲,俱以骁勇闻。解六蕃语,同为牙郎。[1]

安史之乱的另一主角史思明,也是营州杂种胡。所谓"同乡",是唐朝把著籍以后的粟特人归入乡里以后的说法,如果他们在漠北突厥汗国的时期,那就是同出一个部落的意思。史思明的本名"窣干",应当和"轧荦山"一样,是粟特语的音译,其意或许就是玄宗改名的"思明"[2]。史思明从出生到成长都和安禄山有共同之处,"解六蕃语,同为牙郎",说明他也是个地道的粟特人,而不是《旧唐书》本传所说的"突厥杂种胡人"[3]。

---

[1]《安禄山事迹》卷下,42页;Pulleyblank, *op.cit.*, pp. 16-17; R. des Rotours, *op. cit.*, pp. 321-322.
[2] Pulleyblank 拟"窣干"古音为 *suet-kan*,见 *op.cit.*, p. 111, n. 40。吐鲁番出土摩尼教中古波斯文《沙卜拉干》残卷(M506、M7981)中,有 *Swc'gyn* 一词,意为"燃烧、发光"(见 M. Hutter, *Manis kosmogonische Sābuhragān-Texte*, Wiesbaden, 1992, pp. 61,63, 65, 162),很可能是"窣干"的原语。1996年夏笔者在柏林访问期间,曾就此问题请教粟特文专家 Werner Sundermann 教授,基本得到他的肯定。
[3] 钟焓上引文针对本文初稿的说法,认为史思明自我认同于突厥,并从其体质特征上,强调"从史思明的外貌着眼,毋宁说他更像一个内亚人而非粟特人,这自然是其家族长期与突厥人通婚混血的结果"(76—78页)。其说不无合理的成分,但史籍中没有关于史思明"家族长期与突厥人通婚混血"的记录。有关史思明身份的最早记录是《安禄山事迹》的"营州杂种胡",然后是《旧唐书》的"营州宁夷州突厥杂种胡人",再后是《新唐书》的"宁夷州突厥种"。从史思明的名字和文化特征,我还是坚持认为其是粟特人,但我从来没有否定过安禄山、史思明等杂胡身上的突厥文化特征,其实粟特人是外来移民,当他们进入汉地、突厥乃至东北的奚、契丹等强大民族的势力范围时,他们往往都会认同于这些强大民族,把自己说成是汉、突厥、奚或契丹,而当他们进入到另一个强大民族的势力范围后,又会改变自己的民族属性,故此我们对于旧史所记粟特人的民族认同要做具体分析,不可轻易信之。

2. 安史之乱中的另一个重要人物是李怀仙。《旧唐书》卷一四三《李怀仙传》称：

> 李怀仙，柳城胡人也。世事契丹，降将，守营州。禄山之叛，怀仙以裨将从陷河洛。安庆绪败，又事史思明。善骑射，有智数。朝义时，伪授为燕京留守、范阳尹。宝应元年（762），元帅雍王统回纥诸兵收复东都，朝义渡河北走，乃令副元帅仆固怀恩率兵追之。时群凶瓦解，国威方振，贼党闻怀恩至，望风纳款。朝义以余孽数千奔范阳，怀仙诱而擒之，斩首来献。[1]

李怀仙既然是胡人，其"李"姓应该是冒称的李唐王朝的皇家姓氏。只是他大概改姓较早，所以史家没有获得他原本姓氏的材料。因为"柳城胡"在唐朝几乎成为安禄山一系的胡人的专指，所以我们推测李怀仙也是一个粟特胡，应当是可以成立的说法。史籍说他"世事契丹"，说明这个家族本不是契丹族。

3. 另一个更说明问题的例子是康阿义屈达干。《颜鲁公文集》卷六有《特进行左金吾卫大将军上柱国清河郡开国公赠开府仪同三司兼夏州都督康公神道碑》，其文云：

> 公讳阿义屈达干，姓康氏，柳城人。其先世为北蕃十二姓之贵种。曾祖颉利，部落都督。祖染，可汗驸马、都知兵马使。父颉利发，默啜可汗卫衙官、知部落都督。皆有功烈，称于北陲。……天宝元年（742）归朝，朔方节度使王斛斯具以上闻。……属范阳节度使安禄山潜怀异图，庶为己用，密奏公充部落都督，仍为其

---

[1]《旧唐书》卷一四三，3895 页；《新唐书》卷二一二，5967—5968 页略同。

先锋使。[1]

碑文后面记安禄山反叛后，康阿义屈达干率四子归朝事。

由康姓来看，康阿义屈达干是进入漠北的康国粟特人，虽然是北蕃十二姓之贵种，从曾祖开始就有了"颉利"这样的纯突厥语的名字，一直到他本人名字中的"屈达干"（kül tarkan），都表明深受突厥影响。但因为其祖孙数代一直任"部落都督"，所以仍以部落形态保存其粟特人的本来面貌。"阿义"是其本名，当译自某个粟特人名。这个粟特部落在康阿义之前一直在北蕃，即漠北之突厥汗国中，他们之称为"柳城人"，表明康阿义归朝后著籍于柳城，这恐怕是安禄山的安排，以便与安禄山的柳城胡人势力合流，被安禄山所用。值得注意的是，康阿义入唐以后，仍为"部落都督"，表明在柳城地区，有相当一部分粟特人是生活在自己的部落中的，这也就是我们说安禄山与史思明同乡实为同部落的原因。

《康公神道碑》还记载，康阿义妻姓石，父名石三奴。恒宁考订"三奴"一名是中古波斯语 Sēbuχt 的意译，意为"为三神（众神）拯救"[2]。这一解释，为石三奴来自粟特的石国，提供了确证。粟特人相互通婚，是其保存自己的部落形态的最佳方法之一。安禄山的第一个妻子康氏，也是出自康国的粟特人。

---

[1]《四部丛刊》本，叶 1b—2b；《全唐文》卷三四二，北京：中华书局影印本，1983 年，3474 页。

[2] 见 E. G. Pulleyblank, "A Sogdian Colony in Inner Mongolia", T'oung Pao, XLI, 1952, p. 340, n. 2. 恒宁指出"三神"指基督教神祇，其实"三神"即摩尼教文献中的"三常"（trinity），而摩尼教的许多教义的本源应当来自琐罗亚斯德教。此处关于"三常"的看法，受到张广达先生 1996 年夏在柏林自由大学的讲演《唐代的摩尼教》的启发。2004 年，张广达先生在《唐代汉译摩尼教残卷》中，认为"三常"的"常"可能借用儒家的"纲常"之"常"的含义，更可能是来自佛家的"佛性即常"之说，"常"指佛性，但没有解释"三常"合称的来历。文章初载《东方学报》（京都）第 77 册，此据《文本、图像与文化流传》（张广达文集），桂林：广西师范大学出版社，2008 年，337—338 页。

4. 1998 年 12 月 9 日，北京燕京汽车制造厂内发现唐墓两座，考古报告尚未发表，据墓志记载，这座合葬墓的男主人姓何，名数，字延本，柳城人，开元九年（721）卒于范阳；女主人康氏，卒于史思明的顺天元年（759），同年其子何令璋将二人合葬[1]。由此可见，在安史的幽州军事集团中，有不少来自柳城的粟特胡人，这位何数及夫人康氏就是典型的柳城粟特胡人。

营州或柳城，在开元、天宝前后，无疑有着一个相当规模的粟特聚落。从敦煌、吐鲁番文书中得知，沙州和西州的粟特人都被唐朝编入乡里，在沙州为从化乡，在西州为崇化乡[2]。但营州柳城的粟特人聚落似乎有所不同。其时唐朝对这里的控制力不强，因此他们很多应当就生活在粟特聚落当中。

柳城粟特胡之来历，最早见于武周万岁登封元年（696）夏，因契丹攻陷营州，则天武后"大发河东道及六胡州、绥、延、丹、隰等州稽、胡精兵，悉赴营州"[3]，表明大量六胡州等地的粟特人进入营州地区。以后，开元初（713 年以后），安禄山等辗转来到柳城。天宝元年（742），康阿义又率部落到达。高适《营州歌》诗吟咏的大概就是此时的情形：

营州少年满原野，狐裘蒙茸猎城下。
虏酒千钟不醉人，胡儿十岁能骑马。[4]

柳城的粟特聚落与沙州、西州的情形不同，其来源是几次较大的粟特

---

[1] 发现当时的报道见《北京青年报》1998 年 12 月 13 日。墓志内容承北京市文物研究所赵福生先生见示，谨此致谢。
[2] 参见池田温《8 世纪中叶における敦煌のソグド人聚落》及姜伯勤《敦煌吐鲁番文书与丝绸之路》，173 页。
[3] 陈子昂《上军国机要事八条》，《陈伯玉文集》卷八，《四部丛刊》本，叶 12a；董诰等编《全唐文》卷二一一，2135 页。
[4] 《全唐诗》卷二一四，北京：中华书局，1960 年，6 册，2242 页。

部落的迁入而形成的，而且都是从东突厥汗国内迁徙而来的，精于骑射，富有战斗力。从唐朝来讲，营州面对契丹和奚两个东北的强蕃，双方战事不断，唐朝正是要利用这些善战的粟特胡人，来对付两蕃。故此唐朝在相当一段时间里，未将粟特部落打散，以便利用这些蕃兵蕃将来防御奚和契丹的入侵。事实也表明，安禄山和史思明等人也正是在和东北两蕃的战斗中成长起来的。

唐朝的作法客观上也为安禄山的叛乱准备了力量。在安史之乱中，叛军内部有大量的粟特胡人当无疑义[1]，而史籍中记载了不少安史的战将，也是粟特出身。现将有关人物揭示如下：

安庆绪，安禄山第二子，天宝十一载时任范阳节度副使、鸿胪卿同正兼广阳太守；至德二载杀安禄山，即位为大燕皇帝，年号天和[2]。

禄山有子十一人，其中庆宗尚荣义郡主，供奉在京，作禄山耳目[3]，其余应当也在禄山左右为将佐。

安忠臣，安禄山养子[4]。

安忠顺，后改名守忠，天宝十载时列安禄山将帅之首位；禄山攻占长安后，命其总兵以镇西京[5]。

何千年，天宝十载时列为安禄山将帅之一；十四载为禄山副将，入朝代禄山奏请以蕃将三十二人代汉将；禄山起兵后，先令其率壮士数千人伏兵于河阳桥[6]。

何思德，安禄山手下大将，相貌类似禄山。天宝十载秋讨契丹之先锋[7]。

---

[1] 陈寅恪《唐代政治史述论稿》29—33页已有详细论说。
[2] 《安禄山事迹》卷上，14页；卷下，38—40页。
[3] 《安禄山事迹》卷中，21页。
[4] 《安禄山事迹》卷上，10页。
[5] 《资治通鉴》卷二一八，6980，7008页；《安禄山事迹》卷上，12；卷下，37页。
[6] 《安禄山事迹》卷上，12页；卷中，19、24页。
[7] 《安禄山事迹》卷上，13页。

史定方,平卢节度使安禄山手下骑将,天宝十载曾救禄山于契丹重围[1]。

安思义,安禄山部将,屯真定,后降于李光弼[2]。

安岱,安禄山派驻京师之亲信,天宝十四载五月为杨国忠捕杀[3]。

康杰,天宝八载所立《大唐博陵郡北岳恒山封安天王之铭》撰者。

康阿义屈达干,安禄山之先锋使。天宝四载任范阳经略副使。五载为节度副使[4]。

康节,安禄山部下邢州刺史[5]。

曹闰国,安史部将,云麾将军守左金吾卫大将军,后归降唐朝[6]。

何元廸,天宝十三载二月任上谷郡修政府折冲,为安禄山造《大般若波罗密多经》[7]。

安神威,与孙孝哲一道奉安禄山命西攻长安[8]。

安太清,原为安禄山部将[9];后助史思明杀安庆绪,为史思明手下主要大将,镇怀州,后为李光弼生擒[10]。

安武臣,安庆绪部将,至德二载(757)七月曾率众攻陷陕郡[11]。

安雄俊,安庆绪部将,曾与蔡希德、安太清等攻陷河北[12]。

---

[1]《安禄山事迹》卷上,13页。
[2]《新唐书》卷二二五《安禄山传》,6419页;《资治通鉴》二一七,6954页。
[3]《安禄山事迹》卷中,21页。
[4]《颜鲁公文集》卷六,《四部丛刊》本,叶1b—2b;《全唐文》卷三四二,3474页。
[5] 同上。
[6]《曹闰国墓志》,周绍良主编《唐代墓志汇编》,上海古籍出版社,1992年,1787—1788页。
[7] 北京图书馆金石组、中国佛教图书文物馆石经组编《房山石经题记汇编》,北京:书目文献出版社,1987年,96、99—100页。
[8]《新唐书》卷二二五《安禄山传》,6419页。
[9] 同上书,6414页。
[10]《安禄山事迹》卷下,41页;《资治通鉴》卷二二一,7071—7072、7099页。
[11]《资治通鉴》卷二一九,7028页。
[12]《新唐书》卷二二五《安禄山传》,6422页。

史思明，营州杂种胡，与安禄山同乡，解六蕃语，同为牙郎，后又同为范阳节度使张守珪手下捉生将。安禄山起兵后，任平州刺史。安庆绪杀禄山，赐其姓安，名荣国，封妫川王。乾元二年（759）思明于魏州称燕王，年号顺天；寻救相州，破唐九节度之围，杀庆绪兄弟，自立为皇帝[1]。

史朝义，史思明长子，封怀王，上元二年（761）杀思明自立为皇帝，年号显圣[2]。

康没野波，史思明部将，为先锋攻平原郡，颜真卿弃郡渡河南走[3]。

康文景，史思明部将[4]。

曹将军，史思明贴身心腹，后为史朝义等指使，预害思明，思明骂"此胡杀我"，知其为胡人[5]。

何数，史思明时任北平卢龙府别将。

何令璋，何数之子，史思明时任游击将军、行右卫上谷郡遂城府别将、轻车都尉、都知降户使判官[6]。

石帝廷，安史部将[7]。

康孝忠，史朝义之户部尚书[8]。

康某，安南都护康谦之婿，在安史叛军中，连累康谦被杀[9]。

以上都是唐朝史官在记录唐军战功时偶尔提及的安史叛军将领，因此只是安史叛军中的部分成员。这些幽州战将不一定都出身于柳城，

---

[1]《安禄山事迹》卷下，40、42页；《资治通鉴》卷二一九，7008页。
[2] 同上书，42—44页。
[3]《资治通鉴》卷二一九，7005页；《旧唐书》卷二〇〇，5377页。
[4]《新唐书》卷二〇七《鱼朝恩传》，5863页。
[5]《安禄山事迹》卷下，43—44页。
[6] 以上两条见《何数墓志》，赵福生先生见示。
[7]《新唐书》卷二二四《李忠臣传》，6387页。
[8]《资治通鉴》卷二二二，肃宗上元二年三月条，7109—7110页。
[9]《新唐书》卷二二五《安禄山传》，6425页。

安禄山的种族、宗教信仰及其叛乱基础

但从史思明等人的行踪看,特别是他们的最高首领安禄山是出自柳城来看,其中应有不少人是来自柳城的。柳城的粟特聚落成员应当是幽州军事集团的主力,也就是安禄山叛乱所依靠的主要军事力量。或有人强调,安禄山的叛军中,主谋者都是汉人。我们可以看看当时人对安史将领的总体看法,肃宗至德元载(756)十二月,"上问李泌曰:'今强敌如此,何时可定?'对曰:'臣观贼所获子女金帛,皆输之范阳,此岂有雄据四海之志邪!今独房将或为之用,中国之人惟高尚等数人,自余皆胁从耳。以臣料之,不过二年,天下无寇矣。'上曰:'何故?'对曰:'贼之骁将,不过史思明、安守忠、田乾真、张忠志、阿史那承庆等数人而已。'"[1]可见,安禄山手下最重要的将领应当是粟特胡人,这应当是一个准确的观察。

至于安史部下的兵士,胡人的比重也是很大的。至德元载(756)二月,李光弼至常山,常山团练兵三千人杀胡兵,执安思义出降。李光弼问其唐军如何才能抵挡住史思明的救援大军,安思义回答说:"胡骑虽锐,不能持重,苟不获利,气沮心离。"[2]这是粟特胡人将领对于安史叛军的描述,一方面是胡人善于骑射作战的特性,另一方面是根源于商人的逐利特性,都简要地刻画出来,可以得知这些安史部下胡人武装的基本情形。

三 安禄山的宗教信仰及其凝聚力

安禄山的宗教信仰问题,前人似乎措意不多。安禄山既是胡人,当然应该和其他胡人一样,有自己的宗教信仰,因为大多数的粟特人是信仰源自波斯而具有粟特特点的琐罗亚斯德教,中国称之为祆教,

---

[1] 《资治通鉴》卷二一九,7008页。
[2] 同上书卷二一七,6954页。

所以我们相信安禄山也是一个祆教信徒。而且事实表明，安禄山充分利用了这种宗教信仰，来团结广大胡族民众。

虽然如此，我们并不否定安禄山作为一个政治人物而同时利用其他宗教的力量，天宝十四载（755），安禄山就曾在幽州大悯忠寺的东南隅建塔无垢净光宝塔[1]，房山石经上也留下过他的题名[2]；天宝七载（748）五月二十五日安禄山立《大唐博陵郡北岳恒山封安天王之铭》，是富有浓重道教色彩的活动[3]。史思明的情形基本相同[4]。

根据我们对敦煌吐鲁番文书和有关史籍的分析研究，以及我们对于粟特人的迁徙及其聚落的系统考察，我们发现，大凡有粟特人聚落的地方，在聚落中都有祆祠或祆舍，即胡人奉祀琐罗亚斯德教神祇的地方。我们可以举出如下例证：

在吐鲁番盆地的古代高昌，据1965年吐鲁番安乐城废佛塔中出土的《金光明经》卷二题记，庚午岁（430年）时，高昌城东立有供奉胡天神的祆祠[5]，其周边当有粟特聚落。最近在巴达木发现的胡人墓地和吐鲁番出土文书中有关高昌郡到高昌国时期粟特人的记录[6]，包括粟特聚落首领"萨薄（簿）"（即萨保）的存在[7]，可以相互印证。

---

[1]《元一统志》卷一《中书省统山东西河北之地》，北京：中华书局，1966年，25页；《析津志辑佚·古迹》，北京古籍出版社，1983年，119页。

[2] 陆增祥撰《八琼室金石补正》卷五八，收入《石刻史料新编》第1辑第7册，台北：新文丰出版公司，1977年，4938页；《房山石经题记汇编》第一部分《碑和题记（唐至民国）》，15页。

[3] 雷闻《五岳真君祠与唐代国家祭祀》，《郊庙之外——隋唐国家祭祀与宗教》，北京：三联书店，2009年，188页。

[4] 参看尤李《〈悯忠寺宝塔颂〉考释——兼论安禄山、史思明宗教信仰的多样性》，《文史》2009年第4期。

[5] 有关讨论和最近的研究成果，见荣新江《吐鲁番出土〈金光明经〉写本题记与祆教初传高昌问题》，朱玉麒主编《西域文史》第2辑，北京：科学出版社，2007年，1—13页+图版1。

[6] 参看荣新江《新出吐鲁番文书所见的粟特人》，《吐鲁番学研究》2007年第1期，28—35页。

[7] 唐长孺编《吐鲁番出土文书》壹，北京：文物出版社，1992年，136页。

在吐鲁番东面的伊州，隋末唐初曾为粟特人占据，因此有相当规模的粟特聚落。贞观四年（630），由于东突厥被唐朝消灭，原本附属于突厥汗国的伊州首领石万年率众降唐。据敦煌出土《沙州伊州地志》残卷，伊州郭下的伊吾县城中，有祆庙，祆主为翟盘陀。另有一座庙，供奉的神名为"阿揽"[1]，吐鲁番文书有不少粟特胡人的名字中包含有"阿揽"字样[2]，说明这是一个粟特人供奉的神灵[3]。

由于有了敦煌藏经洞发现的大量文书，我们对位于敦煌的沙州地区的粟特聚落有比较透彻的了解。在沙州城东一里的地方，是由粟特移民组成的敦煌十三乡之一从化乡所在，这里原本是粟特人的聚落，入唐以后变成乡里，但仍为粟特人的聚集地。据敦煌写本《沙州图经》卷三记载，城东一里有祆舍一所，这所祆教祠庙，就立于从化乡内，是粟特民众的精神信仰中心[4]。

罗布泊南面的鄯善地区，在7世纪初中原内乱的时候也成为一个政治真空。贞观初年，出自撒马尔干的康国大首领康艳典率众东来，居于此地，建立了鄯善城、屯城、新城、蒲桃城、萨毗城等粟特胡人聚落。唐高宗上元二年（675）改鄯善城为石城镇，隶属沙州，但这里

---

[1] L. Giles, "A Chinese Geographical Text of the Ninth Century", *Bulletin of the School of Oriental Studies*, VI. 4, 1932, pp. 825-846；羽田亨《唐光启元年写本沙州伊州地志残卷》，《小川博士还历纪念史学地理学论丛》，东京，1930年，131—152页；A. Waley, "Some references to Iranian temples in the Tunhuang Region",《史语所集刊》第28本上册，1956年，p. 125。

[2] 《高昌曹莫门陀等名籍》中有"曹阿揽"、"曹阿揽延"，《吐鲁番出土文书》壹，359页。

[3] 参看 D. Weber, "Zur sogdischen Personennamengebung", *Indogermanische Forschungen*, 77, 1972, p. 202；蔡鸿生《唐代九姓胡礼俗丛考》，《文史》第35辑，1992年，121—122页；又《唐代九姓胡与突厥文化》，北京：中华书局，1998年，41页；Y. Yoshida, "Review of N. Sims-Williams, *Sogdian and other Iranian inscriptions of the Upper Indus* II ", *Bulletin of the School of Oriental and African Studies*, 57.2, 1994, p. 392。

[4] 有关敦煌粟特聚落及祆祠的记载和详细分析，见池田温《8世纪中叶における敦煌のソグド人聚落》，49—92页。Cf. Waley, "Some references to Iranian temples in the Tunhuang Region", pp. 123, 124-125。

仍然由康氏家族担任镇将，武周天授二年（691）时的石城镇将为康拂耽延[1]。过去人们并不知道这里也有祆祠，甚至因为误读"拂耽延"的名字为摩尼教法师"拂多诞"而认为这里流行摩尼教[2]，但由于《沙州图经》卷五所记"一所祆舍"的发现[3]，表明伴随着这个粟特胡人聚落的，仍然有宗教建筑。

凉州为粟特胡人的一大聚居地，早在4世纪初叶，这里就是粟特文古信札所记录的粟特商团的主要驻地，这个颇具规模的商团人员大多来自撒马尔干[4]。除了《元和姓纂》和《新唐书》等史料所记北魏至唐朝的凉州萨保武威安氏之外，近年西安又发现了另一个北周末年的凉州萨保史君的墓葬[5]，而埋在北周长安城郊几乎同一地点的同州萨保安伽，其原本的出身地也是凉州武威[6]。这里无疑是北朝到隋唐时期河西最大的胡人聚集区，粟特聚落当不止一处。据唐人张鷟撰《朝野佥载》卷三记载，其地有祆神祠[7]。

---

[1] P. Pelliot, "Le 'Cha tcheou tou tou fou t'ou king' et la colonie sogdienne de la région du Lob nor", *Journal Asiatique*, série Ⅱ, 7, 1916, pp. 111-123；池田温《沙州图经略考》，《榎博士还历记念东洋史论丛》，东京：山川出版社，1975年，91—93页。

[2] 关于拂耽延的粟特语原文，见 E.G.Pulleyblank, "A Sogdian Colony in Inner Mongolia", p.333, n.1; D. Weber, "Zur sogdischen Personennamengebung", p. 300；吉田丰《ソグド语杂录》（Ⅱ），《オリエント》第31卷第2号，1989年，172—173页。

[3] 关于祆舍，见池田温《沙州图经略考》，97页。

[4] N. Sims-Williams, "The Sogdian Ancient Letter Ⅱ", *Philologica et Linguistica: Historia, Pluralitas, Universitas. Festschrift für Helmut Humbach zum 80. Geburtstag am 4. Dezember 2001*, eds. M. G. Schmidt & W. Bisang, Trier: Wissenschaftlicher Verlag, 2001, pp. 267-280; F. Grenet, N. Sims-Williams, & É. de la Vaissière, "The Sogdian Ancient Letter V", *Bulletin of the Asia Institute*, new series, 12, 2001, pp. 91-104.

[5] 西安市文物保护考古所《西安北周凉州萨保史君墓发掘简报》附录，《文物》2005年第3期，31—32页。

[6] 荣新江《有关北周同州萨保安伽墓的几个问题》，张庆捷等编《4—6世纪的北中国与欧亚大陆》，北京：科学出版社，2006年，129—131页。正式考古报告见陕西省考古研究所《西安北周安伽墓》，北京：文物出版社，2003年。

[7]《朝野佥载》，北京：中华书局，1979年，65页。

隋唐帝国的首都长安，更是聚集了大量的粟特胡人，其中有商人，也有入仕隋唐各级官府的文武职员，还有舞伎、歌者、当垆胡姬各色人等[1]。其中许多人居住在西市附近的诸坊里，便于胡商贸易和与西方往来。在这些胡人聚居之地周边的布政、醴泉、崇化三坊中，都立有祆祠，是粟特胡人的精神寄托之处[2]。

隋唐的东都洛阳的情形与长安相似，也是胡人一大聚集地，特别以武则天时期为最盛。洛阳的商业中心南市也是粟特人活动的中心，故此其旁边的会节坊、福善坊，也都立有祆祠[3]。

以上这些祆教祠庙，都是魏晋南北朝隋唐时期，随着粟特聚落的建立，不断兴建起来的。值得注意的是，在距离粟特本土遥远的唐朝河北道，甚至晚到安史之乱以后，仍有祆祠的建立，如宋王瓘《北道刊误志》记："瀛州乐寿县亦有祆神庙，唐长庆三年（823）置，本号天神。"[4] 我认为这是因为安史之乱后，胡人在唐朝本土受到歧视，因而大量移居到安史部将掌握政权的河北三镇地区，随着大量胡人的到来，必然也要兴建新的祆祠[5]。

现在回过头来看安禄山、史思明所在的柳城粟特胡人聚落的情况。

---

[1] 向达《唐代长安与西域文明》，4—40 页；荣新江《北朝隋唐粟特人之迁徙及其聚落》，56—58 页；Rong Xinjiang, "The Migrations and Settlements of the Sogdians in the Northern Dynasties, Sui and Tang", pp. 137-142.

[2] 向达《唐代长安与西域文明》，89—92 页；谢海平《唐代留华外国人生活考述》，台北：台湾商务印书馆，1978 年，29—33 页；林悟殊《波斯拜火教与古代中国》，台北：新文丰出版公司，1995 年，139—149 页；李健超《增订唐两京城坊考》，西安：三秦出版社，1996 年，182、207、219、227、149 页。

[3] 谢海平《唐代留华外国人生活考述》，46—47 页；荣新江《北朝隋唐粟特人之迁徙及其聚落》，24—55 页；Rong Xinjiang, "The Migrations and Settlements of the Sogdians in the Northern Dynasties, Sui and Tang", pp. 142-144.

[4] 参看文廷式《纯常子枝语》卷八；神田喜一郎《祆教琐记》，《史林》第 18 卷第 1 号，1933 年，16 页。

[5] 荣新江《安史之乱后粟特胡人的动向》，纪宗安、汤开建主编《暨南史学》第 2 辑，广州：暨南大学出版社，2003 年，102—123 页。

关于这里的宗教信仰，史籍没有明确的记载，但也不难追索。颜真卿为康阿义撰《神道碑》，可见其与这家出身柳城的胡人多有交往，至少为撰此碑，他应当看到他们的家牒，或听他们讲述过较《神道碑》所述更多的故事。鲁公为其子硕取小名为"穆护"，"穆护"实为祆教神职名，姚宽《西溪丛语》卷上云："唐贞观五年（631），有传法穆护何禄将祆教诣阙闻奏，敕令长安崇化坊立祆寺。"可作明证[1]。这表明颜真卿大概从康家了解到一定的祆教知识[2]。由此不难推想，柳城之康阿义一家与祆教有关。

更重要的证据，还在于安禄山本人的事迹。《安禄山事迹》卷上云：

> 潜于诸道商胡兴贩。每岁输异方珍货计百万数。每商至，则禄山胡服坐重床，烧香列珍宝，令百胡侍左右。群胡罗拜于下，邀福于天。禄山盛陈牲牢，诸巫击鼓歌舞，至暮而散。[3]

《新唐书·安禄山传》末句作："引见诸贾，陈牺牲，女巫鼓舞于前以自神。"这个祭祀活动，从头到尾全是胡人参加，而且安禄山特别着胡服，更表明这里所从事的是胡人自己的祭祀活动[4]。那么群胡所祀的"天"到底是什么神祇呢？"天"实即"祆"，胡人所祀之"天"，即胡天，也就是祆神。在唐以前汉语里还没有指称祆教之神的"祆"这个字时，一般都是用"天"代替"祆"字，"天神"即"祆神"[5]。进入唐

---

[1] 详参饶宗颐《穆护歌考》，《选堂集林·史林》中，香港：中华书局，1982年，472—509页。
[2] 向达《唐代长安与西域文明》15页已经看到这种联系，唯其认为穆护为摩尼教中僧职之名，则误。
[3] 《安禄山事迹》卷上，12页；R. des Rotours, *op.cit.*, pp.108-109.
[4] 蔡鸿生《唐代九姓胡与突厥文化》，37页认为这是胡人斗宝的习俗表现。
[5] 参看陈垣《火祆教入中国考》，《国学季刊》第1卷第1号，1923年；此据作者1934年校订本，载《陈垣学术论文集》第1集，北京：中华书局，1980年，303—328页；荣新江《祆教初传中国年代考》，《中古中国与外来文明》，294—300页。

朝以后，由于有了"祆"字，所以人们一般不太注意"天"指作"祆"的意思了，因此也就没有人注意到这里祭祀的应当是祆神。当然仅仅从这段文字，并不容易看出安禄山等人祭祀的就是祆神，但如果我们对比一下《朝野佥载》卷三所记洛阳城内祆祠中完全相同的这种商胡祈福于祆神的活动，就一目了然：

> 河南府立德坊及南市西坊皆有胡祆神庙，每岁商胡祈福，烹猪羊，琵琶鼓笛，酣歌醉舞。[1]

两相对比，"每岁商胡"、"商胡……每岁"、"烹猪羊"、"陈牲牢"、"琵琶鼓笛，酣歌醉舞"、"击鼓歌舞"，均如出一辙。证明安禄山辈烧香罗拜者，必为祆神；其活动场所，应是祆祠。同样的情形也见于《隋书》卷七《礼仪志》的记载："后齐……后主末年，祭非其鬼，至于躬自鼓舞以事胡天，邺中遂多淫祀，兹风至今不绝。"[2] 表明这种祆教祭祀活动由来已久。

《新唐书》所记的"女巫鼓舞于前以自神"一句，使我们不由想起安禄山"母阿史德氏，为突厥巫，无子，祷轧荦山神，应而生焉"。这则神话当然是安禄山讲给当时的人听的，他自称为轧荦山神的感应化身，并自称为"轧荦山"或"禄山"，也是有其宗教含义的。祆教崇拜光明、太阳，其基本教义是讲光明如何战胜黑暗。"轧荦山"或"禄山"，恒宁已经指出其来自粟特文的 roxšan，意为"光明、明亮"，那么"轧荦山神"就是"光明之神"，也即祆教徒所崇拜的光明之神[3]，

---

[1] 北京：中华书局标点本，1979 年，64 页。
[2] 《隋书》卷七，北京：中华书局，1973 年，149 页。
[3] 此神也为摩尼教所借用，《摩尼光佛教法仪略》开篇称："佛夷瑟德乌卢诜者，译云光明使者，又号具智法王，亦谓摩尼光佛，即我光明大慧无上医王应化法身之异号也。"（《大正新修大藏经》卷五四，1279 页下栏）Cf. Pulleyblank, *op.cit*., p.111, n.37.

是天神或祆神的泛称。事实上，安禄山在胡人中间，无疑是祆教"光明之神"的化身，受人崇拜。他死后，史思明追谥禄山曰"光烈皇帝"[1]，同样是取"光明"之意。史思明本名"窣干"，粟特文"发光"、"燃烧"之意，故此改名"思明"，这也同样有祆教的色彩，因此他也深知安禄山名字的底蕴。

另外，值得注意的是，其母是"突厥巫"，而"祷轧荦山神"。人们过去一见史籍中北方民族的"巫"字，就指为萨满，这其实是生搬硬套西方人类学概念的误解。史籍中之"巫"字，应视上下文而具体分析。阿史德氏这个巫祈祷的实际上是粟特人传入漠北的祆教"光明之神"[2]，从布古特碑铭来看，祆教信仰早就传入漠北突厥汗国之中了[3]。那么阿史德氏这个巫应当是突厥萨满和祆教祭司的混合体，她和纯正的琐罗亚斯德教祭司皆为男性不同，女性也充当某种宗教祭司的角色。《新唐书》所记安禄山等人的祆教祭祀活动有"女巫鼓舞于前以自神"，或许也是受到突厥化祆教信仰影响的结果。安禄山、史思明都

---

[1] 《安禄山事迹》卷下，41页。

[2] 王小甫上引文称"突厥巫而祷伊朗神，明为拜火教祭司无疑"（37页）。把祈祷对象看作伊朗神，和本文初稿的基本看法一致。钟焓上引文称"粟特祆教万神殿中本身并没有一个以 roxšan 命名的可以直译为'光明之神'的神祇，所以能否推出安氏利用其出生瑞兆而把自己神化为祆教中'光明之神'的结论，这一点尚不无疑问"，但注释中又说"祆教中的密斯拉（miθra）神在一定程度上具有'光明之神'的性质"（69—70页）。笔者认为安禄山神话中的"光明之神"应当是祆教大神的泛称，因为安禄山面对的主要是一些不通文墨的民众或士兵，而不是非要弄清是具体什么神祇的知识分子。

[3] 这一点由于布古特碑的发现更加肯定，见 S. G. Kljastornyj and V. A. Livsic, "The Sogdian Inscription of Bugut revised", *Acta Orientalia Hungaricae*, XXVI, 1972, pp. 69-102; L. Bazin, "Turc et Sogdien", *Mélanges linguistiques offerts à Emile Benveniste, Paris*, 1975, pp. 37-45. 吉田丰根据最近对原碑文的考察释读，把过去人们读作"建立新的僧伽蓝"（nwh snk' 'wst）一句，重新读作"树立教法之石时"（nwm snk' 'wst），使该碑文与祆教联系起来。见森安孝夫、オチル编《モンゴル国现存遗迹・碑文调查研究报告》，中央ユーラシア学研究会，1999年，122—123页。龚方震、晏可佳也从布古特粟特文突厥碑铭中的祆教用语，判断出突厥陀钵可汗以前曾信奉祆教，见所著《祆教史》，上海社会科学院出版社，1998年，230页。

是一介武夫，没有多少文化水平，他们所进行的祆教祭司活动带有很多巫术的味道，是完全可以理解的。

入唐粟特人在相当长的时间里生活在他们自己的聚落中，祆教是他们团聚的一个重要纽带，祆祠是胡人祭祀祆神的宗教活动中心，起着凝聚胡人的精神作用[1]。安禄山把自己打扮成"光明之神"，利用粟特人的祆教信仰来团聚他们，他不仅团结了柳城到幽州的胡人聚落中的成员，还利用粟特人所擅长的商业贸易，团结了分散在各地的粟特人。他利用祆教的神秘说教，以"光明之神"的名义号召民众起兵，这可以使我们理解到为什么有这么多的人会跟随他武装叛乱。

四　结　论

关于安禄山叛乱的背景，学界已有很多研究成果，这里不必重复。通过以上考察，我只想指出以下几点：

1. 安禄山的军事主力是蕃兵蕃将，其主要将领有相当一批是出身于昭武九姓的粟特人。这些将领有些率有祖孙数代统领的部落，其内部以婚姻结成血缘关系。这种部落兵统一善战，是安史叛乱的主要军事支柱。

2. 安禄山出自以善于经商著称的粟特，对兴商贩易最为熟悉，也深知商业聚财的道理。安禄山在起兵之前，派遣粟特商胡利用粟特商人在唐帝国境内构建的贸易网络，前往各地兴贩贸易，并招引各地商胡，将外国珍奇财货输运到幽燕地区。《安禄山事迹》记安禄山多次进贡给玄宗皇帝金银器皿等物，玄宗回赐的物品，价值也不可轻估。这些商业兴贩所聚之财和进贡回赐所得之物，都构成了安禄山叛乱的经

---

[1] 荣新江《北朝隋唐胡人聚落的宗教信仰与祆祠的社会功能》，荣新江编《唐代宗教信仰与社会》，上海辞书出版社，2003年，385—412页。

济基础。

3. 安禄山自称为"光明之神"的化身，并亲自主持粟特聚落中群胡的祆教祭祀活动，使自己成为胡族百姓的宗教领袖。他利用宗教的力量来团聚辖境内外的粟特胡众，利用"光明之神"的身份来号召民众。大量蕃兵胡将追随安禄山起兵反叛，不能不考虑"光明之神"感召的精神力量。强调安禄山之所以叛乱和为什么能够叛乱的宗教背景，正是本文的目的所在。

本文尽管强调安史叛军的粟特胡人特征，特别是安禄山利用祆教发动叛乱的宗教背景，只是为了弥补前人有关安史之乱研究的不足，而并非否定安史叛军的多种族、多宗教的总体性质，正是因为安史之乱不是单一的民族起事，所以我们也不把唐朝与安史叛军之间的战争，看作是民族之间的斗争。

但发动这场叛乱的首领安禄山、史思明毕竟是粟特出身的胡人，因此安史之乱后，唐朝境内出现了对胡人的攻击和对胡化的排斥。特别是中唐时代思想界对于胡化的反弹，演变成韩愈等人发动的复古运动，这种一味以中华古典为上的思潮，最终导致了宋朝的内敛和懦弱。如果从更为宏观的角度来看唐宋时代的一些变化，则我们不得不追溯到安史之乱；而且还应当追溯到更为广阔的亚洲大陆民族迁徙移动与思想宗教交互影响的大背景当中去。

原载黄正建主编《隋唐辽宋金元史论丛》第 1 辑，
北京：紫禁城出版社，2010 年 11 月，86—103 页。

第三编

入华粟特人的多元文化

四海为家
——粟特首领墓葬所见粟特人的多元文化

粟特人是生活在中亚阿姆河和锡尔河之间的泽拉夫珊河流域的古代民族,操属于印欧语系伊朗语族中的一种东伊朗语——粟特语(Sogdian),他们分散生活在一些绿洲上,成为若干独立王国,如以撒马尔干为中心的康国,以布哈拉为中心的安国,以塔什干为中心的石国等等,在中国史籍还有史、何、米、曹、穆、毕等国。这些国家的人来华后,往往用自己国家的名字为姓,汉文史籍中统称之为"昭武九姓"或"九姓胡"。

粟特人是一个商业民族,在公元3至8世纪之间,他们大批东来,兴商贩易,在丝绸之路沿线建立了一系列的殖民聚落。又由于粟特本土后来受到阿拉伯势力的侵袭,大批粟特人就在西域(今新疆)和中原地区居留下来,有的继续经商,有的则入仕中央或各级地方政府。粟特人的大量入华,不仅带来了丰富多彩的商品,也带来了他们自身的音乐舞蹈等文化,还传播了起源于西亚的琐罗亚斯德教(中国称"祆教")、摩尼教和景教。

过去百年来,学者们已经从汉文史籍、敦煌吐鲁番文书、石刻碑志、突厥碑铭等资料中,辑录出大量有关粟特人的资料,对于粟特人的迁徙及其文化的传播,都做了详细的研究,如伯希和对罗布泊地区粟特聚落的研究,向达对长安胡化的研究[1],陈寅恪对河北安禄山胡人

---

[1] P. Pelliot, "Le 'Cha tcheou tou tou fou t'ou king' et la colonie sogdienne de la region du Lob

集团的研究[1]，蒲立本（E. G. Pulleyblank）对六胡州粟特人的研究[2]，池田温对敦煌从化乡粟特聚落的研究[3]，姜伯勤对吐鲁番粟特聚落和商人的研究[4]，等等，已经揭示了入华粟特人的种族特征和文化面貌。以敦煌的粟特聚落为例，由于我们拥有大量相关的文书，所以对于8世纪中叶敦煌的粟特聚落，有着较其他地方更为深入的认识。这个聚落位于敦煌城东一里的地方，已经被唐朝沙州地方政府编为敦煌县十三乡之一的从化乡，乡里的粟特人主要从事与商业有关的事业，而不是农业，在他们居住的范围内有他们信奉的祆神神祠。

不过，文献记载总是有不够细致的地方，使得一些问题一直没有明确的答案。近年来，在中国境内陆续发现的一些粟特入华首领墓葬和一些与粟特相关的图像资料，为我们进一步认识入华粟特人的文化面貌，提供了生动形象的材料，也解答了一些文献中一直不够明了的问题。

1999年7月，山西太原发现隋开皇十二年（592）虞弘墓，墓主出身鱼国，任职柔然，曾出使波斯、吐谷浑，后出使北齐，因而羁留中原王朝，北齐灭后，入北周，任并、代、介三州"检校萨保府"官员，其石椁内外壁刻有非常精美的浅浮雕[5]。2000年5月，陕西西安发现北周大象元年（579）去世的同州萨保安伽墓，出土有安伽的墓志

（接上页）nor", *JA*, 11 serie 7, 1916, pp. 111-123. 冯承钧译载《西域南海史地考证译丛七编》，北京：商务印书馆，1957年，25—29页。向达《唐代长安与西域文明》，《燕京学报》专号2，1930年；收入《唐代长安与西域文明》，北京：三联书店，1957年。

[1] 陈寅恪《唐代政治史述论稿》，上海古籍出版社，1982年。
[2] E. G. Pulleyblank, "A Sogdian Colony in Inner Mongolia", *T'oung Pao* 41, 1952, pp. 317-356.
[3] 池田温《8世紀中叶における敦煌のソグド人聚落》，《ユーラシア文化研究》第1号，1965年，49—92页；辛德勇汉译《八世纪中叶敦煌的粟特人聚落》，载刘俊文主编《日本学者研究中国史论著选译》第9卷，北京：中华书局，1993年，140—220页。
[4] 姜伯勤《敦煌吐鲁番文书与丝绸之路》，北京：文物出版社，1994年。
[5] 山西省考古研究所等《太原隋代虞弘墓清理简报》，《文物》2001年第1期，27—52页。

和一套完整的围屏石榻，围屏上刻画着十二幅贴金彩绘的图像[1]。2003年6月至8月，西安安伽墓附近又发现和安伽同年去世的凉州萨保史君墓，墓中出土浮雕石椁和汉文与粟特文合璧的双语铭文[2]。这一系列惊人的发现，以其中石榻围屏或石椁上的波斯、粟特等伊朗系文化色彩而备受瞩目。而且，这些发现也帮助学者们判断出1971年山东益都发现的北齐武平四年（573）的石棺石屏[3]、1982年甘肃天水发现的北周末或隋代的石棺石屏[4]、20世纪初河南安阳出土而流散海外的粟特石棺围屏[5]、20世纪90年代初日本Miho美术馆购藏的传山西（或陕西）出土的一套北朝后期石棺围屏[6]，都是属于同一文化系统影响下的图像。

这些石棺床围屏或石椁四壁上的图像细部虽然各不相同，但构图形式却常常两两对应，似乎遵循着一些共同的母题，但又都有各自的侧重与发挥。从图像的内容和艺术风格来看，虞弘的图像具有比较明显的波斯风，而其他的图像，特别是安伽、史君的图像，粟特的风格最为明显。安伽出自粟特安国，史君出自粟特史国，虞弘虽然出自鱼国，但他是中央政府委派的管理河东地区胡人聚落的官员，因此，我们一般统称这些石棺或石椁上的图像为"粟特石棺床图像"。这主要是就图像的主

---

[1] 陕西省考古研究所《西安北郊北周安伽墓发掘简报》，《考古与文物》2000年第6期，28—35页；又《西安发现的北周安伽墓》，《文物》2001年第1期，4—26页；又《西安北周安伽墓》，北京：文物出版社，2003年。

[2] 杨军凯《入华粟特聚落首领墓葬的新发现——北周凉州萨保史君墓石椁图像初释》，荣新江、张志清编《从撒马尔干到长安》，北京图书馆出版社，2004年，17—26页。

[3] 山东省益都县博物馆（夏名采）《益都北齐石室线刻图像》，《文物》1985年第10期，49—54页；夏名采《青州傅家北齐画像石补遗》，《文物》2001年第10期，49—54页。

[4] 天水市博物馆《天水市发现隋唐屏风石棺床墓》，《考古》1992年第1期，46—54页。

[5] G. Scaglia, "Central Asians on a Northern Ch'i Gate Shrine", *Artibus Asiae,* XXI, 1958, pp. 9-28.

[6] A. L. Juliano and J. A. Lerner, "Cultural Crossroads: Central Asian and Chinese Entertainers on the Miho Funerary Couch", *Orientations*, Oct. 1997, pp. 72-78; idem., "The Miho Couch Revisited in Light of Recent discoveries", *Orientations*, Oct. 2001, pp. 54-61.

体而言,我们并不否认在这些图像上也包含其他的文化因素。

正是由于虞弘、安伽和史君墓的伊朗、粟特系统的图像是首次由考古学者科学地发掘出来,其图像的完整性不仅此前出土物无法比拟,就连中亚的粟特本土也很少见,因此,引起了一股研究粟特图像以及连带的祆教图像的热潮,也吸引了一些多年在粟特本土考古的西方学者的重视和参与。但是,这种研究趋向并不是说这些墓葬所表现的文化特征只是粟特或伊朗系统的文化。姜伯勤先生《西安北周萨宝安伽墓图像研究》一文的副题[1],就是"北周安伽墓画像石图像所见伊兰文化、突厥文化及其与中原文化的互动与交融",尽管他的文章主体是论证有关粟特和突厥的图像,但他显然对安伽图像的多元文化特色有清楚的认识。笔者《安伽石屏的图像程序:一个萨保的日常生活画卷》一文,主要是利用安伽图像讨论粟特聚落中粟特人的日常生活,文章最后也说到:"安伽正处在北朝末年萨保从聚落首领演变为政府官员的时代,因此他的墓葬既保留了浓厚的祆教信仰和粟特生活气息,也受到所在的中国传统文化的强烈影响,而作为粟特石棺图像的共同艺术特征,安伽墓的图像从狩猎主题到突厥形象,都深深地打上了北方游牧民族的烙印。"[2] 如果我们从整体上考察墓葬、石棺或石椁本身及其图像所绘制的内容,我们就会发现,这些粟特聚落首领的墓葬展现了一种多元文化特征,这正和粟特作为一个商业民族的本性相符,他们是以"四海为家",善于接受各种不同民族的文化,并表现在他们的墓葬和图像当中。以下就以安伽墓为例,参照其他同类资料,略加申说。

---

[1] 饶宗颐主编《华学》第 5 期,广州:中山大学出版社,2001 年 12 月,14—37 页;收入作者《中国祆教艺术史研究》,北京:三联书店,2004 年,95—120 页。
[2] Rong Xinjiang, "The Illustrative Sequence on An Jia's Screen: A Depiction of the Daily Life of a *Sabao*", *Orientations*, February 2003, pp. 32-35 + fig.1-7.

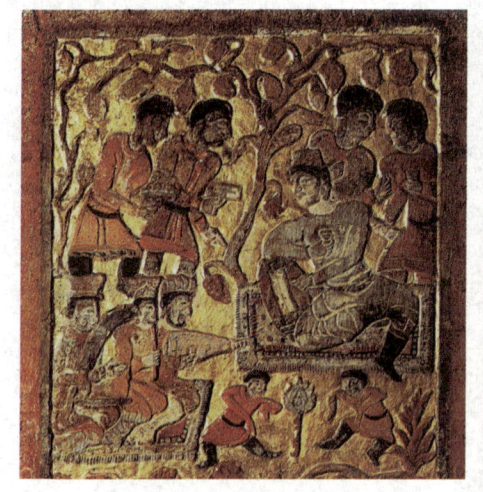

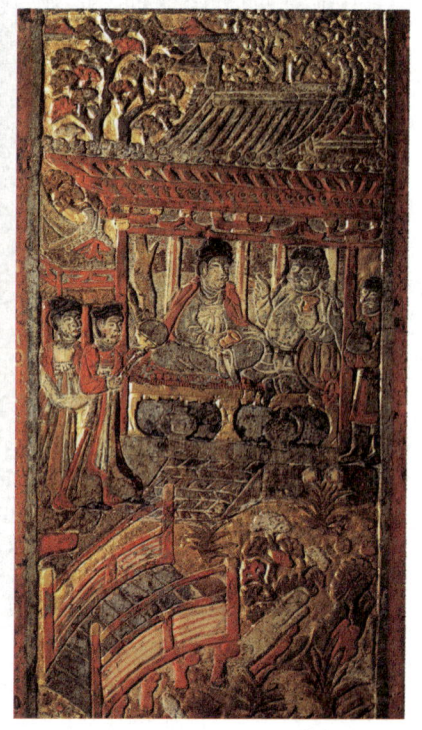

图1　萨保夫妇在中国式庭院内宴饮（右）
图2　萨保在葡萄园宴饮赏舞（左）

1. 粟特文化

安伽是从凉州武威迁到关中的安国粟特人，他最后的官称是同州（今陕西大荔）萨保，即同州地区胡人聚落的首领。在安伽围屏的几乎每一幅图像上，都有一个头戴毡帽的中心人物，表现的应当就是粟特聚落首领的形象。从人种上来看，这组图像上的人物可以分为短发的粟特人和长发的突厥人。在已经发现的所有粟特系统的石棺床图像中，安伽墓是最具粟特生活气息的一组，因此，我们认为安伽墓图像最能反映粟特胡人在自己聚落中的日常生活形态。

安伽图像上所反映的入华粟特人的日常生活场景有：萨保夫妇在

四海为家 ｜ 299

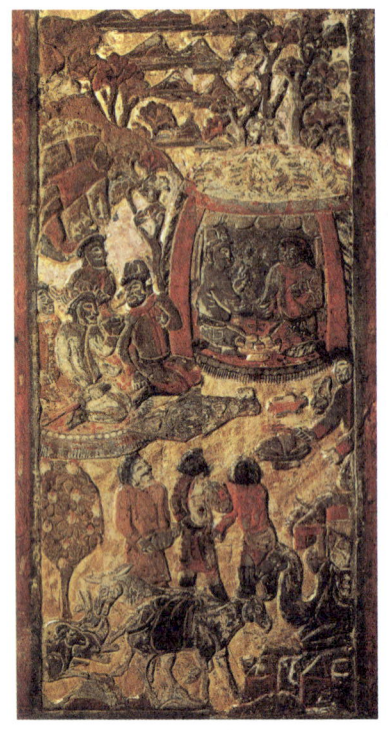

图3 萨保造访突厥部落在毡帐宴饮　　图4 萨保率众外出经商

中国式庭园内宴饮（图1）[1]；萨保在葡萄园与其他胡人一起宴饮，并观赏舞蹈（图2）[2]；萨保率胡人造访突厥部落，在毡帐内外宴饮（图3）[3]；萨保率众出行，外出经商（图4）[4]；萨保在聚落中招待来访的突厥首领，一起观赏胡人跳舞（图5）[5]。在虞弘和天水的图像上，还有粟特胡人酿酒的图像（图6）[6]。可以说，这些生活场景是粟特民

---

[1]《西安北周安伽墓》，图版52。
[2] 同上书，图版44上半部分。
[3] 同上书，图版57。
[4] 同上书，图版73上半部分。
[5] 同上书，图版38。
[6]《太原隋代虞弘墓清理简报》，《文物》2001年第1期，35页，图16。

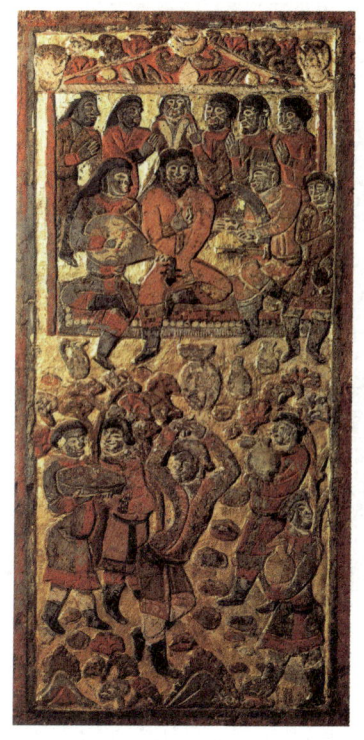

图5　萨保招待突厥首领一起赏乐舞　　图6　粟特胡人酿酒图（虞弘墓石雕）

族文化中最具特色的部分的真实再现。他们作为一种商业民族，在丝绸之路上往来贸易，和突厥首领交往，在聚落中居住着中国式的房屋，享受着他们劳动的所得，观赏着自己喜爱的歌舞。

我们看到大多数安伽图像上胡人的穿戴，多是紧口窄袖的长袍，有的是圆领，有的则是翻领，脚蹬皮靴。他们所用的器皿，是一些金银制作的酒具和食具，有些完全可以和出土的粟特金银器相吻合[1]。他们表演的是粟特人最擅长的胡腾舞，汉文史籍中关于安禄山跳舞的描述以及宁夏盐池胡人墓石门上的胡人跳舞的图像，都可以和安伽图像

---

[1] 荣新江《金樽美酒醉他乡——从安伽墓看粟特物质文化的东渐》，《文物天地》2005年第1期，88—91页。

四海为家 ｜ 301

图 7　萨保骑马猎狮图

相互印证[1]。至于安伽的宗教信仰，从安伽墓门上方雕刻的拜火祭坛来看，他一定是信奉源出波斯的琐罗亚斯德教（中国称祆教、拜火教）的，这也是粟特人的主要宗教信仰。

2. 波斯文化

粟特人在宗教、文化方面深受处于其西方的波斯文化的影响，粟特文化属于以波斯为中心的伊朗文化范畴。在安伽的图像当中，我们可以看到比较典型的波斯文化特征，即萨保骑马猎狮图（图7）[2]。这幅图像与安伽围屏的其他图像有相当大的区别就是，它并非写实的场景，人和狮子距离非常接近，不可能是现实生活的写照，而是来自一

---

[1] 张庆捷《北朝隋唐粟特的"胡腾舞"》，提交"粟特人在中国"国际学术讨论会论文，北京，中国国家图书馆，2004年4月23—25日。
[2] 《西安北周安伽墓》，图版49。

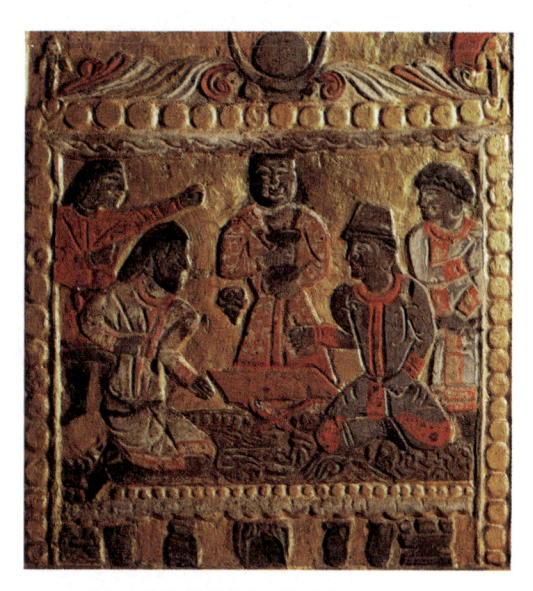

图 8　萨保和突厥首领在方形帐篷会盟图

个图像主题,即波斯国王猎狮图,这种图像在萨珊波斯的银盘上常常可以看到。在虞弘墓的图像上,也有类似的骑象或骑驼猎狮图。

另外,安伽墓围屏图像上的一些装饰花纹,比如萨保和突厥首领举行会盟仪式的方形帐篷(图 8)[1],顶部是用流行于萨珊波斯的日月形纹样装饰,周边是一圈联珠纹。两位首领坐的地毯边缘,和安伽夫妇家居宴饮图、招待突厥首领观赏乐舞图中的地毯,都是用萨珊波斯流行起来的联珠纹装饰的。还有粟特胡人和突厥人一起狩猎的图像上,下面一位上身穿虎皮衣服的人,头后有飘带,这也是波斯王常见的配饰。这些波斯风格的装饰或主题,如同粟特信仰的波斯琐罗亚斯德教一样,是早在粟特本土就被吸收了的波斯文化,并由他们带到中国,我们也可以说它们是波斯文化的粟特变种。

---

[1]《西安北周安伽墓》,图版 56。

3. 北方草原游牧文化

在安伽墓围屏图像上，一个非常显著的特征是，粟特胡人常常和披发的突厥人在一起，这是史君、益都、天水等图像上少见的，但是 Miho 美术馆藏品上的图像，披发突厥人或嚈哒人也不时出现。不论是从北疆散布的突厥石人像的背面，还是从撒马尔干粟特壁画所绘制的突厥使者像上，以及从最近在昭陵北司马门新发现的突厥君长石像的背后[1]，都可以看到突厥人留着长长的披发，因此，安伽图像上的披发形象毫无疑义是表现突厥人的。

虽然这些有突厥人的图像主要表现的仍然是粟特人的生活，但也透露出一些突厥人的文化特征以及粟特人受突厥文化影响的方面。比如，会盟是北方游牧民族常常采取的一种与其他民族或政权交往的方式，我们在安伽和 Miho 的图像上都能看到这种粟特人和突厥人或其他游牧民族会盟的图像，表明粟特人接受了游牧民族的这种方式。其实，粟特诸王国在相当长的时间里是北方游牧汗国的附属国；粟特人的东来贩易，也是受到北方游牧民族，如柔然、嚈哒、突厥、回鹘等汗国的保护；因此，他们之间的会盟恐怕是一个经常举行的仪式。

安伽图像上胡人与突厥一同狩猎的图像（图 9）[2]，在 Miho、史君等图像上也有类似的场景。狩猎是北方游牧民族的拿手好戏，属于绿洲城邦国家的粟特人应当是从其北方游牧主人那里学来的狩猎技艺，史君图像上狩猎的主人（萨保）后面，有披发突厥左手架着猎鹰相随。在粟特人枯燥紧张的行旅生活中，与突厥人共同打猎，既是一种调剂

---

[1] 张建林《陕西礼泉唐太宗昭陵北司马门遗址》，国家文物局主编《2003 中国重要考古发现》，北京：文物出版社，2004 年，145 页下图。
[2] 《西安北周安伽墓》，图版 67。

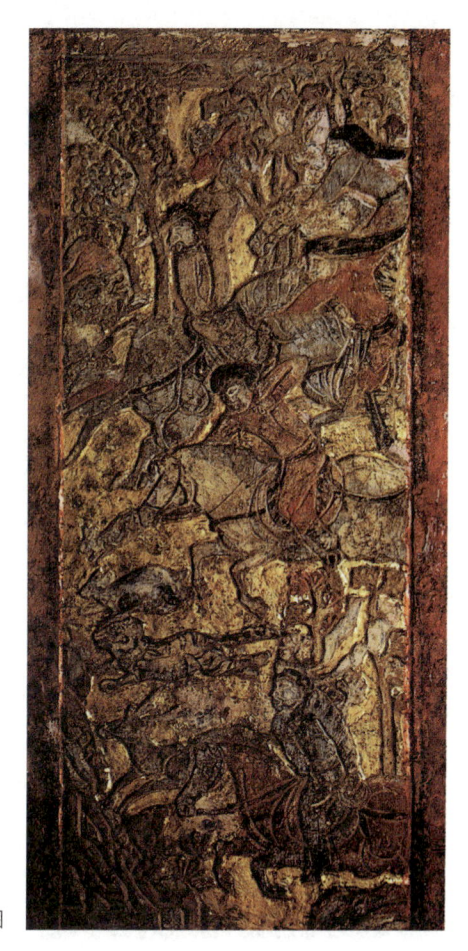

图 9 粟特、突厥共同狩猎图

和放松,又可以为双方的合作奠定良好的基础。按照我对安伽围屏图像程序的解说,在两幅粟特人与突厥人一起狩猎图的后面,是一幅粟特萨保和突厥首领在虎皮帐篷内的宴饮图(图 10)[1],他们大概就是一边吃着刚刚共同猎获的野味,一边大口喝酒,观赏着帐前的乐舞。画面上的两位首领除了商谈下次的继续合作外,一定也在津津乐道着打

---

[1]《西安北周安伽墓》,图版 70。

四海为家 | 305

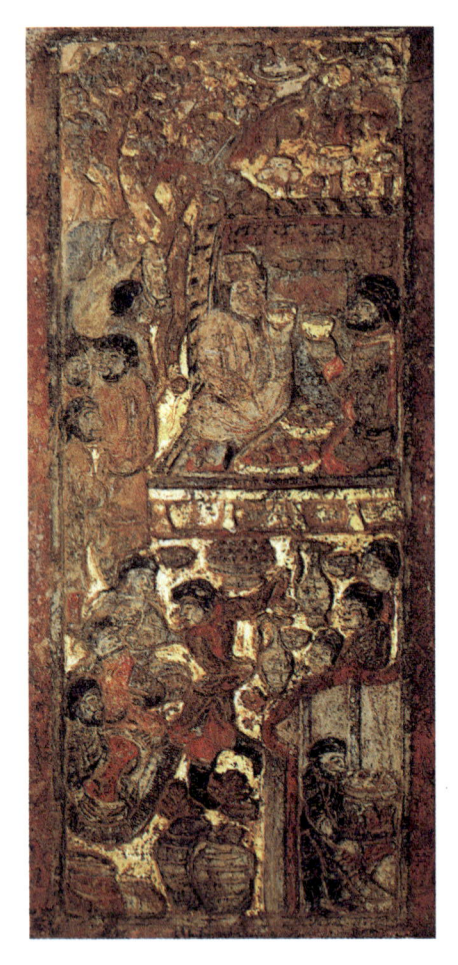

图 10　粟特萨保与突厥首领宴饮图

猎时的紧张刺激吧。狩猎成为粟特首领图像上必备的主题，恐怕是粟特人受到突厥文化强烈影响的结果。

此外，突厥文化对粟特的影响，还可以从 Miho 图像上的丧葬图中看到。在主持丧葬的祆教祭司后面，有一些送葬的人正在持刀剺面，说明这种突厥的葬俗也被粟特人接受。《隋书》卷八三《康国传》说粟特"婚姻丧制，与突厥同"，大概就是这个意思。

其实，在粟特人大量进入塔里木盆地、高昌、河西走廊和中原的同时，也有大量粟特人进入北方游牧汗国的领地，而且宗教文化略高一筹的粟特人，成为突厥、回鹘汗国汗廷的文职人员，也是这些王国对外交往、与周边贸易的操纵者。在粟特人把自己的宗教信仰、语言文字介绍给突厥、回鹘人的同时，他们也接受了游牧民族的婚姻、狩猎、会盟、丧葬等文化的影响，在唐朝时，突厥、回鹘部落中就有一些突厥化的粟特人，比如后来投降唐朝的六胡州大首领安菩和天宝时进入河北的康阿义屈达干，而且有些人的名字已经突厥化。

4 中国文化

目前考古发掘所见到的安伽、史君等墓葬，一个最明显的特征是，这些粟特首领并没有按照祆教的丧葬习俗，把尸体运送到葬尸台（dakhma）上，由狗或猛禽食掉尸肉，把剩下的骨骸埋入"骨瓮"（Ossuary）[1]，而是采用了中国传统的土葬方式，挖掘带有斜坡墓道的土洞墓穴，中间放置石棺床或者石椁。虽然在石棺床或者石椁中似乎都没有发现木棺，表明这些北朝后期的粟特人还没有彻底地接受中国传统的丧葬方式，但他们所挖掘的墓室，他们所使用的石棺或石椁的形制，都完全是中国传统文化的丧葬方式。不论是围屏式的石棺床，还是歇山顶式的石椁，从北魏到隋唐，一直都是中原地区流行的葬具。

其实，进入中原地区的粟特胡人首领，往往都是喜好中国文化而乐不思蜀的。我们可以看出，他们一定对中国式的庭园非常喜好，在安伽、史君、天水等图像的中间位置，都刻画的是萨保和他的夫人在

---

[1] 关于祆教的葬俗，参看 F. Grenet, *Les pratiques funeraires dans l'Asie centrale sedentaire de la conquete grecque a l'islamisation*, Paris: Editions du CNRS, 1984；蔡鸿生《唐代九姓胡与突厥文化》，北京：中华书局，1998 年，25—26 页；张广达《祆教对唐代中国之影响三例》，143—145 页。

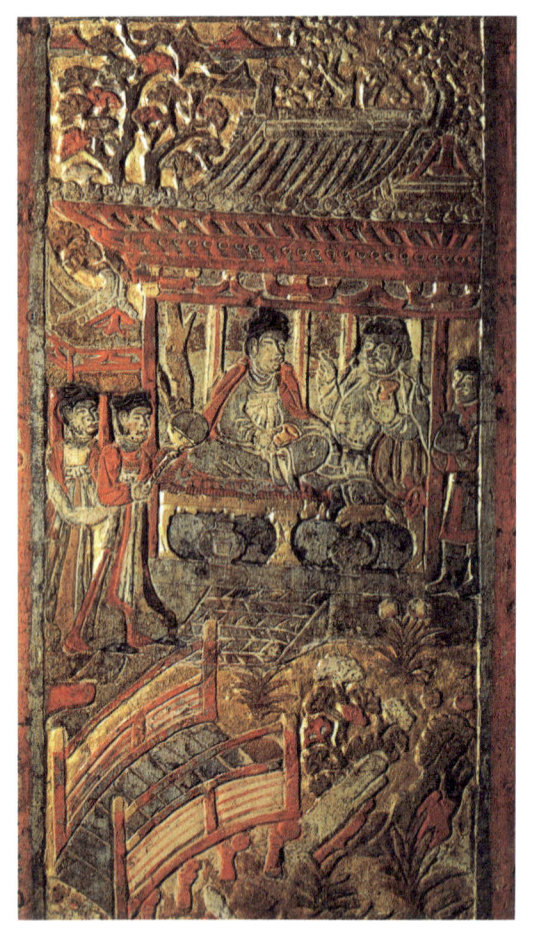

图 11　中国式小桥流水园林图

中国式的亭子里宴饮。安伽、史君、天水的图像上还刻画了小桥流水（图 11）[1]，一派中国式的田园风光。《安令节墓志》说到这位唐朝前期住在长安的粟特墓主人时，盛赞其家族富有，像《世说新语·任诞》所说的阮仲容道北的诸阮一样；所居宅第广阔，接南邻之第；其门庭如《史记·汲郑列传》所说的翟公之门，宾客阗门；其出入则金鞍玉

---

[1]《西安北周安伽墓》，图版 53。

怙，连骑而行，他还仗义疏财，纵千乘而犹轻，颇有侠士风格。因此，"声高郡国，名动京师"[1]。安令节在长安居住，渐染汉风，而且"雅好儒业"，是已经部分汉化的粟特人，但从他的富有来看，恐怕他住在长安西市附近的醴泉坊，仍然操着粟特人的本行。从图像上看，那些进入到中国城市中的粟特首领，必然要在中国式的建筑中居住下来，他们自然而然地也就会从建筑这样外在的物质文化开始，慢慢接受着中国文化本质的一些东西。

服饰是一个更容易改变的文化因子，特别是女子的服装往往是一个民族接受其他文化的先驱行为。有意思的是，安伽墓所有的男性都是穿着胡服，而所有的女性却几乎都穿着典型的中国式服装，即窄袖束胸间色长裙。由于穿的是中国式的服装，所以不仔细辨识，很容易把安伽图像上的女性看作是中国人，安伽夫妇家居宴饮图上站在亭子外面的两个侍女，就和同时代中国的女性装束没有两样，可见粟特女性对于中国服饰文化的接受走在了男子的前面。

以上以粟特首领萨保安伽墓为主，讨论了其墓葬和图像反映的四种文化的各种表现形式。其实，处在中亚丝绸之路贸易中转站位置的粟特诸国，对于各种外来文化一直是兼容并蓄的。在康国首府撒马尔干的遗址阿夫拉西阿卜（Afrasiab）发掘的第23号遗址第1号房间（编号R23/1）内，就发现了绘制非常精美的各国使者壁画，他们出现在表现7世纪中叶康国国王拂呼缦（Vargoman）即位的场景中[2]。《新

---

[1]《全唐文补遗》第3辑，36—37页。
[2] A. M. Belenitskii and B. I. Marshak, "The Paintings of Sogdiana", G. Azarpay, *Sogdian Painting. The pictorial epic in Oriental art,* with Contributions by A. M. Belenitskii, B. I. Maršak, and M. J. Dresden), Los Angeles, London: University of California Press Berkeley, 1981; M. Mode, *Sogdien und die Herrscher der Welt. Türken, Sasaniden und Chinesen in Historiengemälden des 7. Jahrhunderts n. Chr. Aus Alt-Samarqand [= Europäische Hochschulschriften. Reihe XXVII. Kunstgeschichte, Bd. 1627]*, Frankfurt a.M. (u.a.), 1993.

唐书》卷二二一《西域传》称粟特王国之一的何国："城左有重楼，北绘中华古帝，东突厥、婆罗门、西波斯、拂菻等君王。"这些都反映了粟特人善于接受各种文化的丝路民族特征。虞弘石椁图像上有三幅猎狮图，表现的应当也是各种不同民族首领的形象[1]。这种构图的用意，其实就是表现萨保府的胡人不仅是由各国来的胡人所构成，而且也接受各种各样的文化。因此，入华粟特首领的图像，同样表现了粟特人对各种文化的吸收。

粟特商人的足迹，走遍了东西丝绸之路，他们以四海为家，吸收了各种文化因素。在作为他们葬具的图像上，也表现他们包容多元文化的胸怀和气魄。安伽墓图像上那种不同民族间和睦相处的场景，展现了古代丝绸之路美好的一面。它们留给我们的粟特商队首领萨保的印象，比中国历史典籍中所描绘的胡人首领安禄山的形象，要更加真实，更具光彩夺目。

2004年11月16日初稿，2005年4月2日修订。
原载《上海文博》2004年第4期，85—91页。

---

[1] 参看 B. I. Marshak, "La thèmatique sogdienne dans l'art de la Chine de la seconde moitié du VIe siècle", *Académie des Inscriptions & Belles-Lettres, Comptes rendus des seances de l'annee 2001 janvier-mars,* Paris 2001, p. 256. 不过这些图像的细节比定尚需研究。

有关北周同州萨保安伽墓的几个问题

一　引　言

　　2002年底,香港 Orientations 杂志约笔者就安伽墓石棺床的围屏图像写一篇文章,以配合该刊为 Dayton Art Institute 举办的"丝绸之路的自豪:中国古代艺术展览"所准备的特辑。因为该刊的体例和字数的限制,笔者的《安伽石屏的图像程序:一个萨保的日常生活画卷》一文比较简略,也没有注释[1]。以后一直想加以增补,以中文发表。但几次提起笔来,又放了下来,原因是这篇文章撰写时,只有陕西省考古研究所的简报和两三篇研究文章,而近两三年来新的资料却又层出不穷,特别是在距离安伽墓不远的地方发现了和安伽同一年入葬的北周凉州萨保史君墓,其石椁的图像有许多可以和安伽的图像做对比研究。与此同时,这两三年来有关粟特图像的研究日新月异,相关的语言、历史、宗教、艺术等方面的探讨也有不少新的成果,特别是安伽墓的正式考古报告——陕西省考古研究所编著的《西安北周安伽墓》,也在2003年8月非常及时地由北京文物出版社出版,提供给我们更加详细而准确的资料和解说。在这种情形下,要重新增订这篇文章就不

---

[1] Rong Xinjiang, "The Illustrative Sequence on An Jia's Screen: A Depiction of the Daily Life of a *Sabao*", *Orientations*, February 2003, pp. 32-35 + figs. 1-7. 笔者应当借此机会感谢陕西省考古研究所和邢福来先生为该文提供的精美照片。

免有些踌躇。最近，在张庆捷先生的鼓励下，笔者拟就安伽及其墓葬图像的某些问题，展开讨论，但有关图像程序问题，观点没有改变，基本依旧。

二　安伽墓发现的学术意义

2000年5月陕西西安发现的安伽墓，是截止到当时为止中国发现的有确切纪年的最早一座粟特人的墓葬，而且是粟特聚落首领——萨保的墓葬，有墓志和一套完整的石棺床围屏图像一同出土[1]，因此不论从考古学、艺术史，还是从历史学方面来讲，学术价值可谓无法估量。

从粟特研究的角度来讲，安伽墓的价值可以举出以下几个突出的方面。

第一，安伽墓是最早土葬的入华粟特人的墓葬之一。我们知道粟特人传统上是信仰波斯的琐罗亚斯德教的，根据波斯琐罗亚斯德教经典《阿维斯塔经》中的《闻迪达德》（*Vendidad*，即《伏魔法典》）的记载和考古学者在粟特本土（Sogdiana）的考古发现，粟特人去世后，尸体由专门负责处理尸首的人运送到高层的葬尸台（dakhma）上，让狗或其他猛禽把尸肉吃掉，然后再把剩下的骨骸放入一种被称作"骨瓮"或纳骨器（Ossuary）的罐子当中，埋入地下[2]。入华的粟特人最

---

[1] 尹申平《安伽墓展现的历史画卷》，《中国文物报》2000年8月30日第1版；陕西省考古研究所《西安北郊北周安伽墓发掘简报》，《考古与文物》2000年第6期，28—35页，封面、封二、封三、封底彩色图版；陕西省考古研究所《西安发现的北周安伽墓》，《文物》2001年第1期，4—26页；陕西省考古研究所《西安北周安伽墓》，北京：文物出版社，2003年8月。

[2] 关于祆教的葬俗，参看 F. Grenet, *Les pratiques funeraires dans l'Asie centrale sedentaire de la conquete grecque a l'islamisation,* Paris: Editions du CNRS, 1984; 蔡鸿生《唐代九姓胡与突厥文化》，北京：中华书局，1998年，25—26页；张广达《祆教对唐代中国之影响三例》，《法国汉学》第1辑，北京：清华大学出版社，1996年，143—145页。

初应当也是采取同样的丧葬方式,一个强有力的反证就是,粟特人至少从公元3世纪就大量进入中国,但到安伽墓发现时为止,粟特人最早的土葬墓是宁夏固原发现的隋大业六年(610)埋葬的史射勿墓[1]。安伽墓的发现把这个时间提前到大象元年(579),而随后发现的史君墓也是同一年入葬,这两个墓葬可以代表入华粟特人采用土葬形式的开始阶段,因为他们都是粟特首领萨保,而墓葬中具有浓厚的琐罗亚斯德教(中国称祆教)的色彩,并不完全类同于中国的土葬墓穴[2]。最近在安伽墓附近发现的北周天和六年(571)康业墓,虽然是粟特后裔,但墓葬中的石棺床围屏图像比较中国化,墓主也不是萨保,所以尚不能和安伽与史君墓等同视之。

第二,安伽墓图像反映了粟特聚落的内部情况。我们过去对于粟特聚落内部的情况了解很不充分。敦煌、吐鲁番发现的汉文和粟特文文书,所反映的情况主要是粟特人已被唐朝中央政府编入地方行政管理体制下的乡里以后的情况,唐代墓志和其他考古资料所反映的粟特人,大多数也已经不再生活在粟特人自己的聚落中。为此,我曾经汇集汉文史籍、出土文书、石刻等材料,追寻粟特人在塔里木盆地、河西走廊、唐朝都城长安、东都洛阳,以及山西、河北直到东北营州所留下的遗迹[3],目的是想把分散的和后出的史料综合起来,以便浓缩出粟特聚落的内部情况。安伽墓的围屏图像,是目前所见的粟特石棺床中最富有生活气息的一组,它形象地反映了粟特聚落中的日常生活,

---

[1] 罗丰《固原南郊隋唐墓地》,北京:文物出版社,1996年,16—19页。
[2] 参看荣新江《粟特祆教美术东传过程中的转化——从粟特到中国》,巫鸿编《汉唐之间文化艺术的互动与交融》,北京:文物出版社,2001年,51—72页。
[3] 荣新江《西域粟特移民聚落考》,原载马大正等编《西域考察与研究》,乌鲁木齐:新疆人民出版社,1994年,157—172页;收入《中古中国与外来文明》,北京:三联书店,2001年,19—36页。又《北朝隋唐粟特人之迁徙及其聚落》,原载北京大学中国传统文化研究中心编《国学研究》第6卷,北京大学出版社,1999年,27—85页;收入《中古中国与外来文明》,37—110页。

以及粟特人经常从事的商业、狩猎、宴饮、歌舞等活动，提供给我们粟特聚落的内部生活形态[1]。

第三，安伽墓展示了萨保的宗教信仰。关于粟特商队和聚落的首领萨保（唐人作萨宝），隋唐时代的文献里有不少记载，但这些文献中有关南北朝时期萨保的记录，都不是同时代的证据，比如唐朝墓志中所见属于南北朝时期的萨宝，往往是对死者祖父辈人的追述，我们不能肯定其中一些官职的记录是实授，还是唐人的伪造，抑或是后来的追封。而唐朝的萨宝，往往只是作为普通的人名，而不再具有聚落首领的意义。因此，萨保长期以来成为一个问题，学者们对于萨保的理解相互之间差距较大，有的学者过分强调萨保和佛教的关系[2]。同州萨保安伽墓的出土，使我们现在拥有了北朝末期有关萨保的第一手资料，年代远远早于唐代的文书和墓志，而且安伽墓门上方盛大的火坛和祆教祭师的形象，昭示了萨保的祆教信仰，而整个石屏的十二幅图像，也看不出粟特聚落内部任何佛教的色彩[3]。

第四，安伽墓透露了粟特与突厥的关系。虽然安伽埋葬在中原王朝的都城外，但它的图像上却有着大量的突厥人的形象，许多画面都是表现粟特人和突厥人交往的场景。这或许反映了粟特商队在进入中国的过程中，受到了突厥汗国的有力保护，因而粟特商队首领虽然已经进入中原的腹心地带，但在表现他们最传统的日常生活时，却仍然不忘把和突厥的交往展现出来。过去我们从文献上知道西魏大统年

---

[1] 荣新江《北朝隋唐粟特聚落的内部形态》，作者《中古中国与外来文明》，111—168 页。
[2] 见 A. Forte, "The Sabao 萨宝 Question", *The Silk Roads Nara International Symposium '97*, Record No.4, 1999, pp. 80-106。笔者对此问题的专门讨论，见《萨保与萨薄：北朝隋唐胡人聚落首领问题的争论与辨析》，叶奕良编《伊朗学在中国论文集》第 3 集，北京大学出版社，2003 年，128—143 页。
[3] 参看荣新江《北朝隋唐胡人聚落的宗教信仰与祆祠的社会功能》，荣新江主编《唐代宗教信仰与社会》（《北京大学盛唐研究丛书》），上海辞书出版社，2003 年，385—412 页。

间派往突厥的第一个使者是粟特人安诺槃陀[1],我们也知道西突厥派往拜占庭的第一个使者也是粟特人[2],但现在我们从安伽墓图像上看到了在社会生活层面粟特人和突厥的交往,以及突厥对粟特风俗的影响[3]。

第五,安伽墓为我们研究粟特音乐舞蹈、服饰发型、建筑器皿等物质文化方面提供了广泛的素材。从魏晋到隋唐,由于五胡入居中原北方,而大批西胡如粟特胡也沿丝绸之路进入中国,使得西北胡族文化对于传统的中国产生巨大的影响,从物质文化层面讲,大到城市布局,小到穿戴的服饰,包括建筑、器皿等有形的物品,音乐、舞蹈等可见的艺术,占星、纺织等数术和技术,以及佛教、三夷教等无形的宗教思想,都给予中国社会以深远的影响。比如对于建筑、服饰、音乐、舞蹈以及粟特金银器等方面,虽然学术界的研究已经取得非常大的成绩,但安伽墓的图像提供了许多早期的形象资料,可以帮助我们进一步深入研究。最近一些学者对于胡旋舞或胡腾舞的研究,就得益于此[4]。其实还有许多方面有待探讨,如我们目前已经知道的经过考古发掘所获的北朝时期外来金银器并不算多,于是,安伽图像上大大小小的金银器皿,就是我们了解粟特人使用的金银器及这些器皿的功能的绝佳材料[5]。

以上从粟特研究的角度,列举了安伽墓所提供的考古资料对于学

---

[1]《周书》卷五〇《异域传下》突厥,3册,908页。
[2] 沙畹《西突厥史料》,冯承钧汉译本,上海:商务印书馆,1932年,167—173页。
[3] 参看荣新江《粟特与突厥——粟特石棺图像的新印证》,周伟洲编《西北民族论丛》第4辑,北京:中国社会科学出版社,2006年3月,1—23页。
[4] 陈海涛《胡旋舞、胡腾舞与柘枝舞——对安伽墓与虞弘墓中舞蹈归属的浅析》,《考古与文物》2003年第3期,56—60、91页;李永平《从考古发现看胡腾舞与祆教仪式》,《碑林集刊》第9辑,西安:陕西人民美术出版社,2003年,133—142页;张庆捷《北朝隋唐粟特的"胡腾舞"》,提交"粟特人在中国"国际学术讨论会论文,北京,中国国家图书馆,2004年4月23—25日。
[5] 作为一个方面的例子,可参看荣新江《金樽美酒醉他乡——从安伽墓看粟特物质文化的东渐》,《文物天地》2005年第1期,88—91页。

术研究五个方面的价值,相信随着研究的进步,我们今后在相关的研究中,会不断使用安伽墓的资料,并发掘出其中更有价值的东西。

三 《安伽墓志》补说

安伽墓之所以有如此重大的学术价值,除了其中出土的石棺床图像外,一个重要的原因是它同时出土了墓志,使我们清楚地知道墓主的姓名、身份、墓葬埋藏的年代等信息。《安伽墓志》非常简短,陕西省考古所的报告已经揭示了其中一些重要的内涵,但仍有些内容需要结合其他粟特史料加以丰富,故此,这里略加补充。

先据陕西省考古研究所的简报和正式考古报告,将《安伽墓志》全文迻录如下[1],间做校订:

【志盖】大周同州萨保安君之墓志记
【志文】大周大都督同州萨保安君墓志铭
君讳伽,字大伽,姑藏昌松人。其先黄帝之苗裔分族,因居命氏,世济门风,代增家庆。父突建,冠军将军、眉州刺史。幼擅嘉声,长标望实。覆仁蹈义,忠君信友。母杜氏,昌松县君。婉兹四德,弘此三从,肃睦闺闱,师仪乡邑。君诞之宿祉,蔚其早令,不同流俗,不杂嚣尘,绩宣朝野,见推里闬[2],遂除同州萨保。君政抚闲合,远迩祇[3]恩,德盛位隆,于义斯在,俄除大都督。董兹戎政,肃是军容,志劾鸡鸣,身期马革。而芒芒天道,杳杳神祇,福善之言,一何无验。周大象元年五月遘疾终于家,春秋六十二。其

---

[1] 陕西省考古研究所《西安发现的北周安伽墓》,《文物》2001 年第 1 期,8 页图七,25 页录文;《西安北周安伽墓》,60—62 页。
[2] "闬",简报误录作"闱",正式报告已改正。
[3] 简报录文所录"祉",实是"祇"的俗体,正式报告已改正。

年岁次己亥十月己未朔[1]，厝于长安之东，距城七里，但陵谷易徙，居诸难息，佳城有斁，镌勒无亏[2]。其词曰：

> 基遥转固，泒久弥清。光瑜照庑，价重连城。方鸿等鹜，辟骥齐征。如何天道，奄壑泉扃。寒原寂寞，旷野萧条。岱山终砺，拱木俄樵。佳城郁〔郁〕[3]，陇月昭昭，缣缃易〔□〕[4]，金石难销。

以下就《墓志》的内容谈几个问题：

1. 关于安伽的名字 《墓志》没有明确说安伽出身粟特安国，但从他姓安，名伽，又任萨保来看，显然是原本出自布哈拉的安国人。《墓志》中说"其先黄帝之苗裔分族，因居命氏"，是撰写《墓志》的汉人按照汉人墓志的习惯来写的，即所有的人都是黄帝的子孙。但这里却不像汉人墓志一样可以指明一个"命氏"的居住点，因为粟特的安国不在黄帝"命氏"的范围。安姓是安国人来华后按照习惯、用原来国家的名字所定的姓氏。安伽名字的"伽"字，似是粟特文 *k'* 的音译，因为这个字常见于粟特人名的汉译中，如西安出土《史君铭文》记史君的父亲名叫"阿奴伽"（Wanūk）。至于安伽"字大伽"，显然是按照汉人的习惯起了个字，因为他的名字是一个"伽"字，那么"大伽"很可能就是在这个"伽"的基础上增加一个"大"字，意思也是

---

[1] 正式考古报告漏"己未"之"己"字。
[2] 简报、正式考古报告录文"无亏"前均有一□，据笔者所见原石，此处刻字时误将石凿破，故未再刻字，应去掉缺字符号。
[3] 原漏刻一字。正式报告将下句"陇"字上读为"郁陇"，而疑下句"月"前缺一字。按，"佳城"指墓地，《文选》卷三〇沈约《冬节后至丞相第诣世子车中作》诗云："谁当九原上，郁郁望佳城。"（上海古籍出版社，1986年，1422页）"陇"通"垅"，指坟墓。这里"陇月"与"佳城"对举。而据后文的"昭昭"和沈约诗，可以补上句的缺字为"郁"。
[4] "缣缃"之"缃"，简报作缺字，正式报告作"绢"。按，"缣缃"成词，指书册，与下文"金石"相对成文。"易"字后原未刻字，审原石，此处突兀坚硬，故未刻成，当缺一字，正式报告亦补一缺字符号。

汉文"大"之意。

2. 姑藏昌松 姑臧在此是凉州武威的别名。大概是因为这个词原为胡语（匈奴语），所以粟特人叫起来要比汉文名称"凉州"或"武威"容易一些，因此粟特文中一直称武威为 kc'n 或 kc''n，即姑臧，见敦煌出土粟特文古信札和新发现的《史君铭文》粟特文部分[1]，特别是《史君铭文》粟特文部分写作 kc''n，对应的汉文写作"凉州"。昌松是凉州或武威郡下属的一个县，《隋书》卷二九《地理志》记昌松县："后魏置昌松郡，后周废郡，以揟次县入。开皇初改为永世，后改曰昌松。"《元和郡县图志》卷四〇凉州条下记昌松县："西北至州一百二十里。本汉苍松县，属武威郡。后凉置昌松郡，县属焉。隋开皇三年改昌松为永年县，后以重名，复为昌松。"可见昌松是凉州东南面的一个县，与凉州城相距一百二十里。据《安伽墓志》，这里和凉州城一样，应当是粟特移民聚居的地方。安伽母亲杜氏，可能就是这一带的汉人，后来大概因为安伽的原因而被封为昌松县君。

3. 安突建 安伽父的名字"突建"也像是一个音译的词。因为《墓志》没有像一般的墓志那样从安伽的祖父开始记录，似表明安突建是这一家中第一个来到中国的人，并落户在凉州的昌松。早期入华的粟特人一般都生活在粟特聚落当中，特别是像胡人比较集中的凉州。但安突建来到的昌松这个地方，或许开始时胡人并不很多，形不成聚落，因此他也不像其他生活在聚落中的粟特人那样和胡人女子结婚，而是和汉人杜氏结为连理。《墓志》记突建官职为"冠军将军、眉州刺史"，前者为勋官将军号，这是可以理解的；但后者若是实授，则突建曾任眉州（今四川眉山县）刺史，官位不低，作为一个初入中国的粟

---

[1] W. B. Henning, "The Date of the Sogdian Ancient Letters", *Bulletin of the School of Oriental and African Studies*, XII, 1948, pp. 609-610; 西安市文物保护考古所（杨军凯、孙武执笔）《西安北周凉州萨保史君墓发掘简报》附录，《文物》2005 年第 3 期。

特人来说，似乎有些不太可能，因此，安突建的"冠军将军、眉州刺史"的官称，更可能安伽封大都督后朝廷追赠的官职，安伽母杜氏的昌松县君的称号，可能也是同样。安伽是大象元年（579）去世，时年六十二岁，则生在北魏孝明帝熙平元年（516），其时安突建已与杜氏结婚生子，则其进入凉州昌松，至少应当在6世纪初叶。《墓志》称"幼擅嘉声，长标望实。覆仁蹈义，忠君信友"，如果是从年幼时开始就被当地人所知，则进入凉州的时间还可以上溯到5世纪末。

4. 同州萨保　《墓志》说完安伽的父母，接着说安伽："君诞之宿祉，蔚其早令，不同流俗，不杂嚣尘，绩宣朝野，见推里闬，遂除同州萨保。"《安伽墓志》整体上来讲是比较简单的，所以有许多地方意思无法连贯。这里虽然说到从他小的时候一直到被任命为萨保时的情况，但却没有讲到他的迁移，那么我们也就无法知道他怎么从凉州的昌松老家，一下子被任命为同州的萨保。但无论如何，安伽显然是从武威的昌松，来到长安东、渭河北面的同州（今陕西大荔），成为这里的胡人聚落首领——萨保。同州地区在魏晋南北朝时期一直是包括粟特在内的胡人活跃之区。据前秦建元三年（367）冯翊护军郑能进所立《邓太尉祠碑》记载，前秦冯翊（今陕西大荔）护军所统五部城堡及各部落中，就包括粟特，他们和羌人、鲜卑、卢水胡、支胡（即小月氏）等部族共同生活在这一地区[1]。《魏书》卷四一《源子雍传》记："贼帅康维摩拥率羌、胡，守锯谷（在同州韩城县），断甄棠桥，子雍与交战，大破之。"同州即冯翊，为北魏永平三年（510）所改，说明这里一直有粟特胡酋率众在这一地区活动[2]。

5. 大都督　《墓志》继续说："君政抚闲合，远迩祗恩，德盛位

---

[1] 马长寿《碑铭所见前秦至隋初的关中部族》，北京：中华书局，1985年，12—22页。
[2] 参看荣新江对该碑的解说，载荣新江、张志清编《从撒马尔干到长安》，北京图书馆出版社，2004年，104页。

隆，于义斯在，俄除大都督。董兹戎政，肃是军容，志劾鸡鸣，身期马革。"由于安伽在同州管理胡人聚落有成效，于是又被北周朝廷授予大都督的称号。据《北史》卷三〇《卢辩传》，北周大都督品在八命（从二品），是很高级的戎号。按，"萨保"译自粟特文 s'rtp'w 一词，本意为"商队首领"，以后演化为"聚落首领"的意思。大概从北魏时期开始，中央政府把粟特人在中国所建殖民聚落的首领任以官职，名称即采用其原本"萨保"一名，就像是唐宋时期东南沿海城市中的番坊一样，让胡人首领管理胡人聚落[1]。以后又授予萨保大都督等各种品号，利用高阶贵品来笼络粟特贵族，以便征发这些粟特首领所控制的武装力量，使之成为中央和地方政府的军事力量的组成部分[2]。安伽"董兹戎政，肃是军容"的含义，就是表现的这样一种历史事实。

6. 安伽的卒葬地 《墓志》说安伽是"周大象元年五月遘疾终于家，春秋六十二。其年岁次己亥十月己未朔，厝于长安之东，距城七里"，也就是北周长安城东七里的地方，在唐朝大明宫的北面。问题是安伽所终的家在什么地方，按道理他是同州萨保，应当是卒于同州的宅第，由于某种特殊的原因而安葬在都城的东部。在安伽墓发现以后，又在同一地点先后发现了大约同一时期的史君墓和康业墓，使得我们怀疑这里或许是北周朝廷特意安葬粟特贵族首领的墓地，故此把凉州萨保史君、同州萨保安伽都埋葬在这里[3]。

这里顺带提示一个非常值得注意的记载，这就是新发现的《史君铭文》的汉文部分。这篇铭文因为刻写者不懂汉文，所以遗留了许多空白没有刻字，使得文意不能连贯。其标题作"大周□（凉）州萨保史君石堂"，铭文相关文字如下："君〔讳□，其先〕史国人也。本居

---

[1] 参看荣新江《北朝隋唐粟特人之迁徙及其聚落》、《北朝隋唐粟特聚落的内部形态》两文的相关论述。
[2] 参看苏航《北朝末期萨保品位试探》，《西域研究》2005年第2期待刊。
[3] 这是笔者在2004年4月"粟特人在中国"国际学术讨论会上发言时提出的看法。

320 | 中古中国与粟特文明

西﹝域﹞，土〔□□□□□〕及延（派？），迁居长安。……〔□□〕五年，诏﹝授﹞凉州萨保。而天道芒芒（茫茫），﹝沉﹞芳永岁。大象元年〔五〕月七日，薨于家，年八十六。妻康氏，其〔□□□□□〕（同年六月七）日薨。以其二年岁次庚子正月丁亥朔廿﹝三日﹞己酉，合葬永年（？）县堺（界）。〔礼也〕。长子毗娑，次维摩，次富□多，并有孝行，乃为父造石﹝堂一﹞区，刊碑墓道，永播□□。"[1] 这位最终的结衔为凉州萨保的史君，铭文中虽然说到曾"迁居长安"，但他在去世前仍然是凉州萨保，应当生活和去世于凉州。值得注意的是他和妻子康氏合葬地是"永年县"，这个永年县的"年"字刻写得有点走样，但基本上可以肯定是"年"字。我们知道北周长安城周边没有永年县，而上述凉州昌松县在开皇三年曾改作永年县（一作永世县），开皇三年比大象元年晚四年，也可能开皇所改永年有更早的根据，那么把史君夫妇原本的合葬地看作是凉州下辖的永年县，也就是安伽的老家，似乎更为合适。那么史君夫妇原本是埋在凉州永年县，后来迁葬到长安东郊，这就和安伽卒于同州而葬于长安东郊一样，可能都是北周朝廷对这些效忠朝廷的胡人首领加以表彰的结果。

《安伽墓志》虽然不长，但却为我们提供了不少信息。

四　安伽墓石屏的图像程序

安伽墓石屏由三块石板组成，共十二幅图像，大小基本一致。背面石屏一块，有六幅图像，左右两侧各石屏一块，各三幅图像，因此安伽墓的图像顺序没有任何紊乱。每幅图像分别用边框区分，表明可以分作十二个画面。但有的一幅画面中，又明显地分成上下两层，两层图像有着密切的联系。

---

[1] 西安市文物保护考古所《西安北周凉州萨保史君墓发掘简报》附录。

陕西省考古研究所的简报,是从左屏外侧第一幅开始,由外向里,经背屏由左到右,再右屏的由里向外,依次介绍,各屏图像分别编顺序号,简报没有特别指出这种介绍次序的依据,也可能只是方便的记录方式而已[1]。与简报同时发表的韩伟先生的文章,则认为图像的顺序与报告所述正好相反,他从右屏外侧到左屏外侧,依次编成1—12幅,但他只论述了第1幅和第7幅图像的关联[2]。马尔沙克(B. I. Marshak)教授是先介绍中轴线左右两幅,再依次介绍右边这幅后面的图像,直到右屏的最外一幅,然后再依次讲中轴线左边一幅后面的图像,直到左屏的最外一幅[3]。姜伯勤先生按照汉代画像砖的成例,认为整套图像程序是从右侧经过后屏向左侧展开[4]。我曾把安伽石屏各个画面上频繁出现的头戴虚帽者,确定为萨保的形象,并根据其中的六幅图像,展现萨保的宴饮、狩猎、会客、出访等社会生活场景,用形象的材料说明了萨保在粟特聚落中的地位[5]。然而,当时由于所见图版有些地方不够清楚,因此对一些图版上的中心人物不敢贸然认定。2001年岁末,我有幸在西安考古研究所参观了安伽墓石屏,并与安伽墓的发掘者邢福来先生交换了意见,他也同样认为戴虚帽者为每个画面的中心人物。经过亲眼观察,我确定了每个(或每组)图像上的中心人物,并基本上确定了我对安伽石屏图像程序的看法。

---

[1] 陕西省考古研究所《西安发现的北周安伽墓》,7—21页。
[2] 韩伟《北周安伽墓围屏石榻之相关问题浅见》,《文物》2001年第1期,90—101页;收入作者《磨砚书稿——韩伟考古文集》,北京:科学出版社,2001年,104—120页。
[3] B. I. Marshak, "La thèmatique sogdienne dans l'art de la Chine de la seconde moitié du VIe siècle", *Académie des Inscriptions & Belles-Lettres, Comptes rendus des seances de l'annee 2001 janvier-mars*, Paris 2001, pp. 244-252.
[4] 姜伯勤《西安北周萨宝安伽墓图像研究——北周安伽墓画像石图像所见伊兰文化、突厥文化及其与中原文化的互动与交融》,《华学》第5辑,广州:中山大学出版社,2001年12月,28—31页,收入作者《中国祆教艺术史研究》,北京:三联书店,2004年,112—116页。
[5] 荣新江《北朝隋唐粟特聚落的内部形态》,120—130页。

我认为，整个图像应当是从中间向两边读，从中轴线左侧一幅开始，一左一右，依次向外展开，以右屏外侧一幅结束。这套石屏的底座（石榻），三面刻33幅兽头，正面正中间是一幅正视图，两边的兽头都侧首向着中间，左右两侧的兽头都向前方，若展开则与正面两边的兽头相同[1]。这可以证明中间是整套石棺床的中心位置。

2003年8月出版的陕西省考古研究所编著的正式考古报告《西安北周安伽墓》，对于图像程序有了新的看法："三面石屏风刻绘的12幅图案中，以正面石屏风第3、4两幅为中心，这两幅也是整个围屏石榻要表达的中心内容，其余图案基本是以这两幅图案之间画框为轴对应，这种对应关系以正面屏风第2幅与第5幅及第1幅与第6幅、左侧屏风第1幅与右侧屏风第3幅表现最为明显，而左、右屏风另外两幅对应关系颠倒，是有意还是无意为之？从墓葬形制、石门结构、壁画、石刻图案等方面观察也明显存在这种以墓葬纵中心线为轴的对称关系，所以对称应是安伽墓形制及图案分布的一个最重要规律。……这种对称关系也表现在石榻榻板正面及两侧面图案的分布中，正面刻绘17幅图案，其中正中图案面前，左、右各8幅图案均面向中央，椭圆和方形边框对称分布，另外，兽头基本与兽头对应、鸟头也基本与鸟头对应。两侧图案也是这种对应关系。榻腿的造型及文饰也符合这种对应关系。"[2]

这一看法与笔者相同，而且还进一步考虑了榻腿的对应关系。不过报告没有就每一幅石屏图像的对应关系做具体论述，并且对其中左右屏上两幅图像的关系认为是颠倒的。因此，笔者觉得原本用英文发表的

---

[1] 拙文 "The Illustrative Sequence on An Jia's Screen: A Depiction of the Daily Life of a *Sabao*" 插图2因为纸幅限制没有把图版全部排印出来，中间正面的兽头偏到一边，而左边的兽头也没有全部印出来。

[2] 《西安北周安伽墓》，39—40页。邢福来先生在《北朝至隋初入华粟特贵族墓围屏石榻研究》一文中也强调了这种对称关系，见《考古与文物》2002年汉唐考古增刊，233—234页。

图 1 　　　　　　　　　　图 2

  《安伽石屏的图像程序：一个萨保的日常生活画卷》一文的主体部分，仍然有必要把中文原文发表出来，以提出每一幅图像之间的对应和接续关系，给予整个图像程序的具体解说。因为相关的图像有些已经有了比较详细的描述和研究，所以这里基本保持原文，而不做补充。
  以下按照我所构拟的图像程序并予以顺序编号[1]，来加以叙述，同时结合文献材料有关萨保的记载，来展示萨保生活的画卷。

---

[1]　拙文 "The Illustrative Sequence on An Jia's Screen: A Depiction of the Daily Life of a *Sabao*" 插图 1 即重新编号后的围屏展开图。

图3　　　　　　　　　　图4

正如马尔沙克教授指出的那样，安伽图像中轴线两边的图像，无疑是最重要的。因为虞弘、天水石棺床也是夫妇宴饮图在后屏正中间的位置上[1]，所以左边的夫妇居家宴饮图应当是第1幅（图1）[2]，也是所有图像的核心。男主人公是卷发胡人的模样，应当就是萨保。因为安伽图像与其他粟特系统的石棺图像有许多共同特征，所以我们不把这里的主人公看作具体的墓主人，即安伽，而是看作入华粟特人石棺

---

[1]　天水市博物馆《天水市发现隋唐屏风石棺床墓》，《考古》1992年第1期，47、50—51页；山西省考古研究所等《太原隋代虞弘墓清理简报》，《文物》2001年第1期，37页。
[2]　本文插图引自《西安北周安伽墓》，特此致谢。

图 5   图 6

图像中的核心人物萨保。他的夫人穿汉式服装，其两个侍女也着汉装，但从北周当时粟特聚落的内婚制情况来看，萨保的夫人更有可能也是粟特人或其他中亚胡人，她们进入中国后，更喜欢着汉装。入华粟特人这种对中国文化的喜爱，还反映在萨保夫妇宴饮所在的房子，也是中国式的亭子。

第2幅（图2）上部刻画萨保正在野外欢迎披发的突厥首领。下部是上面的两人在一个用联珠纹装饰的房子里对坐，好像是正在立盟誓的样子，中间有个身着华丽服装的人，马尔沙克认为是萨保的儿子，姜伯勤则以为是证盟人。值得注意的是这所房子的屋顶正中，装饰有祆教图像中常见的日月图案，如萨珊波斯银币上波斯国王的王冠上的

图7　　　　　　　　图8

图案，因此我怀疑这个设盟的地点，就是粟特聚落中的祆神庙。如果这种说法正确的话，更说明这个粟特人和突厥人之间盟誓仪式的重要意义。

第3幅（图3）上部是萨保在葡萄园中饮宴并观看乐舞的场景。我们从敦煌文献中知道，贞观中（627—649），康国大首领康艳典东来鄯善（罗布泊）地区，曾建蒲桃城，并种蒲桃于城中[1]，可以作为这幅图的注脚。下部刻画萨保骑马射狮场景，这是典型的波斯艺术形象，往往表现波斯国王射猎的情形，在这里应是表示萨保的聚落首领身份。这一屏的

---

[1] 池田温《沙州图经略考》，《榎博士还历纪念东洋史论丛》，东京：山川出版社，91—93页。

有关北周同州萨保安伽墓的几个问题　|　327

图9　　　　　　　　图10

上下两幅图像，集中表现了萨保日常的主要活动——宴饮和狩猎。

第4幅（图4）表现萨保到山林中的虎皮圆帐篷中访问突厥首领，随行有商人和驼队。

以上四幅图也可以看作是整个图像的中心画面，因为北朝末到唐朝初年粟特商队的东来，主要是在突厥宗主的保护伞下行进，因此，在这些粟特石棺图像中，突厥人占据十分重要的位置。安伽去世的579年之前，也正是北周宣帝与突厥关系和好的时期[1]。安伽中间四幅

---

[1] 参看吴玉贵《突厥汗国与隋唐关系史研究》，北京：中国社会科学出版社，1998年，82—91页。

图 11　　　　　　　图 12

图像，与左边表现萨保在聚落中宴饮、狩猎相对应，右边则表现萨保与突厥会盟及拜访突厥牙帐的情况。

第 5 幅（图 5）和第 6 幅（图 6）两幅也是对应的，都是宴饮和乐舞形式，构图大体相似。值得注意的是第 5 幅粟特式帐内坐在中间的一人，是披发突厥。萨保在右边侧身而坐，抚弄箜篌。这显然是突出突厥客人地位的表现形式。第 6 幅的歇山顶亭子内，萨保坐在金榻正中，左侧为披发突厥，突出的是粟特萨保。第 5、6 两幅在后屏左右最外边的位置上，显然是对称的表现突厥和粟特的主导地位，从所处的帐篷形式和乐舞的形象来看，两个场景都应当是在粟特聚落当中。

第 7 幅（图 7）是萨保与突厥在虎皮帐篷中的宴饮图，下面遍地是野兽，这显然是萨保到突厥部落访问的情景，因此萨保在帐内最左边的位置上。

第8幅（图8）和第9幅（图9）都是狩猎图，或许可以看作是萨保到了突厥地区后，与突厥人一起狩猎的场景，两幅图像可以看作是一幅连续的狩猎图。第8幅上刻绘五位骑马猎人，有披发突厥，也有卷发粟特，上面四人或举剑刺雄狮，或弯弓射兔，或策马疾驶，最下面一人持绳索套鹿，装束与其他人不同，卷发，头后有飘带，着虎皮紧袖衣，他显然是这幅图像中的中心人物，但又与其他图像中的萨保不同，或许是做波斯王子装束的萨保之子。第9幅上面刻绘两个卷发胡人骑马射猎羚羊群。下面也刻绘两骑，一人持缰挥鞭，正赶着猎物行进。其前面一人是显得悠闲自得的萨保，他正在引领着获得猎物的队伍回聚落。

第10幅（图10）是盛大的宴饮图，萨保和突厥首领在虎皮纹帐篷前对坐，持筚篥而饮。旁边有侍者，前面是乐舞，乐队周围都是酒器，右下角还有一庖人正在准备食品。这正像是庆祝狩猎成功后的狂

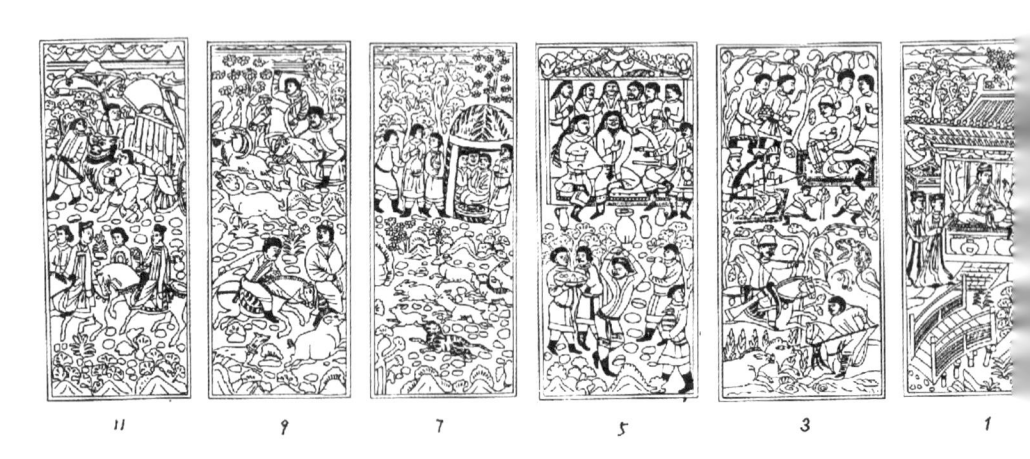

图13 安伽图像程序全图

饮和狂欢。

第11幅（图11）和第12幅（图12）也是对称的两幅车马出行图，位置正好在左右屏的最外侧。第11幅牛车前一人着圆领对襟红袍，腰系佩刀，样子很年轻，不像是萨保。但他头上有主人常常拥有的伞盖，或许是萨保的儿子，率商队出行，下面是随行的女眷。第12幅上部伞盖下是骑马率队出行的萨保。下部为步行的女眷送别图，中间是准备出行的萨保。

把全卷连起来，就是一幅完整的画面（图13）。

五 总 结

从公元3世纪到7世纪，大批粟特商人结队东行贸易，并在丝绸之路的重要城镇周围建立殖民聚落，萨保成为聚落首领。以后中国中央政府和地方政府为了控制粟特聚落，把聚落首领任命为聚落的行政长官，就称做"萨保"，萨保成为兼管政教事务的胡人聚落首领。安伽

正是北朝末年萨保从聚落首领演变为政府官员的时代人物，因此他的墓葬既保留了浓厚的祆教信仰和粟特人的生活气息，也受到所在的中国文化的强烈影响，而作为粟特石棺图像的共同艺术特征，安伽墓的图像从狩猎主题到突厥形象，都深深打上了北方游牧民族的烙印。

2005年2月22日完稿。原载张庆捷等编《4—6世纪的北中国与欧亚大陆》，北京，科学出版社，2006年12月，126—139页。

Miho 美术馆粟特石棺屏风的图像及其组合

自 20 世纪初以来，就有粟特石棺床陆续出土，由于文物出土后分散流失，因此影响了人们对其的正确认识。近年来，随着山西太原虞弘墓和陕西西安安伽墓的相继发现，使学者们可以辨别出一些属于同一系统的粟特石棺床，为东迁粟特人、入华祆教乃至汉唐中西关系史上的许多问题的深入研究，提供了丰富的资料。

1992 年，一套中国北朝时期的石棺床在美国纽约展出，11 块石板上强烈的异族情调吸引了不少观众。朱安耐（A. L. Juliano）教授对这些图像做了初步研究，她认为这些反映异域情调的石棺床应当制作于 6 世纪后半叶，和响堂山的雕刻对比，它们更像是北齐时的作品。她还参考波斯萨珊图像，对狩猎图等做了解说[1]。这套石棺床随后被日本私家收购，作为"秀明收集品"而入藏日本美秀美术馆（Miho Museum）[2]。

---

[1] A. L. Juliano, "Northern Dynasties: A Perspective", *Chinese Archaic Bronzes, Sculpture and works of Art*, June 2 to June 27, 1992, New York, pp. 8-11. 该文后发表了 11 件石屏风的彩色图版，编号顺序与后来 Miho 的编号不同，见 *Chinese Archaic Bronzes, Sculpture and works of Art*, pp.18-41, Catalogue 1a-1k。

[2] 该馆位于京都附近滋贺县甲贺郡信乐町的桃谷山中，正式的名称都用西文写作 Miho Museum，据展览宣传册，其名称意为"用'美秀'的意思来表示其收集品构成的美术馆"。经笔者向馆方询问，中文名可以用"美秀美术馆"，但本文仍用人们最熟悉的 Miho 来指称。

1995 年，乐仲迪（J. A. Lerner）博士发表《6 世纪中国的中亚人：一幅琐罗亚斯德教的丧仪图》一文，详细分析了表现丧葬的一幅图像：上半幅中是一个祭司，站立在火前护持圣火，表现的是祆教"户外奉献仪式"（âfrînagân），祭司后面还有一些送葬的人。下半幅有二女三男，身后有三匹马，向着树林方向走去，表示送死者到墓地。上下两幅图中间，有一只面朝火坛的小狗，表现祆教葬仪中的"犬视"（Sagdîd）过程。她推测墓主应当是在中国的一位粟特高级神职人员或商人[1]。

1996 年，美国纽约大都会博物馆展出其中 3 件，屈志仁（James C. Y. Watt）对丧葬、宴饮图和娜娜神像进行了分析介绍，并讨论了石屏风的原状，推测其和关林收藏的带石屏风的石棺床相似。又据突厥与北周、北齐关系的背景，以及图像上的突厥丧仪及汉式棺床，认为更可能是北周的产物，墓主人或许是住在北周境内娇生惯养的突厥人[2]。

1997 年，朱安耐与乐仲迪合作为该馆的展览图录撰写了这套石棺床 11 块石板和两个门柱的考释，她们按照 Miho 这套石棺屏风摆放次序（编作 A、B、C、D、E、F、G、H、I、J、K），依从左侧经后壁到右侧加以介绍，对照相关的中国考古资料和粟特图像，一一做出解释，指出其中有中亚人、嚈哒人、突厥人的形象，还比定了 J 石板上方的娜娜女神像[3]。随后，她们两位又发表了《文化的交叉路口：Miho 美术馆藏棺床上的中亚与中国艺人》一文，分析了"婚礼图"（E）中和

---

[1] J. A. Lerner, "Central Asians in Sixth-Century China: A Zoroastrian Funerary Rite", *Iranica Antiqua*, XXX, 1995, pp. 179-190. 此即后来编作 F 的石屏风图像。

[2] James C. Y. Watt, "Three Panels with Relief Carving", *Ancient Art from the Shumei Family Collection*, New York: The Metropolitan Museum of Art, 1996, pp. 142-145.

[3] A. L. Juliano and J. A. Lerner, "Eleven Panels and Two Gate Towers with Relief Carvings from a Funerary Couch",《Miho Museum. Southwing/ 南馆图录》，Miho Museum, 1997 年，247—257 页，Cat. No.125.

娜娜女神下的乐舞形象[1]。1998年7月，在耶鲁召开的"第三届丝绸之路研讨会"上，朱安耐与乐仲迪又介绍了这套石棺床的图像。但是，由于可资对比的材料不足，所以有相当一批学者对这组风格迥异的新图像表示怀疑。

然而，随着1999年太原隋虞弘墓和2000年西安北周安伽墓的发现，所有疑问烟消云散。马尔沙克（B. I. Marshak）教授于2001年5月在北京大学讲演时，对比安伽、虞弘墓的材料，讨论了这套石棺床的部分图像及其年代。同年10月，朱安耐与乐仲迪又合作发表了《据考古新发现来再探Miho美术馆藏棺床》一文，结合安伽、虞弘、天水以及安阳石棺，讨论了一些共同的主题，如对祆教的暗示、狩猎图、宴饮图，指出其与粟特本土图像的区别和联系，以及五套石棺间的相同与不同点。最后还讨论了入华胡人用汉式葬法表现胡人祆教信仰，以及五套石棺所反映出的不同影响，这也正是南北朝时期地方势力强大的反映[2]。

马尔沙克的讲演内容，在《中国艺术中所见6世纪下半叶的粟特主题》一文中正式发表。他认为包括Miho石屏风在内的图像都是由中国工匠制作的，但表现的是异域的图像。对比粟特地区的壁画，他揭示了图像所展现的许多粟特因素，同时他认为披发者可以分成骑马的突厥人和骑象的嚈哒人两组，因此这套石棺床的时间上限是突厥灭嚈哒的565年[3]。

---

[1] A. L. Juliano and J. A. Lerner, "Cultural Crossroads: Central Asian and Chinese Entertainers on the Miho Funerary Couch", *Orientations*, Oct. 1997, pp. 72-78.
[2] A. L. Juliano and J. A. Lerner, "The Miho Couch Revisited in Light of Recent discoveries", *Orientations*, Oct. 2001, pp. 54-61.
[3] B. I. Marshak, "La thèmatique sogdienne dans l'art de la Chine de la seconde moitié du VIe siècle", *Académie des Inscriptions & Belles-Lettres, Comptes rendus des séances de l'année 2001 janvier-mars*, Paris 2001, pp. 233-244. 笔者在2002年4月耶鲁会议上见到这篇文章的校样，在9月柏林举行的"重访吐鲁番"会议上，蒙Marshak教授惠赠一份抽印本，谨表谢意。

与此同时，姜伯勤教授也发表了《图像证史：入华粟特人祆教艺术与中华礼制艺术的互动——Miho博物馆所藏北朝画像石研究》一文，讨论了四臂娜娜女神像、伊兰人与突厥人会盟图、丧仪图、墓主宴乐图以及汉式双阙的意义[1]。

关于入华胡人采用汉式葬法问题，笔者在提交2000年7月北京大学考古系举办的"汉唐之间：文化的互动与交融国际学术研讨会"的论文中，曾做过初步的考察，这篇文章2001年9月以《粟特祆教美术东传过程中的转化——从粟特到中国》为题发表[2]。同时，笔者还利用已知的六套石棺床（包括Miho，以及益都的一件），撰写了《北朝隋唐粟特聚落的内部形态》一文，讨论了粟特聚落内部的日常生活（宴饮、狩猎、种植）、祆教信仰、丧葬仪式等问题[3]。

2002年4月，耶鲁大学韩森（Valerie Hansen）教授主持召开了"中国发现的粟特墓葬研讨会"（Workshop on the Sogdian tombs in China），会上乐仲迪和朱安耐谈到了Miho石板的拼合问题，并提出某些石板位置复原有问题，她们认为中间一幅应当是丧葬图。马尔沙克概要地讲了他对已知的粟特石棺图像的看法，比在北京的讲演略有增补。葛勒耐（F. Grenet）介绍了阿富汗的石窟壁画资料，他和马尔沙克都认为Miho的那匹无人乘骑的马代表Tishtrya神，因为下面有水。笔者根据自己在Miho美术馆的调查结果，指出Miho屏风石板顺序的错乱问题，并提出应当重新构建。

---

[1] 姜伯勤《图像证史：入华粟特人祆教艺术与中华礼制艺术的互动——Miho博物馆所藏北朝画像石研究》,《艺术史研究》第3辑，广州：中山大学出版社，2001年12月，241—249页。作者曾在2001年5月送给笔者该文初稿，而修订稿实际上到2002年6月笔者才拿到。
[2] 荣新江《粟特祆教美术东传过程中的转化——从粟特到中国》，巫鸿主编《汉唐之间文化艺术的互动与交融》，北京：文物出版社，2001年9月，51—72页。
[3] 荣新江《北朝隋唐粟特聚落的内部形态》，作者《中古中国与外来文明》，北京：三联书店，2001年12月，111—168页。

图 1　Miho 美术馆藏粟特石屏风现状

    11 月 23 日，马尔沙克、腊丝波波娃（V. Raspopova）夫妇在 Miho 美术馆发表演讲，分别题为《6 世纪后半艺术中的 Miho 石棺和其他汉—粟特作品》、《Miho 石棺浮雕中的生活习俗与艺术常规》，前者的内容与《中国艺术中所见 6 世纪下半叶的粟特主题》大致相同，略有补充；后者则主要是对比粟特本土的材料，具体地分析了 Miho 图像中器物和造型的相同与不同之处[1]。

    包括 Miho 石屏风在内的粟特石棺床图像，近年来引起了国际学术界的广泛关注，各国学者从不同的视角出发，提出自己的看法，各自有所贡献。然而，由于相关的文章或讲演分散发表于世界各地，东西方学者之间虽然已经有了较之从前更多的交流，但在参考他人论著时，仍存在客观的时间差，有时是殊途同归，得出同样的结论；有时不免分歧，

---

[1]　B. I. Marshak, "The Miho Couch and the Other Sino-Sogdian Works of Art of the Second Half of the 6th Century", lecture on the symposium "Central Asians in China: discoveries in the east of the Silk-Road" hold by the Miho Museum on November 23rd, 2002；Valentina I. Raspopova, "Life and Artistic Conventions in the Reliefs of the Miho Couch", lecture on the symposium "Central Asians in China: discoveries in the east of the Silk-Road" held by the Miho Museum on November 23rd, 2002.

甚至相互抵牾，未知孰是。以上对学术史较为详细的阐述，目的是把所知研究信息集中到一起，使今后学者在讨论相关问题时，对已经达成共识的地方，如祆教信仰，就不必再多费笔墨，而对某些仍需探讨的问题则力图做到有案可稽，以期推进粟特石棺床研究的深入。

如图1所示，这套石棺床目前是由两个与墙连成整体的门柱和11块石板组成。据介绍，其中11块石板购自纽约的莱利东方艺术公司（J. J. Lally & Co. Oriental Art），最初购来时这些石板是散乱无序的，而两个门柱则购自香港的古董商。门柱和石板间原有铁钩连接，现在依然可以看见铁钩痕迹；而其他背屏已经靠在为布置这套石棺床而特制的木板上，现在无法见到。根据馆方提供的照片，每个石板背面都有铁钉遗存，大多数有四个铁钉，也有三个的，还有的是两个。芝加哥博物馆的Peter Meyers根据这些铁钉间的关系，推测铁钩原本相连的状态，并重新把这套石棺组合成现在的样子[1]。马尔沙克教授即根据这种复原来加以申论，因此在一些地方颇感迷惑，如他认为编号D的驼马行进方向应当是向着主人，但却正好相反，他把这些都归之于中国工匠不明了粟特艺术而造成的结果[2]。事实上，目前提供的石板之间的顺序可能根本就没有摆对。因为铁钩皆已脱落，大多数只余铁钉基部，而且大多数铁钉都在同一水平线上，所以这种复原并非确定无疑。近年有人提出后屏比一般的石棺床要宽，因此怀疑这是原本不属一套的两组石棺残片的组合。

笔者在研究Miho石屏风的图像时，对一个个图像间杂乱无章的情况一直抱有怀疑，特别是一般粟特石棺床上的石屏风，都是把萨保

---

[1] 参看ピーター・マイヤース《收集，科学的调查，调查结果的实例》，《Miho Museum. Southwing/南馆图录》，319—320页，插图8—9。
[2] Marshak, "La thèmatique sogdienne dans l'art de la Chine de la seconde moitié du VIe siècle", pp. 242-244; Marshak, "The Miho Couch and the Other Sino-Sogdian Works of Art of the Second Half of the 6th Century", p.3.

夫妇宴饮图放在中心的位置上，而 Miho 的却偏置一旁。2001 年 11 月，笔者借参加京都"草创期的敦煌学"会议之机，在衣川贤次先生的帮助下，前往 Miho 美术馆参观考察，受到该馆学艺部副部长、研究主任稻垣肇先生的盛情接待，了解到不少情况，不仅仔细观察了图像、石痕，分析了整套石棺床的组合，并重新考虑了各块石板间的关系。一年后，笔者又应邀到 Miho 美术馆讲演，并有幸与张广达教授一道参观这套石屏风，得以验证一些初次看过之后的想法。特别是承蒙馆方盛情馈赠全部石屏正背面照片，遂得以一窥目前已经被遮挡住的背面情况。在此，对 Miho 美术馆和稻垣肇先生表示诚挚的谢意，并感谢该馆允许发表全部清晰的图版。

下面就把笔者两次考察后对这套石屏风重新组合的看法阐述如下。我对 Miho 石屏风图像的重新组合及其图像程序的排列，主要是以西安安伽墓出土石屏风的图像程序为参照，因为经过科学发掘的安伽墓的十二个屏风雕刻，实际是由三块完整的石板组成，次序没有任何紊乱[1]。笔者曾撰有《安伽石屏的图像程序：一个萨保的日常生活画卷》一文[2]，可以视作是本文的基础性工作，希望读者一并参考。因为目前 Miho 石屏风的摆放和该馆的展览图录都是从左到右的次序依次编作 A 至 K，以下仍采用这种石板的编号，而用阿拉伯数字来表示笔者所认定的顺序（参考图 2）。

我的重组方案是：左屏三幅画面，从前到后为 D、A、I；后屏六幅画面，从左到右为 B、F、E、G、J-1、J-2；右屏两块石板三幅画面：H、C、K。但图像的解读顺序，应当像安伽石屏风那样，是从中间向两边读。

安伽石棺床的后屏也是六块石板，左右各三块，与 Miho 石棺床相

---

[1] 陕西省考古研究所《西安发现的北周安伽墓》，《文物》2001 年第 1 期，4—26 页。
[2] Rong Xinjiang, "The Illustrative Sequence on An Jia's Screen: A Depiction of the Daily Life of a Sabao", *Orientations*, February 2003, pp.32-35.

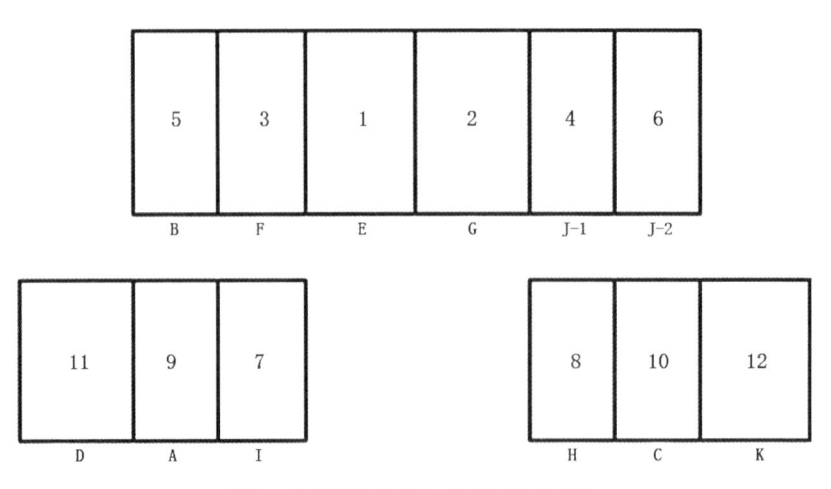

图2 笔者重组的Miho石屏风图像编号

同。马尔沙克指出应当从中间往两边读，我曾对此做过详细的分析，安伽石棺床的图像程序，是从中间两幅的左边一幅（夫妇宴饮图）开始，接下来是中间的右边一幅，再下一幅是次左，次右，再左，再右；然后是左屏里面一幅，接下来是相对的右屏里面一幅，向外次左，次右，再左，再右[1]。我认为Miho的图像也可以用同样的方法来解释。由于目前所知六套粟特系统的石棺床或石屏风浮雕画像有一些共同的内容，有些甚至是基本相同的画面，因此它们应当具有一个共同的母本，而其中的主人公，有些学者把他指实为所出墓的墓主人，而我觉得把他看作是一个粟特聚落的主人——萨保更合适。以下对比其他石棺床图像，特别是安伽石棺床的图像程序，对Miho的图像一一加以解说。

第1幅（编号E，图3a） 石板E（长61.5cm，宽34.6cm，厚5.7cm）为宴饮图，男女主人坐在穹庐顶帐篷中对饮，前面有一人跳胡旋舞，两边为乐队。朱安耐与乐仲迪认为这是一幅婚礼飨宴的场面，

---

[1] Rong Xinjiang, "The Illustrative Sequence on An Jia's Screen: A Depiction of the Daily Life of a *Sabao*", *Orientations*, February 2003, pp.32-35.

图 3 a. 萨保夫妇宴饮图；b. 粟特与突厥盟誓图

男子是中亚胡人，而女子很可能是汉族[1]。马尔沙克认为是墓主人夫妇在现实生活或在天国的宴饮图，墓主人是个年长的粟特人，夫人是汉人或鲜卑人[2]。在现在所见的复原状态中，这块石屏图像是后屏左起第二幅，偏离后屏正中的位置。而据正式考古发掘的虞弘墓石椁和天水

---

[1] Juliano and Lerner, "Eleven Panels and Two Gate Towers with Relief Carvings from a Funerary Couch", pp. 248-249; Juliano and Lerner, "Cultural Crossroads: Central Asian and Chinese Entertainers on the Miho Funerary Couch", p. 72.

[2] Marshak, "La thèmatique sogdienne dans l'art de la Chine de la seconde moitié du VIe siècle", p. 234; Marshak, "The Miho Couch and the Other Sino-Sogdian Works of Art of the Second Half of the 6th Century", p. 3.

石棺床屏风，中间一幅都是夫妇宴饮图[1]，安伽石棺床后屏因为是六块石板，所以夫妇宴饮图稍偏左（后屏第 3 幅——《安伽简报》编号），但显然是整个图像的核心[2]。另外，按照笔者的重组方案，石板 E 和石板 F 左右调位，前者宽 34.6cm，后者宽 41.5cm；而再左边的石板 B 宽 26.8cm，中间与 E 石板相接的石板 G 宽 35.2cm，原位未动，最右边的石板 J 因为是两个画面，宽 53.4cm。这样调位以后，这后屏的五块石板六个画面，E 正好在正中稍微偏左的位置上。这个位置和安伽石屏风中间两幅位置基本相同，内容也是相关联的。从所有粟特石棺床图像所具有的共同特征来看，这幅图应当是表现入华粟特人所建立的胡人聚落首领萨保夫妇宴饮图，这位萨保看上去年龄已经很大。而从这套石棺床大家比较一致的断代——6 世纪后半叶来看，当时粟特胡人聚落中很少有汉人在内，因此这里的萨保夫人仍应当视作胡人妇女较为妥当。

第 2 幅（编号 G，图 3b） 石板 G（长 62.3cm，宽 35.2cm，厚 6.2cm）为盟誓图，上面是一个体格健壮的人坐在华盖下面，左右各有三人，两坐一立，立者作服侍状。下面两人对坐在一食品盘左右，各有一随从，盘后立有一人。朱安耐与乐仲迪主要根据上面的图像，认为是宴饮图[3]。姜伯勤则以为是盟誓图，中间站立者为证盟人[4]。马尔沙克认为这是一幅继承仪式的宴会图，上面中间坐着的是继承人，面

---

[1] 山西省考古研究所等《太原隋代虞弘墓清理简报》，《文物》2001 年第 1 期，37—38 页；天水市博物馆《天水市发现隋唐屏风石棺床墓》，《考古》1992 年第 1 期，47 页图 2，50—51 页。
[2] 陕西省考古研究所《西安发现的北周安伽墓》，《文物》2001 年第 1 期，14—15 页，图 18。
[3] Juliano and Lerner, "Eleven Panels and Two Gate Towers with Relief Carvings from a Funerary Couch", p. 249.
[4] 姜伯勤《图像证史：入华粟特人祆教艺术与中华礼制艺术的互动——Miho 博物馆所藏北朝画像石研究》，244—246 页。

部表情有些悲哀[1]。这幅图像和安伽石棺床中间右侧一幅大体对应，安伽的图像上方是粟特首领和突厥首领骑马对立图，而下方的构图和Miho的图像基本一致，是粟特人和突厥人订立盟誓的图像，中间站立者，按照马尔沙克的观点，是萨保的儿子。Miho这里盟誓的双方，似乎也是左为粟特人，右为突厥人，中间所立者或许应当按照姜伯勤先生的看法，是证盟人，而非墓主人的儿子[2]。现在看来，盟誓图上面宴饮图中间一位体形超过其他人物的主人公，即马尔沙克所说的继承人，应当就是萨保的儿子，即粟特胡人聚落的新萨保。通过下面所描绘的粟特老萨保与突厥人订立盟誓，萨保的儿子成为新的首领，而这一继承仪式，是需要突厥首领认可的。我们联想到突厥当时不仅是丝绸之路上粟特人的宗主，而且甚至把北周、北齐皇帝看作是自己的两个儿子，就不难理解这种情形了。

1、2两幅图像居于后屏六幅图像的中间，应当是这套石棺床图像的中心，表现的是萨保生活的最重要场面：在聚落中的宴饮，表示他对内的王者地位；与外族首领会盟，表示他对外的身份。

第3幅（编号F，图4a） 石板F（长60.0cm，宽41.5cm，厚5.1cm）即上面提到乐仲迪写有专文的葬仪图，上面是戴口罩的祆教祭司正护持圣火，主持葬仪，他身后有四人持刀劙面，上下是送丧的人群和马队，中间有一条正在"犬视"的小狗[3]。这一观点得到了学术界的广泛认同，因此可以肯定是葬仪图。可以补充说明的是，这幅图在其他粟特系石棺床或石屏风上没有直接与之相同的图像，但其中的部

---

[1] Marshak, "La thèmatique sogdienne dans l'art de la Chine de la seconde moitié du VIe siècle", p.242; Marshak, "The Miho Couch and the Other Sino-Sogdian Works of Art of the Second Half of the 6th Century", p. 3.
[2] 我曾接受Marshak的说法，并用萨保职位世袭继承来加以解说，见荣新江《北朝隋唐粟特聚落的内部形态》，126页。
[3] Lerner, "Central Asians in Sixth-Century China: A Zoroastrian Funerary Rite", pp. 179-190.

图 4　a. 已故萨保葬仪图；b. 新萨保送葬图

分画面还是有迹可寻的。上边的祭司，可以在安阳石棺床门柱上看到，也是戴着口罩的祭司，但是一左一右两位，护持着两个火坛。另外，在上面送葬的人群前面，有自左向右的马匹尾部，下面送葬人群的后面，有自右向左的三匹马，全身几乎露出，并排而行，似乎是拉着马车。在山东青州市（原益都县）傅家村发现的一套石棺床中，最近才发表的一块石板（第九石，图4a-1）上，刻有四匹马驾着一个石棺或木棺，由一人牵行，下面还有一条小狗跟着，画面上方表示远处是群山，山中有一所房子，像是一个坟上的建筑物[1]。郑岩先生疑此图所刻是送葬场面，并联系 Miho 石棺床的葬仪图，以为几匹马所载应是丧葬所用物品，而那条小狗也和益都石棺床的小狗一样，是粟特人养犬食尸遗俗的反映。他还对比了上方构图与此基本相同的第八块石板上的图像，远处是群山和房屋，下面是一人牵着一头大象，象背驮着一张大床，并依据姜伯勤先生的解释，认为是表现万灵节（Hamaspath-maedaya）的场面，即每年正月六日、七月十五日，将父母烧余之骨，置于床上，巡行送至城外之屋[2]。把上部完全相同的两幅图分别解释为万灵节和送葬图，似乎还不够圆满。作者也没有发现益都第九块石板上的小狗实际上也具有"犬视"的意义，而非食尸遗俗的反映。我们应当感谢郑岩先生敏锐地将这两幅图像联系在一起，益都的图像可以让我们推测 Miho 图像上隐去的马车所驮的东西，很可能是石椁或石棺床一类的形象，画面上方表示远处是群山，山中有一所房子，像是一个坟上的建筑物，也就是送葬人群的目的地，因此，益都的图像可以看作是 Miho 葬仪图的继续。这幅葬仪图在 Miho 石棺床中图像面积最大，因此意义不同一般，把它放在最中间的墓主夫妇宴饮图旁，应当是比较合适的位置。

图 4a-1　益都石棺床葬仪图（据郑岩 2001，77 页，图 9）

---

[1] 山东省益都县博物馆（夏名采）《益都北齐石室墓线刻画像》，《文物》1985 年第 10 期，49—54 页。
[2] 郑岩《青州北齐画像石与入华粟特人美术——虞弘墓等考古新发现的启示》，巫鸿主编《汉唐之间文化艺术的互动与交融》，北京：文物出版社，2001 年 9 月，77 页。

Miho 美术馆粟特石棺屏风的图像及其组合 | 345

图 5　a. 供养得悉神图　b. 乐舞娜娜女神图

第 4 幅（编号 J-1，图 4b）石板 J（长 60.8cm，宽 53.4cm，厚 4.7cm），这是一块方形石板，上面刻两幅图像，用花纹隔开，表明原本是两幅独立的图像（我分别用 J-1 和 J-2 标示），大概因为采到的是一块较大的石料，所以把两幅图刻在了一块石板上。左面一幅（J-1）是出行图，下面有一人骑马向右行，胡人形象，显然是主人的模样；后面有两人骑马随之，前面一人双手举华盖，为前面的主人遮阳。上面也是三人骑马而行，方向与下面三骑相反，前面是高发髻的胡人女性，后面是随侍。这幅骑马出行图和第 3 幅（石板 F）葬仪图是相对的，它或许表现的是粟特聚落新的主人（萨保）夫妇正在为已故的老萨保送葬的情形，也是葬仪图的一部分。马尔沙克认为骑马主人公可能是粟特国王，但这个在中

图 5a-1　阿富汗 Ghulbiyan 石窟 4 世纪壁画上得悉神
（据 *South Asian Studies*, 14, 1998, p.78, figs.2）

国境内出现的形象，应当是入华粟特人的聚落首领——萨保。

第 5 幅（编号 B，图 5a）　石板 B（长 60.9cm，宽 26.8cm，厚 5.7cm），上面有两个王族打扮的胡人骑马由左向右行，中间是一顶大的伞，有一匹佩戴鞍鞯的马立在中间，无人乘骑，后面有四个人物，马前还有一胡人跪在地上，举杯对着马嘴，做供养状。马尔沙克指出，撒马尔干阿夫拉西亚卜（Afrasiab）的一幅 7 世纪的大壁画上，有一支队伍正奔赴帝王陵墓，队伍中的两个人之间有一匹佩戴鞍鞯的马，马前面的人将它牵向一个 padām（祭司）；他接受葛勒耐的观点：根据这匹马下面的鱼，说明上面的马是用来表示粟特的雨神 Tishtrya（粟特文作 Tish）的。在阿富汗 Ghulbiyan 石窟中的 4 世纪的壁画上（图 5a-1），勿庸置疑也画有雨神的形象，雨神脚底下的一个池子里画着鱼。在粟特地区，雨神常常是与娜娜女神相对应的一个神[1]。葛勒耐在

---

[1] Marshak, "La thèmatique sogdienne dans l'art de la Chine de la seconde moitié du VIe siècle", p. 238. 关于得悉神和娜娜女神的关系，见 F. Grenet & B. I. Marshak, "Le mythe de Nana dans l'art de la Sogdiane", *Arts Asiatiques,* 53, 1998, pp. 13-14 with figs. 10-11。

耶鲁的研讨会上，也特别提到 Ghulbiyan 保存的这幅王家供养图上面的 Tishtrya（水神）画像，下面有水和鱼，可以和 Miho 的马下面的水和鱼对比，因此，Miho 的马实际是水神的象征[1]。而施杰我（P. Oktor Skjaervo）在同一研讨会上提出，这匹马可能表现的是 Vakhsh，这是在巴克特里亚和粟特地区受到高度崇拜的阿姆河河神之一。马尔沙克在最近的讲演中，还提到阿姆河岸边一座庙中有一匹从这条河中涌出的马被崇拜的情形，该庙是粟特南部的吐火罗斯坦（古代巴克特里亚）最受异教徒膜拜的一个场所。但他对于葛勒耐和施杰我的两种说法未置可否[2]。在这幅画面上，这匹受人供奉的马匹占据了主要空间，而且上面有一个巨大的伞——常常是用来遮盖主人公或各国王的，显然这是一匹不同寻常的马，葛勒耐和马尔沙克的看法值得重视。姜伯勤先生也接受了这一说法[3]。雨神又称作水神，即汉文史料中的得悉神：粟特地区的曹国"国中有得悉神，自西海以东诸国并敬之"[4]，这个备受各国崇敬的祆神当然也会得到东来粟特人的敬仰，在敦煌发现的粟特文古信札中提到的公元 4 世纪初叶来华的粟特人中，就有名字里包括得悉神（Taxsic）名的[5]。马尔沙克提到的阿姆河岸边的神殿，来自唐人段成式《酉阳杂俎》前集卷十"物异"的下述记载："铜马：

---

[1] J. Lee & F. Grenet, "New light on the Sasanid painting at Ghulbiyan, Faryab province, Afghanistan", *South Asian Studies*, 14, 1998, pp. 75-85; F. Grenet, "La peinture sassanide de Ghulbiyan", *Empires Perses* (*Dossiers d'Archeologie* 243, mai 1999), pp. 66-67（以上两文包含彩色照片）; Grenet & Marshak, "Le mythe de Nana dans l'art de la Sogdiane", pp. 13-14 with figs. 10-11.
[2] Marshak, "The Miho Couch and the Other Sino-Sogdian Works of Art of the Second Half of the 6th Century", p.3.
[3] 姜伯勤《图像证史：入华粟特人祆教艺术与中华礼制艺术的互动——Miho 博物馆所藏北朝画像石研究》，251 页。
[4] 《隋书》卷八三《西域传》。
[5] W. B. Henning, "A Sogdian God", *Bulletin of the School of Oriental and African Studies*, XXVIII.2, 1965, pp. 252-253.

俱德建国（Quwādhiyān，即《大唐西域记》的鞠和衍那，今特尔梅兹/Tirmidh 东之 Qobadian）乌浒河（Oxus、Amu-Darya）中，滩派中有火袄祠。相传袄神本自波斯国乘神通来此，常见灵异，因立袄祠。内无像，于大屋下置大小炉，舍檐向西，人向东礼。有一铜马，大如次马，国人言自天下，屈前脚在空中而对神立，后脚入土。自古数有穿视者，深数十丈，竟不及其蹄。西域以五月为岁，每岁日，乌浒河中有马出，其色金，与此铜马嘶相应，俄复入水。近有大食王不信，入袄祠，将坏之，忽有火烧其兵，遂不敢毁。"[1] 在这则珍贵的记载中，不论是阿姆河岸边袄祠中供养的铜马，还是岁日从乌浒河中显现的金色神马，都充满了神异色彩，而且受到袄神或圣火的庇护。这两匹嘶鸣回应的马，或许就是水神得悉神的化身。我们这幅图像的主题也是一匹神圣的马，而且更像是从水中涌现的马，与上述记载中的金马相似。因此，这幅图可以称作供养得悉神图。可以补充的是，根据笔者对 Miho 石屏风的重组，这幅图是和 J-2 相对应的，后者上面恰好雕刻着娜娜女神，这就和粟特本土这两个神像常常一同出现相符合了。

第 6 幅（编号 J-2，图 5b） 这是 J 石板右面的一幅（J-2），画面可以分成两个部分。上面的上方是一个四臂女神，坐在两头向外望的狮子头装饰的壁板上，朱安耐与乐仲迪据女神手持日月而比定为娜娜女神。下方是两位立在莲花上的女性乐人，一弹琵琶，一拨箜篌。下面是乐舞图，中间是一个女性正在跳舞，两旁是席地而坐的乐队。朱安耐与乐仲迪认为上面表现的是天国，下面表现的是人间[2]。姜伯勤先

---

[1]《酉阳杂俎》，方南生点校，北京：中华书局，1981 年，98—99 页。关于这段记载与近代考古发现的对证，参看 J.-P. Drège et F. Grenet, "Un temple de l'Oxus près de Takht-i Sangin, d'après un témoignage chinois du VIIIe siècle", *Studia Iranica*, 16, 1987, pp. 117-121。

[2] Juliano and Lerner, "Cultural Crossroads: Central Asian and Chinese Entertainers on the Miho Funerary Couch".

生持相同的观点[1]。马尔沙克根据粟特壁画材料肯定了上述比定,但他把这幅图看作是一个娜娜女神的圣殿[2]。娜娜尊像只有半身,下面是一个石台,浅刻着表示娜娜的双头狮子,这显然是一个神坛,而不是天上的样子。两个伎乐天人可能原本在神像的左右,因为石板做长条状,所以刻在了下面。再下面的舞乐人物形象要小得多,表现的应当是在神殿或殿前跳舞祭祀的情形。关于粟特以乐舞形式来祭神,也见于中国典籍,如《隋书》卷七《礼仪志》记:"后齐……后主末年,祭非其鬼,至于躬自鼓舞以事胡天。"《朝野佥载》卷三记:"河南府立德坊及南市西坊皆有胡祆神庙,每岁商胡祈福,烹猪羊,琵琶鼓笛,酣歌醉舞。"[3]《安禄山事迹》卷上云:"潜于诸道商胡兴贩。每岁输异方珍货计百万数。每商至,则禄山胡服,坐重床,烧香列珍宝,令百胡侍左右。群胡罗拜于下,邀福于天。禄山盛陈牲牢,诸巫击鼓歌舞,至暮而散。"[4]与此内容大体相同的《新唐书·安禄山传》末句作:"引见诸贾,陈牺牲,女巫鼓舞于前以自神。"[5]更像是图像中表现的情况——舞蹈者是一个女性。因此,我称这幅图像为乐舞娱神图。在已知的中国出土粟特石棺床图像中,这也是一幅 Miho 所独有的图像,它的位置与 B 石板上的得悉神对应。

以上是背面屏风上的六幅图像。中间是萨保夫妇宴饮图和萨保与突厥人盟誓图,其次是萨保葬仪图和新接任的萨保送葬的图像,再次

---

[1] 姜伯勤《图像证史:入华粟特人祆教艺术与中华礼制艺术的互动——Miho 博物馆所藏北朝画像石研究》,242 页。关于娜娜女神,参看姜伯勤《敦煌白画中粟特神祇图像的再考察》,《艺术史研究》第 2 辑,广州:中山大学出版社,2000 年,263—291 页。
[2] Marshak 2001, 234.
[3] 北京:中华书局标点本,1979 年,64 页。
[4] 上海古籍出版社标点本,1983 年,12 页;R. des Rotours, *Histoire de Ngan Lou chan*, Paris 1962, pp. 108-109.
[5] 以上引文和其所描述的祭祀祆神的情况,参见荣新江《安禄山的种族与宗教信仰》,收入作者《中古中国与外来文明》,234—236 页。

图 6　a. 嚈哒王乘象出行图；b. 突厥首领骑马出行图

是祭祀袄神得悉神和娜娜女神的情形，这也可能和前面的葬仪、送葬图有某种联系。

第 7 幅（编号 I，图 6a） 石板 I（长 61.8cm，宽 25.4cm，厚 4.9cm）是出行图，有两人骑在一头大象上由左向右行，头上有华盖，象后有一人徒步跟随。马尔沙克认为这个突厥体质并穿突厥服饰的骑着大象的人极有可能是嚈哒（白匈奴）人，他的后面可能是他的继承人（儿子）。他还认为另一块石屏风（编号 A）上所刻，也是同一类型（服饰、体质）的嚈哒武士们正在竞赛射猎[1]。由于目前尚不能确定这套石棺床屏

---

[1] Marshak, "La thèmatique sogdienne dans l'art de la Chine de la seconde moitié du VIe siècle", p. 242.

风的确切出土地点,也就无法肯定到底是北周还是北齐的作品,其年代自然也就无法确定。但是,马尔沙克从两种不同风格的披发游牧人的形象,把其区分成嚈哒和突厥,是很有见地的。在虞弘墓石椁的背屏上,中间是一幅夫妇宴饮图,紧挨着的两边都是猎狮图,一边是披发弯弓骑驼的突厥首领,一边是戴冠持剑乘象的王者[1],马尔沙克以为是印度王[2],从虞弘出使过月氏(吐火罗斯坦)、波斯的生平背景来看,我觉得更像是统治区域包括印度北部的嚈哒王。因此,这幅图应当是嚈哒王乘象出行图,它位于左屏最里面的位置,与右屏最里面的突厥王骑马出行图恰好对应,和虞弘墓石椁的构图位置是一致的。

第8幅(编号H,图6b) 石板H(长61.9cm,宽27.9cm,厚4.9cm)为出行图,共有五人骑马由左向右行,中间一人是长发突厥,头上有华盖,是这个画面的主人。他的随从,也主要是披发突厥人。这幅突厥首领骑马出行图是和对面的嚈哒王乘象出行图相对应的。

第9幅(编号A,图7a) 石板A(长59.1cm,宽25.7cm,厚5.5cm)为狩猎图,有四人骑马从左向右追逐猎物,正在弯弓射箭的样子,上下都有动物在奔逃。在安伽石棺床屏风画上,也有一幅相似的狩猎图(右屏第1幅),刻画五位骑马猎人,有披发突厥,也有卷发粟特,上面四人或举剑刺雄狮,或弯弓射兔,或策马疾驶,最下面一人持绳索套鹿,装束与其他不同,卷发,头后有飘带,着虎皮紧袖衣,他显然是这幅图像中的中心人物。两幅狩猎图可以对比着看。如上面所提到的那样,马尔沙克认为这幅图中人物的体质特征和装束,和乘象的嚈哒王相同,因此,我把它接在嚈哒王像的后面。

第10幅(编号C,图7b) 石板C(长60.3cm,宽27.4cm,厚

---

[1] 山西省考古研究所等《太原隋代虞弘墓清理简报》,36—38页。
[2] Marshak, "La thmatique sogdienne dans l'art de la Chine de la seconde moitié du VIe siècle", p. 256; Marshak, "The Miho Couch and the Other Sino-Sogdian Works of Art of the Second Half of the 6th Century", p. 6.

图 7　a. 嚈哒人狩猎图；b. 突厥人野地宴饮图

4.7cm）为野地帐篷中的宴饮图，一个披发突厥首领坐在帐篷中接受随从的供食，帐篷外有席地而坐的侍者，中间有无人骑乘的马，下面是两人骑马射猎图，马由右向左飞奔。这应当是描绘突厥人的野地宴饮狩猎图，上面的人物都是披发突厥，这和安伽石屏风上往往是粟特、突厥参半不同。在安伽石棺床上，有两幅刻画了突厥式帐篷，一是后屏第 5 幅，一是左屏第 3 幅，前者下面是商旅图，后者是奔跑的野兽，不过像 Miho 此图上的狩猎画面，在安伽右屏第 1 幅上也可以看到。Miho 这幅图的主要特征是突厥首领、突厥式帐篷和全是突厥人。因此，我把此图接在突厥首领出行图的后面。

在左右两侧石屏风里面的四幅图像上，北方游牧民族的气息十分浓厚，这些北方游牧族首领不仅有突厥，甚至还有在突厥之前在中亚地区居于霸主地位的嚈哒。有些画面主要是披发突厥，而没有这类图像中常见的粟特人的踪影。这种集中表现各种不同种族首领的图像，也见于虞弘石椁图像中，在中间的夫妇宴饮图两侧，分别是骑骆驼、骑象、骑骆驼、骑马图，前三幅是表现为狩猎的形象，应当分别指骑巴克特里亚双峰骆驼的长发突厥首领，骑单峰骆驼的阿拉伯王，骑大象的嚈哒王。或许 Miho 石屏风两侧的这四幅图像，也是要集中表现各族首领的形象。

第 11 幅（编号 D，图 8a） 石板 D（长 61.3cm，宽 34.5cm，厚 5.6cm）为出行图，上方一胡人牵骆驼而行，骆驼右侧也有一胡人随行，骆驼背上驮有高大的包裹，里面是商品或者帐篷，骆驼后面也有一人随行。下方有三个披发突厥人模样的人骑马而行，骆驼与马都是由左向右行。马尔沙克认为这三个骑马的游牧人中，中间的一位是突厥人，另外两位是嚈哒，因为他们戴着王冠，而非普通的帽子[1]。安伽石棺后屏第 5 幅的下半部分，也有驼队的形象。益都第一石上，也有胡人牵骆驼行商的图像。这种驼队形象地表现了粟特队商的日常往来的情况，他们从一个聚落到另一个聚落，他们的商队中，有时也有突厥人、吐火罗人、印度人参与其中，但主体为粟特胡人。马尔沙克认为这幅图像中的驼马走向应当是向着中间的主人[2]。但我把这幅放在左侧的最外边，是考虑到它大概是和与之相对的右侧的牛车出行图是一组图画，表现的是粟特商队从聚落向另一个目的地行进的情况，这样一来，骆驼背上驮载的东西，更可能是驼队在路上使用的帐篷，而不是普通的商品，这一点我们可以对比着北朝、隋唐时期墓葬中出土的

---

[1] Marshak, "The Miho Couch and the Other Sino-Sogdian Works of Art of the Second Half of the 6th Century", p. 3.
[2] Ibid.

图 8　a. 粟特驼队出行图；b. 萨保牛车出行图

骆驼所驮载的东西来看[1]，就可以看得更加明确。

第 12 幅（编号 K，图 8b）　石板 K（长 60.9cm，宽 31.0cm，厚 5.7cm）是牛车出行图，一辆中国式的牛车由左向右，车左右有三人，车左后方有两人骑马而行。安伽石棺床屏风左右最外面的图像都是牛车出行图，益都石棺床第三石也是同类题材，但 Miho 这里只有一幅，

---

[1] 关于骆驼驮载物，参看 E. R. Knauer, *The Camel's Load in Life and Death. Iconography and Ideology of Chinese Pottery Figurines from Han to Tang and their Relevance to Trade along the Silk Routes,* Zurich: AKANTHVS. Verlag für Archäologie, 1998. 拙撰书评，载《中古中国与外来文明》，447—451 页。

它大概是和左侧的商队出行图相配合，组成一个萨保所率领的队商，而萨保可能就是这幅图上方举手示意的人物。

上面的复原重组，充分考虑了背面铁钉的分布和组合，但是因为连接铁钉的铁丝都已断掉，从目前的状态很难推定原来的情形，因为不一定在同一水平线上的铁钉就是相连的，虽然我尽可能地考虑到要把相连的两块石板的铁钉放在一个水平线上。

以上主要是从图像内容本身来考虑，提出一种复原的假设方案，是否得当，仍需要综合各方面的情况来加以检验。至少我们可以对目前摆放在 Miho 美术馆的石屏风拼接现状有理由提出质疑，并希望给出更为合理的解说[1]。

2003 年 1 月 11 日完稿；原载《艺术史研究》第 4 辑，
中山大学出版社，2002 年 12 月 [2003 年 7 月出版]，
199—221 页。

---

[1] 至于石屏风前的"门阙"和底座，姜伯勤 2001，252—253 页和 Juliano and Lerner, "The Miho Couch Revisited in Light of Recent discoveries", p. 54、Martha L. Carter, "Notes on Two Chinese Stone Funerary Bed Bases with Zoroastrian Symbolism", *Iran. Questions et Connaissances,* vol. I: La Periode ancienne (*Studia Iranica,* cahier 25), texts reunis par Philip Huyse, Paris 2002, pp.263-287 分别有所讨论，因其与石屏风不是同样的来历，笔者尚不能肯定其是否属于同一组石棺床，在此暂不涉及。

粟特与突厥
——粟特石棺图像的新印证

引 言

著名民族学家、社会学家和历史学家马长寿教授（1906—1971）在他的时代与区域跨度广阔的研究成就当中，也包括对突厥研究的贡献，他在50年代发表的《突厥人和突厥汗国》一书（1959年上海人民出版社版）和《论突厥人和突厥汗国的社会变革》长文（《历史研究》1958年第3、4期），在很长时间里都是我们研究突厥历史的主要参考论著，而他有关"粟特人在突厥中不仅是个人或一家，而是拥有私有畜产更进行自由贸易的部落集团。这种西域粟特商贾的贸易集团，对于草原的牧民社会，必然产生若干直接的和间接的影响"等等论断[1]，今天还闪烁着光芒。笔者正是在马先生相关论断的启迪下，利用新发现的考古和图像材料，对突厥与粟特的关系做进一步的探讨。

一 粟特聚落首领墓葬及其石棺图像的发现

自20世纪初以来，就有粟特石棺床陆续出土，由于文物出土后分散流失，因此影响了人们的正确认识。近年来随着虞弘墓和安伽墓的发现，使学者们可以辨别出一些属于同一系统的粟特石棺床，为粟特人的东渐、

---

[1] 周伟洲编《马长寿民族学论集》，北京：人民出版社，2002年，433页。

祆教的传播乃至汉唐中西关系史上的许多问题，提供了丰富的资料。本文主要探讨粟特石棺图像所反映的突厥形象以及粟特与突厥的关系问题。

迄今为止，已经确知属于粟特系统的石棺床，总计有如下七套：

1. 安阳

20世纪初河南安阳出土而现分散藏在巴黎吉美博物馆、科隆东亚美术馆、波士顿艺术博物馆、华盛顿弗利尔美术馆的粟特石棺，其年代在已知的同类石棺中可能是最早的一个。这套石棺保存已经不够完整，现存的画面主要是出行图和宴饮图[1]。

2. Miho 美术馆

日本Miho美术馆藏传山西（或陕西）出土石棺，年代在北朝后期[2]。乐仲迪（J. A. Lerner）《6世纪中国的中亚人：一幅琐罗亚斯德教的丧仪图》一文，分析了其中的丧葬图的各个细节，指出其中圣火前主持葬仪的祭司后面，有一些送葬的人正在一边哭一边剺面，表示哀悼。她推测墓主应当是在中国的一位粟特高级神职人员或商人[3]。其后，朱安耐（A. L. Juliano）与乐仲迪合作《文化的交叉路口：美秀美术馆藏棺床上的中亚与中国艺人》一文，分析了婚礼图中和娜娜女神下的乐舞形象[4]。她们两位又给Miho美术馆的《南馆图录》撰写解说，

---

[1] G. Scaglia, "Central Asians on a Northern Ch'I Gate Shrine", *Artibus Asiae*, XXI, 1958, pp. 9-28; B. I. Marshak, "Le programme iconographique des peintures de la 'Salle des ambassadeurs' a Afrasiab (Samarkand)", *Arts Asiatiques*, XLIX, 1994, pp. 1-20；姜伯勤《安阳北齐石棺床画像石的图像考察与入华粟特人的祆教美术》，《艺术史研究》第1辑，广州：中山大学出版社，151—186页；收入作者《中国祆教艺术史研究》，北京：三联书店，2004年，33—62页。

[2] A. L. Juliano, "Northern Dynasties: A Perspective", *Chinese Archaic Bronzes, Sculpture and works of Art*, June 2 to June 27, 1992, New York, pp. 1-17.

[3] J. Lerner, "Central Asians in Sixth-Century China: A Zoroastrian Funerary Rite", *Iranica Antiqua*, XXX, 1995, pp. 179-190.

[4] A. L. Juliano and J. A. Lerner, "Cultural Crossroads: Central Asian and Chinese Entertainers on the Miho Funerary Couch", *Orientations*, Oct. 1997, pp. 72-78. 周晶汉译文载周伟洲主编《西北民族论丛》第1辑，北京：中国社会科学出版社，2002年，275—287页。

对照相关的中国考古资料和粟特图像,对石棺图像一一做了解释,指出其中有中亚人、嚈哒人、突厥人等不同形象[1]。在虞弘、安伽墓发现以后,她们又发表《据考古新发现来再探美秀美术馆藏棺床》一文,讨论 Miho 石棺与安伽、虞弘、天水以及安阳石棺的一些共同主题,如对祆教的暗示、狩猎图、宴饮图,指出这些中国发现的图像与粟特本土图像的区别和联系。她们在文章中还认为,Miho 石棺的底座就是现藏美国纽约大都会博物馆的一件石棺底座[2],形制与弗利尔美术馆所藏安阳石棺底座相似。2001 年,马尔沙克(B. I. Marshak)发表《中国艺术中所见 6 世纪下半叶的粟特主题》一文,认为 Miho 石棺图像中披发者可以分成骑马的突厥人和骑象的嚈哒人两组,因此这套石棺床的时间上限是突厥灭嚈哒的 565 年[3]。姜伯勤《图像证史:入华粟特人祆教艺术与中华礼制艺术的互动——Miho 博物馆所藏北朝画像石研究》一文,研究了四臂娜娜女神像、伊兰人与突厥人会盟图、丧仪图、墓主宴乐图以及汉式双阙的意义[4]。笔者在 2001、2002 年两次调查的基础上,撰写了《Miho 美术馆粟特石棺屏风的图像及其组合》一文,

---

[1] A. L. Juliano and J. A. Lerner, "Eleven Panels and Two Gate Towers with Relief Carvings from a Funerary Couch",《Miho Museum. Southwing/ 南馆图录》, Miho Museum,1997 年,247—257 页, Cat. No. 125.

[2] A. L. Juliano and J. A. Lerner, "The Miho Couch Revisited in Light of Recent discoveries", *Orientations*, Oct. 2001, pp. 54-61. Cf. A. L. Juliano and J. A. Lerner (eds.), *Monks and Merchants, Silk Road Treasures from Northwest China, 4th-7th Centuries CE,* New York 2001. 陈永耘汉译文载周伟洲主编《西北民族论丛》第 1 辑,北京:中国社会科学出版社,2002 年,288—305 页。有关底座的详细讨论,见 M. L. Carter, "Notes on Two Chinese Stone funerary Bed Bases with Zoroastrian Symbolism", Iran Questions et connaissances, vol.I: La periode ancienne (Studia Iranica. Cahier 25), eds. Philip Huyse, Paris 2002, pp. 263-287。

[3] B. I. Marshak, "La thèmatique sogdienne dans l'art de la Chine de la seconde moitié du VIe siècle", *Académie des Inscriptions & Belles-Lettres, Comptes rendus des seances de l'annee 2001 janvier-mars,* Paris 2001, pp. 228-264.

[4] 《艺术史研究》第 3 辑,广州:中山大学出版社,2001 年,241—259 页;收入作者《中国祆教艺术史研究》,77—94 页。

提出重组被盗墓者弄乱的石棺屏风顺序的新方案，并按照笔者认为的图像程序，对每幅图做了详细解说[1]。

3. 益都

1971年山东益都发现的北齐石棺。墓志有北齐"武平四年"（573）字样，但非常可惜的是墓志已被压在水坝下面，墓主姓名不存。所存9块带有图像的画像石，有不少图像的内涵与安伽、虞弘图像一致[2]。郑岩《青州北齐画像石与入华粟特人美术——虞弘墓等考古新发现的启示》，对比其他图像，对青州石棺图像做了仔细的分析和阐释[3]。最近，姜伯勤先生对比粟特地区的壁画，又有新的见解[4]。

4. 安伽

2000年5月陕西西安发现的安伽墓主人，是北周晚期的同州（今陕西大荔）萨保，即中央政府任命的同州地区的胡人聚落首领，死于大象元年（579）[5]。考古简报发表于2001年第1期的《文物》

---

[1] 荣新江《Miho美术馆粟特石棺屏风的图像及其组合》，《艺术史研究》第4辑，广州：中山大学出版社，2002年（2003年），199—221页。
[2] 山东省益都县博物馆（夏名采）《益都北齐石室墓线刻画像》，《文物》1985年第10期，49—54页；夏名采《青州傅家北齐画像石补遗》，《文物》2001年第10期，49—54页。
[3] 巫鸿主编《汉唐之间文化艺术的互动与交融》，北京：文物出版社，2001年，73—109页。
[4] 姜伯勤《青州傅家北齐画像石祆教图像的象征意义》，《艺术史研究》第5辑，广州：中山大学出版社，2004年；收入作者《中国祆教艺术史研究》，63—76页。
[5] 尹申平《安伽墓展现的历史画卷》，《中国文物报》2000年8月30日第1版；陕西省考古研究所《西安北郊北周安伽墓发掘简报》，《考古与文物》2000年第6期，28—35页，封面、封二、封三、封底彩色图版；Yin Shengping et al., "Notes on the Excavation of the Tomb of An Qie", *China Archaeology and Art Digest*, 4.1, Dec. 2000, pp. 15-29；陕西省考古研究所《西安发现的北周安伽墓》，《文物》2001年第1期，4—26页；韩伟《北周安伽墓围屏石榻之相关问题浅见》，《文物》2001年第1期，90—101页；收入作者《磨砚书稿——韩伟考古文集》，北京：科学出版社，2001年，104—120页（增加线描图）。

上。同年，姜伯勤发表《西安北周萨宝安伽墓图像研究——北周安伽墓画像石图像所见伊兰文化、突厥文化及其与中原文化的互动与交融》，从更为宏观的视野，对安伽石棺的一些图像做了进一步研究[1]。笔者在《安伽石屏的图像程序：一个萨保的日常生活画卷》一文中，从粟特聚落首领萨保的日常生活，来考察安伽石棺图像的内涵和图像程序[2]。最近，陕西省考古研究所编著的《西安北周安伽墓》考古报告已经正式出版[3]，这必将推动有关安伽图像的深入研究。

5. 虞弘

1999年7月山西太原发现了虞弘墓，据墓志记载，虞弘是鱼国人。鱼国在史籍中没有记载，从他祖上和他本人原是中亚柔然帝国的官员来看，鱼国是中亚的一个国家。虞弘出使过波斯、吐谷浑、月氏（今阿富汗）等地，后进入中原王朝，担任太原等三个州的"检校萨保府"官员，即中央政府派驻太原管理胡人聚落者，他死于隋开皇十二年（592）[4]。虞弘传奇式的经历和扑朔迷离的鱼国出身，引起学者们的

---

[1] 饶宗颐主编《华学》第5期，广州：中山大学出版社，2001年12月，14—37页；收入作者《中国祆教艺术史研究》，95—120页。
[2] Rong Xinjiang, "The Illustrative Sequence on An Jia's Screen: A Depiction of the Daily Life of a *Sabao*", *Orientations*, February 2003, pp. 32-35 + figs.1-7.
[3] 陕西省考古研究所《西安北周安伽墓》，北京：文物出版社，2003年8月。
[4] 张庆捷《太原隋代虞弘墓石椁浮雕》，"汉唐之间：文化互动与交融学术研讨会"论文，北京大学考古系，2000年7月；后以《太原隋代虞弘墓石椁浮雕的初步考察》名，发表在巫鸿主编《汉唐之间文化艺术的互动与交融》，北京：文物出版社，2001年9月，3—28页；姜伯勤《隋检校萨宝虞弘墓石椁画像石图像程序试探》，"汉唐之间：文化互动与交融国际学术研讨会"论文，收入《汉唐之间文化艺术的互动与交融》，29—50页；又《隋检校萨宝虞弘墓祆教画像的再探讨》；两文收入作者《中国祆教艺术史研究》，121—154页；Zhang Qingjie et al., "Brief Reports of the Stone Sarcophagus of Yu Hong", *China Archaeology and Art Digest*, 4.1, Dec. 2000, pp. 30-71；山西省考古研究所等《太原隋代虞弘墓清理简报》，《文物》2001年第1期，27—52页。

兴致和争论[1]。由虞弘墓的发现,也加深了我们对隋及唐初并州的萨保府与粟特聚落的认识[2]。

6. 天水

1982年甘肃天水发现的一套石棺,年代在北朝晚期或隋代[3]。虽然这套石棺的图像已经有不少汉化色彩,但基本的内容还是和其他粟特石棺图像相似。姜伯勤先生对其中的一些图像有所讨论[4]。

7. 史君墓

2003年6—8月西安发现的史君墓。据报道,墓主出身中亚粟特史国,后为凉州萨保,于大象元年(579)卒,翌年葬于北周长安城东,距安伽墓约2.2公里。墓中的石椁上有汉文和粟特文双语铭文,四周雕刻着宴饮、出行、狩猎图像以及祆教祭司的形象[5]。

安伽墓是迄今为止中国发现的有确切纪年的最早一座粟特墓葬,

---

[1] 张庆捷《〈虞弘墓志〉中的几个问题》,《文物》2001年第1期,102—108页;又《虞弘墓志考释》,荣新江主编《唐研究》第7卷,2001年12月,145—176页;林梅村《稽胡史迹考——太原新出隋代虞弘墓志的几个问题》,《中国史研究》2002年第1期,71—84页;罗丰《一件关于柔然民族的重要史料——隋〈虞弘墓志〉考》,《文物》2002年第6期,78—83+93页;余太山《鱼国渊源臆说》,《史林》2002年第3期,16—20页;周伟洲《隋虞弘墓志释证》,荣新江、李孝聪编《中外关系史:新史料与新问题》,北京:科学出版社,2004年,247—258页。
[2] 荣新江《隋及唐初并州的萨保府与粟特聚落》,《文物》2001年第4期,84—89页;收入作者《中古中国与外来文明》,北京:三联书店,2001年,169—179页。
[3] 天水市博物馆《天水市发现隋唐屏风石棺床墓》,《考古》1992年第1期,46—54页。
[4] 姜伯勤《隋天水"酒如绳"祆祭画像石图像研究》,《敦煌研究》2003年第1期,13—21页;收入作者《中国祆教艺术史研究》,155—1170页。
[5] 杨军凯《西安又发现北周贵族史君墓》,《中国文物报》2003年9月26日第1版;又《关于祆教的第三次重大发现——西安北周萨保史君墓》,《文物天地》2003年第11期,26—29页;又《入华粟特聚落首领墓葬的新发现——北周凉州萨保史君石椁图像初释》,荣新江、张志清编《从撒马尔干到长安》,北京图书馆出版社,2004年,17—26页。

虞弘也有确切纪年，他虽然是鱼国人，但他是检校萨保府的官员，其石棺图像的文化属性与其他棺床一致，可以一概而论。其他墓葬也可以大体给出年代，基本上都在北朝末到唐朝初年的范围内。从地域上来讲，分别出自甘肃、陕西、山西、河南、山东，与粟特人在北朝末至唐初的迁徙路线大致相合。石棺上所镌刻的图像有许多惊人的相似之处，大多数具有明显的粟特美术特征，而且有浓重的祆教色彩。这些石棺的主人，有的是粟特聚落首领，即萨保；有的是管理粟特聚落的官员。可以说，这一系列具有这种粟特图像的石棺床可能是当时粟特及其他伊朗系胡人聚落的首领的主要墓具[1]。

应当说明的是，这些胡人墓葬的葬具形制不一，有的作围屏石榻状，有的则和北魏以来的石棺床相似，学术界对此类葬具的命名尚有争议，本文不是考古学的研究，而只是利用这些葬具上的图像资料，所以姑且笼统称之为"石棺"或"石棺床"。

位于中亚粟特地区的粟特民族，自古以来就善于接受和融会东西方各种文化。《新唐书》卷二二一《西域传》称粟特王国之一的何国："城左有重楼，北绘中华古帝，东突厥、婆罗门、西波斯、拂菻等君王。"就是粟特人的丝路民族特征的反映。中国境内发现的这些石棺图像，同样反映了他们在东方建立的聚落中也汇聚了多种文化。他们不仅把西亚、中亚文化带到东方，带到中国，也把北方和南方的文化

---

[1] 有关石棺的综论，见荣新江《粟特祆教美术东传过程中的转化——从粟特到中国》，巫鸿主编《汉唐之间文化艺术的互动与交融》，北京：文物出版社，2001年9月，51—72页；收入作者《中古中国与外来文明》，301—325页；姜伯勤《祆教画像石——中国艺术史上的波斯风》，《文物天地》2002年第1期，34—37页；B. I. Marshak, "La thèmatique sogdienne dans l'art de la Chine de la seconde moitié du VIe siècle", Académie des Inscriptions & Belles-Lettres, Comptes rendus des seances de l'annee 2001 janvier-mars, Paris 2001, pp. 228-264；B. I. Marshak, "The Miho Couch and the other Sino-Sogdian Works of Art of the Second half of the 6th Century",《Miho Museum 研究纪要》第4号，2004年3月，16—31页；张庆捷《入乡随俗与难忘故土——入华粟特人石葬具概观》，《从撒马尔干到长安》，9—16页。

表现在他们的石棺图像上，如虞弘墓有三幅画描绘了射猎狮子的场景，其中的人物分别是：一个骑着巴克特里亚双峰骆驼的北方长发突厥人，一个骑着单峰骆驼的西方大食（阿拉伯）人，一个骑着大象的南方嚈哒人。正如我们说粟特人不仅是中古时期丝绸之路上各国间贸易的担当者一样，他们也是各种文化间交流的传播互递者。本文着重谈论石棺图像上与北方突厥有关的形象，这为我们过去通过文献材料所知的粟特与突厥的关系提供了佐证，甚至在某些细节上有所补充。

二 粟特石棺图像所见粟特与突厥的关系

笔者曾在《北朝隋唐粟特聚落的内部形态》一文中，把粟特聚落的内部生活分类加以归纳和描述[1]。以后又在《安伽石屏的图像程序：一个萨保的日常生活画卷》[2]、《Miho 美术馆粟特石棺屏风的图像及其组合》[3]两文中，对这两套石棺的一些具体图像做了仔细解说。以下从粟特与突厥的关系角度，把六座粟特石棺图像（不涉及材料尚未发表的史君墓）加以归纳，对有关突厥的形象按图像主题说明如下。

1. 设盟与继承仪式

安伽石棺床背屏第 2 幅[4]，上面的部分描绘萨保骑马到野外迎接前来访问的突厥首领，突厥的特征由披发而得到确切的印证。下面部分是两位首领在一个房子里对坐，应当是在设立盟誓，中间身着华丽服装的人

---

[1]《中古中国与外来文明》，111—168 页。
[2] Rong Xinjiang, "The Illustrative Sequence on An Jia's Screen: A Depiction of the Daily Life of a *Sabao*", pp. 32-35 + figs. 1-7.
[3]《艺术史研究》第 4 辑，199—221 页。
[4] 此系笔者所认为的图像程序编号，见拙文，"The Illustrative Sequence on An Jia's Screen: A Depiction of the Daily Life of a *Sabao*"。

是证盟人[1]。他们设盟的这所房子,是用连珠纹装饰边缘,屋顶正中装饰有日月图案,这是表示祆教常见符号,或许说明设盟的地方可能是粟特聚落中的祆教寺庙[2],这进而说明粟特和突厥之间的盟誓是相当重要的。

类似的图像在 Miho 石棺第 2 幅[3](原编号 G)中也可以看到。图像最上面是一个悬空的华盖,其下有一个健壮的男子坐在那里,左右有侍者。下面部分是两人对坐在一个食品盘左右,各有一个随从,食品盘后面站立一人。姜伯勤认为是盟誓图,中间站立者为证盟人[4]。马尔沙克认为是继承仪式上的宴会图,上面中间坐着的是继承人,面部表情有些悲哀[5]。对比上述安伽石棺图像,这应当是粟特人和突厥人订立盟誓的图像,中间立者是证盟人,上面体形较大的人物应当就是萨保的儿子,即粟特胡人聚落首领的继承人。整个画面是通过画面下方所描绘的粟特老萨保与突厥人订立盟誓,使画面上方的萨保之子成为新的首领,而这一继承仪式是需要突厥首领认可的[6]。

2. 粟特首领访问突厥部落

安伽石棺图像第 4 幅表现萨保到山林中访问突厥首领,有商人和驼队随行。图中有一顶虎皮圆帐篷,内铺地毯,毯上坐两人,左边为粟特聚落首领萨保,手拿角杯;右边披发者为突厥首领。帐外地毯上有四位从者,或戴波斯冠,或戴突厥皮帽。下面三个商人背着包袱,

---

[1] 姜伯勤《图像证史:入华粟特人祆教艺术与中华礼制艺术的互动——Miho 博物馆所藏北朝画像石研究》,244—246 页。
[2] 拙文,"The Illustrative Sequence on An Jia's Screen: A Depiction of the Daily Life of a *Sabao*"。
[3] 这也是用笔者所认为的图像程序编号,见拙文《Miho 美术馆粟特石棺屏风的图像及其组合》。
[4] 姜伯勤《图像证史:入华粟特人祆教艺术与中华礼制艺术的互动——Miho 博物馆所藏北朝画像石研究》,244—246 页。
[5] Marshak, "La thèmatique sogdienne dans l'art de la Chine de la seconde moitié du Vie siècle", p. 242.
[6] 拙文《Miho 美术馆粟特石棺屏风的图像及其组合》。

并有牲口,应当是随萨保出访突厥部落的商人[1]。

3. 共同宴饮

宴饮是粟特石棺图像中常见的主题,有一些图像描绘的是粟特人与突厥人一起宴饮的情形。如安伽图像第 5 幅和第 6 幅都是表现宴饮和乐舞,构图大体相同。第 5 幅是粟特式帐篷,中间坐着披发的突厥首领,粟特萨保在其右边侧身而坐,抚弄箜篌。第 6 幅则是歇山顶亭子,萨保坐在金榻正中,左侧为披发突厥,突出的是粟特萨保。第 5、6 两幅在后屏左右最外边的位置上,显然是对称地表现突厥和粟特首领不同场合所处的主导地位,从所处的帐篷形式和乐舞的形象来看,两个场景都应当是在粟特聚落当中,唯具体的场合不同。安伽第 7 幅是萨保与突厥在虎皮帐篷中的宴饮图,下面遍地是野兽,显然是粟特萨保到突厥部落访问的情景,萨保位于帐内最左边的位置上[2]。

4. 共同狩猎

安伽第 8 幅是狩猎图,这里可能描绘的是粟特萨保到突厥地区后,与突厥人一起狩猎的场景。图上所刻绘的五位骑马猎人,有披发的突厥,也有卷发的粟特,有的举剑刺狮,有的弯弓射兔,有的策马疾驰,只有最下面一位抛绳索套鹿。其装束似波斯王子,卷发,头后有飘带,穿虎皮紧袖衣,应当是这幅图像的中心人物,或许是萨保之子。安伽第 10 幅是盛大的宴饮图,萨保和突厥首领在虎皮纹帐篷前对坐而饮,前有乐舞,乐队周围都是酒器,右下角还有一庖人正在准备食品。这里表现的很像是庆祝狩猎成功后的狂饮和狂欢[3]。

---

[1] 《中古中国与外来文明》,128 页。
[2] 拙文,"The Illustrative Sequence on An Jia's Screen: A Depiction of the Daily Life of a *Sabao*"。
[3] 同上。

5. 共组商队，出外经营

Miho 第 11 幅（编号 D）是出行图，上方一胡人牵着驮有高大包裹的骆驼前行，骆驼右侧和后面各有一胡人随行。下方有三个披发突厥人骑马而行，骆驼与马都是由左向右行。中古时期的粟特商队，并非只是由粟特人组成，他们从一个地方到另一个地方，不断地吸收各种民族加入进来，因此有的商队中，也有突厥人、吐火罗人、印度人参与其中，但主体是粟特胡人，因此商队的首领也往往是粟特出身的萨保[1]。

6. 突厥参加粟特葬礼

Miho 第 3 幅（编号 F）是葬仪图，上面是戴口罩的祆教祭司正护持圣火，主持葬仪，他身后有四人持刀剺面，上下是送丧的人群和马队，中间有一条正在"犬视"的小狗[2]。持刀剺面者当中，显然有披发的突厥人，表明在粟特聚落首领萨保去世后的葬仪中，有突厥的代表参加，他们用突厥悲悼的方式，来为萨保送葬。

7. 单独描绘突厥人

在某些粟特石棺上，有时也把突厥人单独描绘出来。Miho 石棺第 8 幅（编号 H）是出行图，有五人骑马由左向右行走，中间一人是披发突厥，头上有华盖，是这个画面的主人。另外四人是他的随从，也是披发突厥人。这幅突厥首领骑马出行图是和对面的嚈哒王乘象出行

---

[1] 拙文《Miho 美术馆粟特石棺屏风的图像及其组合》。
[2] Lerner, "Central Asians in Sixth-Century China: A Zoroastrian Funerary Rite", pp. 179-19；姜伯勤《图像证史：入华粟特人祆教艺术与中华礼制艺术的互动——Miho 博物馆所藏北朝画像石研究》，246—248 页；拙文《Miho 美术馆粟特石棺屏风的图像及其组合》。

图相对应的。第 10 幅（编号 C）为野地帐篷中的宴饮图，一位披发的突厥首领坐在帐篷中，有从者为他供食，帐篷外有席地而坐者，中间还有无人骑乘的马，下面是两人骑马射猎图。上面的人物都是披发突厥，所以应当是描绘突厥人的野地宴饮狩猎图[1]。

在虞弘墓石椁的背屏上，中间是一幅虞弘夫妇宴饮图，左右两边是猎狮图，一边是披发骑驼的突厥首领，正在弯弓；另一边是戴冠持剑的王者，乘坐的是大象[2]。马尔沙克以为是印度王[3]，但笔者以为，从虞弘出使过月氏（吐火罗斯坦）、波斯的生平背景来看，此人更可能是统治区域包括印度北部的嚈哒王。因此，这幅图应当是嚈哒王乘象出行图，它位于左屏最里面的位置，与右屏最里面的突厥王骑马出行图恰好对应[4]。

三 粟特本土图像上的突厥形象

公元 6 世纪初叶，粟特地区诸王国尚处于嚈哒人的统治之下。552 年，漠北草原的突厥挣脱柔然的统治，建立了突厥汗国。大约在 558 年以前，突厥与波斯联合击败嚈哒，并瓜分了嚈哒原有的领地，突厥获得了阿姆河以北地区的控制权。567 年，突厥与波斯反目，势力扩张到阿姆河以南，逐渐控制粟特诸王国。7 世纪初，西突厥统叶护可汗勇而有谋，霸有西域，粟特诸国遂沦为西突厥汗国的属国，突厥授粟特诸国王为颉利发（Eltabar，突厥官名），并派吐屯一人监督征税，有的甚至直接派突厥子弟统治，如隋大业初（605—610 年前后）突厥以特勤统治石国。突厥可汗还把女儿嫁给粟特国王，使之成为自己的

---

[1] 拙文《Miho 美术馆粟特石棺屏风的图像及其组合》。
[2] 山西考古所等《太原隋代虞弘墓清理简报》，《文物》2001 年第 1 期，36—38 页。
[3] Marshak 2001, p.256 ; Marshak 2002, p.6.
[4] 拙文《Miho 美术馆粟特石棺屏风的图像及其组合》。

女婿，以通婚形式加强统治。658年，唐朝灭西突厥汗国，成为粟特诸国新的宗主国，并且在粟特地区建立羁縻州府，但突厥的一些统治形式仍以某种变异的形式留存下来[1]。

虽然宗主权从突厥转入唐朝，不过，突厥对于粟特地区近百年的统治势必会在粟特本土的图像上有所反映，上引《新唐书·西域传》何国条记其城重楼上即绘有突厥可汗。前苏联考古工作者在粟特地区发掘的古代宫殿或住宅的壁画上，也发现了一些突厥图像。1965年，苏联考古学家在中亚阿夫拉西阿卜（Afrasiab，康国首都撒马尔干）废墟的23号遗址的1号房间（编号R23/1）内，发现了绘制非常精美的壁画，有三面墙上的壁画都保存较好，只有东墙上残缺较多。虽然如此，这里发现的壁画在粟特地区已发现的壁画中也是非常突出和重要的，对于研究粟特艺术、历史等相关问题具有非同一般的价值。发掘者L. I. Al'baum以及粟特壁画专家A. M. Belenitskii与马尔沙克都对这组壁画进行过专门研究[2]。而后还有其他一些学者从不同的角度对这组壁画做过一些分析，其中德国海德堡大学艺术史学者莫德（Markus Mode）所做的分析最为细致。Mode在其1993年出版的《粟特人与世界的统治者——7世纪古代撒马尔干历史画面上的突厥人、萨珊人和中国人》一书中认为：1号房间的壁画主要表现的是7世纪中叶康国国王拂呼缦（Vargoman）即位的场景（见图1），画面上方可能还特别表现了西突厥可汗，目的是为了体现粟特国王即位的正统性以及对其继承王位的认可。在这组壁画中，通过绘制突厥可汗与粟特王公、唐朝皇帝的关系图以及突厥部族起

---

[1] 关于突厥统治粟特的方式，参看蔡鸿生《唐代九姓胡与突厥文化》，北京：中华书局，1998年，5—6页。

[2] L. I. Al'baum, *Zhivopis' Afrasiaba* (Painting from Afrasiab), Tashkent, 1975；此据加藤九祚日译《古代サマルカソドの壁画》，东京，1980年；A. M. Belenitskii and B. I. Marshak, "The Paintings of Sogdiana", G. Azarpay, *Sogdian painting. The pictorial epic in Oriental art,* with Contributions by A. M. Belenitskii, B. I. Maršak, and M. J. Dresden, Los Angeles, London: University of California Press Berkeley, 1981.

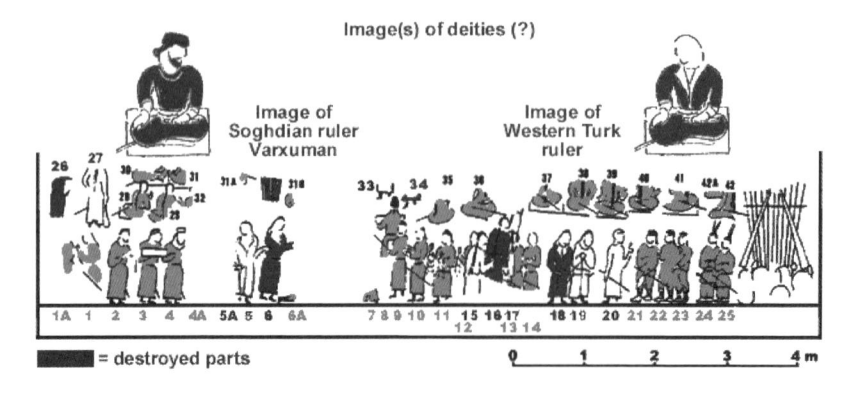

图 1　Mode 构拟的康国国王拂呼缦（Vargoman）即位的场景
（据 http://www.orientarch.uni-halle.de/ca/afras/text/wrec_m.htm）

源传说图像，来表现突厥可汗的权威[1]。

最近，日本学者影山悦子发表了两篇文章，探讨粟特壁画与中国壁画的关系。她认为这组壁画中的高丽人形象表现的并不是历史的真实人物，而是借用了中国壁画中表现外国使节的惯用画法[2]，以此来否定莫德对于该壁画所做的实证性分析及对壁画定年的推测。但结合当时的历史背景来看，我们以为莫德从图像学的角度对壁画有些部分所做的分析，也还是有一定道理的，而且影山的文章虽然在某些部分很有说服力，但并不能完全推翻 Mode 对整个画面的通盘解说，而且，手法的借用和现实的反映并不矛盾。因此，我们在此还是接受莫德的一些解释，特别是有关粟特与突厥关系方面的解说。

---

[1]　M. Mode, *Sogdien und die Herrscher der Welt. Türken, Sasaniden und Chinesen in Historiengemälden des 7. Jahrhunderts n. Chr. Aus Alt-Samarqand [= Europäische Hochschulschriften. Reihe XXVII. Kunstgeschichte, Bd. 162]*, Frankfurt a.M. (u.a.), 1993, pp.110.

[2]　影山悦子《サマルカソド壁画に见られる中国绘画の要素について——朝鲜人使节はワルフマン王のもとを访れたか》，《西南アジア研究》49 号，1998 年，17—33 页；Etsuko Kageyama, "A Chinese way of depicting foreign delegates discerned in the paintings of Afrasiab", *Studia Iranica*, cahier 25, 2002, pp. 313-327.

据莫德的说法，西墙壁画上描述的是有关拂呼缦接见使臣的场面，其中 B 组逆行者应是表现来自东亚的国家或民族，A 组顺行者表现的应是来自西方或西南的国家或民族，这些国家或民族的使者中，就有披发突厥人，这种披发形式在突厥石人上可以清楚地看出，因此学界都将披发者看作是突厥人。他根据这些使者的位置，认为墙壁的左右上方应当绘制的是粟特康国王拂呼缦和西突厥可汗，并且构拟了一幅复原图。A 组的行进方向正是右上方的西突厥可汗。莫德根据时代背景和形势分析，图上的西突厥可汗应是乙毗射匮可汗（641—651）[1]。西墙上除人物外，还画有立杆，其中右边立杆的数目为十，莫德认为代表的是西突厥十姓部落（十设），即左五咄陆、右五弩失毕的意思，它们是在右上方的西突厥可汗统治之下；左边的立杆数为九，代表的是"昭武九姓"，以象征左上方的拂呼缦在粟特联盟中的地位。这组画面表现了粟特康国在粟特地区的核心地位和西突厥可汗的统治权[2]。

东墙的内容，Al'baum 认为描绘的是一个印度使团正要通过河中浅滩。但 Mode 认为这幅壁画的主要内容和布古特碑（Bugut Inscription）有关，讲述的是有关突厥历史的传说：A. 画面上的河就是指突厥人的发源地西海，编号为 1—2 的人物形象就是突厥人的祖先。B. 敌人（3—5）袭击河边的居民，杀死了大水鸟。C. 岸边是一位母亲，正试图救一个男孩。D. 长大成人的男孩（7A）和母狼成亲了。联系西墙的内容来看，在东墙上绘制有关突厥民族起源的传说，是为了让坐在对面的突厥可汗直接看到[3]。

除以上所说的撒马尔干的壁画外，粟特其他地区发现的壁画里也出现过突厥人形象，如片吉肯特（Panjikent）和瓦拉赫沙（Varakhsha）

---

[1] M. Mode, *Sogdien und die Herrscher der Welt. Türken, Sasaniden und Chinesen in Historiengemälden des 7. Jahrhunderts n. Chr. Aus Alt-Samarqand*, pp. 48-52.
[2] *Ibid.*, p. 29.
[3] *Ibid.*, pp. 98-104.

的壁画里,就描绘了6—7世纪的突厥和其他游牧民族的武士,他们穿着长长的护身外衣和铠甲,戴着头盔,随身佩戴一个从缠绕在脖颈的环上垂下来的小圆盾,腰系两条皮带,一条上面斜挂着一把弓和一个箭囊,另一条带子上悬挂着一把剑(或一把马刀)和一把匕首,有时候他们也随身带有长矛和斧头。据学者研究,粟特人完全接受了突厥样式的盔甲,并进行了某种修改[1]。此外,学者们早已指出,片吉肯特2号宫殿遗址发现的哀悼图上的割耳剺面形象,不仅使我们对粟特本土的葬仪有所了解,而且证明了《隋书·康国传》所记"婚姻丧制与突厥同"的说法确实属实[2]。

由以上分析可知,粟特本土的图像清晰地表明了粟特与突厥之间关系的密切,并进一步验证了文献的有关记载。这种密切的关系的形成,除了上面所说粟特曾经属于突厥的势力范围之内这种政治上的原因外,可能也和突厥、粟特人在文化心理和生活习性上有某种共通之处相关(勇武好斗、半游牧半定居的生活方式)。Belenitskii 和马尔沙克在谈及粟特文化中的突厥因素时,似乎很强调这些都是因为突厥人在粟特人的政治生活中的影响所致。

应当说明的是,目前所见粟特本土壁画上的突厥图像的年代比我们在中国范围内发现的粟特石棺年代要晚,但两者之间仍然有着某种联系。我们之所以赞成 Mode 关于西突厥可汗出现在康国王拂呼缦即位的场景当中,是因为在安伽和 Miho 的石棺图像中,我们都看到了披发的突厥首领与粟特聚落首领萨保设盟,以确立萨保之子成为新萨保的清晰场面。这两种意义相同的图像主题,应当有着共同的来源,即源自突厥开始成为粟特宗主国的时候,大约公元567年以后不久,而这种王位继承仪式的图像,也略微变换了一种模式,成为来到中国内地的胡人聚落

---

[1] G. Azarpay, *Sogdian painting. The pictorial epic in Oriental art*, pp.122, 124.
[2] *Ibid*., p.127, fig.56; 蔡鸿生《唐代九姓胡与突厥文化》,北京:中华书局,1998年,24—25页。

首领权威的认定形式，我们目前所见最早的有年代的例证是579年的安伽墓，这也反证粟特地区的突厥可汗参加粟特国王即位仪式的图像，应当在粟特本土也早就存在，只是没有保存下来而已。

四 粟特石棺图像形成的背景

综观粟特石棺图像，我们不难发现其图像主要反映出三种文化特征。一是粟特本民族的文化，主要表现在宗教、文化方面，如崇拜祆神、宴饮乐舞等，这是粟特民族传统中根深蒂固的基本因子，即使进入中国，也会深藏于潜意识中而难以发生改变。二是中国的中原华夏文化，主要反映在一些文物制度方面，如墓室建筑形制、车乘、房屋等，已经发现的七套石棺床基本都在中原文化区域内，安伽墓、史君墓更是位于中原王朝的核心地带，因此当时的粟特聚落中应当也建有许多汉式建筑，就像石棺图像上反映的那样；还有车乘，有的也是采用汉地的车子。三是北方游牧族突厥的文化，如骑马、狩猎等场景。

生活在中原地区的粟特把粟特和中国的图像雕刻在他们的石棺上是完全可以理解的，但为什么在他们的石棺上还要雕刻大量的突厥形象？为什么还要表现出这样浓重的突厥习俗呢？这是非常值得我们重视的现象。

我们先来回顾一下粟特与突厥之间的交往史。

粟特与突厥的交往甚至早在突厥汗国建立之前就开始了。545年（大统十一年），西魏王朝派酒泉胡安诺槃陀出使突厥[1]。安诺槃陀可以肯定是安国出身的粟特人，他的名字的意思是"娜娜女神之仆"，是

---

[1]《周书》卷五〇《异域传》下，908页。

典型的粟特人名的音译[1]。据希腊史家弥南德的记载，在568年之前，臣服突厥的粟特人曾恳请突厥可汗室点密，派以粟特人Maniach为首的使团到波斯，要求在波斯境内自由出售丝织品，未获允诺。567年，突厥与波斯断交。568年初，突厥室点密可汗派曾出使波斯的Maniach，率突厥与粟特的联合使团出使罗马，抵达拜占廷，受到查士丁二世（Justin II，565—574年在位）的热情接待，双方结盟。同年八月，拜占廷使臣Zemarchus与Maniach一起回访突厥，见到突厥室点密可汗。以后双方使者往来不断。576年从罗马返回的突厥使者就有106人，其中不少是商人[2]。粟特人的外交和商业本领为突厥所用，而突厥汗国的武力强盛，也为粟特人的商业活动提供了保护。

由于双方互相依存而关系紧密，《隋书》卷八三《西域传》记："（康国）王字世失毕，其妻突厥达度（达头）可汗（576—603年在位）女也。"[3] 又记粟特石国"其俗善战，曾贰于突厥，射匮可汗兴兵灭之，令特勤甸职摄其国事。甸职以大业五年遣使朝贡，其后不复至"[4]。说明突厥的势力已经深入到粟特本土。与此同时，粟特人也大量进入突厥汗国内部，从布古特发现的记载突厥建寺一事的粟特碑铭可以得知，当时粟特人显然成为文化落后的突厥人的文秘助手，进而在文化和宗教上对突厥施加影响[5]。例如在突厥人目前所立的石人上，

---

[1] J. Harmatta, "Irano-Turcica", *Acta Orientalia Hungaricae,* XXV，1972，p.273; Y. Yoshida, "Review of *Sogdian and other Iranian inscriptions of the Upper Indus* II ", *Bulletin of the School of Oriental and African Studies,* 57.2，1994，p. 391.

[2] 沙畹《西突厥史料》，冯承钧汉译本，上海：商务印书馆，1932年，167—173页。

[3] 《隋书》卷八三，1848页。

[4] 同上，1850页。

[5] S.G. Kljaštornyj, & V.A.Livšic, "The Sogdian Inscription of Bugut revised", *AOH*, 16, 1972, pp. 69-102；龚方震译载《中外关系史译丛》第3集，上海译文出版社，1986年，35—53页；林梅村《布古特所出粟特文突厥可汗纪功碑考》，《民族研究》1994年第2期，64—71页；L. Bazin,"Turcs et Sogidens: Les enseignements de l'inscription de Bugut", *Mélanges linguistiques offerts à Émile Benveniste,* 1975, pp. 37-45；耿升汉译文载《民族译丛》1987年第5期，48—52页。

我们可以看到粟特式的握杯方式[1]，可以想见粟特对突厥文化影响的深入。一些生活在突厥汗国中的粟特人，如史蜀胡悉，就是深得突厥始毕可汗信任的粟特部落首领[2]。而许多粟特首领，在突厥汗国内部继续统帅胡部，拥有较大势力，有些人在贞观四年东突厥败亡后，率"衙帐百姓"投降唐朝，如后来成为六胡州大首领的安菩[3]，还有突厥颉利发安乌唤[4]。

不论是在突厥汗国还是在中原王朝内部生活的粟特人，都成为双方交往时常常利用的使者，表明粟特人在突厥汗国政治生活中的重要地位。617 年（大业十三年），李渊起兵太原，遣使寻求突厥帮助。突厥派柱国康鞘利为使者前来联络[5]。武德六年（623），突厥派大臣曹般陀到唐，扬言刘世让与可汗通谋，"欲为乱"[6]。康鞘利、曹般陀无疑都是粟特人。

贞观元年（627），突厥乘唐朝内部斗争、皇位继承之际，发兵攻打到长安城外便桥。《安元寿墓志》记载："贞观元年，突厥颉利可汗拥徒卅万众来寇便桥，太宗亲率精兵出讨，颉利遣使乞降，请屏左右，太宗独将公一人于帐中自卫。其所亲信，多类此也。"唐太宗把粟特人安元寿单独留在与颉利使者对话的帐中，恐怕不仅仅是为了自卫，而是因为粟特人和突厥人之间存在着一种友好的关系，同时也有粟特人可以兼做翻译的缘故。同《墓志》又记："至三年，凉公以河右初宾，家业殷重，表请公归贯检校，有诏听许。公优游乡曲十有余年，后奉恩敕，遣公充使西域，册拜东罗可汗。皇华远迈，声浃于殊荒；

---

[1] Toshio Hayashi, "Sogdian Influences Seen on Turkic Stone Statues Focusing on the Fingers Representations", Marshak 纪念文集，待刊。
[2] 《隋书》卷六七《裴矩传》，1582 页。
[3] 赵振华、朱亮《安菩墓志初探》，《中原文物》1982 年第 3 期，37—40 页。
[4] 李至远《唐维州刺史安侯神道碑》，《文苑英华》九二〇，6 册，4844 页。
[5] 《大唐创业起居注》卷一。
[6] 《资治通鉴》卷一九〇高祖武德六年九月条。

天节高廗,威加于绝域。使还,诏授左领军卫妫泉府果毅都尉。"[1] 安元寿虽然回到武威老家经营家业十多年,当唐朝要册拜东罗可汗时,又把他招来,派他去出使西域,这恐怕也是考虑到安元寿的粟特人身份,以及粟特人与突厥人的良好关系。另外,贞观四年(630)唐朝与东突厥决战之前,太宗曾派安修仁与唐俭往突厥说降[2]。贞观二十年(646),唐朝拟于漠北置州郡,派安永寿(安修仁子)出使漠北,通报消息[3]。安修仁父子也出自武威安家,更说明这个从北魏以来一直担任中原王朝属下的凉州萨保的家族,和突厥人有着相当亲密的关系[4]。

担任出使北方突厥汗国任务的粟特人当然不止武威安氏一家。《何盛墓志》记:"祖德,齐仪同三司。朝野具瞻,人伦楷式。父那,北道和国大使。文武是资,感恩允着。"[5] 即在北朝末充当"北道和国大使",应当是出使突厥,寻求和平。又《安万通墓志》记:"父巡,隋任上开府通议郎,□□□□□□至北蕃,奉敕□□□□教公说荣使讨□□□□于人□□□。于是公家□兴,仆使数百,畜牧填川。"[6] 这里虽然志文有缺,但安巡在隋朝时出使北蕃的情形,还是可以看出来的。

在突厥汗国内生存的粟特人,当然会在生活习俗上受突厥人的影响。同时,在中原王朝北方地域生活的粟特人,也同样受突厥影响而善于从事牧业。如固原发现的《史诃耽墓志》说:"君讳诃耽,字说,原州平高县人,史国王之苗裔也。……义宁元年(617),拜上骑都尉,

---

[1] 《全唐文补遗》第1辑,67—69页。参看昭陵博物馆《唐安元寿夫妇墓发掘简报》,《文物》1988年第12期,37—49页。
[2] 《旧唐书》卷六七《李靖传》,2479页。
[3] 《资治通鉴》卷一九八,6239页。
[4] 吴玉贵《凉州粟特胡人安氏家族研究》,荣新江编《唐研究》第3卷,北京大学出版社,1997年,324页;又《突厥汗国与隋唐关系史研究》,北京:中国社会科学出版社,1998年,67页。
[5] 《全唐文补遗》第4辑,332页。
[6] 《全唐文补遗》第2辑,129—130页。

授朝请大夫,并赐名马杂彩。特敕北门供奉进马。武德九年(626),以公明敏六闲,别敕授左二监。"[1]又,《史铁棒墓志》记:"显庆三年(658),勅授司驭寺右十七监。趣马名官,驾人司职。荆珍抵鹊,牛鼎亨(烹)鸡。阙里思于执鞭,蒙邑安于园吏。逐乃触理宣用,随事效能。牧养妙尽其方,服习不违其性。害群斯去,逸足无遗,飞响造天,宁留虞坂,流光曳练,奚止吴门。"[2]《史道德墓志》:"公讳道德,字万安,其先建康飞桥人事。原夫金方列界,控绝地之长城;玉斗分墟,抗垂天之大昴。棱威边鄙,挺秀河湟,盟会蕃酋,西穷月窟之野;疏澜太史,东朝日域之溟。于是族茂中原,名流函夏。……起家东宫左勋卫。驰驰银牓,晖暎铜扉,锐志端凝,翘诚忠谨。总章二年(669),拜给事郎,迁玉亭监。既而严肃允着,匪懈克彰。道洽襄城,云聚檀溪之骏;术高缙岭,星繁蒲泽之孳。又龙朔三年(663),诏除兰池监。"[3]由于固原这个史姓家族成员善于放牧,所以一直在唐朝的牧监工作。安元寿也曾任夏州群牧使[4]。

粟特人从其本土向东方进行贸易活动时,其所经行的道路主要有两条,一条是走北方草原丝路,经过天山北路和漠北地区,进入中原;一条是走传统的丝绸之路,经塔里木盆地绿洲王国和河西走廊,进入中原地区。天山北路和漠北地区是突厥直接统治地区,而塔里木盆地的西域诸王国,也是以西突厥为宗主国。因此,与突厥关系密切的粟特人,必然是要先和突厥人打交道,在突厥汗国庇护下东行贩易。所以粟特聚落首领萨保需要与突厥结盟,来保证队商往来平安,并且稳固殖民聚落组织。因此,我们从石棺图像上可以看出,粟特人与突

---

[1]《固原南郊隋唐墓地》,68—72、206—211页;《全唐文补遗》第7辑,284—285页。
[2]同上。
[3]《全唐文补遗》第4辑,376—377页。
[4]《资治通鉴》卷二〇二高宗开耀元年(681)七月条。

厥交往最多，有会谈，有结盟，还有共同狩猎。突厥给粟特的深深烙印，使得粟特人即使定居在中国的核心地区，也要表现与突厥相关的图像，甚至单独的突厥图像，这恐怕是习惯使然。

从图像生成的角度来讲，因为这几套粟特石棺图像都有共同的主题，这些共同的主题应当是最初形成的，因此突厥的形象也是最早形成的图像。图像绘制往往是有模本的，模本的传承也使得一些图像不加改变地延续下来。

对于粟特与突厥的关系，过去我们从文献记载中了解较多的是粟特人在突厥人政治、商业活动中的重要作用，而中国境内发现的这些粟特石棺床，不仅对此问题提供了图像上的佐证，还为我们进一步认识粟特民族与突厥民族在宗教、文化上的关系提供了新的资料，从而揭开了粟特与突厥研究的新篇章。

<blockquote>2003 年 12 月 19 日初稿，2004 年 7 月 4 日修订。原载周伟洲编《西北民族论丛》第 4 辑，北京：中国社会科学出版社，2006 年 3 月，1—23 页。</blockquote>

金樽美酒醉他乡

——从安伽墓看粟特物质文化的东渐

一 粟特与粟特人

近年来，西安陆续发现了粟特入华首领安伽、史君等人的墓葬，其中精美的石刻图像，引起了国内外学术界对粟特研究的热潮，甚至普通读者也对粟特考古、美术、历史、文化产生了浓厚的兴趣。

粟特人是生活在中亚阿姆河和锡尔河中间的泽拉夫珊河流域的古代民族，属于伊朗文化系统，粟特语（Sogdian）是印欧语系印度伊朗语族下面的东伊朗语。历史上他们分散生活在粟特地区的大小绿洲中，形成一些独立的王国，比较大的有撒马尔干（Smarkent）的康国、布哈拉（Bukhara）的安国、塔石干（Tashkent）的石国，还有曹国、史国、何国、米国等。这些绿洲王国没有形成一个集权的整体，所以历史上一直依附于周边强大的政治势力，如波斯的阿契美尼德王朝、希腊亚历山大大帝、中亚的贵霜王朝、波斯的萨珊帝国、北方的嚈哒、西突厥汗国、东方的唐朝，最后在8世纪并入阿拉伯帝国。由于粟特地区处在欧亚大陆东西方往来的主要干道上，使得粟特人成为丝绸之路上一个善于在各种民族间经商贸易的民族，他们在中古时代长期控制着东西方的贸易，并赚取了大量的财富。

唐朝初年前往印度取经的僧人玄奘在路过粟特地区时，看到这里的人"虽富巨万，服食粗弊"[1]。那时粟特的居民主要信仰琐罗亚斯德教，

---

[1]《大唐西域记》卷一。

图 1　片吉肯特城遗址（After *Monks and Merchants*, p.232, fig.1）

曾经流行过的佛教已经衰败不堪，因此留给玄奘的印象不佳。玄奘带给我们的粟特富商吃穿都非常简陋粗劣的观感是否正确呢？从粟特片吉肯特（Panjikent）发现的商人住宅所绘制的壁画和装满粮食的仓廪（图1），我们不能不对玄奘的记载有所怀疑。2000年西安发现的安伽墓的图像，更展现给我们一幅入华粟特商队首领豪华奢侈的生活场景。

二　安伽墓与萨保安伽

埋葬于北周大象元年（579）的安伽墓，位于北周都城长安城东3.5公里，在现在西安市北郊大明宫乡炕底寨村西北约300米处，东南距唐大明宫的墙基很近。幸运的是在唐朝建大明宫时没有被挖掉，而且此墓经过1400多年未遭盗掘。安伽墓具有中国传统的墓室形制：斜坡墓道、天井、过洞、石门、甬道、墓室，但埋葬方式却与中国传统的墓葬不同，墓志和人骨放在甬道里，并且以火焚烧过。石门上刻画着祆教（琐罗亚斯德教的中国名称）祭祀的情形。墓室里只有一个围屏石榻，上面分十二栏刻绘了粟特人的各种生活场景[1]。这是一个规模和北周武帝孝陵大小相当的墓葬，是迄今为止发现的最早的粟特商人首领萨保的墓室，它采用的是中国墓葬形式和粟特火葬做法结合的罕见葬式。这是一个展现粟特商人物质生活和宗教信仰的特殊空间，它提供给我们丰富的研究素材和信息，有许多问题值得我们深入探讨。

根据安伽墓志，他原是姑藏（今甘肃武威）昌松人，父亲名突建，任冠军将军、眉州（今四川眉山县）刺史，母亲杜氏，封昌松县君。其父母的官职、封号可能都是安伽任大都督后的追赠。从安伽的名字来看，他远源应当是粟特安国，故姓安，后迁居凉州。这里是粟特人东来中国的一个聚居地，新发现的史君墓的墓主人，就是凉州萨保[2]，而帮助唐朝灭掉凉州李轨政权的安兴贵、安修仁兄弟一族，也是世袭的凉州萨保后代。安伽一家不知何时从武威迁居同州（今陕西大荔县）。由于安伽"不同流俗，不杂嚣尘，绩宣朝野，见推里闬"，所以被北周朝廷任命为同州萨保。

"萨保"是个外来词，译自粟特文的 S'rtp'w，这一点已经由于出现在史君墓的粟特文和汉文双语铭文中而得到最终的比定[3]。萨保的本意是"商队首领"，随着商队在一些城镇建立起自己的聚落后，萨保就成为一个聚落的首领，北朝政府为了管理这些胡人聚落，把萨保纳入到中国的官僚体制当中，于是萨保既是胡人聚落首领，又是中央或地方

---

[1] 陕西省考古研究所《西安北周安伽墓》，北京：文物出版社，2003年。以下有关安伽墓材料，均据此书。

[2] 杨军凯《入华粟特聚落首领墓葬的新发现——北周凉州萨保史君墓石椁图像初释》，荣新江、张志清编《从撒马尔干到长安——粟特人在中国的文化遗迹》，北京图书馆出版社，2004年，18页。

[3] 吉田丰《西安新出史君墓志的粟特文部分考释》，原为提交"粟特人在中国"国际学术讨论会（北京，中国国家图书馆，2004年4月23—25日）论文，修订本收入荣新江等编《粟特人在中国——历史、考古、语言的新探索》，北京：中华书局，2005年；西安市文物保护考古所（杨军凯、孙武执笔）《西安北周凉州萨保史君墓发掘简报》附录，《文物》2005年第3期，31—32页。

政府的一个职官[1]。安伽的同州萨保一职，就有这双层涵义。正是由于安伽生前是粟特商队首领转变而成的胡人聚落首领，所以他的围屏石榻上所表现的生活场景，可以说是一个粟特萨保生前行事的画卷，真切地表现了他们的经商之旅和进入中国后的生活状况，为我们探讨粟特物质文化的东渐提供了难得的图像资料[2]。这里只就安伽图像所展现的饮食和服饰两点，即与日常生活息息相关的吃和穿两个侧面，来讨论粟特物质文化东传中国的轨迹及其影响。

三 粟特物质文化的东渐

1. 饮食

安伽围屏图像上有不少宴饮的场景，可以让我们知道这些粟特胡人宴饮的场所，有的在家中亭子内，有的在葡萄园里，有的在突厥虎皮毡帐中。除了在野外的场合，宴饮时一般都有乐舞表演。主客往往都是端着酒杯或酒碗对饮，旁边有时有随从一起进食或饮酒，有时站着侍者，给主人供奉酒食。

在右屏第 2 幅画面上，绘有一个步障围出一个角落，里面有一个胡人正从胡床上搬起两个叠放的大盘子，盘上放水果[3]。在正面第 5 幅图像中间，一个胡人面对圈足火盆，用一把长条形的刀子，正在切盘中像是肉类的食物[4]。这两个画面，非常形象地给我们展示了粟特人备

---

[1] 荣新江《萨保与萨薄：北朝隋唐胡人聚落首领问题的争论与辨析》，叶奕良编《伊朗学在中国论文集》第 3 集，北京大学出版社，2003 年，128—143 页。
[2] 安伽围屏上的图像，大多数应当是粟特萨保生活的真实写照，但也有个别图像是伊朗英雄史诗题材的刻画，如萨保骑马猎狮图（《西安北周安伽墓》，图版 49），与安伽围屏的其他图像有相当大的区别，参看拙文《四海为家——粟特首领墓葬所见粟特人的多元文化》，《上海文博》2004 年第 4 期。
[3] 陕西省考古研究所《西安北周安伽墓》，38 页，图版 70 左下角。
[4] 同上书，32 页，图版 60。

图 2　a–b. 安伽图像上的高圈足金盘、银盘（据《西安北周安伽墓》图版 58、71）

餐的情况。在天水发现的粟特墓围屏和太原发现的虞弘墓石椁的图像上，都有胡人酿酒的图像，从踏踩葡萄到把酿好的酒装到酒瓮中，以及搬运酒坛的情形都有所反映[1]。

在这些图像上，我们看到的食物主要是水果和肉类。在唐代盛行的胡食中，似乎以胡饼最为流行，大概因为胡饼是粟特人的常用食品，所以没有绘制在这种宴会的场景上。安伽图像上还有许多饮酒的形象，应当喝的是粟特人酿制的葡萄酒。唐朝时期，"胡人岁献葡萄酒"[2]，葡萄酒成为长安等地人们饮用的佳酿。在唐人的诗歌中，葡萄酒和酒家胡常常联系在一起。

在安伽图像中，胡人手中所执酒器和摆放在各处的食器都非常引人注目，而且，因为材质不同，这些器皿画成不同的黄金色和银灰色。我们目前已经知道有相当数量的经过考古发掘所获得的外来金银器，但属于北朝的并不算多，因此，安伽图像上的金银器是我们了解粟特人使用金银器及其用法的绝佳材料。这里举几个例子。

---

[1] 姜伯勤《天水隋石屏风墓胡人"酒如绳"祆祭画像石图像研究》，《敦煌研究》2003 年第 1 期，13—21 页。
[2]《全唐诗》卷三〇七鲍防《杂感》，3485 页。

图3 李家营子出土猞猁纹银盘
（据《唐代金银器研究》黑白图版109）

银盘

正面第5幅的虎皮帐篷中，两个对坐宴饮者的中间，放置着一个盛水果的高圈足金盘（图2a）[1]。右屏第2幅宴饮图主、客人中间，也绘有同样形制、大小的一个高圈足金盘；而两人的榻前，则放置着一个同样形制的银盘（图2b）[2]。这种侈口、斜壁、圈足外侈的银盘，曾经在内蒙古敖汉旗李家营子出土，盘心有猞猁纹，口径为18厘米，高4厘米（图3）。李家营子的这件银盘，据考为粟特产品，年代在7世纪后半到8世纪中叶[3]。我们在安伽图像上无法看到盘心，但图像上的盘子都比李家营子的要大，而且两个是金器或镀金的器皿，反映了它们属于更高等级的用具，而且年代更早。

在右屏第2幅宴饮图主、客人中间，还有一个大的金盘（图4a）；在左屏第3幅帐内主客人面前，也有这样一个贴金大盘，上面有各种饮食器皿（图4b）[4]；与旁边的人物形象对比，它们的大小都应当在30厘米以上。由于这些盘是侧面对着我们，所以不能判断它们正面的器形是圆形还是葵花、双桃等形式，其侧面的形式与何家村唐代窖藏出土的飞廉纹葵花形银盘、熊纹葵花形银盘、双狐双桃形银盘相似，但这几件器物的宽度都不到30厘米[5]。有的学者认为现在发现的唐代超过30厘米的大型银盘都是三足，其用途与一般的容器不同，是

---

[1] 陕西省考古研究所《西安北周安伽墓》，32页，图版58。
[2] 同上书，36页，图版71。
[3] 齐东方《唐代金银器研究》，北京：中国社会科学出版社，1999年，328页。
[4] 陕西省考古研究所《西安北周安伽墓》，24页，图版34。
[5] 法门寺的三件银盘的形制和尺寸，见齐东方《唐代金银器研究》，58—64页。

图4　a–b. 安伽图像上的大金盘（据《西安北周安伽墓》图版71、34）

特别用于摆放唐朝宫廷下赐品或地方官吏进奉品的承托盘[1]。我们在安伽图像上就看到了这种大型的放置其他食具的盘子，而且，安伽墓石门祭祀图像上的供案，是个两端呈鱼尾状的椭圆形案台，由三个兽足支撑，案上放置金银色的瓶子、叵罗、盘、罐等（图5）[2]。因此，唐代这种盛赏赐或进奉品的大银盘，恐怕也是来自粟特的形式和用法。

杯子

安伽图像上常见到高足杯，比较清楚的如正面第6幅主人手上所持的一件[3]，呈金色（图6）。这种高足杯在考古发现的实物中也有，如隋大业四年（608）李静训墓出土金、银高足杯各一件，西安沙坡村和何家村两处唐代窖藏中也有不只一件的发现（图7）。安伽的图像一来表明高足杯是胡人饮酒的主要酒器，同时也有助于我们认识高足杯从西方传入中国的途径。到了唐朝，这一形制的饮酒器使用非常普遍，有不少铜、锡、石、玻璃、陶瓷制的高足杯[4]。

---

〔1〕　秋山进午《正仓院金银花盘と唐代金花大银盘》，《美术史》第155号，2003年，30—47页。
〔2〕　陕西省考古研究所《西安北周安伽墓》，16页，图版21。
〔3〕　同上书，33页，图版64。
〔4〕　关于高足杯，参见齐东方《唐代金银器研究》，398—419页。

金樽美酒醉他乡　｜　385

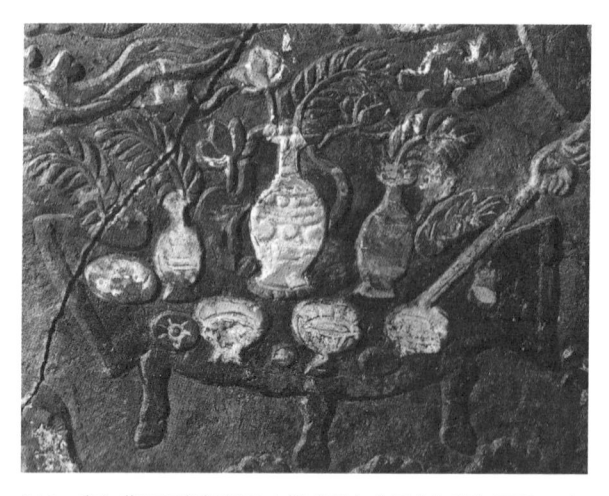

图 5　安伽墓石门祭祀供案（据《西安北周安伽墓》图版 21）

叵罗

比较集中见于右屏第 2 幅上，其中榻上两人手上各执一件，金色；榻前供盘旁有三件，银色（图 8）。金色似表示为金叵罗，银色表示是银叵罗[1]。叵罗译自粟特语的 patrōδ，是"碗"、"杯"之意。在唐人的诗歌中，它常常和葡萄酒联系在一起，如李白《对酒》有"葡萄酒，金叵罗，吴姬十五细马驮"；岑参《酒泉太守席上醉后歌》有"琵琶长笛齐相和，羌儿胡雏齐唱歌。浑炙犁牛烹野驼，交河美酒金叵罗"；指的都是这种盛葡萄酒的碗[2]。从容积上看，叵罗显然比高足杯盛的酒要多得多，难怪岑参在酒泉太守的筵席上会喝醉。

2. 服饰

在安伽的时代，一般来说粟特聚落中生活居住的主要是胡人，所以安伽图像展现的也是一幅胡人的生活场景，其中男子可以区分出卷

---

[1] 陕西省考古研究所《西安北周安伽墓》，82 页，图版 70。
[2] 蔡鸿生《唐代九姓胡与突厥文化》，中华书局，1998 年，11—14 页。

图 6　安伽图像上的高足杯　　　　图 7　沙坡村出土莲瓣纹高足杯
　　（据《西安北周安伽墓》图版 64）　　　（据《唐代金银器研究》彩图 5）

发的粟特人和披发的突厥人。女性则盘髻，按照一般的情理，这些生活在聚落中的女性也应当是粟特人，但也不排除其他民族。

从服装上来看，男子都是穿紧身长袍，其中多数粟特人穿圆领紧身长袍，多数突厥人穿翻领紧身长袍（图 9），当然也不都是绝对的。图像中的女子，则绝大多数是穿束腰长裙，窄袖，紧身，长裙为间色百褶裙[1]，这种长裙是中国传统的服装，所以有些学者就把 Miho 美术馆所藏粟特围屏上的墓主人的妻子看作是汉人或鲜卑人[2]，其实是一种误解。这是一个有意思的现象，即入华的胡族男子，仍然穿着本民族

---

[1] 陕西省考古研究所《西安北周安伽墓》，68—75 页。
[2] A. L. Juliano, and J. A. Lerner, "Eleven Panels and Two Gate Towers with Relief Carvings from a Funerary Couch",《Miho Museum. Southwing/ 南馆图录》，Miho Museum，1997 年，pp.248-249；idem., "Cultural Crossroads: Central Asian and Chinese Entertainers on the Miho Funerary Couch", *Orientations*, Oct. 1997, p.72; B. I. Marshak, "La thèmatique sogdienne dans l'art de la Chine de la seconde moitié du VIe siècle", *Académie des Inscriptions & Belles-Lettres, Comptes rendus des séances de l'année 2001 janvier-mars,* Paris 2001, 234；idem., "The Miho Couch and the Other Sino-Sogdian Works of Art of the Second Half of the 6th Century", lecture on the symposium "Central Asians in China: discoveries in the east of the Silk-Road" hold by the Miho Museum on November 23rd, 2002, p.3.

图 8 安伽图像上的金、银叵罗（据《西安北周安伽墓》图版 71）　　图 9 安伽图像上的翻领和圆领胡服（据《西安北周安伽墓》图版 56）

服装，而女性则广泛采用中国的裙装，这或许是一种时髦。

我们知道，到了唐朝，胡服在上层社会盛行，甚至宫廷女子也喜好紧身的男装胡服。在唐代壁画、陶俑上都可以看到一些女扮男装的女子，这应当是受胡化风潮影响的时髦装束。过去所见到的材料，最早的女扮男装形象，是从唐太宗贞观十七年（643）开始的。现在我们从安伽右屏第 1 幅图像上，也看到女子穿着圆领紧身长袍，这或许表明唐朝前期盛行女扮男装，也是受到了入华粟特人的影响[1]。

此外，安伽图像上表现的以联珠纹为边饰的方毯，胡旋舞、胡腾舞等音乐舞蹈形式，以及狩猎、行商等活动，都展示了粟特物质生活

---

[1] 笔者曾在《女扮男装——唐代前期妇女的性别意识》一文中提出这种看法，见邓小南主编《唐宋妇女与社会》下，上海辞书出版社，2003 年，723—750 页，特别是 739—741 页。

的各个方面。这批相对来讲比较早的资料,对于我们理解唐朝时期物质文化受粟特影响的状况,提供了一个相对特别的视角,值得我们继续探讨。

安伽墓图像所见的入华粟特商人首领的生活情景,和玄奘的讲述完全不同。他们生活极其奢华,大量使用金银器皿,吃着鲜美的水果和肉类,喝着葡萄美酒,怡然自得地生活在丝绸之路上的聚落中。他们虽然远离家乡,但有金樽美酒做伴,在异国他乡,享受着商业贸易带来的物质财富,有许多人就再也不想返回故土了。

附记:本文初稿完成于2004年12月15日,系应《文物天地》所约,发表于该刊2005年第1期,但限于篇幅,有所删略。后依原稿略加修订补充,收入赵丰编《丝绸之路:艺术与生活》,香港艺纱堂/服饰出版,2007年。

略谈徐显秀墓壁画上的菩萨联珠纹

太原王家峰北齐徐显秀墓的发现,为我们研究北齐的物质文化、社会生活、风俗习惯等方面,提供了丰富的素材,同时也为我们研究中西文化交流史展现了新的资料。以下仅就墓室壁画中所见的菩萨头像联珠纹锦的图案,略加申说,不妥之处,敬悉方家指正。

这里所说的菩萨头像联珠纹,一见于墓室西壁出行图中枣红马身上的鞍袱上(图1),这块淡绿色的丝绸下垂的边缘,由两条蓝底白色的联珠纹相加,是一排圆形的红底白色联珠纹图案,中间是带着莲花宝冠飘带的人物头像,面目端祥,和我们在佛教石窟中见到的菩萨没有两样。同样的图案,也见于墓室东壁牛车后紧跟着的侍女衬裙上(图2),虽然两者的颜色不同,但图案大体上一致。到徐显秀墓发现以前,学者们已经发现了大量的各式各样的联珠纹锦,从罗马的梵蒂冈,到奈良的正仓院,都有收藏,其中尤其以粟特地区壁画图像、吐鲁番墓葬出土织锦、敦煌藏经洞发现的经帙和画幡、青海都兰吐蕃墓葬出土丝织品最为丰富多彩[1]。在这些已发现的联珠纹锦上,我们所见到的联珠圈内的图像,有

---

[1] 主要的研究文献有:夏鼐《新疆新发现的古代丝织品——绮、锦和刺绣》,原载《考古学报》1963年第1期,收入作者《考古学和科技史》,北京:科学出版社,1979年,69—97页;武敏《新疆出土汉—唐丝织品初探》,《文物》1962年第7期,64—72页; Krishna Riboud and Gabriel Vial, *Les Tissus de T'ouen-huang conserves an a musee Guimet et a la bibliothèque nationale,* Paris 1970;新疆维吾尔族自治区博物馆出土文物展览工作组编《丝绸之路·汉唐织物》,北京:文物出版社,1973年;G. Azarpay, *Sogdian Painting. The pictorial epic in Oriental art,* with Contributions by A. M. Belenitskii, B. I. Maršak and M.

图 1　　　　　　　　图 2

动物，如狮子、大象、羚羊、天马、含绶鸟、鹿、鸭、孔雀、猪头等；也有人物，如牵驼"胡王"、狩猎骑士、对饮胡人；还有宗教图像，如乘坐马车的太阳神、森莫夫（Senmurv）等，一些动物形象实际也是某个神祇的象征[1]。这些形象在各个地区的发现品中多有重复，表明是中古时期

（接上页）J. Dresden, University of California Press Berkeley, Los Angeles, London 1981；ウィットフィールド《西域美术》第 3 卷，东京：讲谈社，1985 年；薄小莹《吐鲁番地区发现的联珠纹织物》，《纪念北京大学考古专业三十周年论文集》，北京：文物出版社，1990 年，311—340 页；许新国、赵丰《都兰出土丝织品初探》，《中国历史博物馆馆刊》第 15—16 期，1991 年，63—81 页；武敏《织绣》，台北：幼狮出版社，1992 年；Elizabeth Owen, "A Stitch in Time: The Pearl-border Medallion, from Persia to Japan", Proceedings to the 1998 Silk Road Project Conference held at Yale University.

[1] 主要从纹饰的角度所做的研究有：Michael W. Meister, "The Pearl Roundel in Chinese Textile Design", *Ars Orientalis*, 8, 1970. pp. 225-267；E. Lubo-Lenitchenko, "Western Motifs in the Chinese Textiles of the Early Middle Ages", *National Palace Museum Bulletin*, XXVIII .3 &4, 1993, pp. 1-28；赵丰《魏晋织锦中的异域神祇》，《考古》1995 年第 2 期，179—183 页；许新国《都兰吐蕃墓中出土含绶鸟织锦研究》，《中国藏学》1996 年第 1 期，3—26 页；许新国《青海都兰吐蕃墓出土太阳神图案织锦考》，《中国藏学》1997 年第 3 期，67—82 页；M. Compareti, "Iranian Divinities in the Decoration of Some Dulan and Astana Silks", *Annali di Ca' Foscari. Rivista della Facolta di Lingue e Letterature Straniere dell'Universita di Venezia*, XXXIX .3, 2000, pp. 331-368.

丝绸之路上的流行纹样,其文化特征主要可以追溯到波斯和粟特文化,而宗教属性则主要是琐罗亚斯德教,即中国所说的祆教。与这样庞大的出土联珠纹织锦图案加以对比,徐显秀墓壁画所见的菩萨头像联珠纹,到目前为止可以说是尚未见到与之相同的,很值得我们仔细琢磨。

尽管东西方的先民从很早的时候开始,就都使用一圈连续的圆珠来作为一个图案的边缘,但是,从5世纪以后在中国西北和北方丝绸之路沿线发现的大量联珠纹锦或其图案,不论是直接从西亚的波斯或中亚的粟特地区传入的,还是中国工匠按照西方图案仿制的,或者粟特人在中国本土制造的[1],我们可以比较肯定地说,这种大量包含着异域风格动物、人物乃至神祇图像的联珠纹样,应当是备受中国民众喜爱的外来形式。徐显秀墓壁画上的联珠纹,就是这样一种典型的外来形式,在墓室北壁壁画墓主人旁的两个近侍女子身上,所穿的衬裙是更具异域色彩的对兽联珠纹,可以印证菩萨头像外面一圈的联珠纹的外来属性。

然而,在这种外来形式的联珠纹内,确实是一个非常地道的中国画法的菩萨像,人物形态也是东亚人的样子,很像个文静的女孩。这种外来的联珠纹和中国的菩萨像相结合的图案,可以说是一个中西文化交流的佳例。如上所述,已经发现的联珠纹锦的图案,其宗教属性一般都是祆教的,那么为何在新发现的北齐壁画联珠纹图案中,却绘制了一个佛教的形象。这种做法可能要追溯到中亚地区。

目前所见的波斯和粟特地区的联珠纹样,没有见到和佛教的图像

---

[1] 有关联珠纹锦的产地争论,除了上面两注所引文献外,参看武敏《吐鲁番出土蜀锦的研究》,《文物》1984年第6期,70—80页;同作者《吐鲁番古墓出土丝织品新探》,《敦煌吐鲁番研究》第4卷,北京大学出版社,1999年,299—322页;贾应逸《新疆丝织技艺的起源及其特点》,《考古》1985年第2期,148、173—181页;姜伯勤《敦煌吐鲁番文书与丝绸之路》,北京:文物出版社,1994年,相关部分;Angela Yu-Yun Sheng, "Woven Motifs in Turfan Silks: Chinese or Iranian?" *Orientations*, 30.4, 1999, pp. 45-52;盛余韵《中国西北边疆六至七世纪的纺织生产:新品种及其创人》,《敦煌吐鲁番研究》第4卷,1999年,323—373页。

结合在一起，而是更多地与琐罗亚斯德教的图像或象征物联系在一起。从粟特向东，联珠纹样逐渐被佛教艺术吸收，也用来装饰佛教的主题了。在阿富汗巴米扬（Bamiyan）石窟5—6世纪的壁画上，有一个坐在一圈小型联珠纹中的菩萨像，头戴日月冠，冠两边有飘带，极富波斯的风格[1]。在巴米扬发现的泥塑板上，也有联珠纹中的坐佛形象[2]。在一些洞窟壁画上，有一些鸭、孔雀、猪头联珠纹，但主题纹样往往不对称，年代可能晚到7世纪中叶以后[3]。在新疆克孜尔石窟所谓"最大窟"（新编号第60窟）中，德国探险队曾切割走佛台前面的装饰图案[4]，现存有三个联珠纹，每个中间是一个含绶带的鸭子，伊朗文化要素十分明显，但确是镶嵌在佛教的殿堂当中。可见，联珠纹进入中亚佛教发达的地区后，本身逐渐成为佛像或菩萨像的装饰边缘，甚至暗含祆教主题的猪头联珠纹，也成为佛教主尊的装饰图案了。

但与我们所讨论的徐显秀墓壁画上的这两幅菩萨头像联珠纹更为接近的图像，是斯坦因在新疆焉耆明屋（Ming-oi）遗址发现的一件6—7世纪的模制陶砖（图3），中间是犍陀罗风格的菩萨头像，外面是一圈联珠纹，再外面是方框[5]。虽然这件陶砖菩萨像和装饰物要复杂一些，但其基本形式与我们所讨论的图像大体相同。

姜伯勤先生曾根据关友惠《莫高窟隋代图案初探》和敦煌文物研究所编《敦煌莫高窟内容总录》，归纳了出现在莫高窟中的联珠纹，主题有狩猎、翼马、禽鸟等，主要作为佛塑像所在的龛口边饰，有的也

---

[1] R. Ghirshman, *Persian Art. The Parthian and Sassanian Dynasties 249 BC–AD 651*, pl. 424. 转引自 Elizabeth Owen, "A Stitch in Time: The Pearl-border Medallion, from Persia to Japan", p. 205。
[2] 见晁华山《印度、中亚的佛寺与佛像》，北京：文物出版社，1993年，286页，图2-2-32c。
[3] 同上书，284—285页，图2-2-31a~e。
[4] 东京国立博物馆《ドイツ・トルファン探险队西域美术展》，东京国立博物馆等，1991年，83页，图版31。
[5] 图见 A. Stein, *Serindia*, pl.CXXXIX；ウィットフィールド《西域美术》第3卷，图版112。参看 Elizabeth Owen 上引文，p.208。

图 3

出现在菩萨塑像的长裙上,这是隋代出现在敦煌莫高窟的新纹饰[1]。

由此看来,徐显秀墓壁画上出现的菩萨联珠纹样,并不是孤立的现象,它实际是伊朗系统的图像进入佛教王国以后,与佛教图像相融合的反映,是伊朗—印度混同文化东渐的结果。

徐显秀是北齐的重臣,后主高纬时,历任徐州刺史、大行台、尚书右仆射,又拜司空,再迁太尉。武平二年(571)卒于晋阳(今太原)家中。徐显秀飞黄腾达的时代,正是北齐胡化最重的时期。《隋书》卷七《礼仪志》记载:北齐"后主末年,祭非其鬼,至于躬自鼓舞以事胡天,邺中遂多淫祀,兹风至今不绝。"学者们一般认为,这里的"胡天"是指粟特人所信仰的祆神。陈寅恪先生在《隋唐制度渊源略论稿》中,特别强调"北齐之宫廷尤以其末年最为西域胡化",并举

---

[1] 姜伯勤《敦煌吐鲁番文书与丝绸之路》,79—80 页。

《北齐书》卷五十《恩倖传》所载关于音乐歌舞者皆初于西胡之种类为证[1]。据记载更为详细的《北史》卷九二《恩幸传》，其时受宠者有和士开，"其先西域商胡，本姓素和氏"；安吐根，安息（波斯或粟特）胡人；又有胡小儿，如康阿驮、穆叔儿、曹僧奴、曹妙达、何海、何洪珍、何朱弱、史丑多，也多是粟特姓氏，而且传文说他们"眼鼻深险"，都是地道的胡人，因为能舞工歌及善音乐而得开府仪同等官职。传文还说到一些宦官所养的波斯狗，也受封仪同、郡君，以便分得干禄。在君主如此喜爱波斯、粟特文化的背景下，其臣子、仆从服饰上出现波斯、粟特来源的联珠纹图案，也就是顺理成章的了。

徐显秀所埋葬的太原，即北齐的并州。东魏时，大丞相高欢常住于此。武定三年（545），高欢于并州建晋阳宫，以后北齐历朝皇帝经常巡幸并州，孝昭帝高演、武成帝高湛及后主，都即位于晋阳宫，可见并州与北齐都城邺城一样，是当时政治、文化中心，其胡化的情况应当相同。笔者曾论证翟娑摩诃任并州大萨宝的年代，当在576年前后[2]，可知徐显秀下葬时，并州地区也有不少胡人存在，其胡化风气当不减邺城。与此同时，我们也可以从响堂山石窟和许多佛教造像碑留存下来的事实，说明传统的佛教在北齐王朝上下的盛行情况。

或许可以说，正是北齐的这种胡化风气，孕育出了源于波斯或粟特的联珠纹和中国化的菩萨像相结合的独特纹样。

2003年5月9日完稿；原载《文物》
2003年第10期，66—68页。

---

[1] 陈寅恪《隋唐制度渊源略论稿》，北京：中华书局，1963年，122页。
[2] 荣新江《隋及唐初并州的萨保府与粟特聚落》，《文物》2001年第4期，86页。

中古贵族墓室壁画上的胡风
——猎豹、杂服及其他

在唐朝长安城周边埋葬的贵族墓室中,有不少用壁画形式表现的当时皇亲国戚、达官显贵们日常生活的画面,如狩猎、打马球、出行等,还有这些图画中人物的服饰、装扮和手持的物品,都形象地展现了当时社会上流行的"胡风"。这里所说的"胡风",指的是从中亚西域地区传来的伊朗系统的文化影响[1]。

然而,已经发现的墓室壁画毕竟有限,对于墓室壁画的研究,我们必然要延伸到传世的画卷,并追溯与墓室壁画内容相关的文献记载,有些文献记载可以弥补目前所见图像资料的不足。本文就是通过对文献保存的有关隋代画家展子虔《北齐后主幸晋阳宫图》的记载,对照太原地区发现的墓室壁画图像,来追溯唐朝长安贵族墓室壁画上"胡风"的来源,并对猎豹、杂服等图像加以讨论。

展子虔的《北齐后主幸晋阳宫图》与他的其他画作一起,著录于大中元年(847)成书的张彦远《历代名画记》卷八:

> 展子虔(中品下),历北齐、周、隋,在隋为朝散大夫、帐内都督。僧悰云:"触物留情,备皆妙绝。尤善台阁、人物、山川,

---

[1] 关于中古中国"胡"的含义,参看荣新江《何谓胡人?——隋唐时期胡人族属的自认与他认》,《乾陵文化研究》(四)《丝路胡人与唐代文化交流学术讨论会论文集》,西安:三秦出版社,2008年,3—9页。

咫尺千里。"李云:"董、展同品,董有展之车马,展亡董之台阁。"
《法华变》白麻纸、《长安车马人物图》、《弋猎图》、《杂官苑》、《南郊》白画、《王世充像》、《北齐后主幸晋阳宫图》、《朱买臣覆水图》,并传于代。[1]

另外,北宋宣和二年(1120)成书的《宣和画谱》卷一《道释》一也有著录:

> 展子虔……今御府所藏二十:《北极巡海图》二、《石勒问道图》一、《维摩图》一、《法华变相图》一、《授塔天王图》一、《摘瓜图》一、《按鹰图》一、《故实人物图》二、《人马图》一、《人骑图》一、《挟弹游骑图》一、《十马图》一、《北齐后主幸晋阳宫图》六。[2]

这里把《历代名画记》和《宣和画谱》中所记展子虔的作品都罗列出来,是想让读者对他的画作有个通盘的认识。由于现存北京故宫的展子虔《游春图》不断地影印、展览,在几乎所有中国绘画史的书中都会重点加以介绍,所以他的山水画成就往往为人津津乐道[3]。其实,从上述画史记载的他的画作在唐宋时期保存的情况来看,他对于车马、人物、楼台亭阁的描绘,也都样样在行,而且值得注意的是,唐宋时期遗留的展子虔作品主要是人物、车马,这些画作远远多于他的山水画卷。

从《弋猎图》、《王世充像》、《石勒问道图》、《按鹰图》、《挟弹游

---

[1] 张彦远《历代名画记》卷八,秦仲文、黄苗子点校本,北京:人民美术出版社,1963年,159页。
[2] 《宣和画谱》卷一,于安澜编《画史丛书》第二册,上海人民美术出版社,1963年,6页。
[3] 如王伯敏《中国绘画通史》上册,北京:三联书店,2000年,212—215页。

骑图》等名目来看,展子虔的画作当中,应当不乏有关胡人或"胡风"的形象。这里值得提到的是,他特别绘有隋末据守洛阳的一方枭雄王世充的画像。

据《隋书》卷八五《王充传》记:"王充字行满,本西域人也。祖支颓耨,徙居新丰。颓耨死,其妻少寡,与仪同王粲野合,生子曰琼,粲遂纳之以为小妻。其父收幼孤,随母嫁粲,粲爱而养之,因姓王氏,官至怀、汝二州长史。充卷发豺声,沉猜多诡诈,颇窥书传,尤好兵法,晓龟策推步盈虚,然未尝为人言也。开皇中,为左翊卫,后以军功拜仪同,授兵部员外。"[1] 可以得知,王世充本是西域月氏人的后裔,祖父本姓支。虽然因为祖母改嫁王粲而改姓了王氏,但他父亲则是支颓耨所生,因此王世充仍然有"卷发豺声"的胡人外貌体质特征[2]。展子虔画王世充的时代,王世充应当仍然是个正面人物,中原王朝传统的史官描写他"卷发豺声"是带有污蔑的意味,但这正好透露出他的胡人外貌特征,而这个"卷发"以及史书没有记录的其他胡人特征,可能正是作为画家的展子虔之所以要给他画像的缘由所在。另外,展子虔"在隋为朝散大夫、帐内都督",与先为左翊卫后为仪同、兵部员外的王世充可能某些时段同在朝中,王世充的身份和地位也是展子虔给他画像的原因之一。

这类著名的宫廷画家给具有胡人特征或胡人将领画像的事例,还有唐朝的阎立本所绘《写李思摩真》,开元时陈闳绘制的《安禄山图》,有趣的是,陈闳也画有《李思摩真》[3]。这里所绘的安禄山,是父为粟特、母为突厥的混血儿,唐人所谓"杂种胡",他"多智计,善揣人

---

[1] 《隋书》卷八五《王充传》,北京:中华书局,1973年,1894页。《旧唐书》卷五四、《新唐书》卷八五本传略同。
[2] 关于王世充的月氏出身,参看荣新江《小月氏考》,余太山编《中亚学刊》第3辑,北京:中华书局,1990年,56页。
[3] 《宣和画谱》卷五,57页。

情,解九蕃语,为诸蕃互市牙郎"[1],是个典型的粟特人,所以陈寅恪先生指出,安史之乱时期唐人所说的"杂种胡",大多数情况下是指九姓粟特胡人[2]。他的胡人形象可能是画家陈闳特意为他写真的原因。至于李思摩的长相,史籍特意记载他虽然是突厥人,但却具有胡人特征。《通典》卷一九七《边防典》十三《突厥》上载:"思摩者,颉利族人也。始毕、处罗以其貌似胡人,不类突厥,疑非阿史那族类,故历处罗、颉利代,常为夹毕特勤,终不得典兵为设。"[3] 由于他在突厥汗国得不到重用,所以投降唐朝。贞观十三年(639)四月,另一降唐的东突厥将领、突利可汗之弟结社率作乱,唐朝赐怀化郡王阿史那思摩改姓李氏,立为泥熟俟利苾可汗,赐鼓纛,使其率部下种落前往漠北平乱。但李思摩与薛延陀可汗相攻击,失去民众支持,不得已在贞观十八年轻骑回到长安,最后郁郁而终[4]。在唐太宗昭陵北司马门内,有"突厥乙弥泥孰俟利苾可汗、右武卫大将军阿史那李思摩"的立像[5],可惜现在仅余底座,我们看不到李思摩原本的样子,但可以推想陈闳所绘李思摩应当是胡人模样。胡人形象似乎在隋唐时期特别吸引画家的眼球,展子虔之绘王世充像,与阎立本写李思摩真、陈闳绘安禄山图及写李思摩真,是同样的时代风潮的产物。

展子虔所绘《北齐后主幸晋阳宫图》,应当也是一幅表现"胡风"的图像。据《宣和画谱》,原图北宋时尚有六幅。北宋末蔡京之子蔡絛

---

[1] 《安禄山事迹》卷上,上海古籍出版社标点本,1983年,1页。
[2] 陈寅恪《唐代政治史述论稿》,上海:商务印书馆,1947年,21—23页。
[3] 杜佑《通典》,王文锦等点校本,北京:中华书局,1988年,5415页。
[4] 《唐会要》卷九四"北突厥"条,上海古籍出版社,1991年,2002—2003页。
[5] 《唐会要》卷二〇"陵议"条,458页。李思摩及其他一些昭陵刻石人像的残块近年被发现,参看张建林《唐昭陵考古的重要收获及几点认识》,黄留珠、魏全瑞主编《周秦汉唐文化研究》第3辑,西安:三秦出版社,2004年,254—258页;张建林、史考《唐昭陵十四国蕃君长石像及题名石像座疏证》,西安碑林博物馆编《碑林集刊》第10集,西安:陕西人民美术出版社,2004年,82—88页。

曾见过徽宗宫廷收藏之目,见所著《铁围山丛谈》卷四:

> 吾以宣和岁癸卯(1123),尝得见其目……又御府所秘古来丹青,其最高远者,以曹不兴《元女授黄帝兵符图》为第一,曹髦《卞庄子刺虎图》第二,谢雉《烈女贞节图》第三,自余始数顾、陆、僧繇而下。次则郑法士、展子虔,有《北齐后主幸晋阳宫图文》,书法从图之属,大率奇特甚至。[1]

蔡絛特别提到展子虔的《北齐后主幸晋阳宫图》,可见其在内府收藏书画中也属于一流之作。经过宋金、宋元间的战火,到了元朝,此图尚且幸存于世。大概在元朝初年,汤垕也曾见过此画卷,在所著《画鉴》中说道:

> 展子虔画山水法,唐李将军父子多宗之。画人物描法甚细,随以色晕开。余尝见故事人物、春山人马等图。又见《北齐后主幸晋阳宫图》,人物面部神采如生,意度俱足,可为唐画之祖。[2]

这里并没有交代画面所绘的具体内容,所幸元朝初年的郝经(1223—1275)也见到过这幅图,并写有《跋展子虔画〈齐后主幸晋阳宫图〉》诗。郝经是入仕元朝的汉族士人,早年曾有机会遍览顺天左副元帅贾辅、顺天军民万户张柔两家的图籍收藏。中统元年(1260),忽必烈称帝建立元朝,以郝经为翰林侍读学士,又得窥秘

---

[1] 冯惠民、沈锡麟点校本,北京:中华书局,1983年,78—79页。
[2] 汤垕《画鉴》,文渊阁四库全书本,814册,421页。按《画鉴》的成书年代,一般认为在至治至至顺年间(1320或1330年代),周永昭考证在至元、大德年间(1280及1290年间),见所撰《〈画鉴〉版本之流传及著作之影响》,《故宫博物院院刊》2004年第6期,64—71页。

府所藏[1]。郝经工文词，亦擅书画，因此他有机会也有兴趣观赏传世的展子虔绘画，而这首诗所咏应当就是展子虔《北齐后主幸晋阳宫图》的原卷。诗云：

> 盲人歌杀斛律光，无愁天子幸晋阳。
> 步摇高翘翯鸾皇，锦鞯玉勒罗妃嫱。
> 马后猎豹金琅珰，最前海青侧翅望。
> 龙旗参差不成行，旄头大纛悬天狼。
> 胡夷杂服异前王，况乃更比文宣狂。
> 眼中不觉邺城荒，行乐未足游幸忙。
> 君不见，宇文寝苫戈满霜，黄河不冰便著一苇航。
> 痴儿正看新点妆，浪走更号无上皇。
> 狂童之狂真可伤，展生貌此示国亡。
> 图边好着普六茹，并寄江南陈后主，门前便有韩擒虎。[2]

以下对这首诗略作笺释，特别是对于郝经所描写的画卷图像及其表现的意蕴，我们对照史籍和考古发现的北齐墓葬资料，特别是太原地区发现的徐显秀、娄睿、高洋等墓出土的壁画图像资料，可以大致看到展子虔所绘图卷的面貌，以及他所展现的北齐"胡风"。

诗题为《北齐后主幸晋阳宫图》，北齐后主即高纬（565—576年在位），他应当是北朝末年最积极吸收西胡文化的人。《隋书》卷一四《音乐志》称："（齐）杂乐有西凉鼙舞、清乐、龟兹等。然吹笛、弹琵琶、五弦及歌舞之伎，自文襄（549年被杀）以来，皆所爱好。至河清（562—564年）以后，传习尤盛。后主唯赏胡戎乐，耽爱无已。于

---

[1] 《元史》卷一五七《郝经传》，北京：中华书局，1976年，3708页。
[2] 郝经《郝文忠公集》卷九，秦雪清点校，太原：山西古籍出版社，2006年，111页。

是繁手淫声,争新哀怨。故曹妙达、安未弱、安马驹之徒,至有封王开府者,遂服簪缨而为伶人之事。后主亦自能度曲,亲执乐器,悦玩无倦,倚弦而歌。别采新声,为《无愁曲》,音韵窈窕,极于哀思,使胡儿阉官之辈,齐唱和之,曲终乐阕,莫不殒涕。虽行幸道路,或时马上奏之,乐往哀来,竟以亡国。"[1] 另外,《北史》卷九二《恩幸传》载:"武平时(570—575年)有胡小儿,……其曹僧奴、僧奴子妙达,以能弹胡琵琶,甚被宠遇,俱开府封王。……其何朱弱、史丑多之徒十数人,咸以能舞工歌及善音乐者,亦至仪同开府。"[2] 这些是齐后主在音乐舞蹈方面接受西胡文化的情形,从胡人的姓名来看,以粟特曹国、安国出身的胡人对后主的影响最大[3]。《隋书》卷七《礼仪志》记载:北齐"后主末年,祭非其鬼,至于躬自鼓舞以事胡天,邺中遂多淫祀,兹风至今不绝"。[4] 学者们一般认为,这里的"胡天"是指粟特人所信仰的祆神。《隋书·音乐志》特意指出,齐后主即使是在巡幸途中,也马上奏乐,因以亡国。而郝经的诗歌也特意点出"展生貌此示国亡",显然是受到《隋志》的影响,同时也说明展子虔这幅《北齐后主幸晋阳宫图》上的主要内容,与《隋志》一样,是描绘后主出行时所展示的"胡风"的,因此同样有亡国之相。

诗题中的"晋阳",即北齐的并州(今太原)。东魏时,大丞相高欢常住此。武定三年(545),高欢于并州建晋阳宫,以后北齐历朝

---

[1]《隋书》卷一四《音乐志》,331页。
[2]《北史》卷九二《恩幸传》,北京:中华书局,1974年,3055页。
[3] 关于北齐胡化问题,参看下列论著的相关部分:陈寅恪《隋唐制度渊源略论稿》,北京:三联书店,2001年;黄永年《论北齐的文化》,原载《陕西师范大学学报》1994年第4期;收入作者《文史探微》,北京:中华书局,2000年,21—31页;王小甫《试论北齐之亡》,《学术集林》卷16,上海:远东出版社,1999年,120—160页;沈冬《唐代乐舞新论》,北京大学出版社,2004年,10—11页。最详细的讨论见毕波《中古中国的粟特胡人——以长安为中心》第一章《北齐、北周的胡人及其影响》,北京:中国人民大学出版社,2011年,14—80页。
[4]《隋书》卷七《礼仪志》,149页。

皇帝经常巡幸并州，而且孝昭帝高演、武成帝高湛及后主，都即位于晋阳宫，齐后主所幸就是这座晋阳宫。当年并州与北齐都城邺城一样，是政治、文化中心[1]，也是后主时期胡化中心之一。在北齐的并州，也存在着大量的胡人，甚至有胡人聚落，576年前后的聚落首领"大萨宝"为翟娑摩诃[2]。这些胡人的大量存在，为晋阳地区胡风的流行提供了原动力。

北齐皇帝的出行队仗，我们可以从河北磁县湾漳发现的推测为北齐文宣帝高洋武宁陵中的壁画上见到[3]；另外，山西太原发现的北齐右丞相、东安王娄睿墓壁画也有出行图[4]；同是太原发现的北齐司空、武安王徐显秀墓中，也绘制了大幅的出行图[5]。高洋陵是帝王级的仪仗，比较正规，但据发掘报告作者的观察，其中也有中亚胡人形象[6]。在娄睿墓甬道两壁的出行队伍中，都插入一队胡人牵领的驼队（图1、图2），更是富有西来文化的气息[7]。徐显秀墓的备车图上，也有胡人形象[8]。这些帝王或权臣的出行图像，可以依稀让我们看到当年后主巡幸晋阳的出行仪仗队的情形。

---

[1] 关于北齐时期的晋阳的重要地位，参看毛汉光《北魏东魏北齐之核心集团与核心区》，《历史语言研究所集刊》第57本第2分册，1986年；此据作者《中国中古政治史论》，上海书店出版社，2002年，97—99页。

[2] 荣新江《隋及唐初并州的萨保府与粟特聚落》，《文物》2001年第4期，86页。

[3] 中国社会科学院考古研究所、河北省文物研究所邺城考古工作队《河北磁县湾漳北朝墓》，《考古》1990年第7期，600—607页；中国社会科学院考古研究所、河北省文物研究所《磁县湾漳北朝壁画墓》，北京：科学出版社，2003年，145—161页。

[4] 山西省考古研究所、太原市文物管理委员会《太原市北齐娄睿墓发掘简报》，《文物》1983年第10期，又山西省考古研究所、太原市文物考古研究所《北齐东安王娄睿墓》，北京：文物出版社，2006年，19—50页。

[5] 山西省考古研究所、太原市文物考古研究所《太原北齐徐显秀墓发掘简报》，《文物》2003年第10期，36页，图31—34。

[6] 《磁县湾漳北朝壁画墓》，191页。

[7] 《北齐东安王娄睿墓》，23—26、29—31页。

[8] 《太原北齐徐显秀墓发掘简报》，36页，图34。

图1 北齐娄睿墓甬道西壁壁画驼队图

"盲人歌杀斛律光，无愁天子幸晋阳。"此句是说北齐后主信用的佞臣盲人祖珽，利用歌谣诬陷大臣、左丞相斛律光，并置之于死地[1]。而荒淫无度的后主高纬曾作《无愁曲》，民间称之为"无忧天子"。所以，这里是郝经批评齐后主朝政混乱，任用非人，而荒淫无道，并点出他要出行至并州晋阳。

"步摇高翘翯鸾皇，锦鞯玉勒罗妃嫱。""翯"是振翅高飞的意思，"鸾"是传说中凤凰一类的鸟，"皇"指凤凰，雄曰凤，雌曰皇。这里的上句是说随行宫女所带的首饰步摇，就像是高高奋飞的凤凰。"鞯"指垫马鞍的鞍鞯，"勒"指马头络衔，即套在马头上带嚼子的笼头。下句是说一批批妃子、宫官骑马随行，这些马都是用银做鞍鞯，玉做笼勒，极度奢华。据孙机先生考证，步摇装饰起源于西方，步摇冠形成于公元前后，由西向东传播到中国中原内地。顾恺之《女史箴图》上绘有步摇，北燕冯素弗墓也出土过步摇的金饰件[2]，可以让我们看到展子虔所绘步摇的基本样子。

---

[1]《北齐书》卷一七《斛律光传》，北京：中华书局，1972年，225—226页；卷三九《祖珽传》，518—519页。
[2] 孙机《步摇·步摇冠·摇叶饰片》，收入作者《中国圣火——中国古文物与东西文化交流中的若干问题》，沈阳：辽宁教育出版社，1996年，87—106页。

图 2　北齐娄睿墓甬道东壁壁画驼队图

"马后猎豹金琅珰，最前海青侧翅望。""猎豹"，文献中又称之为"文豹"，是主要产于西亚、北非的奇塔豹（cheetah），以短距离内奔跑最快而著称，经人类驯服，是狩猎时的极佳帮手，在出猎时，它们往往蹲坐在骑马猎人的后面，即这里所说的"马后猎豹"。"琅珰"是锁颈的链子，用金制成，可知猎豹的珍贵。"海青"即海东青（Falco rusticolus），是一种能高飞的猎鹰，也是狩猎时的重要帮手，可以扑捉天鹅、兔子等。这两句是说后主出行的队列中还有用于狩猎的猎豹和海东青，其中队伍最前面的侍从所携带的海青正在张望搜寻猎物，随时可以振翅冲天。

这里我们透过郝经的眼和笔，最值得关注的是展子虔所描绘的猎豹。关于猎豹，前人已经做过不少出色的研究。1963 年，薛爱华（Edward H. Schafer）就讨论了唐朝猎豹的来历 [1]。1993 年，藤井纯夫详细讨论了作为西域诸国向唐朝进贡的猎豹 [2]。1998 年，孙机先生撰

---

[1] Edward H. Schafer, *The Golden Peaches of Samarkand: A Study of T'ang Exotics*）, Berkeley 1963, p. 88；吴玉贵汉译本：谢弗《唐代的外来文明》，北京：中国社会科学出版社，1995 年，197 页。
[2] 《〈册府元龟〉"外臣部朝贡篇"に见える西域诸国の献上动物"豹"について》，《古代オリエト博物馆纪要》第 14 卷，1993 年，143—167 页。

图3　唐懿德太子墓壁画胡人牵猎豹图

文认为猎豹西汉时期就已进入中国，但以后罕见其迹，到了唐朝又大量出现[1]。2001年，张广达先生《唐代的豹猎——文化传播的一个实例》一文，对猎豹的培训、传入、在贵族狩猎生活中的作用等问题，都做了系统的整理与研究[2]。2004年，党宝海又详细讨论了蒙古帝国的猎豹和豹猎[3]。2006年，托马斯·爱尔森（Thomas T. Allsen）从欧亚大陆更为宏观的时空范围内，讨论了猎豹从自然史转变成文化史的

---

[1] 孙机《猎豹》，原载《收藏家》1998年第1期；此据作者《孙机谈文物》，台北：东大图书公司，2005年，44—49页。
[2] 文载荣新江编《唐研究》第7卷，北京大学出版社，2001年，177—204页，图版2—6。收入作者《文本、图像与文化交流》，桂林：广西师范大学出版社，2008年，23—50页。
[3] 党宝海《蒙古帝国的猎豹与豹猎》，《民族研究》2004年第4期，94—101页。

图4　唐永泰公主墓彩绘胡人骑马带猎豹俑　　图5　唐金乡县主墓彩绘胡人骑马带猎豹俑

问题，他把猎豹进入中国的时间定在 7 世纪下半叶[1]。如上述文章指出的那样，唐墓壁画和陶俑中猎豹的实例有：陪葬高宗武则天乾陵的唐懿德太子墓壁画上，绘有胡人驯师牵着猎豹的图像（图3）[2]；同样是陪葬乾陵的永泰公主墓中，则出土了一件彩绘骑马胡俑，一头猎豹正向胡俑坐骑后面的坐鞯上跳窜（图4）[3]。而唐高祖孙女金乡县主墓中，也出土了彩绘骑马胡人带豹狩猎的陶俑（图5）[4]。这些猎豹由西

---

[1]　Thomas T. Allsen, "Natural History and Cultural History: The Circulation of Hunting Leopards in Eurasia, Seventh-Seventeenth Centuries", *Contact and Exchange in the Ancient World*, ed. by Victor H. Mair, Honolulu: University of Hawai'i Press, 2006, pp.116-135.
[2]　陕西省博物馆等编《唐李贤墓壁画》，北京：文物出版社，1974 年，图版 9。
[3]　本书编委会编《汉唐丝绸之路文物精华》，西安：陕西省博物馆，1990 年，83 页，图 103。
[4]　韩保全《唐金乡县主墓彩绘陶俑》，西安：陕西旅游出版社，1997 年，54—56 页，彩图 89—92。

图 6
北齐徐显秀墓壁画着菩萨
联珠纹白色长裙的侍女

图 7
北齐徐显秀墓壁画
菩萨联珠纹鞍袱

域王国进贡或由粟特胡人贩运而入唐代中国,经过严格训练,成为贵族狩猎时的有力助手。这就是我们在唐代皇族墓室壁画和陶俑上屡屡看到其形象的原因,而猎豹的出现正好展现了唐朝上层社会流行的胡化风潮的影响深度。因为猎豹主要见于唐朝的文献记载和考古资料,所以此前的研究者一般所讨论的都是唐朝时期舶来的猎豹,或则把中国有猎豹并用之于狩猎的年代，定在7世纪50年代末[1]，或则更晚[2]。然而，从上面所引郝经诗歌记载的展子虔《北齐后主幸晋阳宫图》的画作来看，猎豹为中国皇室贵族所用于狩猎，或许可以追溯到北齐时期。而"马后猎豹"描绘的正是蹲在马后的猎豹，这和永泰公主墓出土的陶俑及文献记载驯兽师要驮着猎豹去打猎的情形完全相符，也说明郝经看到的图像描绘的正是带着猎豹出行的场景。

"龙旗参差不成行，旄头大纛悬天狼。"大纛也见于北齐高洋陵仪仗中[3]。这两句是描述出行队仗和他们的旗帜，先头卫队高悬着绣有天狼的大旗，但帝王的龙旗下的队伍却不够整齐。仪仗本来是整齐划一的，这里说"参差不成行"，也是郝经对于齐后主的批评。

"胡夷杂服异前王，况乃更比文宣狂。""杂服"本来指各种服制，冕服、皮弁之属。《晋书》卷二五《舆服志》称："其杂服，有青、赤、黄、白、缃、黑色。"[4]但这里说的是与古代君主遵用的传统服饰不同的"胡夷杂服"，甚至比以狂乱著称的北齐开国皇帝——文宣帝高洋（550—559年在位）还不尊礼法。诗中所云胡夷式样的"杂服"，今天我们或许可以从太原发现的徐显秀墓壁画中看到，如徐显秀墓壁画宴饮图墓主夫妇身边两个捧盘侍女所着带联珠对兽图案的红裙、东壁备车图牛车后伞盖下戴卷发套的侍女所着菩萨联珠纹图案的白色长裙（图6）、西壁备马图马鞍上所披菩萨联珠纹图案的鞍袱（图7），等等[5]，应当就是使人眼花缭乱的杂服，为前所未见。

---

[1] 张广达《文本、图像与文化交流》，36页。
[2] Thomas T. Allsen 上引文。
[3] 《磁县湾漳北朝壁画墓》，161页。
[4] 《晋书》卷二五《舆服志》，北京：中华书局，1974年，766页。
[5] 山西省考古研究所、太原市文物考古研究所《太原北齐徐显秀墓发掘简报》，《文物》2003年第10期，4—40页。参看荣新江《略谈徐显秀墓壁画的菩萨联珠纹》，《文物》2003年第10期，66—68页；罗世平《太原北齐徐显秀墓壁画中的胡化因素——北齐绘画研究札记（一）》，《艺术史研究》第5辑，广州：中山大学出版社，2003年，223—241页。

"眼中不觉邺城荒，行乐未足游幸忙。君不见，宇文寝苦戈满霜，黄河不冰便著一苇航。痴儿正看新点妆，浪走更号无上皇。狂童之狂真可伤，展生貌此示国亡。"这几句是说后主为了行乐而离开正都，游幸晋阳，殊不知北周宇文氏艰苦备战，等到黄河结冰就可以东进，最终后主不得已成为无上皇，随即变成北周人的阶下囚。

"图边好著普六茹，并寄江南陈后主，门前便有韩擒虎。""普六茹"是隋文帝之父杨忠在西魏获赐的胡姓，我们不知道展子虔在图边写的什么。下面两句是说隋将韩擒虎统军下江南平陈，擒获陈后主事。则最后四句的诗意，应当是展子虔用图画来表示，如果荒淫无道，必当亡国。

根据上述考古资料的印证，我们可以认为郝经所见的画卷应当就是原本为北宋内府所藏的展子虔《北齐后主幸晋阳宫图》的真迹，他在隋朝时期所描绘的齐后主出行图像，应当是北齐后主时代的真实写照，而猎豹、杂服云云，都是和后主倾倒于外来胡风的种种记载相吻合的。作为史学研究者，我们所关心的是唐朝社会上层在他们日常生活中所追求的风尚，透过郝经所记展子虔的绘卷而把这些时尚追溯到北朝末期，再根据考古学家从北齐、唐朝皇室或贵族墓葬发现的壁画和陶俑，我们就可以真切地看到这些北朝同样流行的"胡风"的真实画面。

从美术史的角度来说，本文也试图提供一个例证，关注画史所记的那些现在已无法见到的著名画卷，利用文献记载和考古发现的同时期或相近时代的图画资料，最大限度地"恢复"原图的内容和"画面"，尽管我们现在不可能追寻到所有细节，但任何进步都是值得期待的，也是对历史有意义的探索。

> 2012 年 3 月 27 日初稿，11 月 18 日改定；提交陕西历史博物馆举办的"古代壁画保护与研究"学术研讨会论文。

附录

粟特首领墓葬研究中的通识问题

黄晓峰　盛韵

粟特人（Sogdian）原是生活在中亚操中古东伊朗语的古老民族，从我国的东汉时期直至宋代，往来活跃在丝绸之路上，以长于经商闻名。近十多年来，随着国内一些粟特首领墓葬的发现，为研究者提供了丰富的文献、图像资料，开辟了广阔的研究空间。可是有些爱好者乃至学者，连粟特人的基本文献都没有仔细阅读，就开始匆忙进入这个领域。北京大学历史系的荣新江教授认为，虽然来华粟特人的材料大多出自中国，中国学者有天然的优势，可是如果我们不注重东西方的学术交流，不注重学科背景知识的积累，依然难以取得研究的进步，甚至误入歧途。这其实也是史学研究的基本要求。

在您从事的汉唐中西文化交流研究的领域，随着近年来各种文献及考古材料不断发现，来华粟特人的研究似乎成为一个热点，那么中国学界在这方面的研究进展如何呢？

荣新江：中国的学术研究比较注重自己的东西，不太注重国外的研究，所以一出玉门关就弱了点，越过帕米尔高原就更弱了。现在虽然不是唐代那种天朝大国的心态，但是整个学术的脉络，对国外的东方学研究还是比较薄弱，有些门类完全是空白。而日本就不一样，他们研究两河流域，研究巴比伦，研究莫卧儿王朝，不论哪门学问，都有人在做，而且有传承，一代一代都有人在做。

粟特人的研究在西方学术研究的脉络里属于伊朗学，而中国原来根本就没有伊朗学。所以粟特的东西发掘出来以后，我们没有多少根基去认识他们所表现的粟特文化背景。对伊朗学的考古、语言、文化、琐罗亚斯德教等分支研究，我们没有多少积累。就像我们研究佛教，虽然有很多的汉文佛典，但是懂梵文佛典的学者其实有多少？陈寅恪先生当年研究梵文佛典，指出《莲花色尼出家因缘》七个故事汉译佛典只翻译了六个，把与中国伦理道德有冲突的那个故意漏去，没翻译，这也正是研究的旨趣所在。粟特文化也是一样，比研究佛教更难，佛教毕竟有汉译佛典放在这里。而研究粟特，我们连最根本的经典——《阿维斯陀》（Avesta）及其最基本的注释书都还没有完整地翻译过来。正是因为到现在还没有一个完整的汉译本，所以大家所引的原文，只是一些摘译，有关琐罗亚斯德教的知识也就不成系统，是断章取义的。正是因为没有系统地搜集、阅读、翻译、研究，一旦遇到新东西的时候，就不知道怎么办了。

来华粟特人的研究，过去主要是靠一些零星出土的敦煌、吐鲁番汉文文书，和传世汉文史料里留下的有关记载。近年来，特别是上世纪90年代以来，敦煌、吐鲁番文书全部出版，有大量的材料可以运用。另外，近年研究来华粟特人的一个丰富材料来源，是大量出土和新刊的汉文墓志。墓志现在出得很多，而且很容易判断粟特人的属性。北朝到唐朝前期，粟特人在墓志里谈到其西域出身时原本是很不在意的，往往直接说是史国人，是安国人。但在安史之乱以后，由于安禄山、史思明这些粟特杂胡的叛乱，社会上有一股反对胡人的思潮，所以粟特人开始说自己是中国某地的人了。比如说姓康的，就会说自己是会稽人，会稽康氏是江南的高门。其实在魏晋南北朝时期，有个侨置的会稽郡在甘肃张掖。所以要是问深了，他们就说自己是张掖人；问浅了，就说自己是浙江会稽人。久而久之，原本的西北胡人将领就逐渐成为江南士族人家了。

因为材料很多，所以只要仔细分析一件文书，就可以把一个粟特商人的整体形象勾画出来。比如吐鲁番文书中讲到一件事，某个长安的汉人李绍谨和一个粟特人曹炎延一起到天山北路的弓月城去做生意，李绍谨从曹炎延那里借了二百多匹绢，接着他们又从弓月往龟兹贸易，随后而来的曹炎延的弟弟曹禄山到了龟兹后，没有见到其兄。正在这时吐蕃打过来，安西都护府从龟兹撤到西州，曹禄山就在西州状告李绍谨。于是，官司就在西州展开。一般认为，弓月城在伊犁的阿力麻里。安西都护府就派人去弓月城调查这件事，而还要到更西边的中亚去寻找当时做证人的两个粟特商人。此事涉及长安、西州、龟兹、弓月及其以西地区的粟特商人，这是多大的一个场景啊，充分展现了当时粟特人商业贸易的情形。过去哪有这样的材料，我们只要把文书内容翻译出来，用西文发表，就会成为西方粟特研究的重要参考资料。

原本用传统汉文文献、文书、墓志来研究入华粟特人的时候，我们已经取得了非常丰富的成果，现在，又有了一批粟特首领墓葬的石棺、石椁及其图像被发现，增添了新材料，也提出很多新问题。

您的意思是不是说，在来华粟特人这个研究方向上，我们中国学者其实应该有较多的优势，只是西方学者很关注我们的研究成果，而我们从前不太注意西方学界所取得的成就？

荣新江：其实过去研究粟特，中国学者应该是很有发言权的，因为中国有很多相关的史料。真正从学术角度来研究粟特，应该说跟敦煌、吐鲁番文书的发现有很大关系，包括汉文文书，也包括粟特语文书。最早讲粟特聚落的应当就是伯希和1916年写蒲昌海的粟特聚落一文，他用的就是敦煌卷子《沙州都督府图经》里有关粟特聚落的记录。桑原骘藏和向达先生就把中国史料里姓安的、姓康的等胡人检选出来，撰写了来华的西域人以及唐代长安的西域人这类主题的长篇大论。但是，这些主要都是用汉文史料，因此还是有很大局限的。其实在西方，另外一个传统就是对粟特语本身进行研究，包括对粟特聚落考古的发掘，这些东西中国学者就没有跟上。

其实也并不是那么难，陈寅恪先生当年应当就学过粟特文。当然，陈先生去学的时候只有两三本关于粟特文的书，他学完了就可以说是会了。所以他说自己会二十多门语言，周一良先生掰着手指头算过，真正精的并不多，陈先生现在已经被神化了。当时中亚的语言，一门只有两三本书，学完了就算会了。现在要学粟特文，一个人就得搞一辈子。可是我们中国人多啊，为什么就不能有几个人去学这个？可是就是没有人，也没有学术体制来推进这些外国的学问，其实还是有天朝大国思维在作怪。过去我们没有这样的人，也没有这样的条件，所以距离就越拉越大，越拉越远。到上世纪 90 年代以后，敦煌吐鲁番的东西全出来了，包括粟特文的研究，经过一百年，很多东西也都翻译出来了。很多国内学者做摩尼教研究，大量使用的是粟特文的摩尼教文献，或中古波斯文的摩尼教文献。当然他们用的是最好的西文译本来做研究。其实，我并不主张做中亚研究的人都非得懂当地的语言文字，因为中亚是多语言社会，依现在的学术积累，一个人都会，那是不可能的。陈寅恪先生时代可以学很多种，因为那时的书少，要是现在请伯希和、陈寅恪先生来学，他们也忙乎不了这么多语言啊！而且语言学的研究现在各有家法，比如我 1991 年到伦敦大学亚非学院，去旁听辛姆斯—威廉姆斯（Nicholas Sims-Williams）教授讲粟特文、于阗文的课，当时教室里除了他就两个人——一个是他的学生，一个是我在旁听。西方的课是人越少水平越高，他上的大夏语、中古波斯语课，都只有一两个、两三个人。辛姆斯—威廉姆斯虽然教好多种中古伊朗语，但是他写文章基本上只写关于粟特文的，后来写大夏语，关于于阗文的专文基本上不写。并不是他不懂，粟特文和于阗文都属于中古波斯语，互相是通的，但现在学术界有很细的分工，一门中亚语言要花费一个优秀学者一辈子的工夫，所以没有人敢说什么都懂了。

话说回来,我们中国这么多人,有学宗教的、考古的,而且这方面中国有很多记载。西方研究粟特文的学者,在用到中文的中亚史料时,还是要靠沙畹翻译的《西突厥史料》,即两《唐书》和《册府元龟》里有关西突厥和所属中亚各国的文献记载。如果超出了西文翻译的范围,他们往往就不知道了,比如《酉阳杂俎》里有一条关于祆教的资料,他们就得转弯抹角地看,或找西方汉学研究者帮忙翻译了。这方面其实中国学者就很方便了。现在敦煌文书全部出版了,里面可以找到大量的到敦煌、吐鲁番来做生意的粟特人的资料,有过所,有契约,有名籍,有书信,等等。很多搞粟特的西方学者,可以学很多的语言,但是一到中文就不灵了。而且即使会中文,一接触到原始文书,也会抓瞎。所以他们很希望了解我们的东西。比如研究粟特文的人一直在找"丝"字,但是一直找不到。粟特文的文献里面肯定有,哈佛大学的施杰我(P.O. Skjaervo)教授曾经猜测是某个词,用别的语言来推测"丝"的粟特文的写法,但这只是猜想。2004年辛姆斯—威廉姆斯来北京开会,他解读粟特文古信札,说"丝"可能是某词。北大的段晴教授举手说,这个字她猜到了,是于阗语里的某个词,她是通过汉文的成语找出于阗文的"丝"字。段晴的文章1991年发表于纪念季羡林先生八十华诞的文集中,但是这本江西出版的书基本没对外发行过。结果2004年在这个会议上西方才知道她的成果。

　　西方伊朗学的学者特别希望有中国人来告诉他们汉语文书有什么新材料,中国学者都在研究些什么?他们非常愿意我们参与到他们的学术脉络之中。2001年,北京有一对澳大利亚籍的夫妇,办了一份刊物,叫《中国考古与艺术摘要》(*China Archaeology and Art Digest*)。李学勤先生、李伯谦先生和我都是他们的顾问。他们订阅了几乎全部中国的考古杂志,然后请北大考古系的老师和年轻学生帮忙,把重要的考古简报写成英文的摘要。每期前面翻译五六篇中国学者的文章,一期一个专号,比如这次是青州的造像,下次是都兰的文物,再下一次是瓷器、法门寺的金银器等。这个杂志的发行范围覆盖全世界,做得非常成功。中间他们做了个祆教专号,他们先找人翻,我给他们改专有名词,因为他们不知道有些汉文专有名词翻过去用哪个英文的粟特、祆教术语。这个专号把中国做祆教的姜伯勤、罗丰、张庆捷等学者的文章都翻译成英文,几乎那些不懂中文的西方伊朗学的学者人手一本。他们通过这些著作知道中国学者也在研究这些东西。我自己也用英文发表一些有关粟特的文章,这是因为不参与就没有了中国的声音。

苏联解体以后,整个粟特地区开放,西方的探险队都扑进去,然后又请马尔沙克(B. I. Marshak)这些英文比较好的学者去法国、美国等地讲学,用西文发表他的文章。西方一些伊朗学或中亚研究的刊物,像《亚洲研究所集刊》(*Bulletin of the Asia Institute*),每期都有原苏联中亚考古的消息,甚至给前苏联学者出版专号,发表他们在中亚考古的研究成果或新的考古报告。还有平山郁夫办的《丝绸之路考古与艺术》(*Silk Road Art and Archaeology*),也是几乎每期必有这些内容,连篇累牍地发他们的文章。当然这些杂志,包括其他一些东方学刊物,特别是伊朗学刊物,也有许多西方学者的论著。所以这些是我们了解西方粟特研究的窗口,每期都要看,但实际上,许多中国研究粟特的学者没有跟踪这些粟特研究的最新成果。

最近十余年间,很多来华粟特首领的墓葬被发掘出土,应该更进一步推动了来华粟特人的整体研究吧?

荣新江:我有时候觉得自己做学问的运气非常好。我以前主要是做于阗历史的研究,后来业师张广达先生说可以进一步做一点粟特的研究,于是我很早就一直在收集有关粟特的材料。1998年我写了一篇很长的文章,即《北朝隋唐的粟特迁徙及其聚落》。发表之后,1999年就出土了虞弘墓。

因为虞弘墓出土了,巫鸿教授在北大举办"汉唐之间文化艺术的互动与交融"学术研讨会,请了山西考古所的张庆捷先生来谈虞弘墓。正在谈的时候,就有人说,西安发现了安伽墓。到 2004 年,我在北京举办"粟特人在中国"学术研讨会,打算特别讨论安伽墓的材料,而这个时候史君墓又出土了。所以考古的人实在是应接不暇。

以虞弘、安伽、史君为主的墓葬,都出土了石榻围屏或石椁葬具,其上都用浅浮雕方式刻画了许多异域风格的图像,墓室是经过考古发掘,有墓志出土,表明他们都是粟特胡人首领。这些墓葬文物给粟特研究带来了极大的推动力。

比如,我们在常见的汉文粟特墓志之外,看到了粟特文和汉文双语的墓志。西安市考古所的杨军凯先生主持发掘史君墓的时候,陕西师大的周伟洲先生曾下到墓室里,把墓志的文字用铅笔匆匆拓了一小部分,到北京时交给我。我正好到日本去开会,就带去问吉田丰教授,他说是粟特文,这是第一次的判断。后来西安市考古所把这个双语墓志的粟特文部分交给吉田丰考释,因为中国没有做粟特文的专家。这个刻成长方形的墓志是双语的,而且是 6 世纪后期的,在整个现存的粟特语文献中也是相当早的。我们知道,粟特文最早的是在哈萨克斯坦南部出土,相当于汉晋时期的铭刻,这是全世界范围内最早的。第二批是斯坦因在敦煌长城烽燧下发现的粟特文古信札,有八封信。古信札很难读,直到最近,辛姆斯—威廉姆斯才读通了其中的四封信。因为有些书信残损严重,且有大量的世俗词汇,没法判断,所以解读的进展很慢。此外,还有蒙古发现的布古特碑,还有敦煌吐鲁番粟特语文书,这些大多数是 8 世纪以后书写的。

另外,这些考古发掘的围屏或石椁图像,也帮助学者们判断出其他一些已经出土的同类葬具同属于粟特首领墓葬文物的组成部分,这包括上世纪 20 年代在安阳出土的一套石棺床、日本美秀(Miho)美术馆所藏的一套围屏、甘肃天水和山东益都分别发现的石屏,其图像都有一些共性,可以把它们都归入北朝末到隋朝时期中国北方粟特首领的葬具，其图像为我们提供了丰富多彩的入华粟特人的历史画面。因为中亚粟特人的埋葬方式是用瓮棺，一般不那么讲究，即使有图，它的画像面积受到限制。虽然一些宫殿或住宅的壁画保留下来，但大多数是底层的部分，破坏得很严重。而安伽墓是没有被盗掘过，并有完整墓志，其他几个墓葬的图像材料也是完整的，所以虽然过去已经出过这类东西，但这些完整的图像材料真的是太有学术价值了。

比如，史君石椁的东壁，刻画的是一座桥，墓主夫妇俩带着驼队过桥，桥下有怪兽张着嘴等着，这就是祆教人去世之后要过的裁判之桥（Chinvat），旁边有狗盯着，桥对面有双面女神，如果是善面对着你笑，就说明你是善人，会升天；如果是恶脸，你就会掉到地狱里，所以桥下的怪兽张着嘴等着。图像的上半截刻画的是一些没有乘骑的马在等待着墓主人，两边是飞天形状的仙人。学者们看到这个画面，激动得不得了，这是完完整整地把祆教所说的故去的人如何升天传说给图像化了，原来人们只是在《阿维斯陀经》的片段里看到这些记载。史君墓的图像是第一次完整地呈现出这个场景，这是多好的东西啊！在粟特本土也完全没有留存。

过去我们有中国出土的大量文书、墓志，而苏联解体后粟特人原居地向西方考古学家的开放，东西方都有大量的文物和文献不断发掘出来。东西方都在推动这项研究，而且现在的学术交流更方便了。前面讲到2004年，我们办了一个"粟特人在中国——历史、考古、语言的新探索"的国际研讨会，邀请欧美、日本研究粟特语言、宗教、考古、历史的专家来京交流。在这之前，我们请过马尔沙克和葛乐耐（Frantz Grenet）来北大做讲演，请他们讲粟特地区的考古发现，讲在中国看虞弘墓、安伽墓图像后的认识。中外学者的交流，共同推进了有关入华粟特人的研究。

这么多材料的集中出土，也会带来研究上的争执和困惑吧？

荣新江： 从研究史上来讲，中国有很多资料出来，这是好的一方面；也有不好的，就是学术研究不够发达，中西之间的了解都不够。在中国研究粟特和祆教没有一个很好的学术基础，比如祆教的原始经典是什么样子，后来人们发挥的是什么样子，没有系统的认知。我们对佛教艺术是不一样的，因为佛教典籍保存了很丰富的记载，所以看到一幅佛教壁画，它是经变、本生还是佛传故事，我们能说得头头是道，很多细节都能找到佛典的描写。但是祆教完全没有同样数量的经典，没有完整的记录，所以要把很多零星的记载拼在一起，才能解释清楚。比如，这些粟特首领的墓葬，从墓葬的形式、生活的一些场景看，是在中国的环境背景下，所以有些学者认为这不是粟特人的文化。我和马尔沙克就有争论，比如墓葬中的女性形象，马尔沙克说这些女性是中国人，因为她穿的是中国人的衣服。我说你看，现在中国人都穿牛仔裤，那并不代表他们就是外国人。服装穿戴是最容易改变的，所以不能简单地从服装来判断。反之，我们要说这些图像表现的是什么文化，要做仔细的分析。

2004年末，因为上海博物馆举办"周秦汉唐大展"，要陈列安伽墓的石榻围屏，我应约给《上海文博》写过一篇文章，题目是《四海为家——粟特首领墓葬所见粟特人的多元文化》。我认为，这些粟特首领的文化主要由四个方面的文化内涵组成，即波斯的、粟特的、突厥的和中国的四种元素，这四种文化被融汇在这些图像当中。我们对粟特的壁画研究得很少，对祆教的绘画研究得更少。但是在中国，有些发烧友，甚至学者，对于这些图像做了过度的解说。由此延伸到其他已出或新出的文物材料，把许多东西都说成是粟特的、祆教的，讲得非常泛，我称之为"泛粟特主义"或"泛祆教主义"。现在动辄就有人写粟特，有些人没有读过祆教的基本经典，也没有系统地研究过粟特美术。粟特美术和中亚美术、波斯美术、突厥美术、中国美术都是有联系的，哪有这么容易拿来就讲？不能说一个东西像另一个东西就如何如何，模样像的东西很多，但功能不同，也不是一样的东西。

另一方面，做中国传统的考古学研究的一些人，则过于保守，觉得斜坡道、土洞墓、石棺床这些葬法都是中国的，所以这些粟特胡人墓葬都是中国的文物、图像。甚至说这些墓主人的墓志都是汉文的，怎么可能是粟特的呢？其实，严谨的研究粟特首领墓葬的学者从来不会说斜坡土洞墓是粟特的。而事实上史君墓的墓志可是汉文和粟特文双语的。退一步讲，我们首先要承认这些墓葬的主人是粟特人，是粟特首领，是凉州萨保史君，是同州萨保安伽，而不是一个普通姓张的、姓王的、姓郑的汉人。

"萨保"就是粟特聚落的首领，学界有清清楚楚的辨析，没有任何疑义。我统计过，所有担任萨保的人都是粟特人。早期的一些学者把"萨保"跟印度的"萨薄"混为一谈，我专门写了篇文章辨析这个问题，两者除了词源上的关联外，其实完全没有关系。它们都属于印欧语系的原始印度—伊朗语，在原始词汇上都是一个词。后来在梵文和古代伊朗语中，这两个词各有各自的发展。印度语的"萨薄"是指一个商队首领，往往是出海找宝的，找完宝出海回来，商队就解散了。粟特语中"萨保"这个词是从商队首领变成聚落首领，后缀是伊朗语的，有"总督"的意思，在中国，这个词变成粟特聚落（殖民地）首领的意思。后来中国政府为了控制他们，就给他一个名义，成为聚落的萨保，自己管理自己，但从属于中央政府。然后再把聚落变成一个乡，或者一个府兵的军府，敦煌从化乡几乎全是由粟特人组成，其来源就是敦煌的粟特聚落。在西晋末年，即公元 4 世纪初，斯坦因发现的粟特文古信札表明，那个时候他们是自立的，中央和地方政府管不了他们。后来，粟特聚落逐渐变成中国中央政府或地方政府管辖下的乡里了，这有一个演变的过程。史君墓志的重要价值之一，就是粟特文和汉文双语中，证明了汉文的"萨保"和粟特文的 s'rtp'w 完全对应，解决了长期以来的争论。如果对于粟特研究的深厚积累不熟悉，不清楚萨保是什么角色，即使墓志上写着某州萨保，也会觉得斜坡土洞墓里一定埋的是中国人，或者是纯粹汉化的粟特人。其实安伽石屏图像上画的都是身穿窄袖胡服的胡人，如果是完全汉化了，为什么不画成中国人的样子呢？

安伽、史君、康业、李诞这些胡人首领的墓葬集中地埋在北周长安城的东郊，墓葬等级这么高，按照他们的身份有点不好理解。这可能是北周皇帝对粟特等胡人首领的特别恩赐，给他们一块地集中埋在这里，并且允许造墓的等级也很高。估计这样的胡人首领墓葬还有一些，可能是唐代修大明宫的时候迁走了。可能正是由于他们的墓葬是北周皇帝敕命建造的，所以用了中国的斜坡土洞墓、围屏石榻（或石椁）的形式，但图像大多数是纯粟特的，葬法有粟特的因素，也有中国的因素，是两者的混合。在安伽墓门的上方有人头鸟身的祭司守护着一个火坛。虞弘墓的火坛是在底座的正中、史君墓的火坛是在墓门的两边，都是很中间的位置放置火坛，两边是祭司。如果不是祆教徒，怎么会用这样标准的火坛呢？也有学者认为有些图像与佛教有关，的确有的图像是与佛教相通的，但是从宗教内涵上看，绝对不能说是佛教。安伽、史君的火坛都有其含义，可以从祆教经典中找到根据。

粟特是多元文化的，是不是要求我们对其研究也应该从多元文化的角度进行，而不要轻易下断语？

荣新江： 是的。安伽墓壁画里，他们住的屋子有汉地的元素，比如小桥流水、飞檐式样、歇山顶的中国式建筑。这些中国元素也很好理解，因为中古时期的中国很强盛，粟特人来到中国后就不愿意走了，跟 80 年代一些中国人到纽约、巴黎不愿意回来是一样的心态。玄奘说看到粟特人很简朴，但是安伽墓、史君墓表现的粟特首领非常奢华，一点也不简朴。马尔沙克说安伽墓图像里有三个突出的元素，一个是突厥人的虎皮帐篷，一个是中国的歇山顶建筑，一个是粟特人的廊式建筑。我们不能简单强调一种因素而否定其他两种元素。我觉得现在粟特的研究实际上没有走到一个正确的轨道上来，在东摆西摆。现在学术很开放、发达，比如祆教的经典都在东方圣书里，在网络里都有。但是需要认真地阅读研究，然后再发表意见。不同的学术有不同的背景，要了解之后再去综合研究，而且这些也连带着对粟特人的整体观察和认识。比如在安伽、史君的时代，粟特人都生活在自己的聚落里。我统计过他们的婚姻状态，基本上在7世纪以前，粟特人娶的妻子绝大多数都是粟特人，还没有跟汉人通婚。后来进入乡里，才开始与中国人通婚。婚姻是民族、文化、宗教融合的重要因素。从粟特聚落的背景上去理解，就能知道他们在自己的聚落里很大程度上还保留着粟特的元素，表现在墓葬中的文化，主体应当是粟特的。就像过去的租界，以前法租界里很多元素都是法国的，现在美国的唐人街，有的人连英语也不会。古代更是如此。

粟特文化是多元的，我们的研究也应当采用陈寅恪先生所说的"通识"的态度，要从多种角度，用多种方法来研究入华粟特人的种种面相，在利用自己所熟悉的方法去考察粟特人的同时，也不能否定其他方法的效用，应当综合来考察这样一个文化的综合体，或许才能更加接近于真实的历史样相。

    本文由黄晓峰、盛韵访谈后整理而成，刊于《东方早报·上海书评》2012年6月10日。

纪念马尔沙克
——兼谈他对粟特研究的贡献

2006年8月初,我先后收到美国宾夕法尼亚大学梅维恒(V. H. Mair)教授和俄罗斯科学院圣彼得堡东方学研究所所长波波娃(I. Popova)女史的来信,告诉我一个不幸的消息:伟大的粟特学家马尔沙克(Boris Ilich Marshak)教授于7月28日在他从事考古工作的片吉肯特去世,并按照当地的习俗,于当天埋在他长年从事考古工作的遗址旁。一年多来,我不时想起他的音容笑貌,也陆续翻阅他有关粟特研究的丰富论著,希望能从学术和交往上,写一篇纪念文字。

马尔沙克1933年7月9日出生于苏联(今俄罗斯)列宁格勒(今圣彼得堡)。1956年获得莫斯科大学考古学的硕士学位。1965年在列宁格勒考古研究所毕业,获得考古学博士学位。1956—1958年在杜尚别的塔吉克科学院历史所从事研究。1958年开始,任职于国立艾米塔什博物馆(State Hermitage Museum)。自1978年起,担任该馆中亚和高加索部主任。

从1954年开始,马尔沙克参加片吉肯特遗址的考古发掘工作,从1978年开始担任考古领队,每年夏秋都到这里进行考古发掘,发现了大量壁画和雕像,并揭示了这一古代粟特遗址的面貌。

马尔沙克的主要研究领域是中亚考古学和艺术史,以及欧洲中世纪和东方的金银器,在这些方面发表了大量的论著,涉及到方方面面,对于我们今天认识粟特本土的历史和文化,作出巨大的贡献。以下就按年代顺序,提示他发表的相关主要论著,并简要介绍部分论著的内

马尔沙克（Dr. Boris Marshak）

容。由于语言的限制，我这里很少提示他用俄文撰写的论著，好在他从20世纪70年代以来的主要论著，都用国际学术界更为通行的英、法、德语书写，或者有这些语言的翻译。他的几乎全部论著目录，见 *Ērān ud Anērān. Studies Presented to Boris Il'ič Maršak on the Occasion of His 70th Birthday,* eds. M. Compareti, P. Raffetta and G. Scarcia, Venezia: Libreria Editrice Cafoscarina, 2006，读者可以参看。

1971年，马尔沙克最早用西文发表的有关粟特考古的重要文章是和他的老师别列尼茨基（A. Belenitski）合写的《1958—1968年考古新发现所见之片吉肯特的艺术》（L'art de Pendjikent a la lumière des dernieres fouilles (1958-1968)），载法国《亚洲艺术》（*Arts Asiatiques*）第23卷，涉及到粟特神像和宫廷绘画、故事画，奠定了此后粟特绘画研究的基础。同年，马尔沙克在莫斯科出版一本小书《粟特银器》（*Sogdian Silver*），用俄文撰写，但附有详细的英文摘要，因此在英语世界也有影响。

1981年，他与别列尼茨基合撰《索格底亚纳的绘画》（The Painting of Sogdiana），作为阿扎佩（G. Azarpay）的《粟特绘画：东方艺术中的图像史诗》(*Sogdian Painting. The pictorial epic in Oriental art*) 一书的第一部分，文章很长（11—77 页），是这部书的一半篇幅，系统地阐述了粟特绘画的题材和内容。

1986 年，在德国莱比锡出版了《东方银器：3—13 世纪的金属工艺及其后的发展》(*Silberschätze des Orients. Metallkunst des 3.-13. Jahrhunderts und ihre Kontinuität*)，此书是在《粟特银器》基础上写成的，但范围要广阔得多。书分上下两编，上编讨论 10 世纪以前伊朗的萨珊、中亚的嚈哒、粟特以及 10—13 世纪及其后的中亚、北部伊朗和叙利亚的银器制作，其中也包括对部分中国出土器物的论述；下编从文化史的角度讨论 3—13 世纪东方金属工艺的发展历程。书中有很多对我们熟知的萨珊、粟特器物的观察结论，值得重视，但国内学术界对此书没有给予应有的关注。

1987 年，马尔沙克与夫人腊丝波波娃（V. Raspopova）合撰《一个农业大神的粟特图像》(Une image sogdienne du dieu-patriarche de l'agriculture)，载《伊朗学研究》(*Studia Iranica*) 第 16 卷第 2 期。同年，两人还合写《游牧民族与粟特人》(Les nomades et la Sogdiane)，提交给"中亚的游牧民族与定居民族"学术研讨会，1990 年在巴黎出版的会议论文集中发表 (*Nomades et sédentaires en Asie Centrale*: apports de l'archélogie dt de l'ethnologie, texts réunis par H.-P. Frankfort, Actes du colloques franco-soviétique Alma Ata (Kazakhstan) 17-26, octobre 1987, Editions de CNRS, Paris, 1990)。

1989 年，与日本学者穴泽咊光（Wakou Anazawa）合撰《北周李贤及其妻墓出土银制水瓶研究》，发表于《古代文化》第 41 卷第 4 号；张鸿智汉译文《宁夏固原北周李贤墓及其中出土的饰以古希腊神话故事的鎏金银壶述评》，载《固原师专学报》1992 年第 2 期。

1990 年，马尔沙克与腊丝波波娃合撰《片吉肯特一所带有谷仓的房子中发现的壁画（公元 8 世纪前 25 年）》(Wall Paintings from a

House with a Granary. Panjikent, 1ˢᵗ Quarter of the Eighth Century A.D.），载《丝绸之路考古与艺术》(Silk Road Art and Archaeology) 第 1 卷，考证其南壁所绘的是粟特神祇 Wašagn 与 Wananč 或 Wašagn 与 Čista；北壁主神像是骑狮子的娜娜女神，其下是丰收宴饮图；东西壁也是宴饮图，描绘王家招待会，有四个国王形象出现在不同场景中。同年，马尔沙克还发表《片吉肯特发掘报告》(Les fouilles de Pendjikent)，是给《法国金石与铭文学院院刊》(Académie des Inscriptions & Belles-Lettres. Comptes rendus des séances de l'année 1990) 所写的报告。

1991 年，与腊丝波波娃合撰的《粟特的公共信仰和私人信仰问题》(Cultes communautaires et cultes privés en Sogdiane)，发表于巴黎出版的《伊斯兰以前中亚史的文字史料和考古资料》(Histoire et cultes de l'Asie centrale préislamique. Sources ecrites et documents archeologiques, eds. P. Bernard et F. Grenet) 专题论文集中。

1992 年出版的《亚洲研究所集刊》新辑第 4 卷《费耐生纪念伊朗文化研究专辑》(Bulletin of the Asia Institute. New Series, 4, In honor of Richard Frye. Aspects of Iranian Culture, 1990/1992)，发表了马尔沙克与腊丝波波娃合撰的《片吉肯特发现的一幅狩猎图》(A Hunting Scene from Panjikent)，讨论的是 1988 年发现的一幅最好的粟特狩猎壁画图像，仔细分析每个细节，旁及瓦拉赫沙（Varakhsha）红厅壁画中的狩猎图、阿夫拉西亚卜（Afrasiab）狩猎图所见中国形象等，并阐明粟特狩猎图的萨珊影响等问题。同年，马尔沙克自己又发表《粟特历法的历史文化意义)》(The Historico-Cultural Significance of the Sogdian Calendar)，载《伊朗研究：英国波斯研究所集刊》(Iran. Journal of the British Institute of Persian Studies) 第 30 卷，内容涉及到中文史料记载的粟特历法的解读问题。

1993 年，发表《中亚的金属制作与正仓院宝物》(Central Asian Metalwork and the Treasures of Shosoin)，载《1991 年奈良丝绸之路研

讨会报告集》(*Nara Symposium '91, Report*)。

1994 年，马尔沙克发表了一篇重要的文章：《撒马尔干阿夫拉西亚卜"大使厅"壁画的图像程序》(Le programme iconographique des peintures de la 'Salle des Ambassadeurs' à Afrasiab (Samarkand))，载法国《亚洲艺术》第 49 卷。他认为 8 世纪康国王拂呼缦宫廷壁画表现的是其权力的各种来源：西壁用外国来使表示对神祇与正义的保护；北壁展现中国人的力量和生活方式，这是他政治上和商业上的伙伴；南壁表现王朝的祖宗信仰，用新年的出行来体现；东壁已残，估计所绘是天下四方的神祇。他在文中对比了安阳出土的粟特石棺屏风上的出行图。同年，他和腊丝波波娃合撰《片吉肯特二号殿址北厅中的供养人像》(Worshipers from the Northern Shrine of Temple II, Panjikent)，载《亚洲研究所集刊》新辑第 8 卷《前苏联学者有关中亚考古与艺术研究专辑》。

1996 年，马尔沙克发表《比亚—纳衣曼（Biya-Naiman）发现的瓮棺上的图像》(On the Iconography of Ossuaries from Biya-Naiman)，载《丝绸之路考古与艺术》第 4 卷（1995/6）。这也是一篇研究粟特神像的重要论文，详细评述了前人对这件 1908 年发现的著名图像的解说，并提出自己对其中一幅图像的比定。同年，又发表《由死复生的虎：片吉肯特发现的两幅壁画》(The Tiger Raised from the Dead: Two Murals from Panjikent)，载《亚洲研究所集刊》新辑第 10 卷《里夫茨基纪念专辑》(Studies in Honor of Vladimir Livshits)。另外，本年还发表了《片吉肯特的新发现与萨珊、粟特艺术的比较研究问题》(New Discoveries in Pendjikent and a Problem of Comparative Study of Sasanian and Sogdian Art)，原为提交"从亚历山大到 10 世纪的波斯与中亚"国际学术研讨会的论文，本年度会议论文集出版（*La Persia e l'Asia Centrale da Alessandro al X secolo,* Roma 1996）。

1996 年联合国教科文组织出版的《中亚文明史》第 3 卷（*History*

of Civilization of Central Asia, Ⅲ）的第 10 章《索格底亚纳》（Sughd/Sogdiana）第一部分《粟特及其周围地区》，由马尔沙克执笔撰写。

1998 年，与腊丝波波娃合写的《片吉肯特发现的佛像》（Buddha Icon from Panjikent），发表在《丝绸之路考古与艺术》第 5 卷（1997/98）。我们知道，粟特地区的佛像发现很少，这篇文章证明了玄奘的相关记载，也为我们认识粟特地区佛教流行的情况提供了素材。两人合撰的另一文《片吉肯特二号殿址东北厅的新发现》（Les trouvailles dans la chapelle nord-ouest du Temple II de Pendjikent. À propos de l'héritage classique dans l'art sogdien），载《亚洲研究所集刊》新辑第 12 卷。可以说，学术界有关片吉肯特的考古发现主要就是来自他们两位的恩赐。同年，他与葛乐耐（F. Grenet）合撰《粟特美术中的娜娜信仰》（Le mythe de Nana dans l'art de la Sogdiane），发表于法国《亚洲艺术》第 53 卷，利用汉文史料和摩尼教文书，来解释粟特的娜娜神信仰。此外，他本人还发表《一些晚期萨珊银器的装饰及其主题》（The Decoration of some late Sasanian Silver Vessels and its Subject-Matter），载《古代波斯艺术与考古论集：对帕提亚与萨珊帝国的新探索》（The Art and Archaeology of Ancient Persia. New Light on the Parthian and Sasanian Empires, ed. by V. S. Curtis, R. Hillenbrand, and J. M. Rogers, London, New York）。

1999 年，他给朱万（P. Chuvin）编《中亚艺术》（Les Arts de l'Asie Centrale）一书撰写了《4—9 世纪的粟特美术》〔L'art Sogdien (IVe au IXe siècle)〕。同年，又发表《弗利尔美术馆所藏一只粟特银碗》（A Sogdian Silver Bowl from the Fleer Gallery of Art），载美国《东方艺术》（Ars Orientalis）第 29 卷，考释了该馆所藏的一件粟特银器。此外，又与科索拉波夫（A. I. Kossolapov）合著一本小册子，名为《丝绸之路上的壁画：艺术史与化学实验的综合研究》（Murals along the Silk Road. Combined Art Historical and Laboratory Study），由华盛顿美国国

家美术馆视觉艺术高等研究中心和圣彼得堡国立艾米塔什博物馆合刊，对粟特、吐火罗、龟兹、敦煌的壁画颜色、材料、技术，从艺术史的角度加以分析，并用化学实验的手法来验证。这本书是俄、英对照本，《新疆师范大学学报》2005年第2—3期发表了杨军涛的汉译文，很值得参考。

2000年出版了1996年2月在巴黎举行的"西域：公元1至10世纪艺术、宗教、商业的交流之地"国际学术研讨会论文集（*La Sérinde terre d'échanges, Art, religion, commerce du Ier au Xer siècle,* Acte du colloque international Galeries nationales du Grand Palais 13-15 février 1996, ed. by Monique Cohen, Jean-Pierre Drège et Jacques Giès），收入马尔沙克的《伊朗、粟特和西域艺术》（L'art Iranien, sogdien et sérindien）一文，从广阔的视野谈伊朗、粟特艺术与印度佛教艺术在西域的影响和交融。本年还发表《瓦拉赫沙宫廷的天花板》（The Ceilings of the Varakhsha Palace），载《帕提亚论集》（*Parthica, Incontri di Culture nel Mondo Antico,* Istituti Editoriali e Poligrafici Internazionali, Pisa, Roma, 2000）。

2001年，他在《法国金石与铭文学院院刊》（*Académie des Inscriptions & Belles-Lettres, Comptes rendus des séances de l'année 2001 janvier-mars*）上发表《6世纪下半叶中国艺术中的粟特主题》（La thématique sogdienne dans l'art de la Chine de la seconde moitié du VIe siècle），对中国出土的粟特系统的石棺床图像提出了详细的阐释，其中包括对安阳、Miho、虞弘、安伽、天水五套石棺床或围屏石榻的综合研究。同年，他又给纽约举办的"僧侣与商人"展览图录《僧侣与商人：公元4—7世纪中国西北甘肃宁夏的丝路遗宝》（*Monks and Merchants. Silk Road treasures from Northwest China. Gansu and Ningxia, 4th-7th century*, eds. by A. L. Juliano & J. A. Lerner）一书，撰写了《粟特人在故乡》（The Sogdians in Their Homeland），这当然是他最有资格撰写的文章。

2002年是马尔沙克又一个学术成果丰收的年份,这是和他的学术已经融入西方主流学术圈有关。他本年发表了四篇比较通论的文章,即(1)《3至7世纪的中亚》(Central Asia form the Third to the Seventh Century)这是提交给上一年在纽约亚洲学会召开的"中国丝绸之路上的牧民、商人和圣僧"国际学术研讨会的论文,收入会议论文集(*Nomads, Traders and Holy Men. Along China's Silk Road. Papers presented at a symposium held at The Asia Society in New York*, November 9-10, 2001, eds. by A. L. Juliano and J. A. Lerner)出版;(2)《前伊斯兰时期伊朗人的绘画及其雕塑和装饰艺术的来源》(Pre-Islamic Painting of the Iranian Peoples and Its Sources in Sculpture and the Decorative Arts),是《完美无双的图像:波斯绘画及其来源》(*Peerless Images: Persian Painting and Its Sources,* eds. Eleanor Sims et al., New Haven and London: Yale University Press)一书的第一章;(3)《突厥人与粟特人》(Turks and Sogdians),载土耳其安卡拉出版的《早期的突厥人》(*The Turks. Early Ages*)一书;(4)《帕提亚和萨珊帝国统治下的伊朗的琐罗亚斯德教艺术》(Zoroastrian Art in Iran under the Parthian and the Sasanians),载《一幅琐罗亚斯德教的挂毯:艺术、宗教与文化》(*A Zoroastrian Tapestry. Art, Religion and Culture,* eds. Ph. J. Godrej & F. P. Mistree, Ahmedabad)。此外,他在这一年还在纽约出版了专著《索格底亚纳艺术中的传说、故事与寓言》(*Legends, Tales, and Fables in the Art of Sogdiana,* with and Appendix by V. A. Livshits, New York: Bibliotheca Persica Press),对片吉肯特壁画中的故事图像做了综合的研究。

2004年,发表《Miho石棺床及6世纪下半叶其他中国—粟特艺术作品》(The Miho Couch and the Other Sino-Sogdian Works of Art of the Second Half of the 6th Century),这是2002年在日本Miho美术馆的讲演稿,发表在《Miho Museum研究纪要》第4号,其中包含了他亲

眼看到虞弘、安伽图像以后的看法，应当是他关于粟特石棺床类作品的最后看法。又发表《从吐鲁番文献看粟特本土的壁画》（The Murals of Sogdiana in Comparison with the Turfan Texts），载《重访吐鲁番：丝绸之路艺术与文化研究百年纪念学术论集》（Turfan Revisited-The First Century of Research into the Arts and Cultures of the Silk Road, eds. by D. Durkin-Meisterernst et al., Berlin: Dietrich Reimer Verlag, 2004）。他还给美国大都会博物馆"走向盛唐"展览图录（China. Dawn of a Golden Age, 200-750 AD.）写了《中国发现的中亚金属制品》（Central Asian Metalwork in China），图录中还包括他给这些中国出土金银器或仿金银器的铜器所写的词条，集中展示了他对中国出土金银器的看法，很值得我们参考。

从以上的简要介绍中，我们可以看到一个高大的学术伟人留给我们的文化遗产有多么丰厚，他是值得我们纪念的人物，他的论著也值得我们努力学习。

当我一回忆起马尔沙克先生，眼前就浮现出他——数点着我俩见面的情景，的确很值得讲一讲。我和他先后见过七次，而每一次都在一个不同的地点，这或许也多少体现了国际粟特研究的对话。

1. **巴黎**：1997年6月，我应法国高等实验研究院（École Pratique des Hautes Etudes）戴仁教授的邀请，作为访问教授去巴黎一个月，在该院做四次有关吐鲁番研究的演讲。到那以后不久，正巧一次在路上遇到魏义天（E. de La Vaissière）和马尔沙克、葛乐耐两位先生，魏义天介绍我认识了马尔沙克，我知道他正好也在这个月受法兰西学院邀请来巴黎做四次讲演。马尔沙克给我的第一印象是非常温文尔雅，对中国人表示了特别的友好，记得当时他还询问有关固原的粟特人墓葬情况。以后我赶上了两次他的讲演，记得有一次他讲粟特考古中的琐罗亚斯德教神祇，用一些摩尼教残卷的内容来说明祆教的情形，再来印证壁画或雕像中的主题或一些表征符号。讲演后的交谈中,他向我要我所写的关于塔里木盆地粟特移民的文章,并且说他虽然看不了中文,但他可以请同事们帮忙。第二周去听讲,我就把拙文《西域粟特移民考》送给他。由于这个缘故,后来在 2006 年我奉献给他的 70 岁纪念文集 *Ērān ud Anērān. Studies Presented to Boris Il'ič Maršak on the Occasion of His 70th Birthday* 的文章,就是这篇拙文改订后的英译本,我想他看到时会是很高兴的。

2. **北京**:2001 年初,北京大学考古系林梅村教授和我商议,请马尔沙克夫妇来北京一趟,进行学术交流,因为北大提供的经费有限,我申请了唐研究基金会的资助,使得他们两位在 5 月下旬顺利来到北京,也安排国内一些粟特研究专家来北京和他会面。19 日上午,我和姜伯勤、罗丰两位一起到勺园五号楼拜访马尔沙克,送给他我帮忙编辑的《中国考古与艺术摘要》(*China Archaeology and Art Digest*)"中国的祆教研究专号"和我的几篇英文文章。他也送给我们《丝绸之路上的壁画》和一些文章抽印本,并和我们讨论了中国新发现的祆教遗迹。下午,唐研究基金会组织座谈会,与他讨论中国出土的祆教遗迹和伊朗系统的文物,在场的还有山西考古所张庆捷先生。20 日,马尔沙克做第一次讲演,由林梅村主持,我来介绍讲演人的情况。这次他主要介绍片吉肯特的壁画内容,非常细致,听讲的人中有不少北大的学生。5 月 22 日,他做第二场报告,专门讲中国出土的四套石棺床:安阳、Miho、虞弘、安伽,对比粟特图像,给予许多精细的比定,可以说是赏心悦目,精彩纷呈。

3. **耶鲁**:2002 年 4 月,耶鲁大学韩森(V. Hansen)教授主持召开一个小型的"中国发现的粟特墓葬研讨会",以纪念在耶鲁教书的马尔沙克,我也从普林斯顿赶去参加,还有从法国来的葛乐耐、魏义天、黎北岚(R. Penelope),从日本来的影山悦子和许多美国学者。会上马尔沙克讲了他对虞弘和安伽墓葬图像的看法,补充了在北大讲演时还没有找到的资料,即与虞弘墓酿造葡萄酒图像相对应的罗马镶嵌画。在会议最后的总结中,他对我在会上关于无人骑乘马的说法做了回应,指出对于新发现的粟特图像,所有问题都要继续讨论,而没有结论。晚上在韩森家的招待会上,我告诉他 11 月要和他一起去 Miho 讲演,他很高兴。他说没有见到益都的材料,我把带在身边的简报送给了他。

4. 柏林:2002 年 9 月,我到柏林参加德国柏林科学院、国家博物馆、国家图书馆合办的"重访吐鲁番:丝绸之路艺术与文化研究百年纪念学术研讨会",再次见到马尔沙克先生,感到非常高兴。他告诉我他在《法国金石与铭文学院院刊》上发表的《六世纪下半叶中国艺术中的粟特主题》一文,是他去中国以前写的,有一些小的地方要修改。他在这次会议上讲的是恒宁(W. B. Henning)所刊吐鲁番伊朗语写本摩尼教故事与粟特本土壁画的相同主题。我很早就读过恒宁的文章,但从来没有去想摩尼教的故事怎么会和更多受琐罗亚斯德教影响的粟特壁画有关,所以听了他的报告很有启发。参加这次会议的俄国学者和中国学者,都被安排在位于博物馆岛的洪堡大学招待所里居住,而会议在 Dalhem 区的印度艺术博物馆举行,每天往返,坐很长时间的车。这本来让我有很多机会和他交谈,但车轮轰轰作响,他有点耳背,大声讲话又不礼貌,影响了我们的交谈。

5. Miho 美术馆:2002 年 11 月,日本收藏有粟特石棺床的 Miho 美术馆为了纪念开馆十周年,特邀马尔沙克夫妇和我去做主题讲演,这对我来说是非常光荣的事。头一天,Miho 的稻垣肇先生带我们三人去参观大阪府立近つ飞鸟博物馆,当时正好有"西域之道:丝绸之路与大谷探险队"展览。马尔沙克先生对丝织品也有很深入的观察,和他一起参观,学到不少知识。23 日那天举办"中国的中亚人:丝绸之路东部的新发现"国际研讨会,上午是讲演会,由吉田丰教授主持,我先讲"丝绸之路上粟特聚落的日常生活"(Daily life in Sogdian colonies along the Silk Road),然后是马尔沙克讲"Miho 石棺床及 6 世纪下半叶其他中国—粟特艺术作品",接着是腊丝波波娃讲"Miho 石棺床浮雕所见的生活与艺术习俗"(Life and artistic conventions in the reliefs of the Miho couch)。我们用英文讲演,有日文翻译,且都有图片,听众颇有兴致。下午是研讨会,参加过固原粟特墓葬发掘的菅谷文则教授谈固原考古发掘情况,吉田丰介绍粟特语言和民族、宗教,我谈中国粟特考古的意义和目前对图像的不同看法,马尔沙克讲粟特本土的考古发现和图像的比定问题。这是马尔沙克一年中第三次见到我,所以他也感到非常高兴。

6. **斯坦福**:2004 年 1 月,我到美国加州大学伯克利分校参加叶文心教授主办的"历史思考与当代中国人文研究"学术研讨会,从来听会的学生那里知道马尔沙克正在斯坦福大学讲学,我随即联系了斯坦福的丁爱博(Albert Dien)教授。第二天中午,丁先生请马尔沙克夫妇和我吃饭,然后到马尔沙克的研究室(也就是著名的美术史家 Michael A. Sullivan 原来的研究室),我给他看史君墓新发现的图像,并一起讨论了一番。很可惜的是,我邀请他 4 月份时来北京参加我们和法国学者共同举办的"粟特人在中国——历史、考古、语言的新探索"国际学术研讨会,他因为在美国讲学,无法脱身,没能参加,我们也就没有听到他对史君墓图像的正式看法,后来也没有读到他有关的文章。

7. **圣彼得堡**:2005 年 7 月,应波波娃的邀请,我与柴剑虹、郝春文、高田时雄教授等到圣彼得堡考察敦煌文献。中间我抽出半天时间去艾米塔什博物馆拜访马尔沙克,他见到我来,非常高兴,还特别打电话告诉他夫人我来看他。他带我和郑阿财教授参观了正在筹备的粟特展厅和粟特壁画修复室,讲述粟特壁画、粟特银器、萨珊银器等,现身说法,使我们受益良多。最后他带我们到他的研究室喝咖啡,吃点心,又送我最近四年撒马尔干的考古调查报告,每年一册。他下周就又要去撒马尔干做发掘工作了,所以他说我来的非常之巧。临别时,他再次数点起我们俩见面的地点,说下一次在什么地方呢,我回答说在撒马尔干。

没想到，这次会面成为永诀。不过我答应他在撒马尔干和他再见，所以我会去看他。

2007年12月4日完稿。原载《艺术史研究》第9辑，广州：中山大学出版社，2007年，409—413页。

插图目录

萨保与萨薄：佛教石窟壁画中的粟特队商首领

图 1　克孜尔第 38 窟萨薄燃臂本生（《中国石窟·克孜尔石窟》一，图 121）

图 2　克孜尔第 17 窟萨薄燃臂本生（《中国石窟·克孜尔石窟》一，图 62）

图 3　克孜尔第 114 窟萨薄燃臂本生（《中国壁画全集》8《克孜尔》1，图 145）

图 4　克孜尔第 114 窟马壁龙王救众商人本生（《中国石窟·克孜尔石窟》二，图 134）

图 5　克孜尔第 14 窟马壁龙王救众商人本生（《中国石窟·克孜尔石窟》一，图 47）

图 6　克孜尔第 13 窟马壁龙王救众商人本生（《中国壁画全集》8《克孜尔》1，图 168）

图 7　克孜尔第 14 窟萨薄圣友施乳本生（《新疆克孜尔石窟考古报告》第 1 卷，彩色图版 20）

图 8　克孜尔第 38 窟大施抒海本生（《中国石窟·克孜尔石窟》一，图 129）

图 9　克孜尔第 114 窟勒那阇耶本生（《中国石窟·克孜尔石窟》二，图 145）

图 10　莫高窟第 420 窟隋代《观世音菩萨普门品》（《中国石窟·敦煌

图 11　莫高窟第 217 窟初盛唐《法华经变》(《敦煌石窟全集》7《法华经画卷》，图 49 – 50)

图 12　莫高窟第 103 窟初盛唐《法华经变》(《敦煌石窟全集》7《法华经画卷》，图 61)

图 13　莫高窟第 45 窟盛唐"商人遇盗图"(《中国石窟·敦煌莫高窟》三，图 133)

北周史君墓石椁所见之粟特商队

图 1　史君石椁西壁第三幅商队图 (《文物》2005 年第 3 期)

图 2　史君石椁北壁第一幅商队图 (同上，图版 37)

图 3　Miho 美术馆藏石屏商旅图 (《艺术史研究》第 4 辑，图 8a)

图 4　益都石屏商旅图 (《文物》1985 年第 10 期，图一)

图 5　安伽石屏商队休息图 (《文物》2001 年第 1 期，图 27)

图 6　青州北齐法界人中像上的胡人 (《文物》1998 年第 2 期，封三图版 2)

北朝隋唐胡人聚落的宗教信仰与祆祠的社会功能

图 1　隋开皇五年 (585)《七帝寺碑》(《北京图书馆藏中国历代石刻拓本汇编》9，25 页)

图 2　西魏大统十六年 (550)《岐法起造像碑》中佛弟子岐萨保题名 (上海博物馆提供)

图 3　《大周大都督同州萨保安君墓志铭》志盖 (《文物》2001 年第 1 期，图 6)

图 4　安伽墓门额火坛图 (《文物》2001 年第 1 期，图 1)

图 5　Miho 美术馆粟特石屏风祆教葬仪图 (Miho 美术馆提供)

图 6　Miho 美术馆粟特石屏风娜娜神祠图 (Miho 美术馆提供)

图7　安伽石屏风萨保继承仪式图（《磨砚书稿》，106页，图1）

图8　Miho美术馆粟特石屏风萨保继承仪式图（Miho美术馆提供）

图9　天水粟特石屏风祈雨图（《考古》1992年第1期，图三：9）

四海为家——粟特首领墓葬所见粟特人的多元文化

图1　萨保夫妇在中国式庭院内宴饮（《西安北周安伽墓》，图版52）

图2　萨保在葡萄园宴饮赏舞（《西安北周安伽墓》，图版44上半部分）

图3　萨保造访突厥部落在毡帐宴饮（《西安北周安伽墓》，图版57）

图4　萨保率众外出经商（《西安北周安伽墓》，图版73上半部分）

图5　萨保招待突厥首领一起赏乐舞（《西安北周安伽墓》，图版38）

图6　虞弘墓石雕粟特胡人酿酒图（《文物》2001年第1期，35页，图16）

图7　萨保骑马猎狮图（《西安北周安伽墓》，图版49）

图8　萨保和突厥首领在方形帐篷会盟图（《西安北周安伽墓》，图版56）

图9　粟特、突厥共同狩猎图（《西安北周安伽墓》，图版67）

图10　粟特萨保和突厥首领宴饮图（《西安北周安伽墓》，图版70）

图11　中国式小桥流水园林图（《西安北周安伽墓》，图版53）

有关北周同州萨保安伽墓的几个问题

图1-12　安伽石屏图像（均见《西安北周安伽墓》，北京：文物出版社，2003年）

图13　安伽图像程序全图（笔者制作）

Miho美术馆粟特石棺屏风的图像及其组合

图1　Miho美术馆藏粟特石屏风现状（*Orientations*, Oct. 1997, p.74, fig.1c）

图 2　笔者重组的 Miho 石屏风图像编号
图 3a　萨保夫妇宴饮图（Miho 美术馆提供）
图 3b　粟特与突厥盟誓图（Miho 美术馆提供）
图 4a　已故萨保葬仪图（Miho 美术馆提供）
图 4a-1　益都石棺床葬仪图（《汉唐之间文化艺术的互动与交融》，77 页，图 9）
图 4b　新萨保送葬图（Miho 美术馆提供）
图 5a　供养得悉神图（Miho 美术馆提供）
图 5a-1　阿富汗 Ghulbiyan 石窟 4 世纪壁画上得悉神（*South Asian Studies*, 14, 1998, p.78, fig.2）
图 5b　乐舞娱娜娜女神图（Miho 美术馆提供）
图 6a　嚈哒王乘象出行图（Miho 美术馆提供）
图 6b　突厥首领骑马出行图（Miho 美术馆提供）
图 7a　嚈哒人狩猎图（Miho 美术馆提供）
图 7b　突厥人野地宴饮图（Miho 美术馆提供）
图 8a　粟特驼队出行图（Miho 美术馆提供）
图 8b　萨保牛车出行图（Miho 美术馆提供）

粟特与突厥——粟特石棺图像的新印证
插图　Mode 构拟的康国国王拂呼缦（Vargoman）即位的场景（http://www.orientarch.uni-halle.de/ca/afras/text/wrec_m.htm）

金樽美酒醉他乡——从安伽墓看粟特物质文化的东渐
图 1　片吉肯特城遗址（*Monks and Merchants*, p.232, fig.1）
图 2a-b　安伽图像上的高圈足金盘、银盘（《西安北周安伽墓》，图版 58、71）
图 3　李家营子出土猞猁纹银盘（《唐代金银器研究》，黑白图版 109）

图 4a-b 安伽图像上的大金盘（《西安北周安伽墓》，图版 71、34）
图 5 安伽墓石门祭祀供案（《西安北周安伽墓》，图版 21）
图 6 安伽图像上的高足杯（《西安北周安伽墓》，图版 64）
图 7 沙坡村出土莲瓣纹高足杯（《唐代金银器研究》，彩图 5）
图 8 安伽图像上的金、银叵罗（《西安北周安伽墓》，图版 71）
图 9 安伽图像上的翻领和圆领胡服（《西安北周安伽墓》，图版 56）

略谈徐显秀墓壁画上的菩萨联珠纹

图 1 鞍袱上的菩萨头像联珠纹（山西省考古研究所提供）
图 2 侍女衬裙上的菩萨头像联珠纹（山西省考古研究所提供）
图 3 新疆焉耆明屋发现的模制陶砖（A. Stein, *Serindia*, pl.CXXXIX）

中古贵族墓室壁画上的胡风

图 1 北齐娄睿墓甬道西壁壁画驼队图（《北齐东安王娄睿墓》，23-26 页）
图 2 北齐娄睿墓甬道东壁壁画驼队图（《北齐东安王娄睿墓》，29-31 页）
图 3 唐懿德太子墓壁画胡人牵猎豹图（《唐李贤墓壁画》，图版 9）
图 4 唐永泰公主墓彩绘胡人骑马带猎豹俑（《汉唐丝绸之路文物精华》，图 103）
图 5 唐金乡县主墓彩绘胡人骑马带猎豹俑（《唐金乡县主墓彩绘陶俑》，彩图 89-92）
图 6 北齐徐显秀墓壁画着菩萨联珠纹白色长裙的侍女（山西省考古研究所提供）
图 7 北齐徐显秀墓壁画菩萨联珠纹鞍袱（山西省考古研究所提供）

新版后记

本书出版于2014年8月，与田余庆先生《拓跋史探》（修订本）、李零先生《简帛古书与学术源流》（修订本）、葛兆光先生《屈服史及其他：六朝隋唐道教的思想史研究》等列入同一系列，不胜荣光。2015年3月就重印一次，以后好像还重印过几次，表明学界对这本书的关心。这次承蒙生活·读书·新知三联书店厚爱，打算将本书列入他们近年打造的"当代学术"丛书，精装重印，感到不胜荣幸，也表示衷心感谢。这回的新版，除了增加了一个"插图目录"，以示图片来历，其他没有做大的增订。这一来是遵守学术规范，保持原貌；二来是已经编制了索引，如果增补，必定动版，则索引要重编。所以只据冯培红先生书评的指摘（载《敦煌吐鲁番研究》第16卷），对个别错字做了改正。在此真诚感谢冯兄的校订。

其实，从整个学术界的分野来看，"粟特"是一个很小的研究领域，但由于是一个比较新的学术话题，因此需要研究的题目很多。正如我在本书序言中说的那样，21世纪初叶发现的虞弘墓、安伽墓、史君墓、康业墓等胡人首领的墓葬，为粟特研究，特别是入华粟特人的研究提供了丰富的素材，推动了粟特研究的进步，书中的许多文章也是在这个强劲东风吹动下完成的。自本书出版的2014年以来，虽然没有像上述胡人首领墓葬那样重要的新发现，但粟特人或粟特后裔的墓志不断公布，一些粟特语文书也陆续在和田、吐鲁番等地出土，随着学者们粟特研究的进步，也辨别出许多粟特系的器物和图像，因此在最近十年中，粟特的历史、宗教、语言、文化等许多方面的研究，都有长足的进步。

粟特研究属于我一直致力于的中外关系史的一个方面，然而近十余年来的时间大多数被有关西域和敦煌的集体项目占据了。略作检索，2020 年 10 月出版了与王振芬、孟宪实合编的《旅顺博物馆藏新疆出土汉文文献》32 册；11 月出版与赵莉合编的《龟兹石窟题记》3 册；2021 年 4 月出版与史睿合编的《吐鲁番出土文献散录》2 册；2023 年 6 月出版与朱玉麒合编的《黄文弼所获西域文书》2 册；2024 年 1 月出版与张志清合编的《中国国家图书馆藏西域文书·汉文卷》2 册。此外，2023 年 7 月我主编的《法国国家图书馆藏敦煌文献》高清彩版图录开始出版，目前已经到 110 册，还有 50 册待刊。这些著作涉及吐鲁番、龟兹、于阗、敦煌等地出土文献或保存的题记，种类繁多，增进了学识，但却"偷走"了时间。在此期间，我还独自整理出版了《和田出土唐代于阗汉语文书》（2022 年 9 月）；又把自己有关于阗和吐鲁番的研究论文结集出版，即《唐宋于阗史探研》（2023 年 3 月）和《吐鲁番的典籍与文书》（2023 年 11 月）。属于中外关系史范围的成果，主要集中在 2015 年 8 月结集的《丝绸之路与东西文化交流》和 2022 年 11 月出版的《从张骞到马可·波罗：丝绸之路十八讲》两本书中。

不论是粟特的碑志，还是粟特的图像，都还有许多课题要做；而粟特人在丝绸之路上的活动，也是我们研究中外关系史的极好视角，也为研究丝绸之路上多元文化互动提供了丰富的内涵。路还长远，砥砺前行。

这些，就是我在新版印制前所想到的。

荣新江

2025 年 3 月 13 日

索　引

A

阿克贝西姆城（Ak-Beshim）　5
阿奴伽（Wanuk）　24
阿史盘陀（Rashtvantak）　24
〔安〕弼　181 251
〔安〕钵达干　74
安波注　268-269　272
安车鼻施　6
〔安〕达　31
安达汉　12-13
安岱　280
〔安〕但　67 89-90 181 251
安道买　269 272
〔安〕德　31
安都滔　109
安度　90
安伏稍　16
安拂勤　16
安拂延　17
安附国　154
〔安〕绩　31
安胡子　75
安怀　94
安伽（字大伽）　24 33 34 48 146-148 182
　　252 311-332
安金刚　75
安金藏　75
安静　90
安令节　94 308-309
安禄山　82-83 88 156-159 262 266-291
〔安〕罗　38
安旻（字敬爱）　31
安莫延　225
安慕容　75 155
〔安〕难陀　181 251

安娘（史索岩夫人）　91
安宁　132-134
安诺槃陀　315 373-374
〔安〕盘娑罗　181 252
安婆罗　25
安菩（字萨）　74-75 95 155 184-185
安庆绪　279
安萨保　153 245
安神威　280
安神俨　93
安师（字文则）　90-91
安氏（翟舍集夫人）　19 23 25
安失发　16
安思恭　154
安思节　95
安思顺　269
安思义　280
安太清　280
安吐根　395
〔安〕突建　48 318-319
安屯狼　16
安万通　67 89-90 376
安曒（李国珍）　86-87
安文光　96
安文贞　269
安乌唤　375
安武臣　280
〔安〕系利　75
安孝臣　95-96
安孝节　269
安兴贵　25 84-85
安雄俊　280
安修仁　84-85 147-148
〔安〕巡　67 376
安延　89

445

安延偃　268-269　272
安野那　60
〔安〕嶷　90
安邑里（长安）　35
安永寿　376
〔安〕远　90
安元光（骆元光、李元谅）　87-88
安元俊　15
安元寿　25　38　70-72　84-85　93-94　375-376
安珍　98
安贞节　269
安忠臣　279
安忠敬　84-86
安忠实　109
安忠顺（守忠）　279
安重璋（李抱玉）　86

B

巴达木乡　21
北庭　128-130
婢颉　225
婢桃叶　225
汴州（开封）　112　265
并州　36-37
并州萨宝　182　252
拨换　130
波斯胡　53-54
钵庐勒　9-10
勃律　9-10
布政坊（长安）　254
布政里（扬州）　57-58

C

曹般陀　375
曹毕娑　8-9
曹不那遮　19
曹二　8
曹伏磨　225
〔曹〕贵　29
曹果毅　8-9
曹环　52
曹惠琳　88

曹将军　281
曹谅（字叔子）　29
〔曹〕林　29
曹令忠（李元忠）　128
曹禄山　7-9
曹妙达　395　402
曹敏之　109
曹祛　29
曹闰国　107　280
曹僧奴　395　402
曹舍利　16
曹氏（康君夫人）　95
曹延那　225
曹炎延　8-9
曹野那　225
曹赞　58
长安　33-36　49-50　67
昌松　24　318
崇化乡（西州高昌县）　151-152
葱岭守捉　11
葱岭镇　10-11
从化乡（沙州敦煌县）　152-153

D

呾逻斯城（Talas）　5
怛逻斯（Talas）　5-7
大商主（即大萨保）　232
大施抒海本生　199-201
大天主　34
代州　37
翟曹明　31　147-148
〔翟〕呼末　23　25　29
翟六娘　25
翟那宁昏　20
翟潘密　222　224
翟槃陀　261-262
〔翟〕沙　25
翟绍远　119
翟舍集　23　25　29
〔翟〕娑摩诃　182　252
〔翟〕文殊　25

定州萨宝　182 252
定州萨甫　182 252
敦煌　152-153 206-212 256 262-263
敦煌莫高窟第 296 窟　206-207 223

F
法华经变　208-212
飞桥　29
伏浑　13
福田经变　206-207

G
甘州　22-23
高昌　20-21 130 151-152
哥舒翰　271
割逻吉　225
弓月　7-9
姑臧　23-26 49-50
观世音菩萨普门品　207-208
灌口　46
灌口袄神　62
广府（广州）　59
广陵（扬州）　53-58
贵乡　38-39

H
汉盘陀（塔石库尔干）　10
诃盘陀（塔石库尔干）　10
喝盘陀（塔石库尔干）　10
何□　109
何稠（字桂林）　47-48
何德（唐元功臣）　26
〔何〕德（何盛祖）　376
何府君　65-66 94 154
何海　395
何黑奴　75 155
何弘敬　104-105
何洪珍　395
何胡数刺　225
何进滔　103-104
何俊　104
何令璋　278 281
何禄　110

何摩诃　93
〔何〕那　376
何千年　279
何全皞　105
〔何〕僧伽　5
何山泉　109
何盛　89 376
何氏（曹君妻）　92
何氏（李怀夫人、李仪凤母）　26
何氏（契苾夫人）　98
何数（字延本）　278 281
何思德　279
〔何〕通　47
何妥　47-48 104
何文哲　97 99
〔何〕细胡　47-48 104
何孝物　104
何永康　182 241-243 252
何元汕　280
何朱弱　395 402
和士开　395
恒州　111
洪州（南昌）　54 58
胡姆丹（Khumtan，长安）　24
胡旋女　82-83
怀柔坊（龟兹）　16
慧岸　47
火经　61
火坛　247-249
获鹿县　111

J
汲郡　38
检校萨保府　182 252
建康　29
建业　44
交趾　44
羯盘陀（塔石库尔干）　10
杰谢（丹丹乌里克）　12
介州　37-38
京师萨保/宝　181-182 251

京邑萨甫 252
九州摩诃大萨宝 36-37 182 252
酒泉萨宝 252
居者 8
沮渠（今叶城） 232
巨鹿 39-41

K
康□ 225
康□钵 121-123
康□子 120
康阿丑 116-119
康阿达 25 89
康阿驮 395
康阿义屈达干 101 276-277
〔康〕拔达 25 89 181 251
康宝藏 72-74
康波蜜提 20
康成此 32
〔康〕慈感 30
康达 91
康待宾 75-76 155
〔康〕道仙（僧仙） 46-47
康儿（互市人） 49
〔康〕法藏 72-74
康拂耽延 150
康浮面/图 20 123
康浮你了 225
康固（字义感） 39
〔康〕和（康婆父） 182 252
〔康〕和（康文通祖） 35
康纥槎 225 228
康黄头 120
康晖 98
康杰 280
〔康〕颉利 276-277
〔康〕颉利发 101 276-277
康敬本 91
康郎（字善庆） 38 94
康令恽 29-30 38
康留买 93

康虏奴 20-21 123-124
〔康〕鸾 35
〔康〕罗 89
康没野波 281
〔康〕谧 72
康蜜乃 121-123
〔康〕明达 45-46
康磨伽 93
〔康〕莫量 89
康某（康谦之婿） 281
〔康〕穆 32 51
康婆 89
康谦 58-59
康鞘利 375
〔康〕染 101 276
康日琮 109
康日知 96-97 108-109
康如珍 109
康僧会 44-45
康射鼻 225
康氏（安公夫人） 94
康氏（安文光夫人） 96
康氏（何数夫人） 278
康氏（何文哲夫人） 97
康氏（康府君夫人） 96
康氏（罗甄生夫人） 27
康氏（史公夫人，829 年卒） 39
康氏（史君妻，579 年卒） 24
康氏（史善法夫人） 94
康氏（扬州佣赁人） 56-57
康受恩 120
康叔卿 38 98
康铁头 75 155
康庭兰 96
康威 38 95
康维摩 33
康尾义罗施 19 225 228
康文景 281
康文通（字懿） 35 40-41
康武通 91-92

〔康〕仵相　36-37　92　182　252
康希铣　97-98
康枕　93
〔康〕孝义　108-109
康孝忠　281
康续　93
康绚（字长明）　32　51
康艳典　150　184
〔康〕延庆　108-109
〔康〕延愿　121-123
康业　22-23　34
康业相　121-123
康宜德　94
〔康〕因　32　51
康元抚　51
康元敬　36-37　92
康元隆　51
康员进　135
康愿子　76　155
康云汉　13
康云间　54
康哲　95
康植　76　97　108-109
康志达　96-97　108
康智　95
〔康〕智巖　50-51
康众僧　121-123
可婢支　225
渴槃陀（xrβntn, 塔石库尔干）　10-11
克孜尔尕哈石窟
　　第21窟　197　201　202
　　第14窟　201　202
克孜尔石窟
　　第7窟　197
　　第8窟　193
　　第13窟　197　202
　　第14窟　196-197　198-199　200
　　第17窟　192-193　197　201
　　第38窟　192　200
　　第58窟　194

第63窟　194
第91窟　201
第104窟　201
第114窟　194　195-196　202　204　205
第178窟　193　199　201　205
第184窟　194
第186窟（小峡谷）　201
第206窟　201
库木吐喇石窟第2窟　201
会稽（河西）　39　97-98

L
兰池监　68-69　377
蓝田　32　51
乐寿县　111
勒那阇耶本生　201-203
李白　48-49
李抱玉　86
李抱真　86
李怀仙　102　276
李绍谨　7-9
李思摩　398-399
李元谅　87-88
立德坊（河南府）　257
凉州　23-26　257
凉州萨保/宝　24　181　251
柳城　156-158　274-279
六胡州　64-78　153-156　278
龙润（字恒伽）　36　182　251-252
楼兰（Kr'wr'n）　14
鲁州　65-66　153-154
罗勃帝芬　13
罗胡〔数？〕芬　15
〔罗〕日光　27
罗甑生　27
骆元光　87-88

M
麻札塔格（Mazar tagh）　13
马壁龙王本生　194-197
眉州　48　318-319
米□多　60

索　引　|　449

米存简　106
米存实　106
米存贤　106
米存遇　106
米恒　16
米怀玉　134
米继芬　99
米九娘　57-58
米兰　60
〔米〕宁　57
米萨宝　182 244-245 252
米十四　16
〔米〕突骑施　99
米文辩　105-106
〔米〕伊□　99
〔米〕珍宝　105
〔米〕梓　105
莫高窟
　第 45 窟　212-213
　第 103 窟　208-211
　第 217 窟　208-212
　第 420 窟　207-208 223
莫贺咄　225
牧护　61
穆护　61 110
穆叔儿　395

N

纳骨瓮（ossuary）　18 20-21
纳里萨夫（Narisaf）　11
娜娜槃陁（Nanai-vandak）　11

P

郫县　48
冯翊　32-33
蒲桃城　150

Q

岐萨保　183 243-244
乞伏触扳　222 224
秦州　26-27
青州（益都）　35 40-41
龟兹　14-19 130-131 188-206

佉沙　130

S

萨薄　18 163-185 186-216
萨薄燃臂引路本生　190-194
萨薄圣友施乳本生　197-199
萨宝　163-185 186-216
萨保　18 163-185 186-216
萨宝府　36 111 254-255
萨宝府果毅　252
萨宝府史　252
萨宝府率　252
萨宝府祆正　252
萨宝府祆祝　252
萨宝府长史　36 182 252
萨保判事曹主　24
萨宝水　184
萨甫　163-185
萨甫府司录　182 241 252
萨毗城　150
赛祆　264-265
森木塞姆石窟第 26 窟　199
Senpen（西平？）　24 28
善政坊（于阗）　13
鄯善　14 150-151
鄯州　28-30 67
商主　177-179 186
绍女（胡婢）　119
神山（麻札塔格）　13
石阿奴　119
石惨（？）琰　16
石城镇　150 184
石崇俊　99
石啜　15
石帝廷　281
〔石〕何罗烛　107
石默啜　98
石三奴　277
石神福　98 107-108
石神奴　75 155
石万年　184

石者羯 13
石忠政 98
史朝义 281
史丑多 395 402
史道德（史宪诚祖） 103
史道德（字万安） 68-69 92-93 377
史定方 280
史公 39
史贵 112 260
史诃担 273
史诃耽（字说） 68-69 273 376-377
史怀恩 112 260
史计思 230
史君（Wirkak） 24 28 34 320-321
〔史〕罗 29
〔史〕尼 182 251
史善法 94
史射勿 88-89
史氏（674年卒） 92
史氏（安怀夫人） 94
史氏（康氏夫人） 95
史氏（薛莫夫人） 26
〔史〕嗣 29
史世爽 112 260
〔史〕思/多思 182 252
史思礼 26
史思明 157-158 274 281
史索岩（字元贞） 29 90
史铁棒 68-69 377
史温 112 260
史宪诚 102-104
史孝章 103
史曜（字慕伶） 38
史招福 109
史周洛 103
疏勒（今喀什） 232
窣干 157-158 274
窣利 5
素叶水城（Sūyāb） 5
粟特商队 217-234

碎叶（Sūyāb） 5-7
碎叶州 6

T
台台尔石窟第13窟 194
太原 36-37
天水 26-27
同州 32-33 319
同州萨保 24 33 252
统万城 30-32 69-74
突厥 219 220 357-378
突蜜□ 225
吐火罗拂延 225 228
吐火罗磨色多 225 228
屯城 150

W
王世充（字行满） 398
维耶尉思（Wiyusi） 24 28
卫州 38
尉各伽（Wirkak） 24
尉纥驎城 36
魏郡 38-39
魏州 38-39
乌耆 19
于术 131-132
武威 23-26

X
西平 24 25 28-30
西州 20-21 151-152
夏州 30-32 69-74
祆祠 110-113 124-125 253-265
祆庙 61-62 253-265
祆神 233
襄阳 49-50
新城 150
邢州 39-41
兴胡泊 232

Y
焉耆 19-20 131-132
雁门 37
扬州 53-58

嚈哒　219 220
伊礼然　13
伊州　256 261-262
益部　45
益富（胡奴）　117-118
营州　156-158 274-279
瀛州　111
雍州萨宝　182 251
永年（？）县　24
鱼国　36
虞弘（字莫潘）　36 37 147 182 250-251 252
于阗　11-12

宇文护（字萨保）　237-239
玉亭监　68

Z

张仁楚　153-154
张掖　22-23
张掖萨宝　251
郑行谌　252
支颓耨　398
诸州萨保　252
诸州萨甫　252
竹林寺　46

"当代学术"第一辑

美的历程
李泽厚著

中国古代思想史论
李泽厚著

古代宗教与伦理
儒家思想的根源
陈　来著

从爵本位到官本位（增补本）
秦汉官僚品位结构研究
阎步克著

天朝的崩溃（修订版）
鸦片战争再研究
茅海建著

晚清的士人与世相（增订本）
杨国强著

傅斯年
中国近代历史与政治中的个体生命
王汎森著

法律与文学
以中国传统戏剧为材料
苏　力著

刺桐城
滨海中国的地方与世界
王铭铭著

第一哲学的支点
赵汀阳著

生活・讀書・新知 三联书店 刊行

"当代学术" 第二辑

七缀集
钱锺书著

杜诗杂说全编
曹慕樊著

商文明
张光直著

西周史（增补二版）
许倬云著

拓跋史探（修订本）
田余庆著

近代中国社会的新陈代谢
陈旭麓著

甲午战争前后之晚清政局
石　泉著

民主四讲
王绍光著

心灵秩序与世界历史（增订本）
奥古斯丁对西方古典文明的终结
吴　飞著

海德格尔与伦理学问题（修订版）
韩　潮著

生活・讀書・新知 三联书店 刊行

"当代学术"第三辑

三松堂自序
冯友兰著

中国文明起源新探
苏秉琦著

美术、神话与祭祀
张光直著

杜甫评传
陈贻焮著

中国历史通论
王家范著

清代政治论稿
郭成康著

无法直面的人生（修订本）
鲁迅传
王晓明著

反抗绝望（修订本）
鲁迅及其文学世界
汪　晖著

竹内好的悖论（增订本）
孙　歌著

跨语际实践（修订版）
文学，民族文化与被译介的现代性
刘　禾著

生活·讀書·新知 三联书店 刊行

"当代学术"第四辑

金翼（作者定本）
中国家族制度的社会学研究
林耀华著

北京城的生命印记
侯仁之著

酒之爵与人之爵
东周礼书所见酒器等级礼制初探
阎步克著

祖宗之法（修订二版）
北宋前期政治述略
邓小南著

从未央宫到洛阳宫
两汉宫禁制度研究
陈苏镇著

国家与学术
清季民初关于"国学"的思想论争
罗志田著

中古中国与粟特文明（增订本）
荣新江著

西周的政体（增订本）
中国早期的官僚制度和国家
李　峰著

乡族与国家（修订本）
多元视野中的闽台传统社会
郑振满著

战国时期的东西差别（修订本）
考古学的视野
梁　云著

生活·讀書·新知 三联书店 刊行